国家社会科学基金项目“靶向健身延缓认知老化的模式构建及应用研究”
(18CTY014)

靶向健身延缓认知老化的模式构建及应用研究

郭　玮　王碧野　著

东北大学出版社
·沈　阳·

图书在版编目（CIP）数据

靶向健身延缓认知老化的模式构建及应用研究 / 郭玮，王碧野著. -- 沈阳 ：东北大学出版社，2025. 7.
ISBN 978-7-5517-3889-7

Ⅰ. G883；R339. 3

中国国家版本馆 CIP 数据核字第 2025XF2897 号

出 版 者：东北大学出版社
地址：沈阳市和平区文化路三号巷 11 号
邮编：110819
电话：024-83683655（总编室）
024-83687331（营销部）
网址：http://press. neu. edu. cn
印 刷 者：辽宁一诺广告印务有限公司
发 行 者：东北大学出版社
幅面尺寸：170 mm×240 mm
印　　张：20. 75
字　　数：377 千字
出版时间：2025 年 7 月第 1 版
印刷时间：2025 年 7 月第 1 次印刷
策划编辑：孟　颖
责任编辑：高艳君
责任校对：孟　颖
封面设计：潘正一
责任出版：初　茗

ISBN 978-7-5517-3889-7　　　　定　价：89. 00 元

序 言

随着年龄的增长，老年人的加工速度、记忆能力、注意能力、执行功能等认知方面存在不同程度的下降，严重的可导致老年人独立生活能力丧失。在当下我国老龄化问题日益凸显的背景下，探索和开发延缓认知老化的干预方法至关重要。运动健身已经被证明是延缓认知老化的有效途径，具有绿色、经济等优点。但谈及延缓认知老化，采用何种健身方式更为有效是实践中亟待解决的重要问题。已有研究或关注健身方式方法，或聚焦认知老化进程与特征，两类研究各自推进，在各自完成足够积累的情况下，趋向必然融合：发掘健身方式延缓认知老化的靶向特性。因此，本研究提出构建延缓老年人认知老化的靶向健身模式。除特殊指代外，本研究中提到的老年人均指认知健康的老年人，即未被诊断为轻度认知障碍、阿尔茨海默病等明确神经系统疾病的老年人。

"靶向"（targeting）的本义是指对特定目标采取的行动，本书中的靶向健身是指以认知老化作为特定目标所采取的健身活动，区别于传统的以提升身体机能、改善生理指标为主要目的的运动处方概念。基于当前调研和文献检索的结果，绝大部分的老年健身者和该领域的学者都更加关注与健身有关的身体健康，只有少量参与者或学者关注健身运动与认知健康，在少数关注健身运动与认知健康的研究中，也未对认知老化的类型、进展程度等因素进行探索。本书是对上述问题的直接回应，通过文献梳理、逻辑分析与实证研究，凝练和创新适用于我国老年群体的健身模式理论，构建了一种针对认知老化的靶向健身模式。本书中的靶向指向具体的认知老化核心症状，包括记忆能力、注意能力、执行功能、情绪情感以及动作技能等的衰退。

研究者普遍存在着美好的愿景，希望构建与个体认知老化特征精确对应的健身模式，但是不能忽视的基本事实是，靶向健身模式构建处于早期阶段，一个成熟的完善的模式构建从来不是一蹴而就的。每个阶段均有该阶段要解决的核心问题。本书要解决的最为关键的问题是从无到有地提出"靶向"这一核心理念，并给出靶向健身的基础开展方式。

本书从逻辑结构上可以分为三个部分。

第一部分，溯源文献，博观约取。本部分通过对已有文献进行梳理分析，搭建研究背景与理论基础，主要包括第一、二章的内容。本部分首先分析了老年群体认知老化的现状，重点对认知老化过程中的不同方面的认知改变（包括注意能力、记忆能力、执行功能等方面）进行了归纳总结，以确定老化认知功能的“核心靶点”，从而为靶向健身构建提供支持。其次，聚焦适用于我国老年群体的靶向健身备选活动种类，整理目前广泛应用的延缓认知老化的干预方法以及具有潜力的方式，为靶向健身的途径提供丰富的参考。最后，归纳健身方式对老化过程中核心认知功能衰退的影响，通过对已有文献的细致分析，提供了靶向健身延缓认知老化可行性证据。

第二部分，研析现状，初构模式。本部分通过调查研究与逻辑分析，初步构建靶向健身模式，并对模式的维度、靶向的载体、靶向的实现途径等核心问题进行了探索，主要包括第三、四、五章的内容。本部分运用问卷调查、心理测量及认知测试，通过大样本施测，重点考察老年人的健身活动方式与认知老化特征的对应关系，包括对其身体活动情况、认知活动情况、整体认知能力、主观记忆抱怨、情绪状态、工作记忆能力进行了调查与心理测量；对老年人的注意网络功能、视空间工作记忆能力、视空间信息存储能力和心理旋转能力实施了现场测试，揭示了老年人健身活动方式与认知老化的深层内在关系，对靶向健身延缓认知老化的模式进行了探索。采用元分析的方法量化分析了不同健身方式延缓认知老化效果的差异，基于海量已有数据建立健身运动方式对认知功能影响的关系框架。最后，通过逻辑分析初步构建了符合我国老年人实际的靶向健身模式。

第三部分，实证研究，验证价值。本部分对靶向健身模式的应用进行有效尝试，并通过实验法验证了靶向健身的有效性，主要包括第六、七章的内容。本部分中，将已经初步构建成型的靶向健身模式在健康老年人群体中进行了推广与应用。利用已有的数据库开发了面向我国老年群体的靶向健身服务软件系统，直接服务老年群体与研究人员。此外，课题组走进社区招募老年人进行实验研究，以开放性运动项目和体感游戏这两种典型的富认知健身活动为例，针对老化的记忆能力、执行功能、注意网络功能及动作技能等核心认知功能进行靶向干预，证明靶向健身延缓认知老化的有效性。

通过以上三部分研究，凝练出了以下主要结论与建议。

(1) 认知老化不可避免，“有思考的运动”可以延缓老化过程。在正常老化的过程中，老年人的注意能力、记忆能力、执行功能、情绪情感、语言能力及动作技能等核心认知功能都会随着年龄的增长而衰退。针对老化过程中不同类型认知功能的衰退，运动具有较好的延缓作用。此外，在运动中随着认知资源投入的增多，其延缓认知老化的效果越来越明显，因此，倡导老年人进行“有思考的运动”可以更全面地延缓认知功能老化。

（2）运动延缓认知老化的作用存在一般性，也存在靶向的特异性。老年人认知功能随着体力及认知活动量的提升而得到明显改善。体力活动量及认知活动量与老年人认知功能呈正相关，与抑郁、主观记忆抱怨呈负相关，从事高体力高认知活动的老年人的认知功能较高体力低认知活动的老年人更优。开放性运动锻炼作为典型的富认知健身方式，其延缓认知老化的效果优于闭锁性运动。进行开放性运动锻炼的老年人的视空间工作记忆能力较闭锁性运动锻炼的老年人更优，进一步实验分析揭示了其信息存储能力更优，阻止无关信息进入视空间工作记忆的能力更强。此外，开放性运动锻炼的老年人的注意网络功能较闭锁性运动锻炼的老年人更优。

（3）靶向健身的实现需要常规运动作为载体。凭空生成一种全新的运动形式既无必要，也不可行，指向认知功能老化的健身应该搭建在已经存在的运动形式之中。将承担靶向健身的基础运动形式理解为载体，它将最终的效果运送到认知老化这一靶点。靶向健身和载体的结合形式大体上可以分为两种：一种是某些运动天然具有较为丰富的认知需求，其原本就具有一定的延缓认知老化的功能，只是这种功能未被重视和发掘，这样的结合形式可以称为富认知运动；另一种是运动过程中认知需求相对较少，需要额外增加认知训练的要素才能产生延缓认知老化的效果，这样的结合形式可以称为运动健身联合认知训练。针对核心认知功能老化的富认知运动及运动与认知的联合作为靶向健身干预可以更有效延缓老年人核心认知能力的衰退。通过元分析及逻辑分析的方法得出上述观点，为靶向健身延缓认知老化的科学性提供了有力的证据。

（4）科学易用的服务系统可以为靶向健身延缓认知老化理论积累向实践工作转化提供催化工具。与实践中的困境相比，我国运动健身延缓认知老化的探索研究已经有了多年的积累，取得了扎实且丰富的理论成果。但受制于缺少易用的服务系统等因素，理论向实践的转化速度较慢，这种困境与理论成果的丰富程度不匹配，与实践需求的迫切程度也不匹配。科学易用的服务系统可以有效清除转化过程中的障碍，加速转化进程，从而服务于靶向健身延缓认知老化的实践工作。此外，基于人工智能和神经网络算法的发展，利用现有的课题中收集的数据构建数据库可有效预测健身效果。该系统还能收集更多数据资料，丰富现有的数据库，以确保老年人靶向健身模式的可持续性。

2018年，本项目率先提出靶向健身理念，基于该理念，项目负责人以第一或通讯作者发表CSSCI论文1篇，SSCI论文3篇，SCI论文3篇，北大核心论文1篇，独著学术专著1部，获批软件著作权1项，系列成果有效推动了靶向健身理念在学界的传播，得到了相关领域学者的认可，成果累计被引126次。本成果包含的靶向健身延缓认知老化服务系统在国家社科基金、江苏省社科基金及江苏省自然科学基金等研究课题中使用，收集了丰富的相关数据，保障了老年人靶向健身模式研究的可持续性。项目团队多次进社区进行靶向健身指导，在多个社区使用健身服务系统，助力我国健身延缓认知老化工作的开展。以本研究成果为基础，负责人获批江苏省基础研究计划1项，指导学生进行多项创新创业实践项目，包括江苏省大学生创新创业训练计划国省级项目3项，获得江苏省大学生体育健康产业创新创业大赛二等奖等。

著 者

2025年2月

目　录

第一章

认知老化现状及延缓途径

人口老龄化已经成为我国乃至全球面临的严峻社会问题。老龄化给社会和家庭带来了经济、养老、医疗等多方面的负担，同时，增龄性衰老直接降低了老年人的生活质量。随着年龄的增长，老年人在加工速度、记忆能力、注意能力和执行功能等认知方面存在不同程度的下降。认知能力下降导致老年人面临工具性日常生活困难和独立生活能力丧失。因此，开展认知心理学研究以探索和开发延缓认知老化的干预方法对提升老年人的生活质量至关重要。尽管学者们对老龄化在各领域的影响非常关注，但老龄人口自身认知功能的变化却未受到足够的重视。以知网为例，使用关键词“老龄化”进行搜索可以找到60000余篇相关论文，而使用关键词“老年人心理”“认知老化”等进行搜索仅有4000余篇。由此可见，对老年人的心理和认知功能变化的研究和关注远远不够。本章对已有研究进行了文献综述，涵盖了认知老化的现状、理论、机制以及相关的行为干预方法，为构建靶向健身延缓认知老化模式提供了前期的理论支持。

第一节　老龄化及认知老化的现状

一、老龄化的现状

2021年5月11日国务院新闻发布会上公布的第七次人口普查的主要数据显示，我国老年人口的基数越来越大，60岁及以上人口为26402万人，其中超过65岁的人口约为19064万人；我国老龄人口的比例持续增加，60岁及以上人口占我国总人口数的18.7%，其中超过65岁的老年人占总人口数的13.5%。通过我国第七次人口普查结果与先前人口普查的结果对比发现，虽然2016年开始全面实施一对夫妇可生育两个孩子政策和 2021 年开始实施一对夫妻可以生育三个孩子政策，但新生儿出生率仍持续下降，人口增长缓慢，甚至出现人口负增长的情况，老年抚养比例则只升不降；老少比、年龄中位数、平均年龄均持续上升。这反映出我国人口老龄化的程度不断加深。

根据我国第七次人口普查的公报可知，截至 2020 年 11 月 1 日零时各个省份人口老龄化(60 岁及以上)的水平：辽宁省的老年人口占比最高，高达 25.7%；经济发达的上海排名第二，老年人口占比为 23.4%；第三名为黑龙江，老年人口占比为 23.2%；第四名为吉林，老年人口占比为 23.1%；第五名和第六名分别为重庆和江苏，老年人口占比分别为 21.9%和 21.8%。从这些数据可以看出，东北三省是我国目前人口老龄化最严重的地区，尽管上海是我国最早进入老龄化的地区，但在近几年老龄化的发展速度得到了一定的控制。

国际上普遍将 65 岁及以上人口占总人口的比重作为衡量老龄社会程度的标准，超过 7%但低于 14%为轻度老龄社会，超过 14%但低于 20%为中度老龄社会，超过 20%但低于 40%为重度老龄社会，超过 40%为超重度老龄社会。当前，老龄化已不仅仅出现在发达国家，越来越多的发展中国家也步入了老龄化阶段。2022 年，全世界 65 岁及以上人口数占总人口比例已超过 9%，世界已进入老龄化阶段。欧洲和北美洲加起来拥有最高比例的老年人口，重度老龄国家多分布在欧洲。芬兰、德国、法国、丹麦等国家在 1970 年之前就进入了老龄化社会，陆续经过了轻度老龄化和中度老龄化阶段，分别于 2015，2008，2018 和 2020 年进入重度老龄化阶段，截至 2022 年，65 岁以上人口已超过 20%。除欧洲国家外，日本的老龄化进程也较快，成为当前世界范围内老龄化程度最为严重的国家之一，日本在 20 世纪 70 年代就已进入轻度老龄化社会(65 岁以上人口占比超过 7%)，1994 年进入中度老龄化社会(老龄人口超过 14%)，2004 年进入深度老龄化社会(老龄人口超过 20%)，2022 年，日本老龄人口占比已达到 29.92%。中度老龄化经济体多分布在北美洲和其他地区。北美洲的美国、加拿大分别于 2014 和 2010 年进入中度老龄化社会，2022 年，65 岁及以上人口占比分别为 17.13%和 19.03%。挪威、韩国、新加坡分别于 1977，2018 和 2021 年进入中度老龄化社会。轻度老龄化国家多分布在亚洲和南美洲，重度老龄化国家多分布在欧洲。智利进入老龄化阶段的时间较早，1995 年，65 岁及以上人口占比超过 7%。马来西亚、越南、墨西哥、巴西等国家近些年进入了轻度老龄化的行列，65 岁及以上人口占比分别在 2020，2015，2016，2011 年超过 7%，当前尚未超过 14%。

人口向老龄化发展的趋势不仅是国家现在和今后发展的重要特征，也是国家面临的严峻挑战。人口老龄化将给我国经济社会发展带来非常不良的影响，具体体现在劳动力供给不足、社会与家庭的养老负担加剧和社会经济结构转变的压力。

人口老龄化势必会带来劳动力的老化，人随着年龄的增加，体能会下降，动作反应能力下降，记忆能力和思维决策能力相对来说也会下降，从而导致劳动生产率下降；劳动力老化使得一大部分老年人退休或不参与社会生产劳动，进而导致适龄的劳动力人口数量减少，导致人均劳动成本上升，在一定程度上社会总产出下降，给社会经济发展增加一定的阻碍。

人口老龄化的发展使得社会与家庭养老负担加重，中国老年抚养比在近十年的上升速度在逐渐加快，2019 年已经高达 17.8%，意味着每 100 个适龄的劳动人口平均需要赡养 18 名老人。根据联合国经济与社会事务部人口司于 2017 年发布的《世界人口展望》，预计在 2050 年，中国的总抚养比将超过 75%，意味着每 100 个适龄的劳动人口平均需要抚养以及赡养共 75 名儿童和老年人。对于家庭来说，目前一批计划生育时代出生的“70 后”和“80 后”是我国生产劳动的主力军，一对夫妻通常需要同时赡养 4 名老人和抚养 1 名或 2 名孩子的状态已经成为中国社会家庭的主流模式，也就是说我国的主要劳动力承担着“上有老，下有小”的现实生活压力。如果家庭中的老年成员身体健康，年轻劳动力的时间和精力就会相对充足，但凡家庭中的老年人身体状态不好，特别是有生活不能自理的老年人，年轻人就要花出更多时间和精力去照料老年人，同时要承受巨大的生活、工作和子女生活学习的压力，进而导致一部分年轻人的生产力下降。

没有实行独生子女政策前一对夫妻通常拥有多个子女，多个子女同时照顾老年人可以为社会分担一部分养老压力，生育率下降导致的独生子女化使得中国的家庭模式发生了改变，空巢老年家庭和老年人单人家庭等家庭形式越来越常见，所以需要进一步完善社会养老保障体系。随着人口老龄化程度的不断加深，领取退休养老金的老年人在不断增加，这就造成我国养老金正常运营的资金循环能力变差。2020 年 7 月 21 日，人力资源和社会保障部公布：在 2015 年到 2019 年期间，虽然我国养老保险基金收入增长 72.3%，但是支出方面却比收入的资金多，支出增长了 86.2%。到 2020 年上半年为止，全国基本养老、失业和工伤保险三项社会保险基金总收入与总支出不成正比，支出远超过收入。从 2020 年下半年来看，新型冠状病毒疫情对我国企业和个体户的影响造成我国基本养老保险基金出现严重收支不均衡的情况，进一步加大了我国支出社会养老保险的压力。随着老年人口的增加，一个国家或地区用于老年人社会福利的相关费用和投入的医疗资源也会随之增加，从而对国家的经济发展产生一定不良的影响。不同年龄人群的消费观念有所不同，相对于年轻人，老年人的消费观保守，消费需求和消费量小。因此，人口老龄化会影响一个国家或地方的消费结构，进一步影响地方的投资和就业等方面。

我国的东部地区与西部地区、北方地区与南方地区之间的经济发展程度不同，多数年轻人倾向于选择去东部地区和南方地区发展，这减少了西部地区和北方地区的年轻人口的比例，从而增加了当地老年人口的比例，一定程度上抑制了这些地区的经济发展。虽然东部地区和南方地区的年轻劳动力增加了，对于该地区的经济发展有促进作用，但是也会带来一些环境资源的压力和一系列社会问题。

二、认知老化的现状

人在成年后，认知能力随年龄下降，这一现象即为认知老化。认知老化程度在不同年龄阶段有所不同。Schaie 等人的研究发现，在 60 周岁之前，人们的认知表现基本稳定，但是从 60 周岁开始，便可以测量到认知能力的下降，从 80 周岁开始，除了语言能力的下降速度较慢之外，所有认知领域的退化都在加速①。而另外有研究发现，认知功能从 50 岁左右便开始下降，并且随着年龄的增长，下降速度趋向于相对稳定②。但是这些研究有一个共同结论，随着年龄的增加，老年人的认知能力逐年下降。如果不加干预，认知老化可能从正常的认知功能衰退逐步发展成轻度认知障碍，甚至出现老年性痴呆。研究表明，年龄在 65—79 岁的老年人，每 4 个人中有 1 人有某种形式的认知障碍。在美国估计有 540 万（22.2%）年龄在 71 岁或以上的老年人患有认知障碍，并且每年有 11.7%的认知障碍患者发展成为阿尔茨海默病。65 岁以上人群的阿尔茨海默病患病率为 6.2%（女性 8.8%，男性 3.1%）。80 岁以上的老年人患阿尔茨海默病的比例相当高，约占人口的三分之一（女性 35%，男性 24%），患病率随着年龄的增长而增加（80—84 岁 16%，85—89 岁 34%，90—94 岁 43%，94 岁以

---

① SCHAIE K W，EBRARY I. Developmental influences on adult intelligence：The Seattle longitudinal study［M］. Oxford：Oxford University Press，2005：1-5.

② GRASSHOFF J，BELLER J，KUHLMANN B G，et al. Increasingly capable at the ripe old age? Cognitive abilities from 2004 to 2013 in Germany，Spain，and Sweden［J］. PLOS one，2021，16（7）：e0254038.

上 57%)[①]。

受教育程度不同的人群认知老化程度有所不同。老年人受教育的程度与认知能力衰退存在线性相关关系。多年的和高质量的教育与“更好的认知功能、更慢的认知老化和更低的阿尔茨海默病风险”有关。有学者对 951 名正常认知老化的老年人进行研究发现，受教育程度对 5 个认知领域(情景记忆、语义记忆、工作记忆、视觉空间能力、感知速度)的下降有直接和间接影响[②]。对 197 名 50 岁以上的老年人进行了长达数年(平均为 3.3 年)的纵向研究，发现受教育程度高的个体可以有效抵抗脑损伤，推迟认知正常个体认知障碍发生的时间[③]。此外，教育程度越高，患阿尔茨海默病的风险就越低，反之，较低的教育水平与阿尔茨海默病的风险增加相关，受教育程度超过 15 年的被试的痴呆风险几乎是受教育程度低于 12 年的被试的一半。

不同性别认知老化程度有所不同。通过 8 年和 12 年的随访，发现从 70 岁开始，女性认知老化的速度更快[④]。与男性相比，女性年轻时执行功能和视知觉能力有更高的基线分数，但随着年龄的增长，她们的表现下降更快，老年时甚至低于男性。对于65 周岁以上的老年人，虽然男性和女性患认知障碍和阿尔茨海默病的概率都随着年龄增长而增加，但在所有年龄段，女性患病概率始终高于男性，平均超过 5%。元分析结果显示，与患有阿尔茨海默病的男性相比，患有阿尔茨海默病的女性认知能力下降更快，并且女性更容易患上阿尔茨海默病[⑤]。

有研究以 2038 名具有代表性的认知健康的老年人(64—104 岁)为研究对象，研究了他们认知老化的轨迹，发现认知能力快速下降[简易精神状态检查(mini-mental state examination，MMSE)得分 9 年下降 20 分]占 4.5%，缓慢下降

---

① LUCCA U，GARRÌ M，RECCHIA A，et al. A population-based study of dementia in the oldest old：The Monzino 80-plus study[J]. BMC neurology，2011，11(1)：54.

② JEFFERSON A L，GIBBONS L E，RENTZ D M，et al. A life course model of cognitive activities，socioeconomic status，education，reading ability，and cognition[J]. Journal of the American geriatrics society，2011，59(8)：1403-1411.

③ ROE C M，FAGAN A M，GRANT E A，et al. Cerebrospinal fluid biomarkers，education，brain volume，and future cognition[J]. Archives of neurology，2011，68(9)：1145-1151.

④ ANSTEY K J，EHRENFELD L，MORTBY M E，et al. Gender differences in cognitive development in cohorts of young，middle，and older adulthood over 12 years[J]. Developmental psychology，2021，57(8)：1403.

⑤ LEE B H，RICHARD J E，DE LEON R G，et al. Sex differences in cognition across aging[J]. Sex differences in brain function and dysfunction，2022,3(2)：235-284.

(MMSE 得分 9 年下降 10 分)占 14.0%，基本稳定占 81.5%[①]。最近的一项全国性横断面研究报告称，在中国 60 岁或以上人群中，总体轻度认知障碍患病率为 15.5%，痴呆患病率为 6.0%[②]。Nie 等研究发现 60 岁及以上老年人轻度认知障碍的总患病率为 12.7%，60—65 岁、65—70 岁、70—75 岁、75—80 岁、80 岁以上各期患病率分别为 5.9%，7.5%，10.9%，15.2%和 20.5%。东西部地区患病率分别为 9.6%和 14.7%，无论在中国西部还是东部，女性的患病率都显著高于男性[③]。中国老年女性的 MMSE 得分低于男性，并随着年龄的增加，MMSE 得分中的性别差异进一步增加[④]。

第二节 认知老化的理论及机制

一、认知老化的理论解释

认知老化是随着年龄的增长，老年人的各项认知功能出现衰退的现象，如反应迟缓、记忆力衰退、抗干扰能力减弱等[⑤]。人的各种认知能力在成年后达到峰值便开始下降，在老龄阶段衰退开始加快。人们普遍认为，随着年龄的增长，老年人认知能力下降是不可避免的。研究认知老化主要是对加工速度和工作记忆等认知功能随年龄衰退的现象进行解释。随着研究的深入以及多学科的交叉融合，产生了许多认知老化的理论模型，并都有相应的实验数据支持。

---

① TU L H, LV X Z, YUAN C Z, et al. Trajectories of cognitive function and their determinants in older people: 12 years of follow-up in the Chinese Longitudinal Healthy Longevity Survey[J]. International psychogeriatrics, 2020, 32(6): 765-775.

② JIA L, DU Y, CHU L, et al. Prevalence, risk factors, and management of dementia and mild cognitive impairment in adults aged 60 years or older in China: A cross-sectional study[J]. The lancet public health, 2020, 5(12): e661-e671.

③ NIE H W, XU Y, LIU B, et al. The prevalence of mild cognitive impairment about elderly population in China: A meta-analysis[J]. International journal of geriatric psychiatry, 2011, 26(6): 558-563.

④ HU X Q, GU S Y, ZHEN X M, et al. Trends in cognitive function among Chinese elderly from 1998 to 2018: An age-period-cohort analysis[J]. Frontiers in public health, 2021, 9: 753671.

⑤ 彭华茂，王大华.基本心理能力老化的认知机制[J].心理科学进展，2012，20(8)：1251-1258.

(一)加工速度下降假说

加工速度下降假说认为，认知任务中与年龄有关的变化的很大一部分可归因于老年人处理信息的速度下降。处理速度下降效应可通过两种机制发生：处理速度变慢会导致认知缺陷，一种因为老年人在有时间限制的过程中，无法在给定的时间框架内有效地执行(有限时间机制)；另一种因为老年人不能像年轻人那样同时考虑更多的任务相关成分，因为一旦正在进行的处理完成，早期处理的产品可能就无法获得了(同时性机制)。通过对1350名20—90岁的健康成人进行研究，发现在由年龄解释的认知变量中，加工速度的作用量约为86.5%，结果说明，在认知老化过程中，加工速度起决定性作用①。

(二)抑制衰退假说

抑制衰退假说认为，在工作记忆中抑制对不相关想法的注意能力是情景记忆的一个重要预测因素。抑制可以降低工作记忆中偏离目标路径的想法的激活水平，从而促进有效的记忆处理。老年人被认为缺乏抑制能力，因此容易分心，以牺牲目标信息为代价而关注背景信息。不良的抑制被认为会导致混乱的工作记忆，也限制了新的相关信息进入的能力。此外，这种“精神混乱”放大了记忆提取过程中的竞争，这导致了老年人更高的侵入率和记忆干扰。例如，如果有不相关的信息干扰时，那么注意力就更容易分散，特别是当出现多个信息来源时。研究者通过“风扇效应”证明了抑制衰退假说，风扇效应认为在记忆领域，与年轻人相比，老年人对检索干扰的敏感性更高，特别是当事实共享相同的概念并在检索时相互竞争时，这表明筛选概念相关但非目标信息所需的抑制机制随年龄增长而降低。许多复杂的认知任务依赖于抑制过程来抑制无关的信息，清除不再有用的信息。在需要个体维持目标导向活动的任务中，抑制过程尤其重要，这些任务包括解决问题、工作记忆、定式转换和选择性注意力。

(三)多巴胺衰老假说

多巴胺衰老假说认为，多巴胺系统中与年龄相关的失调调节了与正常衰老相关的认知缺陷。有大量证据表明，正常衰老伴有多个区域(包括纹状体和额叶皮层)中的多巴胺失调，而多巴胺水平的波动可显著影响认知。有研究已经

① 李德明，刘昌，陈天勇，等.加工速度和工作记忆在认知年老化过程中的作用[J].心理学报，2003,35(4)：471-475.

证明多巴胺标记物是正常衰老中的认知表现，特别是执行功能能力的强有力的预测因子①。对通过正电子发射计算机断层扫描(PET)和单光子发射计算机断层扫描(SPECT)的分子成像技术来研究多巴胺和认知功能的文献进行回顾，发现多巴胺活动调节一系列额叶执行型认知过程，如工作记忆、注意功能等②。尹江安等研究证明了多巴胺系统在老化大脑认知能力改变中的作用，通过操纵多巴胺系统功能，有可能逆转老年人群的认知能力降低③。

(四)额叶衰老假说

额叶衰老假说认为，由额叶及其相互连接的神经回路介导的认知能力非常容易受到年龄的影响。有研究将364名成年人分成三组(青年组、中年组、老年组)，对其各项认知功能进行测验，研究结果普遍支持额叶衰老假说，该研究结果显示，认知功能显著下降是老年人的经验特征，即使是非常健康的老年人也会出现，其中执行功能能力受到的影响最大；研究结果还表明，这些认知变化在中年中期开始显现，是通过大脑额叶区域的变化引起的④。额叶效率下降可以解释许多与认知老化相关的认知缺陷，与年龄相关的认知在多个领域(包括执行功能、语言能力和记忆)的变化，可以追溯到基于额叶的过程(如策略启动、长时记忆提取和努力加工)的低效。

二、认知老化的细胞与分子机制

(一)前额皮质与海马

探索与年龄相关的认知能力下降的细胞和分子机制时，首先要解决的问题是：与老化和认知能力下降相关的大脑变化是什么样的？对于与年龄相关的脑

① ERIXON-LINDROTH N, FARDE L, WAHLIN T B R, et al. The role of the striatal dopamine transporter in cognitive aging[J]. Psychiatry research: neuroimaging, 2005, 138(1): 1-12.

② CROPLEY V L, FUJITA M, INNIS R B, et al. Molecular imaging of the dopaminergic system and its association with human cognitive function[J]. Biological psychiatry, 2006, 59(10): 898-907.

③ 尹江安，蔡时青.多巴胺信号系统在衰老引起的行为和认知能力退化中的作用[J].生命的化学，2014，34(2)：176-183.

④ GUNSTAD J, PAUL R H, BRICKMAN A M, et al. Patterns of cognitive performance in middle-aged and older adults: A cluster analytic examination[J]. Journal of geriatric psychiatry and neurology, 2006, 19(2): 59-64.

区研究，大量的研究集中在对海马和前额皮层的变化上，因为伴随着年龄的增长，依赖于这些脑区的认知能力逐渐下降。脑成像研究证实，人的内侧颞叶/海马和前额皮层极易受到与年龄相关变化的影响。动物模型研究的结果表明，可以用非侵入性技术来探究人类大脑结构和活动中与年龄相关的变化机制。

前额皮层对执行功能的影响主要包括动机、计划、排序、执行转换、持续的注意力和工作记忆等。涉及注意力需求增加的基本认知过程的缺陷可能会在老化早期出现并导致执行过程中的损伤。

记忆缺陷是老年人最关心的问题。据估计，大约有 40%的 65 岁以上的人可诊断为与年龄相关的记忆障碍。情景记忆损害一般在中年开始。情景记忆的编码一般发生在海马中，它将被记住的单个元素与事件或实验发生的空间位置和时间联系起来。情景记忆不同于依赖前额皮层的工作记忆，情景记忆可以持续数小时、数天、数个月或数年，但是工作记忆却只能持续几秒钟。情景记忆也不同于程序记忆、语义记忆和参照记忆，这些记忆代表的知识或事实并不是依赖于单一的实验，而是通过反复接触才获得的，并在整个生命周期中保持相对不变。

(二)老化和突触衰老的 Ca^{2+} 假说

30 年前，观察到与年龄相关的 Ca^{2+} 调节变化和依赖于 Ca^{2+} 的生理过程的改变，促进了“大脑老化的 Ca^{2+} 衰退假说”的形成。早期的研究表明细胞内游离 Ca^{2+} 随年龄的增长而小幅增加。对海马 CA1 锥体细胞的生理研究表明，老化与动作电位的超极化阶段增加、细胞兴奋性降低和爆发放电活性降低有关。这种后超极化依赖于细胞质(细胞内) Ca^{2+} 来激活 Ca^{2+} 依赖性钾通道。因此，与衰老相关的后超极化增加提供了细胞内 Ca^{2+} 水平适度延长的进一步证据。最初的 Ca^{2+} 假说试图将 Ca^{2+} 失调与老化的神经退行性疾病联系起来，这也就表明了随着时间的发展，Ca^{2+} 的小范围和长时间的增加会产生毒性作用，从而导致细胞死亡。通过阻断电压依赖性 Ca^{2+} 通道的急性药理治疗，已经观察到了对认知功能的促进效果。最近的研究主要集中在对行为变化的研究，这些行为变化反映了老化生理相关变化中的 Ca^{2+} 调控过程，包括细胞间通信等。

(三)脑衰老的基因表达与表观遗传机制

基因表达的改变影响大脑功能，从细胞到行为水平，并对认知过程产生关键影响。迄今为止的研究结果表明，与应激、炎症、免疫反应、线粒体功能、生长因子、神经元存活和钙稳态相关的基因在衰老过程中发生改变。一般来说，在一些生物体中，随着年龄的增长，应激反应基因以及与炎症和DNA修复相关的基因上调，而与神经元生长、生存和线粒体功能相关的基因下调。大脑衰老过程中的基因表达变化也表现出区域差异和性别差异。包括额叶上回、整个皮质和海马在内的前脑区域更容易衰老，并表现出大量的基因改变。

1.突触可塑性相关基因

在过去的十年里，来自人类和动物模型的大量证据表明，伴随着认知能力下降的脑老化主要是由于神经元形态和突触可塑性的改变。突触可塑性事件形成了学习和记忆过程的核心，在衰老过程中几乎每个物种都受到影响。

依赖于海马（陈述性记忆）和背外侧前额叶皮质（工作记忆）的记忆过程随着年龄的增长表现出最大程度的下降。根据这一信息，我们对研究衰老大脑中调节突触可塑性的基因很感兴趣。神经活性诱导基因，如脑源性神经营养因子（BDNF）和活性调节的细胞骨架相关蛋白（ARC），已在老年脑突触可塑性变化中得到充分报道①。有研究探索了一类新的分子，即脑老化中的活性依赖性神经蛋白酶。神经元刺激后，这些蛋白酶在突触裂中分泌，并切割细胞外基质蛋白和/或细胞黏附分子。这种蛋白水解裂解立即导致突触重构或裂解产物激活某些信号级联，最终影响突触连接性和可塑性。

2.阿尔茨海默病相关基因

与年龄相关的认知能力下降的严重程度容易导致神经变性疾病，如阿尔茨海默病（AD）。尽管大多数患者在65岁以上的年龄发展为晚发性AD，但2%~10%的患者表现出更早的临床症状，称为早发性AD。因此，认知能力老化不是AD的诱因，而是导致个体易患AD的易感因素。与年龄相关的脑结构和功能退化被认为是迟发性AD的最大危险因素。不同基因的突变，包括淀粉样前体蛋白（APP）、早老蛋白（PS）1和2被认为是导致家族性AD的原因，而载脂蛋白E（ApoE）4等位基因则增加了AD的易感性。

3.MicroRNA

MicroRNA（miRNA）通过与转录后靶点mRNA结合来抑制翻译，提供了另一种调控基因表达的表观遗传过程。从血液或血浆中检测miRNA可以为获得衰老和疾病的生物标记物提供一种便利的方法。血浆miRNA水平的变化与轻

---

① BARRIENTOS R M，FRANK M G，WATKINS L R，et al. Aging-related changes in neuroimmune-endocrine function：Implications for hippocampal-dependent cognition[J]. Hormones and behavior，2012，62(3)：219-227.

度认知障碍、阿尔茨海默病和正常衰老的认知能力下降具有一定的相关性。有趣的是，认知障碍与血浆中 miRNA 家族水平的增加有关，而人脑中常常也会富集这些 miRNA 家族。这表明，在血浆中发现的大脑充分的 miRNAs 可能为我们了解脑的变化提供线索。

三、认知老化的神经影像学研究

随着年龄的不断增长，人的大脑结构、功能、代谢和生理都会发生与衰老相关的变化，从而导致人们认知功能的老化。神经影像学为研究大脑衰老提供了有价值的工具，我们可以通过研究认知老化的神经影像学指标来评估大脑老化以及人们认知功能老化的程度。过去三十年来神经影像学和光谱学研究的结果发现大脑结构和功能会随着人的衰老而发生相关的变化。此外，这些变化在没有神经退行性疾病或其他神经疾病的老年人中也很明显，并得到多种神经影像学和光谱学方法证实。

(一)神经影像学方法简介

20 世纪下半叶出现了计算机断层扫描(CT)以及随后的磁共振成像(MRI)和磁共振波谱学(MRS)，为神经疾病诊断、病理生理学理解以及与衰老相关的大脑变化的研究提供了技术支持。有了这些神经影像学的技术支持就不再仅仅依靠尸检分析来确定病灶的位置、大小和性质，因为神经成像可以临床评估和量化大脑的异常。

MRI 的神经成像方法是一种安全、快速、准确的临床诊断方法，可以在一小时内获得反映大脑多种特性的数据。MRI 方法分为三大类：结构成像、功能成像、代谢和生理障碍的成像。基于任务的功能磁共振成像一直是认知神经科学家用于研究认知、情感和行为过程的主要方法。两种广泛使用的功能成像方法是功能磁共振成像(fMRI)和正电子发射断层成像(PET)。

(二)认知老化的神经影像学证据

过去三十年来的神经影像学和光谱学研究的结果共同表明衰老会影响人们认知功能的变化，具体表现在大脑结构和功能的变化。

1.大脑结构的变化

随着年龄的增长，人们的认知功能不断老化，许多脑疾病的发病率不断增高。在临床环境中，MRI 常用于识别由中风、肿瘤、退行性疾病或其他导致皮质或皮质下病变的神经疾病引起的部分脑结构异常。根据患者的年龄，使用MRI对大脑进行神经放射学评估，通常使用皮质萎缩的指标来评估。例如，在阿尔茨海默病和其他神经退行性疾病患者中，当他们转变为痴呆时，采用MRI的方法得出的结果显示明显的萎缩迹象。这种萎缩包括皮质脑回变窄、脑沟变宽和心室扩大。当结果显示严重萎缩的现象时，通常预示着神经病理状态而非正常脑老化。然而，当结果显示轻微的萎缩现象时，可能预示着正常的脑老化和神经退行性疾病的早期阶段。

早期使用定量方法的神经影像学研究主要集中于大脑宏观结构的成像。在一般情况下，通常测量皮质和皮质下灰质和白质的体积或形态的变化，包括根据特定大脑区域和结构(例如海马)的变化去研究大脑的结构变化。越来越多的证据表明人的衰老与白质通路的结构变化有关，例如，通过质子密度和液体反转恢复(FLAIR)成像可以评估发生在皮层、皮层下深层和脑室周围白质的微血管病变的情况，其成像结果显示出明显的白质高强度(WMH)。在白质没有明显病变的情况下，采用弥散张量成像(DTI)方法可以对白质的完整性进行评估。

(1)灰质体积。先前的神经影像学研究结果一致表明，无论是否患有神经退行性疾病，成年人的大脑结构形状都与年龄相关，人成年后随着年龄的增加，皮质体积会不断减少，老年人大脑的灰质体积显著小于年轻人，因此可以通过与年龄相关的灰质体积的变化来评估认知老化的程度和潜在的疾病状态。人在衰老后表现出的注意力和执行功能的下降与主要额叶亚区(外侧、内侧、眼眶)、海马、杏仁核和壳核的灰质体积减少相关。其中，在典型的认知老化背景下，海马体积不仅与执行功能相关，还与工作记忆相关。区域额叶容积可以评估注意力和执行功能的表现。此外，随着年龄的增长，丘脑形状也会发生变化，其中，丘脑前核、腹前核和背内侧核的形状变化最大。

(2)白质体积。有研究结果表明，白质体积减小与神经认知功能下降有关。与中青年人相比，老年人的总白质体积和局部白质体积较小，前额白质的体积在5年内减少了约1立方厘米①。

(3)白质高强度。大量的研究证明了白质高强度(WMH)数量会随着年龄的增加而增加，且白质高强度的数量与额颞叶痴呆的严重程度有关。在健康年轻人中WMH数量相对较少，但在老年人中WMH的数量较多，并且数量随着年

① RAZ N, LINDENBERGER U, RODRIGUE K M, et al. Regional brain changes in aging healthy adults: General trends, individual differences and modifiers[J]. Cerebral cortex, 2005, 15(11): 1676-1689.

龄的增长而增加。此外，临床上，WMH 的存在往往表明存在脑血管疾病，可能导致小血管梗死或低灌注。因此，与年龄相关的 WMH 数量增加是脑血管疾病发病率增加的原因之一。

(4)白质完整性。大多数关于衰老后大脑的神经影像研究表明，在人们正常的衰老过程中，灰质和白质体积都会下降①。通过对扩散张量成像(DTI)研究中分数各向异性的分析发现，白质完整性会随着人的衰老而降低。但在整个生命周期内进行检查时，白质体积退化却不明显，这是因为白质体积在早期增加，随后在晚期向萎缩转变，如果存在神经退行性疾病还会加速白质体积在晚期下降。Madden 等研究发现大脑白质的完整性会随着年龄的增长而下降，而白质完整性对于保证大脑皮层网络联系，尤其是与执行功能、知觉速度和记忆相关的脑区的网络联系具有重要意义②。

2.脑功能变化

通过任务依赖和静息状态 fMRI 技术证实了脑功能反应会随着人的衰老而变化。

(1)静息状态 fMRI。在静息状态 fMRI 期间，参与者被动地躺在扫描仪中，处于一种休息的状态。在静息状态下，一组大脑区域会被激活，包括前扣带回和后扣带回、楔前叶、内侧前额叶皮质和顶叶下叶。这些大脑区域的反应的一致性使它们形成“默认模式网络”(DMN)。这个网络的主要特征是，当不需要对特定认知任务进行反应或不需要对外部刺激进行处理时，它就会被激活。已有研究结果证明，DMN 内节点之间的功能连接强度会随着年龄增长而呈现下降的趋势。静息状态下 DMN 中与老化相关的连接与认知功能相关，在大多数情况下，网络节点[如后扣带回皮质(PCC)、岛叶、楔前叶和内侧额叶]之间的功能连通性降低与认知缺陷增加以及成年后认知能力降低有关，认知正常的老年人中网络连通性的降低幅度往往比存在轻度认知功能障碍或阿尔茨海默病患者的老年人中观察到的要小得多。

虽然 DMN 在利用静息状态 fMRI 的研究中得到了很多的关注，但是也存在其他大脑功能网络在休息时与衰老相关的改变，通常涉及特定网络节点之间连

① COHEN R A, HAREZLAK J, GONGVATANA A, et al. Cerebral metabolite abnormalities in human immunodeficiency virus are associated with cortical and subcortical volumes[J]. Journal of neurovirology, 2010, 16(6): 435-444.

② MADDEN D J, BENNETT I J, BURZYNSKA A. Diffusion tensor imaging of cerebral white matter integrity in cognitive aging[J]. Biochimica et biophysica acta (BBA)-molecular basis of disease, 2012, 1822(3): 386-400.

接减少，这些特定网络包括显著性网络(由前脑岛和背侧前扣带皮层组成)和中央执行网络(包括背侧前额叶皮层和外侧后顶叶皮层)，这些网络都与认知能力下降的严重程度相关。例如，在一项静息状态 fMRI 研究中，将正常衰老的老年人与患有神经退行性疾病的参与者进行比较，发现三个独立功能网络(默认、中央执行和显著性)的神经反应根据年龄和认知状态的不同而有显著的区别①。

(2)任务相关 fMRI。许多研究结果表明，在执行认知任务期间采用 fMRI 技术发现，年龄增长会改变某些特定大脑区域的激活状态和功能网络，从而影响人们的认知功能。

Cabeza 学者已经证明了两种与年龄相关的效应：①功能磁共振成像激活(PASA)的后向前移，②老年人大脑半球不对称性降低(HAROLD)。这两种效应都涉及在高认知要求的任务中激活的大脑区域的变化。这些影响在工作记忆任务中最为明显。PASA 效应是指老年人倾向于表现出更大的额叶激活。HAROLD 效应反映了这样一个事实：在某些任务中，老年人的前额叶激活比年轻人少。最后，随着年龄的增长，使用各种认知任务范式的功能磁共振成像研究所观察到的激活量往往会增加，特别是在任务复杂度高和对控制性费力处理要求高的背景下。

3.脑灌注

正常情况下，通过血流动力学自动调节来维持足够的脑血流，在过去人们认为这可以保护大脑而免受全身灌注减少。虽然血流动力学自动调节确实为大脑提供了相当大的保护，但随着人们进入晚年，大脑血流随着年龄的增长而减少，脑灌注减少还伴随着血流动力学调节功能的改变，有证据表明老年人脑灌注不足与认知功能降低有关②。

认知老化是一个日益严重的现象，随着人口老龄化的加剧，它对个人和社会的影响愈发明显。认知老化涉及注意力、记忆、思维和语言等认知功能的逐渐衰退，这种衰退受到生物学、心理学和社会文化因素的共同作用。生物学理论关注老化对大脑结构和功能的影响，如自由基理论和神经退行性理论。心理学理论关注认知过程的变化，如加工速度理论和工作记忆理论。为了应对认知

---

① JOO S H, LIM H K, LEE C U. Three large-scale functional brain networks from resting-state functional MRI in subjects with different levels of cognitive impairment [J]. Psychiatry investigation, 2016, 13(1): 1.

② ALOSCO M L, GUNSTAD J, BEARD C, et al. The synergistic effects of anxiety and cerebral hypoperfusion on cognitive dysfunction in older adults with cardiovascular disease [J]. Journal of geriatric psychiatry and neurology, 2015, 28(1): 57-66.

老化带来的挑战，我们需要关注这些理论和研究，从多个层面进行干预和预防。这包括维持健康的生活方式、增加认知刺激、积极参与社交活动等措施，以延缓认知衰退的速度，提高老年人的生活质量。

第三节　引起认知老化的风险因素

目前针对轻度至中度老年痴呆症患者的临床疗效均未能得到有效验证。所幸漫长的无症状期（老年人淀粉样蛋白标志物阳性，但认知能力正常）为实施干预措施以预防认知能力下降提供了机会。这种干预效果良好，将对社会、个人和家庭产生巨大影响。据估计，如果干预策略能将痴呆症的发病时间推迟5年，那么几十年后痴呆症的发病率将下降50%。在回顾性研究中发现了一些认知能力下降和痴呆症的风险因素，其中对许多因素可以很容易地加以改变，而且副作用很小。本节将详细讨论这些因素，以及它们可能带来益处的机制。

一、教育水平

认知老化的风险因素包括较低的受教育程度（低教育，目前定义为仅限于小学或以下的教育）。教育可以通过增强神经元分支、突触生长和认知回路效率来提高大脑的认知储备。美国、英国、加拿大、瑞典和荷兰等国家的流行病学研究报告显示，特定年龄段的痴呆症发病率或患病率有所下降，原因在于近几十年来人们受教育程度的提高。随着认知储备的增强，认知缺陷出现的概率越来越小。因此，较高的教育程度与老年人患阿尔茨海默病（AD）风险的降低有关，这表明鼓励终身接受教育和学习可能会降低患AD的风险。

二、智力活动

日常智力活动可能有助于延缓痴呆症的发生。许多智力活动与较优的记忆力、处理速度和执行功能有关，例如阅读报纸和书籍、演奏音乐、跳舞、玩游戏（棋盘游戏、纸牌游戏或麻将）。相关研究结果表明，进行这些活动可将认知障碍的风险降低31%[①]。患有轻度认知障碍（MCI）的人可能缺乏从事复杂休闲活

---

① AKBARALY T N, PORTET F, FUSTINONI S, et al. Leisure activities and the risk of dementia in the elderly: Results from the three-city study[J]. Neurology, 2009, 73(11): 854-861.

动的能力或动机，在这种情况下，神经退行性疾病可能是精神刺激活动参与减少的原因。

中国香港的一项研究中以15582名65岁没有痴呆的社区居民为研究对象，对他们进行了6年的追踪。研究人员在控制生活方式因素(即体育锻炼、充足的水果和蔬菜摄入量、吸烟以及娱乐和社交活动)的同时，还评估了智力活动对痴呆的影响。在随访的6年期间，有9%的参与者发展为痴呆症。排除了在研究的前3年便出现痴呆的那些个体，智力活动组的痴呆发生率降低了29%(OR 0.71，95% CI 0.60~0.84，$p<0.01$)。因此，痴呆发生风险降低与智力活动有关，丰富的休闲活动可以将痴呆症的风险降低32%。

三、社交活动

经研究发现，社会交往与痴呆风险的降低具有相关性。相反地，社交孤立可能会增加患痴呆症的风险，导致认知储备降低、抑郁风险增加，以及高血压和冠状动脉疾病的风险增加①。虽然控制社会活动可以更好地评估智力活动对痴呆风险的影响，但是社会交往仍然可能会对智力活动和休闲活动产生持久的影响。

四、语种数量

研究结果发现，语言或方言的数量与痴呆症的风险呈负相关。一些研究结果表明，掌握两种语言的人可以将痴呆症的发作延迟4~5年②。这可能是因为双语能够通过增加大脑灰质和白质参与的神经基质的数量来提高大脑的可塑性。

一项回顾性研究在2007年1月至2009年12月期间进行，对102名双语和109名单语阿尔茨海默病患者进行了研究。结果显示，掌握双语的阿尔茨海默病患者在出现症状时比单语患者大5.1岁。尽管单语患者接受了更多的正规教育，但两组之间在认知功能或职业水平方面没有差异，并且移民身份对结果没

① YANG Y C, BOEN C, GERKEN K, et al. Social relationships and physiological determinants of longevity across the human life span[J]. Proceedings of the national academy of sciences, 2016, 113(3): 578-583.

② PERANI D, ABUTALEBI J. Bilingualism, dementia, cognitive and neural reserve[J]. Current opinion in neurology, 2015, 28(6): 618-625.

有显著的影响①。

Alladi 等人回顾了 2006 年 6 月至 2012 年 10 月期间在诊所就诊的 648 名痴呆症患者的病例记录，发现双语患者比单语患者晚 4.5 年出现任何类型的痴呆症($p<0.01$)、阿尔茨海默病(3.2 年后，$p=0.013$)、额颞叶痴呆(6 年，$p=0.001$)和血管性痴呆(3.7 年，$p=0.012$)的发病年龄存在显著差异。即使在调整了教育、性别、职业以及城市与农村居住地等潜在混杂因素后，双语对痴呆发病年龄的影响仍然显著②。进一步的功能成像研究证明，双语对 AD 患者的大脑储备和代谢连通性产生影响。佩拉尼等人使用 18 氟脱氧葡萄糖正电子发射断层扫描技术研究了 85 名 AD 患者。他们发现，在双语 AD 患者中，大脑低代谢的皮质区域比单语 AD 患者大。然而，相比于单语组，在认知测试(视空间短期记忆、言语短期和长期记忆)方面，双语组表现更佳。在双语组中，眶额叶、下额叶和扣带回皮质(即执行控制和默认模式网络)的代谢增加，表明补偿电路参与完成任务。

在另一项研究中，根据脑脊液(CSF)生物标志物(有或没有异常 Tau 的异常淀粉样蛋白)定义，双语 AD 患者的临床前 AD 较轻，总 Tau 的水平较低，并且总 Tau 与年龄相关的增加较少或磷酸化的 Tau(一些研究人员已经开始研究一种名为 Tau 的蛋白质细微变化，寻找 AD 的生物标志物。这些变化可以使 Tau 蛋白更容易结块，从而导致神经元损失和记忆受损。这些变化涉及 Tau 蛋白在特定氨基酸上的磷酸化，称为 p-Tau181 和 p-Tau217 的版本)。这些发现表明，双语不仅可以增强认知储备，而且可能会延缓 AD 患者的神经退行性变③。

五、运动锻炼

前瞻性随机实验表明，体育运动或身体活动可以预防或减缓正常和认知障碍老年参与者的认知能力下降，并且体育活动的另一个主要优势是成本低，对

---

① CRAIK F I M, BIALYSTOK E, FREEDMAN M. Delaying the onset of Alzheimer disease: Bilingualism as a form of cognitive reserve[J]. Neurology, 2010, 75(19): 1726-1729.

② ALLADI S, BAK T H, DUGGIRALA V, et al. Bilingualism delays age at onset of dementia, independent of education and immigration status[J]. Neurology, 2013, 81(22): 1938-194.

③ ESTANGA A, ECAY-TORRES M, IBAÑEZ A, et al. Beneficial effect of bilingualism on Alzheimer's disease CSF biomarkers and cognition[J]. Neurobiology of aging, 2017, 50: 144-151.

降低心血管和脑血管事件以及糖尿病（DM）的风险有益[①]。对于老年被试，它可以降低跌倒和抑郁的风险并改善整体功能。运动可以通过多种机制降低痴呆风险，研究结果表明，至少5周的定期抗阻训练会增加脑源性神经营养因子（BDNF）的血液水平[②]。定期运动会刺激肌肉中含有纤连蛋白III型结构域的蛋白5(FNDC5)的释放，随后裂解的产品鸢尾素会诱导海马体中BDNF的表达，可降低胰岛素抵抗和脑氧化应激。一项包含16项前瞻性研究且涉及163797名非痴呆参与者的元分析研究表明，最高的身体活动类别与痴呆降低28%(RR 0.72，95% CI 0.60~0.86)发生率相关。

六、睡眠状况

越来越多的证据表明失眠与痴呆之间存在关联，尤其是阿尔茨海默病。在认知正常的被试中，失眠会降低记忆力、整合视觉和语义信息的能力以及执行功能，睡眠障碍可能通过多种机制增加痴呆症的风险。睡眠是β-淀粉样蛋白(Aβ)清除的一个重要时期，可通过淋巴系统来实现。CSF(脑脊液）Aβ水平在早上最低，然后在一天中随时间的推移逐渐升高。在睡眠期间，间质空间增加了60%，这有利于脑脊液与间质液的对流交换，并有利于脑脊液Aβ的去除。炎症和氧化应激增加Aβ沉积，深度睡眠可以缓解这两个反应过程。因此，睡眠与痴呆之间存在一定联系。

七、外伤性脑损伤

在过去十年中，人们越来越关注头部受伤是否会增加患痴呆或阿尔茨海默病(AD)的风险。众所周知，从事各种运动包括足球、拳击、摔跤、冰球、橄榄球和棒球的职业运动员，以及遭受撞伤或爆炸创伤的军事人员，都存在头部反复损伤的风险。创伤性脑损伤（TBI）的严重程度可以简单地根据有无意识丧失史（LOC）进行分类，可以将损伤分级为轻度、中度和重度。轻度TBI被定义为与正常结构成像相关的损伤，0~30分钟的LOC，持续时间长达24小时的意

① MORA S, COOK N, BURING J E, et al. Physical activity and reduced risk of cardiovascular events: Potential mediating mechanisms[J]. Circulation, 2007, 116(19): 2110-2118.

② BLAKE H, MO P, MALIK S, et al. How effective are physical activity interventions for alleviating depressive symptoms in older people? A systematic review[J]. Clinical rehabilitation, 2009, 23(10): 873-887.

识改变，以及持续长达1天的创伤后遗忘。中度TBI的定义依据格拉斯哥昏迷评分(GCS)，且LOC从20分钟~6小时，重度TBI定义为LOC超过6小时且GCS为8或更少。最近的一项系统回顾和元分析研究了包括32项研究的数据，涉及超过200万人，表明头部受伤使痴呆症的风险增加了63%(RR 1.63，95% CI 0.67~1.27)，阿尔茨海默病(AD)的风险增加了51%(RR 1.51，95% CI 1.26~1.80)。然而，并非所有研究都检测到TBI严重程度与痴呆风险之间的关系。

八、饮食习惯

研究结果表明，改变饮食模式、使用医疗食品、补充营养剂以及调整膳食宏量和微量营养素等措施已被证实在预防或减缓认知能力下降方面发挥了积极作用。研究最多的饮食模式是地中海饮食(Med-diet)，主要食材是水果、蔬菜、豆类、谷物和橄榄油，同时适量食用红酒，少量食用红肉和乳制品。地中海饮食与降低认知障碍、轻度认知障碍和阿尔茨海默病的风险有关。在一项随机对照实验（RCT）中，将一种包括混合坚果或特级初榨橄榄油（EVOO）的混合体与标准饮食以及限制脂肪摄入进行了比较①。混合坚果的地中海饮食提高了记忆综合评分，而带有EVOO的地中海饮食对情景记忆和注意力以及额叶和全局认知综合评分产生明显的改善。此外，研究发现认知能力衰退率降低以及阿尔茨海默病(AD)的发生率下降与采用停止高血压的饮食方法(DASH)和地中海-DASH神经退行性延迟饮食干预(MIND)的方法有关。在一项RCT研究中，膳食补充剂与n-3 PUFA已被证明可以改善执行功能、字母流畅度、即时和长延迟自由回忆、空间和非空间工作记忆、白质微观结构完整性、区域灰质体积(包括左海马和楔前叶)和P300潜伏期②。我们可以得知饮食习惯对认知老化和痴呆有影响，那么是否可以通过一些手段来控制认知老化和痴呆的进程呢？芬兰老年预防认知障碍和残疾干预研究（FINGER）是一项为期2年的多领域生活方式干预，干预组包括631名参与者，对照组包括629名参与者，基线时年龄

① VALLS-PEDRET C，SALA-VILA A，SERRA-MIR M，et al. Mediterranean diet and age-related cognitive decline：A randomized clinical trial[J]. JAMA internal medicine，2015，175(7)：1094-1103.

② JAREMKA L M，DERRY H M，BORNSTEIN R，et al. Omega-3 supplementation and loneliness-related memory problems：Secondary analyses of a randomized controlled trial[J]. Psychosomatic medicine，2014，76(8)：650.

均在 60—77 岁[①]。干预 2 年后，干预组的神经心理学得分 Z 分数的平均变化为 0.2，对照组为 0.16。这些有趣的发现表明，多领域干预可以改善或维持高危老年人的认知功能。此外，该研究提出了一个可能性，即当 AD 病理学指征首次出现时，关注这些生活方式因素可能会带来更大的益处，特别是在人处于中年时期。然而，这些研究的样本、持续时间和干预类型存在很大的异质性，因此不能仅凭饮食方法的功效得出简单的结论。

九、慢性疾病

中年高血压是痴呆症的危险诱发因素。据估计，所有痴呆症患者同时患高血压的占比为 2%[②]。高血压还会导致白质疾病、微梗死和微出血，所有这些都会导致认知障碍。此外，血管损伤似乎是导致临床痴呆的 AD 病理学的累加因素。研究发现，超过 50%的尸检诊断出的 AD 病例有明显的血管病变。尽管元分析显示痴呆风险降低 13%，但是目前尚不确定抗高血压药物治疗是否有降低痴呆风险的趋势(HR 0.87，95% CI 0.76~1.00)。另一项元分析也表明，被试的认知能力下降减少，调整后的平均差异为 0.42(95% CI 0.30~0.53)，且都与慢性疾病相关。肥胖与胰岛素抵抗、糖尿病前期和糖尿病（DM）相关，且 DM 是痴呆和 AD 的危险因素。胰岛素抵抗可以使胰岛素降解酶（IDE）代谢胰岛素和 Aβ。因此，与胰岛素抵抗相关的激素增加，通过在 IDE 位点与 Aβ 作用，减少了 Aβ 的分解和清除[③]。胰岛素抵抗还会增加糖原合酶激酶 3(GSK-3) 的活性，进而增加 Tau 的磷酸化，从而刺激神经元纤维缠结（NFT）的形成。慢性高血糖会降低血脑屏障葡萄糖转运蛋白的表达，可能导致中枢神经系统糖酵解和二磷酸腺苷(ATP)产生减少，并影响神经元和星形胶质细胞的功能。肥胖和糖尿病都会刺激体内的促炎环境，这可以激活小胶质细胞并促进氧化应激。

目前，仍然缺乏临床有效的 AD 治疗方法，能够改变该疾病的长期病程。因此，研究预防痴呆症的潜在方法仍然至关重要。目前的证据支持许多非特异性预防策略，包括鼓励教育、增加具有挑战性的休闲活动、学习一种以上的语

① BOESPFLUG E L, McNAMARA R K, ELIASSEN J C, et al. Fish oil supplementation increases event-related posterior cingulate activation in older adults with subjective memory impairment[J]. The journal of nutrition, health & aging, 2016, 20(2): 161-169.

② LIVINGSTON G, SOMMERLAD A, ORGETA V, et al. Dementia prevention, intervention, and care[J]. The lancet, 2017, 390(10113): 2673-2734.

③ RIEDERER P, KORCZYN A D, ALI S S, et al. The diabetic brain and cognition[J]. Journal of neural transmission, 2017, 124(11): 1431-1454.

言、避免头部受伤、保持良好的睡眠习惯、做出健康的饮食选择以及积极治疗心血管危险因素。这些策略的实施可能有助于减缓认知功能下降，延缓痴呆症的发展，并提高老年人的生活质量。

第四节　运动健身延缓认知老化的效果及作用机制

自20世纪70年代起，认知老化或认知能力下降作为一种疾病开始受到广泛关注。然而，尚未开发出针对认知老化的药物以减缓年龄相关的认知能力下降。因此，人们通常采用非药物治疗的方法来延缓认知老化，例如运动、睡眠、饮食和认知训练等。其中，运动锻炼与认知功能的关系已成为热点话题。众所周知，运动锻炼对神经系统、代谢系统、心血管健康和身体机能等方面有促进作用。目前有大量证据表明，运动锻炼有利于促进神经认知功能的发展，因此越来越多的人认为运动锻炼是一种便捷、经济、有效的延缓认知老化的方法。

一、运动健身对老年人认知功能的影响及作用机制

人在成年后随着年龄的增长，认知功能下降是一个普遍和正常的现象，其中，学习能力、记忆能力、加工速度和执行功能是最容易随着人的衰老而下降的认知能力。目前，大量的研究采用不同的方式讨论了身体活动和认知老化的关系，通常包括横断面研究、纵向研究和随机对照试验研究，这些研究一致认为运动锻炼可以缓解老年人认知功能退化，可以提高老年人的注意能力、加工速度、反应抑制、记忆和学习能力。运动锻炼还可以对老年人大脑结构产生影响。

(一)横断面研究

探讨运动锻炼对认知的影响的研究最早关注身体活动水平与老年人运动速度之间的关系。Spirduso等人采用横断面研究的方法探究老年人的身体活动水平与运动速度下降之间的关系。这项基础性工作将身体活动与基本认知过程(即运动速度)以及大脑机制(即纹状体内的多巴胺传递)联系起来。这些研究人员猜测老年人运动速度下降可能与其大脑运动系统内神经传递的效率有关。他们发现，身体活动水平较高的老年人反应速度更快，并证实这与运动脑回路中更好、更有效的多巴胺传递有关，如纹状体多巴胺受体更多等。然而，早期横断面研究的样本量较小，限制了研究结果的推广，因此需对更大、更多样化

的人群或其他认知领域进行探究。Middleton 等人进行了一项大样本量的横断面研究，对 9344 名老年女性进行了认知功能测试，并让所有参与者填写了一份问卷以量化她们在不同年龄时身体活动的频率和强度。在控制参与者年龄、教育程度和婚姻状况等相关人口统计学变量后，研究发现老年女性的身体活动频率和强度越高，其认知水平得分就越高①。

运动锻炼与心肺适能（CRF）经常紧密联系在一起，CRF 是指在运动锻炼期间循环和呼吸系统向身体供应氧气的能力，通常表示为一个人的最大摄氧量（VO_{2max}）。有研究证明在人的衰老过程中，可以通过测量 CRF 来反映人的认知表现。Oberlin 等人在 154 名老年人中研究了 CRF 和空间工作记忆之间的关系②，CRF 通过在跑步机上进行最大运动量来测量。空间工作记忆是通过一项任务进行评估的，该任务要求参与者记住屏幕上两个、三个或四个点的位置，刺激持续呈现几秒钟，然后回答一个红色的探测点是出现在目标点的同一位置还是出现在新位置。在控制参与者的年龄、性别和教育程度后，得出结果，发现老年人的 CRF 越高，其完成任务的准确性也就越高。在测量 CRF 和身体活动量对执行功能的研究中也发现了相似的结果，结果表明老年人的 CRF 和身体活动量处于较高水平时，其执行功能因衰老而下降的速度就会降低。记忆能力与老年人的生活行动息息相关，在关于运动锻炼与老年人记忆能力关系的研究中，发现身体健康和更喜欢进行运动的老年人在情景记忆测试中的表现更好③。Weuve 及其同事开展了一项关于 16370 名老年的身体活动量与认知功能之间关系的研究④，结果显示，在这些语言记忆测试中，参与体育运动量较高的老年人的表现明显好于体育运动量低的老年人。

身体活动量和 CRF 水平与认知老化之间关系的横断面研究为探讨运动锻炼与认知功能之间的关系提供了重要基础。综上所述，CRF 较高且身体活动量较多的老年人在复杂任务中的表现比身体活动量及 CRF 较低的老年人更好，

---

① MIDDLETON L E, BARNES D E, LUI L Y, et al. Physical activity over the life course and its association with cognitive performance and impairment in old age[J]. Journal of the American geriatrics society, 2010, 58(7): 1322-1326.

② OBERLIN L E, VERSTYNEN T D, BURZYNSK A Z, et al. White matter microstructure mediates the relationship between cardiorespiratory fitness and spatial working memory in older adults[J]. Neuroimage, 2016, 131(C): 91-101.

③ FREUDENBERGER P, PETROVIC K, SEN A, et al. Fitness and cognition in the elderly: The Austrian stroke prevention study[J]. Neurology, 2016, 86(5): 418-424.

④ WEUVE J, KANG J H, MANSON J A E, et al. Physical activity, including walking, and cognitive function in older women[J]. JAMA, 2004, 292(12): 1454-1461.

因此运动锻炼与认知功能相关。

(二)纵向研究

越来越多的研究结果表明，身体活动量或 CRF 与认知能力和认知老化相关，尤其在轻度认知障碍或痴呆的人群中。特别是在执行功能和处理速度方面，定期进行运动锻炼的老年人认知老化的速度会减缓。一项纵向研究对 4615 名老年人进行了为期 5 年的随访，以确定随着时间的推移认知障碍的发生率①。参与者完成了一项全面的神经心理学测试，以评估老年人的认知功能，并了解老年人体育锻炼的频率和强度。研究人员控制了老年人的年龄、性别和教育程度，发现运动锻炼量较高水平的老年人发生认知障碍的风险降低了 42%；运动锻炼量较高水平的老年人患痴呆的风险降低了 37%，运动锻炼量中等水平的老年人患痴呆的风险降低了 31%。

一项研究运动锻炼对健康老年人认知功能影响的元分析表明，参与运动锻炼量与降低认知障碍风险②和神经退行性疾病风险③相关。一项元分析包括了对 33816 名非痴呆成年人的 15 项前瞻性研究，在随访期间，那些参加运动锻炼量高的参与者发生认知障碍的风险降低了 38%，运动锻炼量中等的参与者未来发生认知障碍的风险降低了 35%。

另一项元分析专门研究了发生痴呆、阿尔茨海默病(AD)或帕金森病(PD)的风险，包括对 163797 名非痴呆老年人的 16 项前瞻性研究，对这些老年人在最初认知评估后进行了 3~30 年的随访。所有纳入的研究都用自我报告问卷来衡量运动锻炼的参与程度，结果发现经常参与运动锻炼的老年人神经退行性疾病的风险降低了(即，患痴呆的风险降低 28%，患 AD 的风险降低 45%，患 PD 的风险降低 18%)。这些研究结果证明了运动锻炼量与老年人的认知功能维持有关。即使部分老年人已经存在认知障碍的疾病，也可以通过体育锻炼来促进身体健康、延缓认知老化和降低患神经变性疾病的风险。Grande 等人的一项研究对 176 名患有轻度认知障碍的老年人进行了大约 3 年的跟踪调查，并用一份问卷测量了他们运动锻炼的水平。在随访中，发现参与运动锻炼水平高的老年

---

① LAURIN D, VERREAULT R, LINDSAY J, et al. Physical activity and risk of cognitive impairment and dementia in elderly persons[J]. Archives of neurology, 2001, 58(3): 498-504.

② SOFI F, VALECCHI D, BACCI D, et al. Physical activity and risk of cognitive decline: A meta-analysis of prospective studies[J]. Journal of internal medicine, 2011, 269(1): 107-117.

③ HAMER M, CHIDA Y. Physical activity and risk of neurodegenerative disease: A systematic review of prospective evidence[J]. Psychological medicine, 2009, 39(1): 3-11.

人从轻度认知障碍转变为痴呆的风险降低64%。综上所述，参与更多运动锻炼与维持老年人的认知功能有关。

(三)随机对照试验研究

横断面设计和前瞻性纵向设计中的研究表明，认知表现与运动锻炼和CRF之间存在关系，老年人进行更多的运动锻炼可能会对认知功能产生有益的影响。然而，测试变量之间因果关系的黄金标准是采用随机对照试验的方法。总体而言，来自随机对照实验的证据表明，定期进行运动锻炼可以改善正常个体的认知功能，并且对认知障碍患者的认知功能也有一定的改善作用。一项研究招募了一批身体健康的老年人，将这些老年人随机分成3组进行为期4个月的实验研究，第一组进行有氧运动，第二组进行力量训练，第三组作为对照组不进行特定的身体运动①，在研究过程中对所有参与者进行全面的神经心理学测试，以评估注意力、记忆和抑制控制能力。干预后的结果显示有氧运动组相较于力量训练组和对照组CRF增加显著，进而在认知测试中表现出明显的改善效果，这表明有氧运动训练可以改善健康老年人的认知功能。这项发现强调了有氧运动优于无氧运动，因为只有有氧运动组才观察到CRF增加，并且与认知任务表现的改善相关。

二、运动健身对老年人大脑结构与功能的影响

运动锻炼可以改善大脑结构及功能，从而影响人的认知功能。在人口老龄化的背景下，探讨运动锻炼与老年人大脑结构和功能的关系已成为研究热点。越来越多的研究探讨运动锻炼和CRF是否会改变人类特定的大脑区域形态，从而改善认知老化。

(一)横断面研究

21世纪初才出现第一批关于大脑的变化与CRF的关系的研究，这种横断面的研究大多集中在大脑和CRF之间的关系。该领域最早的研究之一是研究CRF是否与执行功能相关的大脑区域的灰质体积有关。在一项针对55名老年人的研究中使用基于体素的形态测量(VBM)逐点测量整个大脑的灰质和白质

① DUSTMAN R E, RUHLING R O, RUSSELL E M, et al. Aerobic exercise training and improved neuropsy chological function of older individuals[J]. Neurobiology of aging, 1984, 5(1): 35-42.

体积，结果发现，CRF 水平高的老年人比身体素质差的同龄人经历的组织损失少。在灰质中，体能较好和体能较差的老年人之间的这些差异表现在前额叶、上顶叶和颞部组织，这些区域经常与执行功能和记忆有关。在白质方面，这些差异主要是在胼胝体的属区发现的，即连接左右额叶的白质束的前部。这些结果为人类提供了一些初步证据，表明 CRF 升高与衰老相关灰质和白质萎缩减少有关。正如较高的 CRF 可能对灰质有一定的保护作用，它也可能与白质结构完整性的保存有关。Oberlin 及其同事使用弥散张量成像(DTI)评估 267 名老年人的白质的结构完整性，研究结果发现较高的 CRF 与空间工作记忆任务较高的表现相关，此外他们还发现较高 CRF 与较高的分数各向异性(FA)相关，即白质微结构完整性的量化。在对年龄、性别和教育程度进行控制后，发现较高的 CRF 水平与放射前冠、前内囊、扣带和胼胝体的 FA 较高相关。因此，老年人保持较高水平的 CRF 与灰质和白质的结构完整性更好相关，特别是在支持执行功能和记忆功能的区域。

许多研究已经重复了在健康老年人中灰质、白质完整性和 CRF 的关系，都证明了深层白质中较高的 FA 为更积极的生活方式和更好的认知功能提供了基础。在患有轻度认知障碍或痴呆的老年人中，也发现 CRF 较高与更好的大脑结构完整性相关。在一项针对 22 名健忘症和轻度认知障碍患者的研究中发现，CRF 与左下顶叶皮质、双侧额叶上皮质和右上眶额皮质灰质完整性呈正相关，此外，还发现 CRF 和 FA 在右下和上纵束、右额枕下束和胼胝体膝中存在正相关。尽管这项研究的样本量很小，但它提供了证据表明，与 CRF 较低的个体相比，即使在受损人群中，CRF 较高也与更好的大脑结构完整性相关，从而延缓认知老化。

(二)纵向研究

大量有关运动锻炼与大脑结构和功能的纵向研究证明了经常参与运动的老年人的灰质和白质往往具有更好的结构完整性。例如，在一项涉及 299 名老年人的研究中，在研究开始时要求他们完成了一份问卷，其中包括在基线时间点测量每周行走的街区数量①。九年后，参与者接受了结构神经成像以量化灰质体积，并进行了认知障碍的临床评估。结果发现，每周进行较多的运动量与额

① ERICKSON K I, RAJI C A, LOPEZ O L, et al. Physical activity predicts gray matter volume in late adulthood: The Cardiovascular Health Study[J]. Neurology, 2010, 75(16): 1415-1422.

叶、枕叶、内嗅皮质和海马的灰质体积增加有关。此外，还发现灰质体积增加与认知损害风险降低50%相关。这项研究结果表明，较高的运动锻炼量与认知障碍风险的降低和较大的灰质体积有关。

（三）随机对照实验研究

横断面研究和纵向研究在确定运动锻炼量与大脑健康指标之间的因果关系方面存在固有的局限性。幸运的是，越来越多的随机对照实验研究提供了运动锻炼影响大脑变化的证据，海马通常会随着年龄的增长出现萎缩，这些研究一致认为至少6个月的中等强度运动可以有效地改变大脑特定区域结构和功能，其中前额叶皮层和海马受运动锻炼的影响最大。例如，有学者招募了120名认知正常的老年人进行随机对照实验研究①，120名老年人被随机分为两组，第一组老年人要进行为期一年的中等强度运动，第二组的老年人进行为期一年的拉伸运动作为对照组。一年后的结果发现进行中等强度运动组中老年人的海马体积显著增加，拉伸对照组中老年人的海马体积减少。这项研究证明了经常进行中等强度运动的参与者能够减轻海马中常见的与年龄相关的组织损失。这是第一次证明增加运动锻炼量可以增加大脑结构的大小。在另一项随机对照实验研究中发现，进行6个月的中等强度运动老年人的左后前额叶皮质和前扣带皮质的体积增加了②。

Voss及其同事发现长期进行有氧运动的个体在静息状态下的功能连接有所改善。具体而言，有氧运动组参与者的大脑在包括默认模式和中央执行网络在内的几个大规模大脑网络中表现出更大的功能连接③，这些网络的功能连接的改变也与执行功能的改善相关。

迄今为止，很少有人对已经患有轻度认知障碍或痴呆症的老年人进行涉及

---

① ERICKSON K I, VOSS M W, PRAKASH R S, et al. Exercise training increases size of hippocampus and improves memory[J]. Proceedings of the national academy of sciences, 2011, 108(7): 3017-3022.

② COLCOMBE S J, ERICKSON K I, SCALF P E, et al. Aerobic exercise training increases brain volume in aging humans[J]. The journals of gerontology series A: Biological sciences and medical sciences, 2006, 61(11): 1166-1170.

③ VOSS M W, PRAKASH R S, ERICKSON K I, et al. Plasticity of brain networks in a randomized intervention trial of exercise training in older adults [J]. Frontiers in aging neuroscience, 2010, 2: 32.

脑成像研究的干预①。一项试点研究包括 76 名可能患有阿尔茨海默病的老年人，他们被随机分为 6 个月的有氧运动组或拉伸调理对照组，研究结果显示 CRF 增加与双侧海马体积增加相关。这项初步研究表明，即使是患有轻度认知障碍或痴呆症的老年人，也可以通过增加有氧运动来降低神经变性疾病的风险。综上所述，有氧运动对于维持老年人的认知功能具有重要意义。

总之，来自横断面研究、观测纵向研究和随机对照实验研究的大量证据表明，中等强度的有氧运动可以改善大脑特定区域的结构和功能。具体来说，增加中等强度的有氧运动可以影响对情景记忆和执行功能至关重要的区域（例如海马和左后前额叶皮质）的体积增加，并且这些区域与大脑其余部分之间的功能连接更好，从而延缓老年人的认知老化。

第五节　认知训练延缓认知老化的效果及作用机制

当前，许多研究致力于通过认知训练延缓认知老化，以提升老年人的日常生活能力。成功的认知训练需要满足三个标准：疗效、迁移和保持。具体而言，干预应该具有明显的疗效，即通过某种特定的认知干预可以使老年人的相应行为得到提升。此外，干预措施还应该具备迁移效应，包括近迁移和远迁移。例如，在记忆训练中，近迁移指未经过训练的类似记忆任务的表现也会有所提升，而远迁移则指在除记忆任务之外的其他认知领域或日常生活的不同方面表现出的进步。最后，干预措施的成功还应该体现在老年人的认知能力提高在干预完成后能够持续保持。因此，开发一种有效、迁移效应良好且对老年人具有长期益处的干预康复措施仍然是关注认知老化的临床医生和研究人员面临的主要挑战。

传统的认知训练延缓方法主要包括恢复性方法和代偿性方法。恢复性方法旨在通过直接训练来修复老化的认知功能，通常采用一种适应性方式，即随着学习者满足特定的表现标准，任务变得越来越困难。其目标是通过针对性的训练来改善老年人的认知功能，并恢复其日常生活中的自主能力。代偿性训练方法的目的则是通过认知策略训练绕过老化的认知功能或寻找替代方法，从而抵消认知衰退带来的不利影响，使老年人的行为表现得以提升。代偿性训练的重

① MORRIS J K, VIDONI E D, JOHNSON D K, et al. Aerobic exercise for Alzheimer's disease: A randomized controlled pilot trial[J]. PLOS one, 2017, 12(2): e0170547.

点在于训练老年人运用各种替代性策略，例如使用记忆替代技巧和辅助设备，以应对认知功能衰退带来的挑战。两种方法各具特点，可根据老年人的实际认知状况和个体差异选择合适的训练方法来提升其认知能力。

一、恢复性认知训练对老年人认知功能的影响

针对健康老年人的认知训练，恢复性方法主要着眼于情景记忆、工作记忆和因年龄增长引起的注意力和执行力问题。这些认知功能是日常生活中必不可少的，对于老年人的自主能力和生活质量至关重要。通过针对性的训练，老年人可以提高情景记忆和工作记忆的能力，增强注意力和执行力，并有效改善认知衰退的状况。针对特定认知功能的训练方案需要根据老年人的认知状况和需求量身定制，以达到最佳的训练效果。

（一）情景记忆训练

情景记忆是指学习和检索自己亲身经历过的事件，例如在朋友聚会上发生的事。情景记忆的目的在于创造丰富的回忆点，使人们能够体验“精神上的时间旅行”，即重新体验过去的事件或想象未来的事件①。

重复滞后训练是情景记忆训练的常用方法。这种方法的设计的理论依据是老化对回忆与熟悉两种记忆过程的影响存在差异。回忆过程指记忆与其原始上下文相关联的信息的能力（例如，记住谁告诉你最近所知道的一件事情，或者准确地说出你放置某个物品的具体位置），这种能力会随着年龄的增长而显著下降；而对于没有任何附带记忆背景的先前事件的熟悉过程，则相对不受年龄增长的影响。原始的重复滞后训练包括一个学习阶段，参与者要学习一个单词列表。在接下来的测试阶段中，学过的单词将与新单词混合在一个识别测试中，但每个新单词在第二次呈现时，中间会插入一定数量的学过的单词和新单词。参与者需要在每次呈现时只对学过的单词回答“是”，对新单词回答“否”。新单词的第一次呈现会增强它们的熟悉感，除非参与者记得这些单词之所以熟悉是因为它们来自测试阶段而不是学习阶段，否则就会错误地重复它们。Jennings 和 Jacoby 在健康老年人中使用了这个范式，逐渐增加新单词呈现之间的其他单词数量（“滞后”），直到参与者达到指定的表现标准。训练持续了 7 天

① D’ARGEMBEAU A, VAN DER LINDEN M. Individual differences in the phenomenology of mental time travel: The effect of vivid visual imagery and emotion regulation strategies [J]. Consciousness and cognition, 2006, 15(2): 342-350.

(每天约1小时)。对照组参与者的滞后时间与训练组参与者相同，但呈现顺序是随机的。例如，如果一个训练组参与者按以下顺序通过滞后时间：2，2，4，4，4，8，12，12，则一个对照组参与者可能会接受相同的滞后时间，但呈现顺序却是这样的：4，12，2，8，4，12，2，4。通过比较基础表现水平(第一天达到表现标准的滞后时间)和顶峰表现水平(最后一天达到标准的滞后时间)，可以确定训练的成功程度。两组的基础表现水平相似，但训练组的顶峰表现水平远远超过了对照组。这些结果表明，老年人可以从反复练习中受益，以抵消熟悉感带来的误导影响，并加强记忆回忆能力。

重复滞后训练在许多研究中已被证明对老年人具有疗效。安德森等人首次科学证明了重复滞后训练可以消除衰老对回忆能力的影响，并且训练效果能够保持三个月。但是目前仍不清楚重复滞后训练是否可以促进认知能力的迁移。一些研究认为，迁移至其他记忆任务可能需要借助回忆能力(例如，*n*-back、数字广度和空间广度)。贝兰德等人提出，重复滞后训练有助于提高工作记忆，而非情景记忆，并解释了为什么重复滞后训练无法迁移到其他情景记忆测试中。然而，这一观点与重复滞后训练无法迁移到工作记忆测试的结果不一致。安德森等人为重复滞后训练迁移的局限性提供了另一种解释。基于不同脑区内侧颞叶对情景记忆不同类型信息的编码作用，他们支持中间颞叶表征模型可以提高感知和情景记忆的能力。他们认为，回忆不是单一的能力，而是可以按类型进行细分。因此，训练某种类型的回忆不一定会迁移至其他类型的回忆能力。

贝兰德等人训练了健康老年人的联想记忆。联想记忆依赖于回忆，但贝兰德等人所用的训练方法没有回忆训练本身。在为期6周的24个任务中，老年人学习物体-单词组时，知道将会测试联想记忆(实验组)或项目记忆(对照组)。任务之间单词列表长度的增减参照实验组的人员是否达到表现标准。但对于对照组，整个训练中都固定在一个较短的单词列表上。测量结果包括联想记忆和项目记忆的近迁移，视觉空间记忆中间迁移和动机的远迁移。两组在前测到后测中所有结果上都有所改善，不过在项目记忆测试中实验组比对照组的进步更多。这项结果证明重复滞后训练在中间或远迁移方面的相对失败。鉴于重复滞后训练加强了情节检索的过程，而联想记忆训练针对情节联想编码，这些结果可能会打击研究者探索恢复老年人情景记忆的信心。

(二)工作记忆训练

工作记忆是指同时存储和加工信息的记忆过程。例如，在加法运算中，人们必须有意识地注意数字，进行加法计算，并记住前一列数字的总和。Dahlin

等人的研究激发了人们对健康老年人工作记忆训练的兴趣①。他们测试了5种不同任务，对参与者进行了为期5周的工作记忆训练，并记录了训练前后的表现。在其中四项任务中，参与者接触了一系列不同长度的刺激(字母、数字、颜色或空间位置)，当记忆序列完成时，需要报告最近呈现的四个刺激。当字母记忆任务达到训练标准的80%时，记忆序列长度会增加难度。第五个工作记忆任务是一个"追踪"任务，会连续呈现15个单词，对于每个单词，参与者需指出提供的一组中的词所属的类别。测试结束后，参与者必须记住每个类别中最近呈现的单词。随着训练的进行，类别数量会随之增加。结果表明，工作记忆训练是有效的，但不会迁移。尽管参与者在训练后保持了行为绩效水平的提高，但在一年的后续调查中，平均年龄超过80岁的参与者并未能够保持训练结果②。

Karbach和Verhaeghen进行了一项结合了工作记忆和执行功能训练的研究，结果表明工作记忆和执行训练在标准(受过训练的)范围内具有显著的效果。值得一提的是，这两种训练在老年人和年轻人中具有相似的训练效果。此外，分析结果表明近迁移的效果要比远迁移更为明显，尽管两者都非常显著。研究人员认为，执行功能和工作记忆训练可以有效提高年轻人和老年人的认知水平。他们还认为，这种训练的效果可以迁移至流体智力，对日常生活可能产生巨大影响。总体来看，工作记忆训练似乎可以改善老年人在受训任务中的表现，这种改善在训练结束后可以持续，并且可以迁移到其他记忆任务。

(三)注意力/执行功能训练

很多针对健康老年人的注意力训练研究都集中在提高注意分配能力上，也就是同时执行两项任务的能力。这方面的主要方法是变化优先级的训练，在这种训练中，要求参与者在不同的条件下改变他们对两个任务的相对优先级。例如，在某种条件下，可能会指示参与者同等重视两个任务(50：50)，在另一种条件下主要专注于一项任务(80：20)，然后专注在另一项任务(20：80)上。这两个任务上的改善程度和迁移程度将在接受优先级别改变的实验组和固定优先级的实验组(即全程50：50)中进行测量。最初这种方法运用在认知老化的研究中，让年轻人和老年人在四个场景中同时执行两个任务。其中一项是监测任

① DAHLIN E, BÄCKMAN L, NYBERG L, et al. Effects of working-memory training on striatal dopamine release[J]. Science, 2011, 333(6043): 718.

② SCOTT-CLAYTON J, RODRIGUEZ O. Development, discouragement, or diversion? New evidence on the effects of college remediation policy[J]. Education finance and policy, 2015, 10(1): 4-45.

务，参与者必须监测六个不断变化的仪表，并在到达关键区域时将其重置。与此同时，参与者执行一项字母减数字任务，例如，向参与者呈现 K-3 这一算式(答案：H)，他们必须指出当前的答案是否大于或小于先前的答案(例如，如果先前的字母数字答案是 F，则 H 大于 F)。两个年龄组在训练任务上都有相似程度的进步。在涉及执行功能和工作记忆迁移的双重任务中，那些接受变量优先训练的人比接受固定优先训练的人表现得更好，且与年龄无关。

另一个常使用的注意力训练范式是处理速度训练。处理速度训练是一种自适应的计算机化训练模式。参与者在任务中区分目标和干扰物，最初仅在中心位置，然后在中心和外周位置混合，当参与者准确区分时，在两个位置上的表现速度都会逐渐加快。一项随机对照试验表明，处理速度训练能显著提高老年人感知辨别的能力，并且能维持 1~2 年①。

其他的注意力训练范式研究专注于正常年龄增长带来的影响。例如，Mishra 等人训练了 16 名老年人来抑制分散注意力的信息②。在 36 个训练单元的实验中，老年人分别听到一个目标音调和三个探测音调，这些训练分为 12 个阶段，时间跨度为 4~6 周。参与者必须判断出探测音调是否含有目标音调。在 20%的实验中出现了目标音调。在适应性训练范式中，非目标干扰音最初是在频率上与目标音不同，但随着参与者表现的提高，干扰音变得越来越与目标音相似。与一个未受过训练的对照组相比，受过训练的老年人的音调辨别能力超过了未经训练的年轻人的水平。这是由于非目标分散注意力的声音减少了虚报。训练也迁移到未经训练的工作记忆广度任务上，但无法迁移到持续注意力的任务或涉及干扰的工作记忆任务上。这种训练可以微调老年人的感知输入，有效减少“噪声”信号干扰。

此外，罗尔等人使用波森纳的线索提示范式来训练空间注意力。在他们所做的任务中，所有的线索都是有效的，不过训练是适应性的训练，随着参与者表现进步，所提供的空间提示信息会越来越少。与主动对照组相比，经过训练的年轻人和老年人的空间注意力都有所提高。训练也迁移到了一个与空间工作记忆无关的测试上，在一个变化检测任务中，向参与者展示一个由 2，4，6 或 8

---

① ROENKER D L, CISSELL G M, BALL K K, et al. Speed-of-processing and driving simulator training result in improved driving performance[J]. Human factors, 2003, 45(2): 218-233.

② MISHRA J, ANGUERA J A, ZIEGLER D A, et al. A cognitive framework for understanding and improving interference resolution in the brain[J]. Progress in brain research, 2013, 207(1): 351-377.

个彩色方块组成的数组，随后是900毫秒的保留间隔，然后是出现在先前展示的数组的一个位置的探针。参与者要指出探针的颜色是否与出现在该位置的正方形的颜色相匹配。总之，这些训练分散注意力、处理速度、抑制过程和空间注意力研究表明，适应性注意力训练对健康老年人是有效的，通常会迁移到其他认知任务上①。

上述研究集中在训练关注于外部刺激，另一个研究针对的是训练老年人在目标导向任务中的自我控制注意力和执行能力。范胡伦等人研究了69名55岁及以上的成年人，参与者对自己的认知功能有抱怨。参与者随机接受6周内12节课的目标管理训练②。目标管理训练是将一个更大的目标分解为一系列优先级较小的子目标且执行时必须实现这些子目标。目标管理训练包括放松/专注训练以维持当下的活动和课后需要在日常生活中实践的目标管理活动。范胡伦等人认为目标管理训练在改善主观认识不足上的效果比在改善执行功能上的效果更好，因为它关注的是日常生活问题。研究结果表明目标管理训练能够减少对执行功能的不满意程度和对认知障碍的困扰。但是，目标管理训练对抑郁症和Stroop干扰任务的表现没有影响。这些结果表明一个短暂但密集的训练课程可以减少老年人日常生活中认知能力的下降。

二、代偿性认知训练对老年人认知功能的影响

（一）记忆策略训练

尽管有效的记忆策略与正常衰老无关，但认知衰老的显著特征之一是自我启动有效编码策略的能力下降，例如语义阐释和视觉表象。幸运的是，老年人可以通过参加单词列表学习、面孔-名字学习和工作记忆任务来接受训练，以使用自主有效编码策略。例如，基尔霍夫等人进行了一项研究，让一组老年人参加了两次为期60~90分钟的策略训练。参与者根据呈现的单词列表想象一系列自己经历过的愉快事件，并为每个呈现的单词构造一个句子。训练结束后，当学习一组新的单词列表时，参与者很少不使用任何策略，而更倾向于使用与个人经历过的愉悦事件相结合的策略。大多数类似的研究都没有进行保持测

① ECKSTEIN M P, SHIMOZAKI S S, ABBEY C K. The footprints of visual attention in the Posner cueing paradigm revealed by classification images[J]. Journal of vision, 2002, 2(1): 3.

② SERRA M C, NOCERA J R, KELLEHER J L, et al. Prebiotic intake in older adults: Effects on brain function and behavior[J]. Current nutrition reports, 2019, 8(2): 66-73.

验，但是 Gross 和 Rebok 的研究结果是令人鼓舞的。使用经过训练的语义聚类策略，在单词列表学习任务和训练后 5 年的日常功能测量中都发挥了积极的调节作用。

另一种自主编码策略是轨迹法。在这种策略中，一个人通过想象把单词或物体放在一系列熟悉的地方来学习一组单词或物体，例如，在想象穿过房间时，把它们放在家里的某个地方。老年人可以学习如何成功地使用这种策略。然而，它的复杂性使得它在许多现实生活场景中的应用显得不切实际。使用“实施意图”策略的训练可以用来改善前瞻记忆。它包括使用具体的“如果那么”计划(例如，“如果我看到她，我会把我的书给她”)。参与者被引导执行两个前瞻记忆任务：①每当出现某种特定背景颜色时按下一个按键；②在提供的任何一张纸的右上角写上今天是周几。尽管关于老年人实施意图的个别研究结果喜忧参半，但元分析表明，该自主编码策略通常可以有效地提高老年人的前瞻性记忆[①]。

对于老年人记忆策略训练有效性的元分析显示出总体训练的增益效果，然而，在早期的元分析中探讨的迁移效应是有限的，表明老年人在尝试将所学到的策略应用于新情况时存在困难。在老年人受到训练使用记忆法之前，他们通常不会使用这些方法，而且训练效果也不太理想。当年轻人和老年人都接受特定培训后使用策略时，两组的表现都有所改善，但年轻人在记忆表现上的进步更大[②]。这些策略的欠缺都源自年龄增长导致的注意力、执行力和工作记忆资源的下降。实际上，如果老年人有更多的时间或者采用其他形式的记忆策略，他们更有可能使用并从中受益。

记忆策略训练对老年人记忆影响的研究通常只涉及 1~2 次的训练，并且仅使用了一个或两个常结合使用的策略。一个典型的例子是 ACTIVE 实验，711 名老年人学习了各种助记策略(例如，语义组织、视觉图像、语义关联、轨迹方法)，并通过实验室任务和日常任务(如记住购物清单)进行练习。这个记忆训练组与推理训练组、处理速度训练组和对照组进行了比较。三个训练组在 6 周

① WINN A S, DELSIGNORE L, MARCUS C, et al. Applying cognitive learning strategies to enhance learning and retention in clinical teaching settings[J]. MedEdPORTAL, 2019, 15: 10850.

② BADEMLI K, LOK N, CANBAZ M, et al. Effects of Physical Activity Program on cognitive function and sleep quality in elderly with mild cognitive impairment: A randomized controlled trial[J]. Perspectives in psychiatric care, 2019, 55(3): 401-408.

内接受了10次训练。研究发现，被分配到记忆训练的参与者的记忆能力有所提高①。ACTIVE实验结果总结了记忆康复研究的一个主题：提高通常仅限于训练的领域。然而，记忆训练后，日常活动和训练后5年的健康相关生活质量都有所提高。ACTIVE实验结果表明，若将训练扩展到多个阶段并教授多种助记策略，便可以增强老年人助记策略训练的有效性、持续性和迁移性。如果这种干预措施与其他干预措施(如放松、自我效能)结合，可能会更快地应用到日常功能中。这些特点是多模式代偿性记忆康复方法的特征，我们将在下文进行讨论。

(二)多模式认知训练

多模式认知训练主要关注在记忆方面。在早期研究中，Stigsdotter 和 Bäckman 比较了两个月每周训练前后的三项任务记忆表现，这些训练包括以下三种训练方法：①多模式记忆(表象、组织、轨迹方法)、注意力和放松训练计划；②主动对照组，进行包括解决问题、逻辑思维和视觉空间技能训练；③无接触对照组。研究结果显示，在训练结束后即刻观察到改善，且这种改善持续了6个月，但仅限于多模式记忆干预训练中。这项早期研究证实了多模式记忆康复计划有效地提高了目标任务的训练表现，但并不能证明训练效果是否迁移到其他任务中②。值得注意的是，这些作者后来将多模式程序与单独的记忆训练进行了比较，结果普遍认为多模式活动更为有效。在3年后对两组进行重新评估时，他们发现多种因素有助于长期维持记忆训练效果。

后续出现了很多类似的研究，这类研究通常包括4~9个记忆训练序列，训练包含了多样的记忆策略。训练既教会内部记忆策略，也教会参与者有效使用外部记忆的策略，例如使用日历和笔记。大多数训练让参与者在生活相关的场景中应用记忆策略，例如，记住人名，以及记住购物清单。这些研究得出的结论是，此类活动可以提高客观记忆表现。有观点认为记忆能力的提升主要表现在教育水平较低的老年人群中。减少记忆抱怨和提高自我记忆效能感是多模式记忆研究的另一部分的重要结论。范德莫里斯等人进行了一项定性研究，发现接受过记忆训练的参与者更加认同年龄增长可能导致记忆受损的现象，并学会

---

① MCNERNEY R, DALEY P. Towards a point-of-care test for active tuberculosis: Obstacles and opportunities[J]. Nature reviews microbiology, 2011, 9(3): 204-213.

② SIGRIST R, RAUTER G, RIENER R, et al. Augmented visual, auditory, haptic, and multimodal feedback in motor learning: A review[J]. Psychonomic bulletin & review, 2013, 20(1): 21-53.

减轻对这方面的担忧，从而更积极地改变生活方式[①]。韦根等人的研究也显示，参与者越来越倾向于积极调整生活方式（例如，更多地投入到放松和认知相关的活动中），同时减少寻求针对记忆问题的医疗保健方法。

一项多模式认知康复训练将记忆策略训练、目标管理训练和社会心理训练相结合，这项研究招募了在一系列神经心理学测试中表现正常但有主观记忆或认知问题的老年人。一半的参与者在招募后不久就接受了该训练（早期训练组），另一半在前一半结束后才接受该训练（晚期训练组）。执行功能、记忆、社会心理功能在基线和干预之后进行评估，并在干预完成后每隔 3 个月进行两次评估。记忆力训练向参与者介绍影响记忆力的因素，以及它与大脑功能的关系。同时教授各种外部和内部记忆策略的使用，并通过家庭作业进行练习。在记忆提升方面，短时记忆、长时记忆力以及应用策略来提升记忆表现均有所改善。此外，这些改善可以维持长达 6 个月。为了评估干预措施对执行功能的影响，研究人员设计了一些模拟复杂现实生活场景的任务，如制定一个有效的乘车时间表，同时考虑谁是司机，每辆车可以容纳的乘客数量，以及乘客的上车地点等因素。研究结果表明，参与者在模拟现实生活任务中的表现有所改善，执行任务时展现出更多的停顿和检查行为。这些效果在早期训练组持续了 6 个月，而在晚期训练组持续了 3 个月。最后，在评估社会心理方面时，将幸福感、生活质量、自我效能感、抑郁、乐观等指标综合为一个结果。干预措施在实施后立即显示出积极的效果，并持续了 6 个月。一个有趣的发现是，早期训练组的提升效果优于晚期训练组。具体而言，早期训练组在记忆性能和策略运用方面的提升明显超过了晚期训练组。尽管提升幅度并不非常显著，但与晚期训练组相比，早期训练组在模拟复杂现实生活场景的任务中表现更为出色。此外，早期训练组在提高及维持社会心理训练效果方面的表现也更为显著。

这些不同的结果表明，基于群体的多模式认知康复训练对于向老年人传授助记策略是有效的。这些策略在短期和长期都能发挥作用，有助于老年人更好地应对健康老龄化所导致的认知变化带来的问题，并节省医疗保健费用。

总之，有大量证据表明老年人的认知康复是有效的，因为他们在训练的任务中学会了如何表现得更好，掌握了适当的策略，并学会了如何使用它们。此外，在干预结束后，通过恢复性和代偿性方法获得的认知效益可以持续数周或

① HUDES R, RICH J B, TROYER A K, et al. The impact of memory-strategy training interventions on participant-reported outcomes in healthy older adults: A systematic review and meta-analysis[J]. Psychology and aging, 2019, 34(4): 587.

数月。然而，许多认知康复问题在于训练的迁移性：几乎没有证据表明恢复性记忆过程训练的迁移能超越受训练的领域和流程，迄今为止，代偿性记忆和多模式方法对现实生活的影响主要表现在主观体验方面。尽管如此，参与训练的老年人自我效能感的提高非常重要，因为这可能对医疗保健的使用等方面产生关键影响。在处理速度、注意力和执行功能训练方面，甚至在降低痴呆风险上，实际应用前景更加光明。

综上，老龄化带来的认知老化问题严峻，虽然目前国内外还未能完全揭示认知老化的发生机制，但值得欣慰的是，研究证明了健康的生活行为方式可以延缓认知老化的发生。运动心理学研究从运动健身的角度证明了多数运动锻炼能在一定程度上预防和延缓认知老化，比如有氧锻炼、阻力锻炼、身心锻炼等；而认知心理学研究证明了无论是基于特定认知功能进行的认知训练（如工作记忆训练、注意力、执行功能训练等），抑或是一般认知能力的训练（视频游戏、棋牌、音乐等）均能有效延缓认知老化。

随着运动锻炼与认知训练延缓认知老化两类研究的各自推进，学术界曾就何种干预方式对认知功能的增益效果较好展开过论战。2016年，长期从事认知训练研究的戴蒙德教授发表了一篇学术论文，对过去几年间体育运动促进认知功能的研究进行了评述，她指出，大多数研究采用的运动健身是一种“不需要动脑”的方式，而这种运动干预对认知的提升效果是有限的。她认为成功的干预应该是联合认知的、情感的和社会需要的。运动干预专家希尔曼教授立马就对戴蒙德的论述进行了反驳，他认为，戴蒙德所引证的论据都是根据自己的需要进行了筛选，并且，她忽视了运动干预的很多细节性的设计与处理，才会下这种失之偏颇的论断。这场论战结束于戴蒙德2017年的一篇文章，她提出了体育运动应该超越简单的身体活动，是要有思考地运动，即应该在运动的过程中增加认知成分，才能更好促进认知的发展。

此后，开始出现运动与认知联合的方式对认知老化进行干预的研究，为靶向健身延缓认知老化的实现路径提供了新的思路。但是，此类联合的方式还仅局限在实验室研究中，通常是采用同时或继时联合的方式实现。同时联合即在进行运动健身的同时进行认知训练，如在进行功率自行车训练的同时在平板上进行工作记忆训练任务；继时联合即两项活动分开交替进行。联合干预的效果将在后面的章节中展开详细分析。

第二章

运动健身延缓核心认知功能老化的研究进展

认知(cognition)一词源自拉丁语动词"cognosco"，指的是涉及获取知识和理解力的心理过程。本章首先聚焦于衰老对核心认知功能的影响，主要包括对记忆、注意、执行功能、情绪、情感以及动作控制等的影响。纳入动作控制是因为其与感知觉能力密切相关，是体育心理学研究的一个重要领域，动作控制能力衰退会引起老年人的跌倒问题，影响其生活质量。通过对这些核心认知功能的老化情况进行综合归纳，旨在确定老化认知功能的"靶点"。其次，重点总结了不同类型的健身方式对核心认知功能老化干预的效果，鉴于运动项目的多样性，无法详尽列举所有项目，因此本章主要从有氧运动、抗阻运动以及第一章提及的运动与认知联合的干预三个方面进行总结。通过对已有文献的深入分析，提供了靶向健身延缓认知老化的可行性证据。

第一节　老年人记忆功能的衰退及运动健身有效性研究进展

随着年龄的不断增长，老年人的认知功能开始不同程度地衰退，而其中记忆能力衰退最为明显。本节主要探讨老化引起相关记忆能力的改变以及靶向健身提升记忆能力的实证研究。

一、老化引起的记忆功能衰退

记忆是一个极其复杂的心理过程，通常是指人脑对过去经验的识记、保持和再现。记忆也可以被理解为存储和提取信息的一种能力，认知心理学家把它当成信息加工的一个重要环节来进行研究。例如，在学习过程中，大脑对信息进行编码和存储，这些信息可以在多次学习实验中或在初次学习后的不同延迟时间中被检索出来。根据记忆持续时间和所保留信息量的不同阶段可定义记忆的概念。感觉记忆是指不到一秒钟的信息，如视觉的图像、听觉的回声等；短时记忆是指几秒钟的信息，记忆容量有限，一般为 7±2 个组块，并且在没有复述的情况下会丢失信息，这种记忆也称为工作记忆；长时记忆是指持久存储近期和遥远事件的信息或知识。这些知识存在于多领域中，例如语言（说、读和写）、视觉空间（面部识别、情感面部识别以及位置、物体和运动识别）、非言语听觉（环境声音、情感韵律、音乐和语音识别）以及其他形式的目标识别，如触觉、嗅觉和味觉。

长时记忆可分为陈述性记忆和非陈述性记忆。陈述性记忆或外显记忆是指有意识地检索或识别信息或事件，非陈述性记忆是指内隐记忆或程序性记忆，例如，技能、程序、习惯或发生在意识之外的经典条件反射。陈述性记忆还包含语义性记忆，语义性记忆指的是对上下文无关的知识或事实的记忆，以及对上下文信息（在特定的地点和时间获得的）的情景记忆。

记忆改变是衰老过程正常的一部分。大多数人普遍认为人在 60 岁出头时记忆开始衰退。然而，Park 等人的一项研究表明，一些记忆功能早在 30 多岁时就开始衰退①。还有学者发现人从 45—54 岁开始，长时言语记忆和视觉情景记忆下降最为明显。语言工作记忆和空间认知也是如此。相比之下，处理速度的下降更早，在 35—44 岁时就已经开始下降。在 85—90 岁时，处理速度的效应值最大，然后是视觉记忆，长时言语情景记忆、言语工作记忆和空间认知的效应值下降幅度较大，但相对较小。有趣的是，长时语义记忆几乎没有随着年龄的增长而下降。事实上，相对于 25—29 岁的被试而言，长时语义记忆能力实际上是随着年龄的增长而增强的，在 75—79 岁年龄组中，也同样发现其平均值表现得更高②。除此之外，Luo 和 Craik 描述了认知心理学的观点和证据，表明至少有 5 个主要的记忆系统，并且这些系统在衰老过程中表现出非常不同的衰退速度。情景记忆（对特定事件的记忆）和工作记忆（对有意识掌握和操纵的信息的记忆）通常衰退得相对较快，而对知觉信息的记忆、对高度练习的习惯和程序的记忆和对一般知识的记忆（语义记忆）则相对较好③。

---

① PARK D C, LAUTENSCHLAGER G, HEDDEN T, et al. Models of visuospatial and verbal memory across the adult life span[J]. Psychology and aging, 2002, 17(2): 299.

② HEILMAN K M, NADEAU S E. Cognitive changes and the aging brain[M]. Cambridge: Cambridge University Press, 2019.

③ LUO L, CRAIK F I M. Aging and memory: A cognitive approach[J]. The Canadian journal of psychiatry, 2008, 53(6): 346-353.

有证据表明，随着年龄的增长，人的脑脊液(CSF)显著增加，脑组织减少。也就是说，随着年龄的增长，人会发生一些不同程度的老年性脑改变，严重的会出现脑萎缩，记忆储存和提取的物质基础发生了改变，无法对新学习的知识进行编码和储存，记忆能力就会下降。因此，当老年人出现了严重的记忆力下降，其发病机理是大脑器质性变化，即大脑萎缩或大脑的记忆神经递质减少。70 多岁时，这种变化在统计上变得显著。然而，有研究观察到脑组织减少主要是白质随年龄增长而减少的结果，而灰质减少在统计上只有轻微的显著性。在 30 岁和 70 岁的人群中，大约 48%的脑组织由灰质组成①。

随着年龄增长，功能神经成像技术的出现极大地加快了记忆认知神经科学研究的进展。在这一领域有一个惊人的发现：在年轻人中，情景记忆的提取与右脑额叶的激活有关；而在老年人中，同样的认知操作往往同时激活左右额叶区域②。老年人转变为双侧激活的一种解释是，由于衰老引起脑半球的相应区域发生改变，其他区域就担起了补偿的作用。Emery 等人使用功能磁共振成像(fMRI)比较了老年人和年轻人在执行工作记忆任务时的大脑活动，结果发现他们的神经反应的速度大小和空间范围上有所不同。在该研究的年轻人中，与操作相关的激活增加仅限于工作记忆网络的核心区域，包括左侧前额叶后皮层和双侧顶叶下皮层。相比之下，老年人在这个工作记忆网络表现出更广泛的激活，在双侧 PFC 内的活动显著增加。这些结果表明，在工作记忆操纵条件下，横向 PFC 参与的激活和衰老相关的年龄差异可能反映了策略使用和受控制的加工需求③。

二、运动健身干预老年人记忆功能的有效性研究进展

运动健身作为无药物治疗的干预认知老化的方式受到越来越多的关注，它能抑制与年龄和神经退行性疾病相关的认知衰退，尤其是记忆。在动物实验中，Miguel 等人发现小鼠在进行运动锻炼后，血浆会通过簇集素蛋白增强记忆力，增强抗炎因子对大脑的保护作用，抑制大脑炎症。他们还发现将运动小鼠

---

① GUTTMANN C, JOLESZ E, KIKINIS R, et al. White matter and gray matter differences with age[J]. Neurology, 1998, 50: 1283-1295.

② CABEZA R. Hemispheric asymmetry reduction in older adults: The HAROLD model[J]. Psychology and aging, 2002, 17(1): 85.

③ EMERY L, HEAVEN T J, PAXTON J L, et al. Age-related changes in neural activity during performance matched working memory manipulation[J]. Neuroimage, 2008, 42(4): 1577-1586.

血浆中的这些抗炎因子转移到不锻炼的小鼠体内，其海马细胞增殖和存活率显著增加，也提高了它们的学习能力和记忆力。更重要的是，该研究团队发现，运动锻炼也可以提高轻度认知功能障碍患者血浆中的簇集素水平，从而改善他们的认知和记忆能力[①]。在人类实验中，大量研究表明运动健身可以提高记忆能力。除此之外，不同类型的运动健身模式越来越多地被用于提高人的认知能力。本小节将从有氧健身、抗阻健身、运动与认知联合干预、开放性运动和闭锁性运动几个方面来论证靶向健身可以提高人们的记忆能力，尤其是在老年人群体中的应用。

（一）有氧健身改善老年人记忆能力的实证证据

越来越多的研究证明，有氧健身可以延缓老年人记忆能力下降。Erickson 等人对 120 名老年人进行了随机对照实验（RCT），发现步行锻炼增加了 2%前海马的大小，有效地扭转了与年龄相关的体积损失 1~2 年，从而改善空间记忆功能[②]。Wheeler 等人也发现，老年人早晨进行 30 分钟强度为 65%~75%最大心率（maximum heart rate，HRmax）的步行，并且每隔 30 分钟久坐后再次起身步行，这比一直久坐的老年人在记忆广度任务中正确率更高[③]。杨子燚等人将 52 名身体健康的老年女性分为太极拳组、广场舞组和对照组。实验组干预 6 个月，每次 75 分钟，每周不少于 5 次，对照组进行日常活动。结果发现，太极拳组和广场舞组 *n*-back 任务的反应时和准确率均有所提高，并且 P3 波幅增加，潜伏期减少，这表明太极拳和广场舞锻炼提高了老年女性的工作记忆能力[④]。Won 等人使用功能磁共振成像（fMRI）研究了健康老年人在单次急性运动后语义记忆任务中的大脑激活，结果是：单次运动后大脑更大的激活表明，运动可能增

---

① MIGUEL Z D，KHOURY N，BETLEY M J，et al. Exercise plasma boosts memory and dampens brain inflammation via clusterin[J]. Nature，2021，600(7889)：494-499.

② ERICKSON K I，VOSS M W，PRAKASH R S. Exercise training increases size of hippocampus and improves memory[J]. Proceedings of the national academy of sciences，2011，108(7)：3017-3022.

③ WHEELER M J，GREEN D J，ELLIS K A，et al. Distinct effects of acute exercise and breaks in sitting on working memory and executive function in older adults：A three-arm，randomised cross-over trial to evaluate the effects of exercise with and without breaks in sitting on cognition[J]. British journal of sports medicine，2020，54(13)：776-781.

④ 杨子燚，梅剑，陈爽，等.太极拳和广场舞锻炼对女性老年人工作记忆的影响：一项 ERP 研究[J].天津体育学院学报，2019，34(1)：86-92.

加健康老年人语义记忆激活的神经过程[①]。

有氧健身也可以提升轻度认知障碍(MCI)老年人的记忆。Zhu 等人招募了 60 名患有 MCI 的老年人，将他们随机分为舞蹈干预组和对照组(仅常规护理)，并进行为期 3 个月的干预，结果发现，舞蹈干预组患者表现出更大的记忆力的改善。这表明长期进行舞蹈性有氧健身有利于情景记忆和信息处理速度的提高[②]。Law 等人对居住在社区的 60 岁及以上患有轻度认知障碍的老年人进行为期 10 周的功能任务训练或认知训练，结果发现：功能任务锻炼可以有效改善轻度认知障碍老年人的记忆[③]。除此之外，Cammisuli 等人系统回顾了关于有氧健身对轻度认知障碍患者记忆影响的研究，结果发现有氧健身对整体认知、逻辑记忆等都有中等效果[④]。

(二)抗阻健身改善老年人记忆能力的实证证据

Ikudome 等人发现，仅使用体重进行简单抗阻健身运动，也可能是预防老年人与年龄相关的工作记忆衰退的有效方法[⑤]。这一结论与 Ambrose 等人的研究一致。Ambrose 等人设计了每周 2~3 次、周期为 1 个月的抗阻健身干预，结果表明，与对照组相比，抗阻健身运动组在 *n*-back 和 Stroop 色词任务上有显著的进步[⑥]。此外，Naderi 等人招募了 40 名老年人，并随机分到抗阻健身组或对照组。健身组在不同的时间完成了两次 45 分钟的抵抗运动，而对照组则观看了

---

① WON J, ALFINI A J, WEISS L R, et al. Semantic memory activation after acute exercise in healthy older adults[J]. Journal of the international neuropsychological society, 2019, 25(6): 557-568.

② ZHU Y, WU H, QI M, et al. Effects of a specially designed aerobic dance routine on mild cognitive impairment[J]. Clinical interventions in aging, 2018: 1691-1700.

③ LAW L L F, BARNETT F, YAU M K, et al. Effects of functional tasks exercise on older adults with cognitive impairment at risk of Alzheimer's disease: A randomised controlled trial[J]. Age and ageing, 2014, 43(6): 813-820.

④ CAMMISULI D M, INNOCENTI A, FRANZONI F, et al. Aerobic exercise effects upon cognition in Mild Cognitive Impairment: A systematic review of randomized controlled trials[J]. Archives Italiennes de biologie, 2017, 155(1/2): 55-63.

⑤ IKUDOME S, MORI S, UNENAKA S, et al. Effect of long-term body-mass-based resistance exercise on cognitive function in elderly people[J]. Journal of applied gerontology, 2017, 36(12): 1519-1533.

⑥ LIU-AMBROSE T, NAGAMATSU L S, GRAF P, et al. Resistance training and executive functions: A 12-month randomized controlled trial[J]. Archives of internal medicine, 2010, 170(2): 170-178.

一段与运动相关的视频。在运动前、15 分钟和 180 分钟后分别进行了工作记忆、反应抑制和认知灵活性的测试。结果发现，抗阻健身组改善老年人的工作记忆、反应抑制和认知灵活性，但在对照组没有观察到相应的变化①。

除此以外，有研究还发现了抗阻训练对其他记忆种类的影响。例如 Best 等人招募了 155 名老年女性，对她们进行 52 周的抗阻训练，结果发现，抗阻健身可以有效地增强老年人的情景记忆②。Coelho-Júnior 等人比较了抗阻训练和抗阻联合力量训练对非痴呆、功能良好、居住在社区的老年妇女认知功能的影响。45 名老年妇女被随机分为三个实验组：抗阻训练组、抗阻联合力量训练组和对照组。在 22 周内，每周进行两次锻炼。结果发现：抗阻训练和抗阻联合力量训练有效改善了老年妇女的短时记忆③。还有学者采用了系统综述，来研究抗阻健身对记忆的影响。例如 Wu 等人通过纳入 18 篇符合条件的随机对照实验(RCT)，并对其进行分析，结果发现与无特定运动或低强度运动对照组相比，定期抗阻训练显著改善了老年人的工作记忆、瞬时记忆和短时记忆④。

(三)运动与认知联合干预改善老年人记忆能力的实证研究

大量研究表明，认知训练和体育运动都能改善老年人的认知功能，减缓记忆衰退向痴呆的发展。近年来，研究者开始关注运动干预和认知训练的联合运用对老年人认知功能的促进效益。运动干预可以增强细胞增殖和突触可塑性，认知训练可以引导和整合新的神经元和突触到已有的神经网络中，因此，运动干预和认知训练相结合的联合干预可能会比单一的干预方式产生更多认知效益。Shatil 等人对四组健康老年人(认知训练组、轻度有氧训练组、有氧运动与认知联合干预组、对照组)进行为期 4 个月的干预，结果发现，与不参加认知训

① NADERI A, SHAABANI F, ESMAEILI A, et al. Effects of low and moderate acute resistance exercise on executive function in community-living older adults[J]. Sport, exercise, and performance psychology, 2019, 8(1): 106.

② BEST J R, CHIU B K, HSU C L, et al. Long-term effects of resistance exercise training on cognition and brain volume in older women: Results from a randomized controlled trial[J]. Journal of the international neuropsychological society, 2015, 21(10): 745-756.

③ COELHO-JÚNIOR H J, OLIVEIRA GONÇALVES I, SAMPAIO R A C, et al. Effects of combined resistance and power training on cognitive function in older women: A randomized controlled trial[J]. International journal of environmental research and public health, 2020, 17(10): 3435.

④ WU J W, WANG X Q, YE M Z, et al. Effect of regular resistance training on memory in older adults: A systematic review[J]. Experimental gerontology, 2021, 150(C): 111396.

练的老年人(轻度有氧组和对照组)相比,参加认知训练的老年人(单独或联合训练组)促进了老年人工作记忆和长时记忆的改善①。Dana 等人随机选取一所养老院的 48 名老年人,将他们分为运动与认知联合干预组、运动组、认知组以及对照组,并每周进行 3 次,每次 1 小时,持续 2 个月的干预,结果发现,运动与认知联合干预组能够有效改善老年人的工作记忆和认知灵活性②。

运动与认知联合干预有两种模式,一种是运动训练和认知训练任务同时进行,另一种是运动训练和认知训练任务分开进行(例如,先进行运动训练,再进行认知任务)。在同时进行联合干预的模式当中,发现了联合干预对老年人记忆能力的促进效益。例如 Takeuchi 等人使用双任务训练,即在进行有氧训练的同时进行工作记忆任务训练,结果发现,双任务训练导致在 2-back 工作记忆任务中,涉及注意力重新定位的大脑区域活动增加③。Norouzi 等人招募了 60 名男性老年人,将他们随机分为运动-认知双任务训练组、运动-运动双任务训练组以及对照组,进行为期 4 周的干预,以此来探讨两种不同的双任务干预对老年人工作记忆的影响。结果发现运动-认知双任务训练对老年人的效果更好④。随着科技的发展,动作类视频游戏这种同时进行联合干预的模式得到了广泛的应用。例如 Li 等人开发了一款动作类视频游戏,在虚拟现实环境中结合了认知和身体训练,对 20 名健康的老年人进行每周 3 次,每次 45 分钟的训练。结果显示,与对照组相比,动作类视频游戏组在工作记忆上有着显著改善⑤。对于不同的干预模式,Lai 等人还比较了同时运动与认知干预和继时运动与认知干预对老年人记忆的影响。结果发现两组在训练后口头、记忆方面都有显著改善,继

---

① SHATIL E. Does combined cognitive training and physical activity training enhance cognitive abilities more than either alone? A four-condition randomized controlled trial among healthy older adults[J]. Frontiers in aging neuroscience, 2013, 5: 8.

② DANA A. Comparing the effects of physical, cognitive and combined rehabilitation on the improvement of working memory and cognitive flexibility of the elderly [J]. Iranian journal of learning & memory, 2019, 2(5): 67-77.

③ TAKEUCHI H, MAGISTRO D, KOTOZAKI Y, et al. Effects of simultaneously performed dual-task training with aerobic exercise and working memory training on cognitive functions and neural systems in the elderly[J]. Neural plasticity, 2020(7): 1-17.

④ NOROUZI E, VAEZMOSAVI M, GERBER M, et al. Dual-task training on cognition and resistance training improved both balance and working memory in older people[J]. The physician and sportsmedicine, 2019, 47(4): 471-478.

⑤ LI X X, NIKSIRAT K S, CHEN S S, et al. The impact of a multitasking-based virtual reality motion video game on the cognitive and physical abilities of older adults[J]. Sustainability, 2020, 12(21): 9106.

时组在工作记忆方面表现出明显的训练优势①。这表明不管是同时进行运动和认知的联合干预，还是继时，都对老年人的记忆产生了积极影响。

运动与认知联合干预对轻度认知障碍老年人的记忆也有影响。例如，Bae等人招募83名患有轻度认知障碍的日本老年人，随机分为联合干预和对照组，结果发现联合干预组在干预后空间工作记忆方面的改善显著高于对照组②。Donnezan等人招募了69名认知状态评定为轻度认知障碍的老年人作为研究对象，并把他们随机分为同时进行认知和运动训练组、只进行运动训练组、只进行认知训练组或不进行干预的对照组，发现了联合干预组、运动组、认知干预组有效地改善了轻度认知障碍老年人的记忆。联合干预对主观记忆障碍的老年人的研究也发现了相似的结果。例如，McEwen等人招募55名有主观记忆障碍（非痴呆和非轻度认知障碍）的老年人，对他们进行为期4周的干预。他们被随机分为两组，一是骑行和记忆训练同时进行（同时），另一个是记忆训练在骑行后再进行（继时）。结果发现同时组的复合记忆在干预后发生显著改善，并可以转移到没有训练的推理能力和复杂注意力③。

有一类体育运动天然具有运动与认知联合的属性，即开放性运动。根据执行运动技能中环境线索的可预测性，可将运动技能分为闭锁性和开放性两类。开放式技能训练是指要求参与者在动态变化、不可预测的环境中做出反应的运动（如乒乓球和羽毛球），而闭锁性运动技能训练是指在相对稳定、可预测的环境中做出反应的运动（如跑步和游泳）。大量研究证明，不管是开放性运动还是闭锁性运动都可以提升记忆能力。

在老年人的研究中，本书探讨了开放性运动技能和闭锁性运动技能与健康老年人视空间工作记忆之间的关系。该研究采用了横断面设计，招募了111名健康的老年人，根据与运动相关的问卷调查，他们被分为开放技能组、闭锁技能组和久坐组。通过一个视空间工作记忆任务来测量老年人的工作记忆。结果

---

① LAI L, BRUCE H, BHERER L, et al. Comparing the transfer effects of simultaneously and sequentially combined aerobic exercise and cognitive training in older adults[J]. Journal of cognitive enhancement, 2017, 1(4): 478-490.

② BAE S, LEE S, LEE S, et al. The effect of a multicomponent intervention to promote community activity on cognitive function in older adults with mild cognitive impairment: A randomized controlled trial[J]. Complementary therapies in medicine, 2019, 42: 164-169.

③ MCEWEN S C, SIDDARTH P, ABEDELSATER B, et al. Simultaneous aerobic exercise and memory training program in older adults with subjective memory impairments[J]. Journal of Alzheimer's disease, 2018, 62(2): 795-806.

发现，闭锁技能组和开放技能组的准确率均高于久坐组。这表明体育运动与老年人更好的视空间工作记忆有关①。这一观点被其他研究者再次证明。例如，O' Brien 等人招募了 58 名老年人，根据他们的习惯活动分为三组：开放技能练习组、闭锁技能练习组、久坐对照组。然后在活动前后（持续时间 60~80 分钟）对他们进行测试。结果发现：在开放技能练习和闭锁技能练习后，老年人记忆可以获得直接的益处②。此外，Tsai 等人将 64 名健康老年男性随机分配到闭锁技能组（骑自行车或快走/慢跑）、开放技能组（乒乓球）或对照组，探讨开放与闭锁技能运动干预对老年人执行功能和神经认知表现的影响。结果发现开放和闭锁技能练习引起的独特神经认知变化对老年人的工作记忆具有一定的意义③。

以上研究已证明，不管是进行开放性运动锻炼还是闭锁性运动锻炼的老年人，其视空间工作记忆能力都比久坐老年人更优，但该优势的成因尚不明确。故本书进一步探讨了开放性运动锻炼老年人视空间工作记忆存储优势的机制。本书使用了“锻炼方式问卷”和“国际体力活动问卷”对老年人的运动锻炼方式进行调查，将他们归入开放性运动、闭锁性运动和久坐无运动 3 个分组中。然后对各组被试进行视空间信息消退任务和干扰任务测试，结果发现：在视空间信息干扰任务中，开放性运动锻炼老年人的正确率显著高于久坐组，这再一次验证了开放性运动锻炼老年人在视空间工作记忆存在优势④。除此之外，开放性技能对轻度认知障碍（MCI）老年人的记忆也有促进作用。例如 Yuan 等人整理了研究舞蹈活动对轻度认知障碍（MCI）老年人记忆影响的文献。结果亚组分析发现，开放性技能舞蹈活动比闭锁性技能舞蹈活动更能促进 MCI 老年人的

① GUO W, WANG B Y, LU Y, et al. The relationship between different exercise modes and visuospatial working memory in older adults: A cross-sectional study [J]. PeerJ, 2016 (7), 4: e2254.

② O' BRIEN J, OTTOBONI G, TESSARI A, et al. One bout of open skill exercise improves cross-modal perception and immediate memory in healthy older adults who habitually exercise [J]. PLOS One, 2017, 12(6): e0178739.

③ TSAI C L, PAN C Y, CHEN F C, et al. Open- and closed-skill exercise interventions produce different neurocognitive effects on executive functions in the elderly: A 6-month randomized, controlled trial [J]. Frontiers in aging neuroscience, 2017, 9: 294.

④ 郭玮，王碧野，任杰. 开放性运动锻炼老年人视空间工作记忆优势的机制研究 [J]. 中国体育科技，2019，55(10)：50-55.

记忆[①]。

随着年龄增长，记忆能力以及大脑结构和功能发生变化。与此同时，大量研究表明，无论是在儿童、年轻人还是老年人中，有氧健身、抗阻健身、运动与认知的联合干预训练以及开放性、闭锁性运动训练对记忆能力都有显著的促进作用。

第二节　老年人执行功能的衰退及运动健身有效性研究进展

一、老化引起的执行功能衰退

执行功能是大脑的高级认知功能，一直是神经心理学、认知心理学以及认知神经科学研究的热点，它被认为是“那些能够使一个人成功地从事独立的、有目的的、自我服务的行为的能力”，由此，识别启动、计划、有目的的行动、自我监控、自我调节，以及决断力等都被认为是执行功能的具体内容。有研究者指出执行功能主要包括抑制、转换和刷新[②]。这些功能的缺陷被发现在额叶损伤后最为常见。随着时间的推移，“执行功能障碍”和“额叶功能障碍”这两个术语几乎成为同义词，而最近执行功能这个术语得到进一步扩展。额叶功能障碍患者的病理通常涉及额叶的许多区域，甚至延伸到其他地方。他们在认知以外的领域表现出各种各样的缺陷，如情感和行为功能，以及个性的变化。总的来说，这些缺陷可能会影响日常生活。诸如“额叶综合征”和“执行功能障碍综合征”等术语被用来涵盖所有这些缺陷。总之，对于不同的研究人员来说，执行功能一词的含义往往有所不同。

在过去的大约25年里，研究人员强调执行功能的不同方面的功能下降是与年龄相关的认知功能下降的主要因素，并推测这些方面可能与额叶和其他大脑区域有关。一项元分析发现了与年龄相关的双重任务表现和整体任务转换不

① YUAN Y X, LI X F, LIU W X. Dance activity interventions targeting cognitive functioning in older adults with mild cognitive impairment: A meta-analysis[J]. Frontiers in psychology, 2022, 13: 966675.

② DIAMOND A. Executive functions[J]. Annual review of psychology, 2013, 64(1): 135-168.

足的证据①。Reimers 和 Maylor 也在全局任务内发现了与年龄相关的缺陷②。他们对 5000 多名 10—66 岁的参与者进行了一项在线研究，他们让参与者在单一任务组块中进行基于性别或情绪面孔的快速分类，或者在转换组块中进行性别和情绪决策的交替。一般(全局)切换成本是指转换组块和单一任务组块之间的时间性能的差异。结果表明，一般转换成本截至 17 岁呈现下降趋势，但是从 18 岁开始几乎呈线性增长。相比之下，特定(局部)转换成本是指切换组块内出现的时间性能的差异。结果表明，特定转换成本在整个年龄范围内都非常稳定。因此，执行功能存在与年龄相关的变化。

Miyake 等人发表了一篇非常有影响力的关于执行功能的分析报告。他们测量了 137 名大学生在一组常用的执行功能任务中的表现，然后使用因子分析来确定三个潜在的变量——心理转换、信息的更新和监控以及优势反应的抑制——这些对个体任务的表现有不同的影响③。认知任务和能力很少是独立存在的，它们通常包括几个潜在过程和几个不同的大脑区域的参与，这三个潜在变量之间也存在中强度的相关性④。

在转换方面，人们普遍认为与年龄相关的缺陷存在于整体而非局部转换中，Zelazo，Craik 和 Booth 研究了在一个变化规则的转换任务中的持续性错误反应⑤。他们发现这种错误的比例从 8—9 岁儿童的 10%下降到年轻人的 4%，但在 65—74 岁的成年人中再次上升到 10%。Cepeda，Kramer 和 Gonzalez de Sather 也报告了类似的结果，即老年参与者需要比年轻人花费更长的时间脱离当前的任务集，但是老年组从持续练习中的受益也比年轻的参与者更多⑥。总

① VERHAEGHEN P，CERELLA J. Aging，executive control，and attention：A review of meta-analyses[J]. Neuroscience & biobehavioral reviews，2002，26(7)：849-857.

② REIMERS S，MAYLOR E A. Task switching across the life span：Effects of age on general and specific switch costs[J]. Developmental psychology，2005，41(4)：661.

③ MIYAKE A，FRIEDMAN N P，EMERSON M J，et al. The unity and diversity of executive functions and their contributions to complex "frontal lobe" tasks：A latent variable analysis[J]. Cognitive psychology，2000，41(1)：49-100.

④ HIRSIGER S，KOPPELMANS V，MÉRILLAT S，et al. Executive functions in healthy older adults are differentially related to macro- and microstructural white matter characteristics of the cerebral lobes[J]. Frontiers in aging neuroscience，2017，9：373.

⑤ ZELAZO P D，CRAIK F I M，BOOTH L. Executive function across the life span[J]. Acta psychologica，2004，115(2/3)：167-183.

⑥ CEPEDA N J，KRAMER A F，GONZALEZ DE SATHER J. Changes in executive control across the life span：Examination of task-switching performance[J]. Developmental psychology，2001，37(5)：715.

而言之，在身体老化的过程中，认知的灵活性(通过切换任务来衡量)会下降。

大部分认知老化的研究表明，随着年龄的增长，抑制过程会变得不那么有效。Hasher，Zacks 和他们的同事认为，相比于年轻人，老年人对被指定需要遗忘的项目会产生更难抑制的处理和检索。具体地说，与年轻人相比，老年人在即时回忆测试中产生了更多“被遗忘”的单词干扰。许多相关的观点和实证研究提出，认知控制包括兴奋性过程和抑制性过程，前者增强任务相关信息(例如，将注意力集中在关键刺激和适当反应上)，后者抑制与任务无关的信息(例如，不注意干扰刺激和抵制误导性反应倾向)。他们认为，老年人的兴奋性过程在很大程度上是没有的，但抑制性过程是受损的，从而降低了认知控制和信息处理的精度①。一项研究提出老年人工作记忆功能的损害涉及三个方面②：访问、删除和约束。访问指的是对工作记忆中相关信息的选择和保留，“删除”指的是对不需要的信息的有效删除，而约束指的是对可能破坏当前任务表现的“强势”自动反应倾向进行控制的能力。如在 Stroop 效应中，参与者被要求说出印刷的颜色(如蓝色)，而不去读写出颜色单词本身代表的颜色(如红色)。因此，当看到“红”这个词时，参与者必须抑制说“红色”的过度学习倾向，而正确的反应是“蓝色”——印刷刺激词的颜色。这些与年龄有关的处理效率低下会产生很多的影响：老年人更容易受到无关刺激的干扰和分心，更有可能在工作记忆中保留不再相关的信息，从而降低处理新信息的能力，他们也更难以抑制不适合当前形势的“默认”反应。工作记忆中的信息是需要进行有意识的处理的，因此，对理解、学习和决策至关重要。根据 West 和 Alain 的研究，老年人通常比年轻人需要更长的时间来抑制处理过程，这支持了抑制过程随着年龄的增长而衰退的观点③。另一方面，Verhaeghen 和 De Meersman 的元分析结果也表明，Stroop 效应的年龄敏感性可能归因于整体抑制的降低④。

刷新功能是 Miyake 等人确定的第三种执行功能。相关任务包括与反应相

---

① HASHER L，ZACKS RT，MAY CP. Inhibitory control，circadian arousal，and age[J]. Attention and performance，1999，17：653-675.

② HASHER L，ZACKS R T. Working memory，comprehension，and aging：A review and a new view[J]. Psychology of learning and motivation，1988，22：193-225.

③ WEST R，ALAIN C. Age-related decline in inhibitory control contributes to the increased Stroop effect observed in older adults[J]. Psychophysiology，2000，37(2)：179-189.

④ VERHAEGHEN P，DE MEERSMAN L. Aging and the Stroop effect：A meta-analysis[J]. Psychology and aging，1998，13(1)：120.

关的信息不断变化的任务，因此必须不断刷新工作记忆中的“目标维持”信息[①]。De Beni 和 Palladino 报告了刷新任务中与年龄相关的缺陷[②]。一种常用的测量刷新的任务是 *n*-back 任务。这个任务有不同的版本，最基础的版本是给予参与者一串很长的字母，他们必须在序列中检测相同字母的重复，*n* 通常是 1，2 或 3。例如，在一个 3-back 任务中，J G **R** F A **R** A X **P** B Q **P** X S 这一系列字母中包含两个目标即 R 和 P，字母 A 和 X 也会重复出现，但间隔字母数并不是“3”。在这个任务中，老年人通常反应较慢，犯的错误也较多。

神经心理学家通常使用如 Wisconsin 卡片分类测试（Wisconsin Card Sorting Test，WCST），Stroop，Hayling 造句测试（Hayling Sentence Completion Test），以及连线测试（Trail Making Test，TMT）这些执行功能的测量方法来研究年龄对表现的影响。WCST 的表现会随着老化而恶化。一项研究结果表明，在个体 50 岁的时候出现了更多的整体错误、持续性错误和更少的分类习得[③]。对这些研究的元分析表明，WCST 表现中存在很大的衰老效应，特别是在持续错误的数量上，其中年龄最老的 80—90 岁组衰退最严重[④]。伴随着年龄的增长，出现 WCST 表现下降的原因，有许多不同的解释。其中包括影响反馈使用的处理速度降低，更新工作记忆能力的降低，以及任务转换能力的破坏。一些人提出了影响 WCST 性能的受损过程的组合。例如，Gamboz 和他的同事得出结论，错误的抑制、工作记忆和全局的（而非局部）转换都与此相关[⑤]。Ashendorf 和 McCaffrey 要求年轻和老年的参与者在 WCST 任务中放置每张卡片时说出他们的反应策略，研究结果表明，在老年的参与者中，任务转换和任务维持方面表现较差[⑥]。

---

① BRAVER TS, WEST R. Working memory, executive control, and aging［J］. The handbook of aging and cognition, 2008：311-372.

② DE BENI R, PALLADINO P. Decline in working memory updating through ageing: Intrusion error analyses［J］. Memory, 2004, 12（1）：75-89.

③ AXELROD B N, HENRY R R. Age-related performance on the Wisconsin Card Sorting, similarities, and controlled oral word association tests［J］. The clinical neuropsychologist, 1992, 6（1）：16-26.

④ RHODES M G. Age-related differences in performance on the Wisconsin Card Sorting Test: A meta-analytic review［J］. Psychology and aging, 2004, 19（3）：482.

⑤ GAMBOZ N, BORELLA E, BRANDIMONTE M A. The role of switching, inhibition and working memory in older adults' performance in the Wisconsin Card Sorting Test［J］. Aging, neuropsychology, and cognition, 2009, 16（3）：260-284.

⑥ ASHENDORF L, MCCAFFREY R J. Exploring age-related decline on the Wisconsin Card Sorting Test［J］. The clinical neuropsychologist, 2008, 22（2）：262-272.

Stroop 测试在衰老研究中非常常用，因为不同的条件(如单词阅读、颜色命名和字型颜色干扰)提供了分离特定过程的可能性。研究衰老对 Stroop 测试的影响，特别是干扰条件的研究表明，健康老年人的 Stroop 效应比年轻人更大①。人们提出了导致这种退化的不同原因，包括与衰老相关的减缓，而不是某一特定认知过程的损害。除了老龄化之外，其他调节变量的作用也被提出：健康、生活事件、性别差异，以及老年群体中较低的教育水平。

TMT 由 A 和 B 两部分组成。TMT 测试 A 由 25 个从 1 到 25 的圆圈分布在一张纸上组成。参与者被要求尽快地画线连接数字，但不能为了速度而降低准确性。在 B 部分中，圆圈被交替编号(1～13)或字母(A～L)，要求参与者用数字和字母(如 1—A—2—B—3—C)交替画线连接这些圆圈。这两项任务都需要在前目标和新目标之间快速而准确地移动；工作记忆回忆下一个目标；以及全局注意力的分配，以找到纸张上的目标点，并编码未来目标的位置。B 部分对工作记忆提出了更高的要求，要求在数字和字母两种不同刺激类别之间进行注意力的选择性转移。对于 TMT 的研究结果存在一些争议。Lindsey 和 Coppinger 将 A 部分的表现和其他简单能力(如视觉搜索)从 B 部分中分离出来，尽管发现 A 部分的表现与年龄相关，但是发现 B 部分的表现却不再与年龄相关②。另一方面，Salthouse 和 Fristoe 表明，TMT 随年龄的变慢在 A 部分和 B 部分都出现了，且在 A 部分表现得更明显③。

有研究中使用了不同的测试，对 938 名年龄为 20—89 岁的参与者进行了一项调查，他们使用简单反应时和选择反应时，以及卡片分类和 Stroop 测试，结果显示，在所有测试中，与年龄相关的表现都有下降，处理速度在很大程度上解释了 Stroop 和 WCST 结果的差异④。然而，即使在控制了速度之后，年龄也有影响，他们将其解释为“可能不同的抑制控制过程”。Lin 和其同事在研究不

---

① BELLEVILLE S, ROULEAU N, VAN DER LINDEN M. Use of the Hayling task to measure inhibition of prepotent responses in normal aging and Alzheimer's disease[J]. Brain and cognition, 2006, 62(2): 113-119.

② LINDSEY B A, COPPINGER N W. Age-related deficits in simple capabilities and their consequences for trail making performance[J]. Journal of clinical psychology, 1969, 25(2): 156-159.

③ SALTHOUSE T A, FRISTOE N M. Process analysis of adult age effects on a computer-administered Trail Making Test[J]. Neuropsychology, 1995, 9(4): 518.

④ BUGG J M, DELOSH E L, DAVALOS D B, et al. Age differences in Stroop interference: Contributions of general slowing and task-specific deficits [J]. Aging, neuropsychology, and cognition, 2007, 14(2): 155-167.

同年龄人群时，也主张多个过程①。他们使用了一组不同的执行功能测试，如 Hayling Sentence Completion Test、Modified Six Elements Task、计数，以及 WCST 和 Stroop 等经典测试。将 60—70 岁的老年人和高于 70 岁的老年人进行比较，结果表明，老年人在 WCST 和 Modified Six Elements Task 中表现较差，但在其他任务上表现有所下降。由于这些测试被选为不同过程的例子，他们得出结论，一些执行功能过程，如注意力分配、计划和启动，比其他过程受到的影响更大。

大多数关于处理速度的老化研究以及那些使用不同的神经心理学执行功能测试的研究者得出结论，在正常健康的衰老过程中，表现会有所下降。处理速度变慢是一个非常常见的问题，而且通常认为这是其他测试(如 WCST)表现下降的主要原因。但是，对于反应迟缓的原因还不明确，可能是由于使用的测试类型和测试方法的影响。研究中的一个问题是执行功能定义的不一致或不精确。这个问题已经被一些人解决了，他们试图通过分离影响表现的潜在认知机制。这一研究进步也给现有的研究提出了一个建议，即随着年龄的增长，执行功能的变化是独立于处理速度的。并不是所有人都同意执行功能过程的类型受损，但普遍认为"不同类型执行功能之间可能存在的差异需要进一步研究"②。由于缺乏公认的执行功能或额叶功能模型以及执行功能的不精确操作定义，这项研究受到了阻碍。

有关皮质改变的研究结果发现，前额叶区域变薄、颞叶/海马旁区域体积变小与衰老有关③。对年龄 19—93 岁的 100 多名未痴呆患者的 T1 结构磁共振扫描结果分析显示，大脑皮层厚度早在中年时就开始减少④。变薄现象普遍存在，但前额叶最为明显，颞叶/海马旁区域相对较少。这些作者还指出，他们的结果并不支持皮层萎缩与发育的顺序相反的观点(支持伴随着年龄的增长，皮层会发生萎缩的观点)，尽管这个概念可能仍然与髓鞘退化有关。

Lockhart 和 DeCarli 使用磁共振技术回顾了脑衰老研究，包括区域体积、皮

---

① LIN H, CHAN R C K, ZHENG L N, et al. Executive functioning in healthy elderly Chinese people[J]. Archives of clinical neuropsychology, 2007, 22(4): 501-511.

② WECKER N S, KRAMER J H, WISNIEWSKI A, et al. Age effects on executive ability [J]. Neuropsychology, 2000, 14(3): 409.

③ RAZ N, GUNNING F M, HEAD D, et al. Selective aging of the human cerebral cortex observed in vivo: Differential vulnerability of the prefrontal gray matter[J]. Cerebral cortex, 1997, 7(3): 268-282.

④ SALAT D H, BUCKNER R L, SNYDER A Z, et al. Thinning of the cerebral cortex in aging[J]. Cerebral cortex, 2004, 14(7): 721-730.

质厚度和白质完整性①。他们的结论是，大脑结构存在高度一致的年龄相关差异，特别是额叶和内侧颞区，同时伴随着额叶和内侧颞叶介导的认知能力的年龄相关差异。他们还认为，胼胝体的完整性可能会影响表现。Yuan 和 Raz 的综述中发现执行功能与前额叶结构大小之间存在关系，后者本质上影响了显示衰老效应的能力。效应大小取决于执行功能任务的类型，前额皮质体积与 WCST 表现的相关性比与向后的数字广度、TMT 表现或语言流畅性的相关性更强②。也有一些特定的解剖-行为关系的迹象，产生更大的效应量是与外侧和内侧的差异有关，而不是眼眶前额叶区域。最后，得出“越大越好”的结论，即额叶前部体积和皮质厚度越大，执行功能表现就越好。

二、运动健身干预老年人执行功能的有效性研究进展

(一)有氧健身改善老年人执行功能的实证证据

一项研究将老年参与者随机分配到有氧健身运动项目或拉伸项目，每周 3 次(每次 1 小时)，连续 12 周。有氧训练计划的重点是增强心血管健康和有氧耐力，核心活动包括步行、循环训练、步进和逐步跑步。拉伸训练计划的重点是增强柔韧性、平衡和身体意识。每节课的核心由全身伸展、平衡控制练习和节段间协调练习组成。研究结果显示，只有有氧健身运动组在 WCST 任务中表现出显著的改善效果③，这一任务是测量执行功能的常用任务之一。

急性有氧健身运动可以提高对执行功能要求很高的任务的认知处理速度，但很少有研究调查不同健身运动强度的老年人急性健身运动后的执行功能的变化。Peiffer 等人的研究中 60—75 岁健康女性在 20 分钟的中等健身运动强度和剧烈(75% VO_{2max})健身运动强度的前和后 30 分钟分别完成改良版的侧翼任务以及持续和选择性注意的测试。结果表明，老年女性在进行中等强度和高强度有氧健身运动后，改良版侧翼任务和注意测试中的表现立即有所提高。其中一

① LOCKHART S N, DECARLI C. Structural imaging measures of brain aging [J]. Neuropsychology review, 2014, 24: 271-289.

② YUAN P, RAZ N. Prefrontal cortex and executive functions in healthy adults: A meta-analysis of structural neuroimaging studies[J]. Neuroscience & biobehavioral reviews, 2014, 42: 180-192.

③ ALBINET C T, BOUCARD G, BOUQUET C A, et al. Increased heart rate variability and executive performance after aerobic training in the elderly [J]. European journal of applied physiology, 2010, 109: 617-624.

些效果在健身运动后30分钟仍能维持。这些发现表明，一次剧烈的健身运动，无论强度如何，都可以提高老年妇女在执行功能测试中的表现①。Johnson等人进行了为期24周，每周3次，每次30~60分钟的走路、慢跑和自行车运动的研究，研究结果发现在社区居住的老年人中，轻度体育活动与较高的执行功能相关，能够显著改善老年人的抑制、转换和刷新功能②。

Voss等人将功能磁共振成像技术与有氧和非有氧健身训练对大脑功能和认知的影响进行比较。结果表明，有氧训练提高了老年人大脑在高水平认知网络中的静息功率。一年的步行增加了默认模式网络(Default Mode Network)和额叶执行网络(Frontal Executive Network)中额叶、后叶和颞叶皮层各方面之间的功能连接，这两个大脑网络在衰老过程中对大脑功能障碍起核心作用。该研究使用功能连接技术，为运动诱导的衰老大脑大范围大脑系统的功能可塑性提供了第一个证据，并为有氧健身在减弱年龄相关大脑功能障碍方面的作用提供了新的见解③。Tsai等人的研究中使用了乒乓球运动、骑自行车健身运动以及跑步机健身运动作为有氧健身运动内容，并且进一步将这些有氧运动分为开放性运动和闭锁性运动两组进行比较，研究结果发现，老年被试在转换实验中反应明显快于对照组。此外，与基线相比，在不同任务条件下进行非转换和转换实验时，定期参加开放性运动锻炼6个月可以有效提高老年人的反应时，且开放性运动的具体转换成本在运动后相对于健身运动前接近显著性。在*n*-back任务中，虽然进行6个月的开放性和闭锁性锻炼并没有提高老年人在执行该认知任务时的反应时，但在两组练习干预后，1-back条件下的准确率显著提高。在电生理表现方面，在进行任务转换范式和*n*-back任务时，开放性运动组和闭锁性运动组在运动干预后的不同条件和电极上均表现出明显高于基线的P3振幅④。

① PEIFFER R, DARBY L A, FULLENKAMP A, et al. Effects of acute aerobic exercise on executive function in older women[J]. Journal of sports science & medicine, 2015, 14(3): 574.

② JOHNSON L G, BUTSON M L, POLMAN R C, et al. Light physical activity is positively associated with cognitive performance in older community dwelling adults[J]. Journal of science and medicine in sport, 2016, 19(11): 877-882.

③ VOSS M W, PRAKASH R S, ERICKSON K I, et al. Plasticity of brain networks in a randomized intervention trial of exercise training in older adults [J]. Frontiers in aging neuroscience, 2010, 2: 32.

④ TSAI C L, PAN C Y, CHEN F C, et al. Open- and closed-skill exercise interventions produce different neurocognitive effects on executive functions in the elderly: A 6-month randomized, controlled trial[J]. Frontiers in aging neuroscience, 2017, 9: 294.

(二)抗阻健身改善老年人执行功能的实证证据

阻力健身是一种对抗阻力的健身运动，要克服外力做功的健身运动，主要目的就是训练人体的肌肉，物体在运动过程中产生的妨碍物体运动的作用力称为“阻力”。阻力健身运动包括俯卧撑、哑铃以及杠铃等项目。Liu-Ambrose 等人将 155 名居住在温哥华的 65—75 岁的社区妇女随机分配到每周一次或两次的阻力训练组或两次平衡和音调训练的对照组。通过 Stroop 测试的表现测试选择性注意和冲突解决的能力。执行认知功能的次要结果包括通过追踪任务测试转换和通过数字跨度测试评估刷新功能。研究结果发现，与平衡和音调组相比，两组阻力训练组在 Stroop 测试中的表现都有显著提高。1 周 1 次和 1 周 2 次抗阻训练组的任务绩效相较于基线水平分别提高了 12.6%和 10.9%，而平衡和音调组则降低了 0.5%，即 12 个月的每周 1 次或每周 2 次的抗阻训练有助于提高老年女性选择性注意和冲突解决的执行认知功能①。另一项关于老年男性的研究中调查 12 个月的高强度阻力健身运动干预是否能有效延缓健康老年男性执行功能的下降，并确定胰岛素样生长因子(IGF-1)，G H 和同型半胱氨酸水平的变化与 Oddball 任务中的神经认知表现之间的关系。在 12 个月干预后执行 Oddball 任务时对照组表现出较低的准确率以及较小的 P3a 和 P3b 振幅。抗阻锻炼组的结果显示，长期高强度的阻力健身运动可以减少在刺激辨别任务中的反应时并减弱 P3a 和 P3b 振幅的下降，同时增加血清中的 IGF-1 水平和降低血清同型半胱氨酸水平，并且研究发现 IGF-1 水平的变化与 RT 和 P3b 振幅的变化显著相关。IGF-1 水平的变化与 Oddball 条件下的反应时和 P3b 振幅的变化明显相关。这些发现表明，长期阻力健身运动可能是削弱健康老人在 Oddball 任务中表现出的与年龄有关的神经效率下降的一种有效机制，这可能是由 IGF-1 水平的提高所调节的。

一项关于阻力训练对老年人认知功能的影响的系统综述中将计划、调度、工作记忆、干扰控制和任务协调相关任务指标纳入执行功能分析，通过分析纳入的 12 篇相关文献发现阻力训练对老年人的执行功能和整体认知功能有积极影响，此外，三周抗阻训练对老年人的整体认知功能和两周抗阻训练对老年人

① LIU-AMBROSE T, NAGAMATSU L S, GRAF P, et al. Resistance training and executive functions: A 12-month randomized controlled trial[J]. Archives of intemal medicine, 2010, 170(2): 170-178.

的执行功能都有显著的益处①。一项元分析也得出了一致的结论。这项元分析显示，无论基线认知状态如何，有氧训练、阻力训练、多成分训练和太极拳在改善老年人认知功能方面都是有效的，其中包括对执行功能的显著改善作用②。Yoon 等人纳入平均年龄为 73.9 岁的 45 名认知较差的老年人并将他们随机分配到阻力健身运动训练组和练习平衡和拉伸的对照组，他们被要求在为期 16 周的干预前后进行包括概念化(抽象推理)、项目灵活性(语言流畅性)、运动编程(连续动作的组织、维持和执行)、干扰敏感性(冲突指令)、抑制控制(抑制不适当的反应)和环境自主性(理解行为)6 个执行功能子测试的项目，通过对比分析发现抗阻健身运动对处理速度和执行功能有显著改善效果③。一项纳入 62 名老年人的研究也证实了关于抗阻训练能够改善老年人认知能力的发现。研究发现，与对照组相比，经过阻力健身运动干预的实验组的中央执行功能有所改善④。

(三)运动与认知联合干预改善老年人执行功能的实证证据

本章节所指的联合干预是指将运动健身和认知训练相结合进行的干预方式。Hiyamizu 等人对 65 岁以上的健康老年人进行了为期 12 周，每周 2 次，每次 60 分钟的联合干预，具体内容为在平衡训练过程中同时进行计算任务、视觉搜索任务和语言流畅性任务。在计算任务中，参与者进行了 4 个功能的计算，最多 2 位数的数字是通过听觉和口头回答的。在视觉搜索任务中，对 2 幅呈现的图画(或图片)进行比较并识别差异。在语言流畅性测试中，尽可能多地表达属于所呈现的类别的单词(例如，“动物”单词)或以呈现的字母开头的单词。该研究结果发现参与者在 Stroop 任务上的表现得到了显著改善，也就是说老年人

---

① LI Z, PENG X, XIANG W, et al. The effect of resistance training on cognitive function in the older adults: A systematic review of randomized clinical trials [J]. Aging clinical and experimental research, 2018, 30: 1259-1273.

② NORTHEY J M, CHERBUIN N, PUMPA K L, et al. Exercise interventions for cognitive function in adults older than 50: A systematic review with meta-analysis [J]. British journal of sports medicine, 2018, 52(3): 154-160.

③ YOON D H, LEE J Y, SONG W. Effects of resistance exercise training on cognitive function and physical performance in cognitive frailty: A randomized controlled trial [J]. The journal of nutrition, health & aging, 2018, 22: 944-951.

④ COELHO-JÚNIOR H J, GONÇALVES I O, SAMPAIO R A C, et al. Effects of combined resistance and power training on cognitive function in older women: A randomized controlled trial [J]. Int J Environ Res Public Health, 2020, 17(10): 3435.

的认知控制能力得到了改善①。Nishiguchi 等人对年龄在 60 岁以上的健康老年人进行了为期 12 周，每周 1 次，每次 90 分钟的联合干预，包括 15 分钟的拉伸和中等强度的健身运动，15 分钟的渐进肌肉力量训练，以及 60 分钟的包含认知训练的 3 项双任务练习。这些健身运动的强度是根据美国健身运动医学院和美国心脏协会的建议制定的。在第一类中，参与者被要求在短、快的步进练习中执行语言流畅性任务。在第二类中，主管给身体的各个部位分配一个数字(例如，1=右肩，2=左肩)，并指导参与者按照伴奏音乐的节奏，以每分钟 60~120 拍的速度进行坐姿或站立步进练习。在这些练习中，导师会定期说出一个数字，在这个数字的点上，参与者要触摸自己身体的适当部位。在第三类中，参与者被要求以与第二类相同的节奏进行站立步进练习，并在导师口头指示的四个方向之一(右、前、后、左)行走。在 12 周的时间里，三种练习的强度和难度逐渐增加，最终发现联合干预组的参与者在转换功能上的表现得到了显著改善，该研究还指出这种身体和认知锻炼项目可以提高老年人在认知任务中大脑激活的效率，这与记忆力和执行功能的改善有关②。Hagovska 等人对年龄在 65 岁以上的轻度认知障碍老年人进行了为期 10 周，每周 2 次，每次 30 分钟的干预。干预内容包括过障碍物走、变向行走、变速行走、步行基础改变走(改变步宽、步长等)、快走、负重行走、上下楼梯以及注意力强度、工作记忆、长期记忆、执行功能、视觉健身运动能力训练。结果表明，参与者在 TMT 任务上的表现得到了显著改善，且比单纯的身体训练更能促进认知提升③。Sungkarat 等人也得出了类似的结论。他们通过对 65 岁以上的轻度认知障碍老年人进行为期 12 周，每周 3 次，每次 50 分钟的联合记忆、注意训练和太极拳训练的干预后发

---

① HIYAMIZU M, MORIOKA S, SHOMOTO K, et al. Effects of dual task balance training on dual task performance in elderly people: A randomized controlled trial [J]. Clinical rehabilitation, 2012, 26(1): 58-67.

② NISHIGUCHI S, YAMADA M, TANIGAWA T, et al. A 12-week physical and cognitive exercise program can improve cognitive function and neural efficiency in community-dwelling older adults: A randomized controlled trial[J]. Journal of the American geriatrics society, 2015, 63(7): 1355-1363.

③ HAGOVSKA M, NAGYOVA I. The transfer of skills from cognitive and physical training to activities of daily living: A randomised controlled study[J]. European journal of ageing, 2017, 14(2): 133-142.

现参与者在 TMT 任务上的表现明显优于对照组[①]。Park 等人对 60 岁以上的轻度认知障碍老年人进行了为期 24 周，每周 2 次，每次 110 分钟的结合身体活动促进和行为矫正、有氧健身运动、认知和运动双任务训练的计划。在双任务训练中，参与者进行了一些认知任务，如文字游戏，进行简单的快速数值计算，并在进行有氧健身运动时玩了一个简单的记忆广度游戏。每节课的内容依次为：热身 10 分钟、拉伸训练 10 分钟、有氧健身运动 20 分钟、平衡训练 10 分钟、有氧和认知双任务训练 30 分钟、休息反馈和促进日常体育活动教育 20 分钟、放松 10 分钟。有氧健身运动包括踩楼梯、耐力走和爬楼梯。研究结果发现，联合干预可以有效改善轻度认知障碍患者的执行功能和身体功能。此外，在持续的干预过程中，鼓励参与者在监督下额外进行 10 分钟的适度体育活动，发现可能更有利于防止认知能力下降和提高锻炼依从性。Dhir 等人对 65—85 岁健康老年人进行了为期 8 周，每周 3 次，每次 60 分钟的认知游戏和健步走联合干预，游戏的设计目标是六大认知领域（专注力、速度、记忆力、视觉、解决问题和语言）之一，研究结果发现参与者的抑制和转换功能得到了显著的提升[②]。

活动性视频游戏将体育锻炼与计算机模拟环境和互动式视频电子游戏功能结合起来，作为促进健康行为和增加锻炼吸引力的一种手段已经被广泛应用。活动性视频游戏有可能通过将注意力从讨厌的方面转移到激励的方面来增加锻炼，如竞争和三维风景。与传统运动相比，参与体育游戏可以带来更频繁和强度更高的健康结果。一项研究报告指出，与传统的固定自行车相比，老年人更喜欢骑互动游戏类自行车。一项研究发现虚拟现实增强的固定自行车可以改善创伤性脑损伤患者的认知功能。因此，活动性视频游戏当前也被认为是一种可以改善老年人的认知功能的有趣的认知干预手段。活动性视频游戏被定义为任何类型的需要玩家进行全身运动的电子游戏，它是一种新兴的将体育锻炼与电子游戏相结合的干预手段。对于执行功能，Maillot 等人的研究采用任天堂（Wii Games）运动游戏任务范式，将被试随机分配至游戏组和对照组。在对游戏组进行 24 次的 60 分钟活动性视频游戏干预后，结果发现不仅老年人的游戏操作水

---

① SUNGKARAT S, BORIPUNTAKUL S, CHATTIPAKORN N, et al. Effects of Tai Chi on cognition and fall risk in older adults with mild cognitive impairment: A randomized controlled trial [J]. Journal of the American geriatrics society, 2017, 65(4): 721-727.

② DHIR S, TEO W P, CHAMBERLAIN S R, et al. The effects of combined physical and cognitive training on inhibitory control: A systematic review and meta-analysis[J]. Neuroscience & biobehavioral reviews, 2021, 128: 735-748.

平得到了显著提高，且执行控制和加工速度等认知能力得到了更为显著的提高[①]。Anderson-Hanley 等人采用定制的互动游戏类自行车对老年人进行为期 12 周，每周 3 次，每次 45 分钟的干预，干预中游戏组参与者需要根据游戏内容完成收集硬币等游戏任务，对照组则骑行传统的固定自行车，研究结果发现，活动性视频游戏可以更有效地改善老年人的转换能力[②]。Phirom 等人同样采用为期 12 周的干预，他们在现有文献中关于预防跌倒的有效身体和认知训练项目的证据和在老年人使用的锻炼游戏的基础上开发出一款自制的活动性视频游戏，参与者根据游戏规则踩不同的目标和不同的方向与屏幕中的游戏进行互动，而对照组则是给予一些健康指导，结果发现活动性视频游戏干预组老年人的转换功能得到了有效的改善[③]。Guimarães 等人也采用手柄游戏进行为期 12 周，每周 3 次，每次 60 分钟的干预，结果显示老年人的抑制、转换和刷新功能都得到了显著改善[④]。此外，Ordnung 等人也同样采用手柄游戏，发现了类似的结果，即老年人的抑制和刷新功能得到了显著的改善[⑤]。Liao 等人纳入了轻度认知障碍的老年人作为实验的参与者，使他们置身于一个三维虚拟现实环境中模仿虚拟人物，根据瞬时的视觉和听觉反馈实时调整动作。训练包括简化的二十四式太极拳、抗阻练习、有氧健身运动和功能导向的任务（如擦窗户、捞金鱼、跨越障碍、爬楼梯和步行），通过干预发现老年人的抑制和转换功能得到了

---

① MAILLOT P, PERROT A, HARTLEY A. Effects of interactive physical-activity videogame training on physical and cognitive function in older adults[J]. Psychology and aging, 2012, 27(3): 589.

② ANDERSON-HANLEY C, ARCIERO P J, BRICKMAN A M, et al. Exergaming and older adult cognition: A cluster randomized clinical trial[J]. American journal of preventive medicine, 2012, 42(2): 109-119.

③ PHIROM K, KAMNARDSIRI T, SUNGKARAT S. Beneficial effects of interactive physical-cognitive game-based training on fall risk and cognitive performance of older adults[J]. International journal of environmental research and public health, 2020, 17(17): 6079.

④ GUIMARÃES A V, BARBOSA A R, MENEGHINI V. Active videogame-based physical activity vs. aerobic exercise and cognitive performance in older adults: A randomized controlled trial[J]. Journal of physical education and sport, 2018, 18(1): 203-209.

⑤ ORDNUNG M, HOFF M, KAMINSKI E, et al. No overt effects of a 6-week exergame training on sensorimotor and cognitive function in older adults. A preliminary investigation[J]. Frontiers in human neuroscience, 2017, 11: 160.

显著的提高，并且发现这些轻度认知障碍老年人的日常活动能力也有所提高[①]。Schättin 等人使用舞蹈类的活动性视频游戏，要求参与者在一个压敏板(舞蹈平台)上，参与者在正面屏幕上的视频游戏的驱动下进行特定的全身动作。平台上的电子传感器检测位置和时间信息，然后用于向参与者提供实时视觉反馈。通过脚踏板上的箭头(右、左、上、下)，参与者在游戏界面中进行交互。Schoene 等人也采用了类似的踏板式活动性视频游戏，参与者在游戏干预过程中需要根据屏幕上的指示在踏板上进行不同方向、不同速度的走步，而对照组则保持日常生活活动。研究结果显示，这一干预能够促进整体执行功能的改善。Monteiro-Junior 等人也采用了基于虚拟现实技术的活动性视频游戏干预，研究结果发现，健康老年人的转换和抑制功能得到了显著的改善[②]。Adcock 等人采用一种基于技术的多成分家庭训练，用于老年人训练力量，平衡和认知，包括太极拳、舞蹈和基于步行的认知游戏。结果显示老年人的整体执行功能都得到了改善[③]。活动性视频游戏要求参与者在进行身体练习的同时根据游戏的内容进行认知训练，因此它也是联合干预的一种，相较于传统的联合干预，活动性视频游戏更加有趣，它包含电子游戏的成分，而电子游戏的一大特点便是能够娱乐身心，以该运动作为干预手段，参与者不容易产生枯燥无聊感以及疲惫感。综上，活动性视频游戏或许是提升老年人执行功能甚至整体认知功能的有效手段。

执行功能衰退被认为是引起认知老化的重要原因，也是限制老年人工作活动能力和降低其生活独立性的重要原因之一。有研究结果表明，认知能力的衰退可能会导致轻度认知障碍和痴呆，而认知障碍和痴呆是由于大脑机制的退化造成的，根据流行病学调查显示，每 10 名老年人中就有约 1 名阿尔茨海默病、老年性痴呆患者，这些病症会造成老年人失去日常生活能力，患者认知功能会

---

① LIAO Y Y, CHEN I H, LIN Y J, et al. Effects of virtual reality-based physical and cognitive training on executive function and dual-task gait performance in older adults with mild cognitive impairment: A randomized control trial[J]. Frontiers in aging neuroscience, 2019, 10(11): 162.

② MONTEIRO-JUNIOR R S, FIGUEIREDO L F S, MACIEL-PINHEIRO P T, et al. Virtual reality-based physical exercise with exergames (PhysEx) improves mental and physical health of institutionalized older adults[J]. Journal of the American medical directors association, 2017, 18(5): 454. e1-454. e9.

③ ADCOCK M, FANKHAUSER M, POST J, et al. Effects of an in-home multicomponent exergame training on physical functions, cognition, and brain volume of older adults: A randomized controlled trial[J]. Frontiers in medicine, 2020, 6: 321.

严重下降；同时会导致肢体瘫痪，生活能力下降，精神行为异常，甚至卧床，产生肺炎、营养不良等并发症直至死亡，严重威胁人类健康。通过上述分析可以发现，有氧健身、抗阻健身、认知训练联合运动健身都对改善老年人执行功能起着重要的作用。

第三节　老年人注意功能的衰退及运动健身有效性研究进展

注意是一种能够选择刺激被进一步处理或不处理的能力，例如，当你正在看电视时，恰好有人在说话，那么你会忽略正在播放的电视画面而听到别人讲话内容。这一功能的实现主要归功于大脑的一系列操作，它连接了多种认知功能，如语言和记忆。因此，注意是学习的基础，它可以将信息选择和保留的过程联系起来，并最终影响人的行为。

一、老化引起的注意功能衰退

(一)注意网络改变

注意网络随着老化而发生变化，理解这一点十分重要，因为它们可能对工作、日常生活活动和社会互动产生不利影响。老化与胆碱能、多巴胺能和去甲肾上腺素能功能的逐渐退化有关，因此发现与老化相关的注意变化并不奇怪。然而，大脑机制如何导致与老化有关的注意变化还没有明确的定论。根据注意网络理论，人类的注意系统分为三个网络：定向网络、警觉网络和执行控制网络(图 2-1)。我们从多个感觉输入中选择信息的基本注意功能是由定向网络促进的，定向网络是由顶叶上叶、上丘、额眼视野和颞顶交界处组成的网络。警觉是指在缺乏新奇感、唤起情感或对反应感到困难的情况下，对特定信息流保持注意力的能力。警觉网络是由背侧视觉通路的顶叶区域和右额叶介导的，并且与提高警惕性和防备性有关。与此同时，执行控制网络参与监控和解决冲突。因此，我们认为前扣带皮层、背外侧前额叶皮层、部分基底神经节和丘脑都与注意网络有关。注意功能在成年早期达到峰值后便开始呈现下降趋势，进入老年阶段后，衰退进程加快。有关注意网络功能特征的年龄差异研究表明，警觉网络和执行控制网络会随着年龄的增加而衰退，而定向网络受年龄的影响较小。针对轻度认知功能障碍的老年人注意网络功能的研究发现，他们在执行控制网络功能上的表现显著弱于健康老年人，但在警觉网络和定向网络上，与健康老年人无显著差异。事件相关电位研究结果表明，老年人与年轻人在与警觉网络和定向网络相关的 P1，N1，及 CNV 成分上相似，但是在与执行控制网络相关的 N2 和 P3 成分上出现了显著差异。

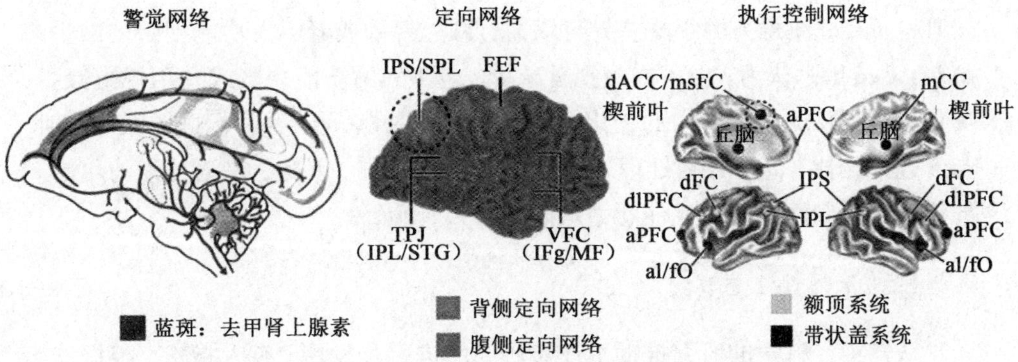

图 2-1　注意的三个网络：警觉网络、定向网络与执行控制网络

资料来源：PETERSEN S E，POSNER M I. The attention system of the human brain：20 years after[J]. Annual review of neuroscience，2012，35(1)：73.

（二）注意资源改变

Shiffrin 等人①调查了注意力资源的潜在年龄差异，研究使用视觉搜索、分散注意力任务，其中目标字母呈现在显示器的一个、两个或三个角上，结果发现老年人需要更多的目标字母来达到关键的目标反应阈值，这一结果为老年人处理资源较少提供了证据。在一篇老化框架下注意力改变的综述中，人们对注意力过程中存在的年龄差异进行了许多不同的理论解释，让我们对此有了一定的了解。Craik② 讨论了几种与年龄相关的注意力功能差异的理论解释。第一种理论认为，随着年龄的增长，驱动认知过程的能量会减少。该理论还认为，注意力是一种能够进行认知加工的资源，这种资源随着年龄的增长而减少。

① SHIFFRIN R M，SCHNEIDER W. Controlled and automatic human information processing：II. Perceptual learning，automatic attending and a general theory[J]. Psychological review，1977，84(2)：127.

② CRAIK F I，SALTHOUSE T A. The handbook of aging and cognition[M]. London：Psychology Press，2011.

Hasher 和 Zacks 的第二种理论[①]提出，老年人表现出抑制功能的降低。对这一现象进行分析发现老年人是由于过滤能力下降而导致注意力缺陷，从而促进对不相关刺激的干扰和分心水平的加工。此外，据推测，随着年龄的增长，老年人的空间定位能力可能会受损[②]。一般来说，这种损伤会导致老年人在视觉搜索任务中难以对干扰物的处理进行抑制。关于衰老和注意力的第三个也是最后一个理论提出，注意力的年龄差异可以通过减速模型或老年人功能视野的减少来解释。Cerella[③] 认为，由于周边视觉减少，老年人的功能视野或有用视野减少，可能会被误认为是注意力的变化。此外，大量研究表明，当目标嵌入噪声中时，与年轻人相比，老年人在处理外围目标时存在困难。因此，视觉搜索的年龄差异不能仅仅归因于选择性注意力缺陷。

(三)选择性注意改变

认知神经科学的研究推动了注意研究的进一步发展。有人指出，根据能力或处理资源的注意力观点阻碍了选择性注意的神经科学研究的进展[④]。在对选择性注意进行定义时，神经科学强调了选择和过滤的过程，注意力选择只选择有机体可获得的部分信息。选择或过滤过程是在一个放大相关信息、衰减无关信息或两者的系统中进行的。Fleminger 等人使用 fMRI 技术[⑤]也研究了注意资源减少对联想关系的学习和记忆的衰老的相关影响。在对注意力资源要求较高的任务中，与年轻人相比，老年人的表现受损；然而，在注意力资源要求较低的任务上，老年人和年轻人的认知表现和成像模式是相似的。在老年人中，观察到关于记忆编码所必需的任务相关区域的活动显著减少注意需求。腹外侧和背外侧前额叶、上下顶叶和左侧海马的影响最明显。这些发现表明了前额叶和顶叶注意系统对海马记忆编码的贡献，以及注意需求随着年龄的增长对神经反

① HASHER L, ZACKS R T. Working memory, comprehension, and aging: A review and a new view[J]. Psychology of learning and motivation, 1988, 22: 193-225.

② CHARNESS N. Aging and human performance[J]. Human factors, 2008, 50(3): 548-555.

③ CERELLA J. Age-related decline in extrafoveal letter perception [J]. Journal of gerontology, 1985, 40(6): 727-736.

④ POSNER M I, PETERSEN S E. The attention system of the human brain[J]. Annual review of neuroscience, 1990, 13(1): 25-42.

⑤ FLEMINGER S, OLIVER D, LOVESTONE S, et al. Head injury as a risk factor for Alzheimer's disease: The evidence 10 years on; a partial replication[J]. Journal of neurology, neurosurgery, and psychiatry, 2003, 74(7): 857.

应的影响。与老化相关的背侧和腹侧注意网络激活的差异在功能磁共振成像上也很明显。Dekosky 等人①研究发现，当存在更大的注意力需求时，老年人在注意网络之外表现出更多的区域招募能力。相比之下，在老年人中观察到腹侧注意网络激活减少，这表明这种注意系统更容易受到衰老的影响。与衰老相关的突触活动的差异已经被证明是选择性注意的一种功能。在 Solfrizzi 等人②的研究中，同时呈现相关和无关的信息，老年人由于被无关的目标分散注意力，从而导致较慢的反应。因此，表现出更大的网络激活的老年人往往对无关的信息存在较大的抑制能力，而表现出较小的网络激活的老年人往往存在行动能力受损和跌倒倾向等负面的功能后果。换句话说，在进行运动活动的同时，执行认知任务会降低老年人准确执行运动任务的能力。

二、运动健身干预老年人注意功能的有效性研究进展

有氧运动已被证明可以提高脑源性神经营养因子(BDNF)、胰岛素样生长因子-1(IGF-1)和血管内皮生长因子(VEGF)，导致啮齿动物和人类海马中运动诱导的神经发生。先前的研究结果表明，注意力可以通过一次运动(急性效应)，或通过多次运动(慢性效应)③得到提高。有研究结果证明，锻炼和健康可以改善儿童和年轻人的认知功能，尤其是注意力，然而，这些变化主要是在认知障碍(如注意力缺陷障碍)的人群中观察到的。

对于不同的人群，从儿童到老年人，从健康到各种病理状况，运动健身与积极的健康结果有关。对于健康与认知之间的关系，尤其是健身与注意力之间的关系，研究较少。然而已有证据表明，在大范围的测量中，健身和认知表现之间存在正相关。在大多数不同年龄的人群中，中等强度(最大心率的 60%~80%)和短时间(20~30 分钟)的连续有氧运动对注意力的多个方面存在积极的促进作用。例如，青春期前的儿童(9—11 岁)经过有氧运动的锻炼，在持续和

① DEKOSKY S T, ABRAHAMSON E E, CIALLELLA J R, et al. Association of increased cortical soluble Aβ42 levels with diffuse plaques after severe brain injury in humans[J]. Archives of neurology, 2007, 64(4): 541-544.

② SOLFRIZZI V, AGOSTI P, LOZUPONE M, et al. Nutritional intervention as a preventive approach for cognitive-related outcomes in cognitively healthy older adults: A systematic review[J]. Journal of Alzheimer's disease, 2018, 64(s1): S229-S254.

③ CHANG Y K, TSAI C L, HUANG C C, et al. Effects of acute resistance exercise on cognition in late middle-aged adults: General or specific cognitive improvement? [J]. Journal of science and medicine in sport, 2014, 17(1): 51-55.

选择性注意方面表现出积极的结果①。同样，Janssen 等人报道，在大约相同年龄(10.4 岁±0.59 岁)的儿童中，与相同持续时间下的其他三种条件(剧烈运动、被动恢复和无恢复)相比，中度运动 15 分钟后选择性注意力显著增强；然而年轻人表现出一致的结果。许多研究证明靶向健身在持续、选择性和定向注意力方面取得了积极成果。

然而，不同的运动模式和健身方式如何有效地提高不同年龄人群的注意力，这仍然是一个悬而未决的问题。此外，还有待确定的是，上述每一个因素，单独或结合起来，是否会对注意力的不同组成部分产生不同的急性或慢性影响。综上所述，注意力是一个复杂的过程，涉及几个子操作，因此它的测量并不简单。有研究已经提出了几种测试来评估注意力的各种成分，如 Fan 等人开发的注意测试网络任务，以独立衡量警觉、定向和冲突的效率②；Bates 等人开发了 D2 测试任务以测量持续注意力和视觉扫描速度③；Stroop 开发了 Stroop 任务以测量选择性注意力和对冲突刺激干扰的敏感性④；Wechsler 开发了数字跨度任务以评估注意力集中和精神控制⑤；Hatta 等人开发了数字消除任务以测量集中注意、持续注意和选择性注意⑥。在这些测试中，注意力刺激提供的行为表现通过反应时和点击次数的准确性来检验。例如，反应时的减少与警惕性的提高有关，这是继选择性注意之后研究最多的注意成分。然而，这些指数只提供了行为性质的信息，并没有描绘出任务所要求的大脑活动的全貌。为了克服这一限制，在休息时或注意力测试期间测量神经电活动(脑电图记录的脑电波的振幅和潜伏期)可以提供有用的信息。例如，Vaughan 等人采用 ERP 技术测量

---

① DROLLETTE E S, SHISHIDO T, PONTIFEX M B, et al. Maintenance of cognitive control during and after walking in preadolescent children[J]. Medicine & science in sports & exercise, 2012, 44(10): 2017-2024.

② FAN J, MCCANDLISS B D, SOMMER T, et al. Testing the efficiency and independence of attentional networks[J]. Journal of cognitive neuroscience, 2002, 14(3): 340-347.

③ BATES M E, LEMAY E P. The D2 test of attention: Construct validity and extensions in scoring techniques[J]. Journal of the international neuropsychological society, 2004, 10(3): 392-400.

④ STROOP J R. Studies of interference in serial verbal reactions[J]. Journal of experimental psychology, 1935, 18(6): 643.

⑤ WECHSLER D. WAIS-R manual: Wechsler adult intelligence scale-revised[M]. New York: Psychological Corporation, 1981.

⑥ HATTA T, ITO Y, YOSHIZAKI K. D-CAT manual (Screening test for attention)[M]. Osaka: Union Press[Google Scholar], 2000.

P300，因为振幅反映了投入注意力资源的程度[①]；Tecce 采用 ERP 技术测量伴随负电位，较长的负波反映了刺激的准备和评估[②]；Jann 等人测量单个 α 峰值频率(iAPF)，这一指标被认为是兴奋和注意力的标志，与测试中的最佳表现有关(例如，iAPF 越高，反应时越短)[③]。总之，要全面了解靶向健身对注意力的影响，需要考虑不同的注意力测量方法。此外，考虑到靶向健身对于提高注意力(以及认知)的重要意义，确定锻炼变量的操作和身体健康成分的提高如何调节不同的注意力成分是至关重要的。

(一)有氧健身改善老年人注意功能的实证证据

随着年纪的增长，老年人的身体机能特别是神经系统功能的退化尤其明显，最常见的现象是中老年人的注意力比较容易涣散。因此，寻找科学的、适合中老年人的，可以延缓神经系统退化的措施将显得尤为重要。注意网络测试(ANT)在注意网络理论的基础上，在单一测试中独立评估注意网络。先前的研究已经使用 ANT 证明了武术训练、乒乓球培训、慢性运动，以及剧烈的有氧运动对年轻人注意网络三部分的积极效果。同样，大量的研究结果证明，运动健身可以延缓老化伴随的注意力下降。有氧训练和持续的选择性注意力提高之间似乎有明显的关系。Alves 等人对 22 名老年人采用持续 4~12 周，每周 3 次，每次 30 分钟的有氧训练干预，在进行自行车健身的同时，心率保持在最大心率的 60%~80%。最终进行 Stroop 任务测试，结果表明，与对照组相比，实验组老年人的选择性注意得到了显著的改善[④]。脑电研究中的 P3 成分，也称为 P3b 或目标 P3，是刺激开始后 300~700 毫秒之间诱发的 ERP，通常在中央顶叶区最大。P3 振幅反映了在处理目标刺激过程中分配的注意力的数量，而 P3 潜伏期反映了刺激处理的速度。老年人具有较小的 P3 振幅和延迟的 P3 潜伏期，也就是说，在 Stroop 测试中，老年人在刺激处理过程中投入足够注意力资源的能力降

---

① VAUGHAN S，WALLIS M，POLIT D，et al. The effects of multimodal exercise on cognitive and physical functioning and brain-derived neurotrophic factor in older women：A randomised controlled trial[J]. Age and ageing，2014，43(5)：623-629.

② TECCE J J. Contingent negative variation (CNV) and psychological processes in man[J]. Psychological bulletin，1972，77(2)：73.

③ JANN K，KOENIG T，DIERKS T，et al. Association of individual resting state EEG alpha frequency and cerebral blood flow[J]. Neuroimage，2010，51(1)：365-372.

④ ALVES C R R，TESSARO V H，TEIXEIRA L A C，et al. Influence of acute high-intensity aerobic interval exercise bout on selective attention and short-term memory tasks[J]. Perceptual and motor skills，2014，118(1)：63-72.

低或刺激处理速度变慢。老年人与P3相关的功能性下降可以用蓝斑回路和去甲肾上腺素系统的退化来解释。Hsieh的研究支持急性持续有氧运动(CAE)对认知抑制存在积极影响这一观点。研究结果表明，与久坐组相比，CAE组的P3振幅更大，表明老年人从一次锻炼中获得的认知益处更多，且与年轻人没有明显差异。对神经电生理基础的研究可以为开发适当的有氧运动干预提供基础，以促进老年人的健康。

关于运动和注意力之间的关联的另一个信息来源是神经电生理相关的测量。Hillman等人对20名老年人采用急性有氧运动干预，在跑步机上持续运动30分钟，心率控制在最大心率的83.5%左右。在改编的弗兰克任务上引入ERP技术对P3成分进行测量，P3的幅度反映了注意力资源的数量。与基线阶段相比，该运动的P3幅度更大。结果表明，在急性有氧运动干预后，神经电生理的注意力分配增加①。

(二)抗阻健身改善老年人注意功能的实证证据

Chang和Etnier对41名老年人进行了抗阻运动干预，将他们随机分配到抗阻运动组或对照组。阻力运动条件包括对6项练习进行2组10次的重复，大约用时45分钟。6项练习分别是右臂、左臂、右手哑铃、左手哑铃、横向哑铃举和卧推。哑铃的重量为一次重复(1-RM)的75%。控制条件包括阅读一段近似于运动条件持续时间的阻力运动。Stroop测试和TMT测试在基线和干预完成后立即完成。结果表明，阻力运动有利于提高加工速度，此外，有一种趋势是阻力运动有利于提高执行功能任务的表现。抗阻运动能促进持续和选择性注意力的行为表现增强。此外，Chang等人还对41名老年人进行了单次抗阻运动干预，运动方案包括2组7次练习，哑铃重量为最大10次重复的70%，每组和每次练习间休息时间分别为30秒和60秒。结果再一次支持了抗阻运动能促进持续和选择性注意力的行为表现增强②。此外，他们对30名成年人采用急性阻力练习，练习共包括2组，每组7次，时间为30~35分钟。与对照组相比，实验组在所有Stroop测试条件下的表现显著提高。结果表明，急性阻力运动可能促进多种执行功能，包括选择性注意。

---

① HILLMAN C H, SNOOK E M, JEROME G J. Acute cardiovascular exercise and executive control function[J]. International journal of psychophysiology, 2003, 48(3): 307-314.

② CHANG Y K, TSAI C L, HUANG C C, et al. Effects of acute resistance exercise on cognition in late middle-aged adults: General or specific cognitive improvement? [J]. Journal of science and medicine in sport, 2014, 17(1): 51-55.

(三)运动与认知联合干预改善老年人注意功能的实证证据

在上述有氧运动和抗阻运动提升老年人注意能力的基础上，有些研究探讨了高认知需求运动对老年人注意能力的改善作用。Diamond 和 Ling 认为有氧运动缺乏认知成分，因此产生很少或几乎没有认知益处①。一些研究结果表明，开放技能练习比封闭技能练习对老年人有额外的认知益处，开放技能练习的额外认知益处主要归因于环境的丰富和体育锻炼期间认知需求的增加。开放技能练习是指那些要求锻炼者在动态变化、不可预测和外部节奏的环境中做出反应的练习。Wang 和 Guo 的一项横断面研究证明体育锻炼与老年人的注意力网络有关。与封闭技能锻炼者和久坐对照组相比，开放技能锻炼者表现出执行控制网络的选择性增强，而在三组中的定向和警觉网络中没有观察到差异。因此，开放式技能训练(结合身体锻炼和认知训练)可能为老年人提供一种潜在的有效干预方式，以维持或增强他们的注意力功能。定向运动的主要特点是以地图和指北针为主要工具，按地图上规定路线去寻找事先设计的各个检查点，在完成整条路线过程中体现运动员的体能、智能、反应能力、识图能力、观察能力等综合素质。运动员在搜寻目标时注意能力、回忆目标的记忆能力以及身体素质、方位感及个人取向等综合的适应能力得到相应的训练。郑裔军的研究采用简单定向运动，对 50 名中老年人进行为期 6 个月，每周 3 次的定向运动训练，2012 年 5 月 8 日进行实验前第一次指标测试，2012 年 11 月 10 日进行了第二次指标测试。从而验证定向运动对老年人注意力的健身功效。结果表明，与对照组相比，实验组老年人的注意力广度、注意力分配、注意力集中能力都得到了相应的提高，其中，注意力集中维度提高显著②。Vaughan 等人对 49 名老年女性采用为期 16 周，每周 2 次的高认知需求运动干预，包括 60 分钟的心血管运动(分级自感用力度-10 量表的 3~5 分)、力量运动(2 组，6~8 次重复)和运动适应性(平衡、敏捷性)。进行跟踪实验和 Stroop 测试，结果表明，当根据基线进行调整后，与对照组相比，运动组在跟踪实验和 Stroop 测试(视觉和选择性

① DIAMOND A, LING D S. Conclusions about interventions, programs, and approaches for improving executive functions that appear justified and those that, despite much hype, do not[J]. Developmental cognitive neuroscience, 2016, 18: 34-48.

② 郑裔军.六个月定向运动训练对中老年人注意力影响的实验研究[J].四川体育科学，2014，33(1)：62-63.

注意)中的表现更好①。本书对259名老年人进行了一项横断面研究，以探究老年人注意网络与不同运动方式之间的关系。首先，使用运动相关问卷将参与者分为三组(闭锁性运动组、开放性运动组或久坐组)。其次，所有参与者都完成了一项注意力网络测试(ANT)，该测试测量执行控制、定向和警觉网络。结果表明，与闭锁性运动组和久坐组相比，开放性运动组的执行控制网络效率显著更高；与久坐组相比，闭锁性运动组的数值明显更高；各组在网络警觉和定向方面没有差异；就执行控制网络的比例得分而言，开放性运动组的值显著高于久坐组；各组之间的警觉和定向网络的比例分数没有显著差异。结果证明了开放性运动选择性地增强了老年人注意力网络的执行控制。开放性结合了身体锻炼和认知训练，可能代表一种更有效的锻炼模式，以维持或增强老年人的注意力功能。

大量的证据表明，靶向健身对改善老年人的注意能力具有积极的效果。有氧训练对老年人的持续和选择性注意力具有显著的促进作用；抗阻运动能促进老年人持续和选择性注意力的行为表现增强；高认知需求运动也是同样有效的，老年人的注意力广度、注意力分配、注意力集中能力都得到了相应的提高。

第四节　老年人情绪和情感的改变及运动健身有效性研究进展

一、老化引起的情绪和情感改变

情绪与情感是人在客观环境中对外界事物的态度所产生的一种主观经验和相应的行为反应，反映的是主体需要和客观外界事物间的关系，是决定我们的行为、互动和生活质量的主要因素之一。现代心理学家把情绪定义为一种生理、心理上的复杂的变化，包括生理上的唤醒、感觉、认知、外在的表现(包括表情和姿势)，还有特定的行为反应，这些都是根据个体认为具有个人意义的情境做出的。情绪可分为初级情感(如快乐、悲伤、愤怒、恐惧)和社交情感(如尴尬)。情绪可以是短期的，也可以是长期的，长期的情绪体验被称为情感。

① VAUGHAN S, WALLIS M, POLIT D, et al. The effects of multimodal exercise on cognitive and physical functioning and brain-derived neurotrophic factor in older women: A randomised controlled trial[J]. Age and ageing, 2014, 43(5): 623-629.

情绪会因人因时因地因事的改变而变化，其中一个重要的影响因素便是老化。与老化相关的大脑变化的主要理论之一被称为右半球老化假说，该假说认为，随着年龄的增长，神经元和神经元连接的丧失以及神经递质系统的改变，这些网络介导的功能下降，从而右半球介导的与衰老相关的功能衰退大于左半球介导的功能衰退[①]。而且相对于左半球，右半球白质较多，随着老化右半球白质下降更严重。大脑中发生的这些变化可能会导致对情绪面孔的识别发生变化，尤其是对愤怒、恐惧和悲伤等负面情绪的识别变化。因而，右半球主要负责的面部的情绪识别功能随着老化而降低。Ruffman 等人对包括 705 名老年人和 962 名年轻人的 28 个数据集进行了元分析，以了解在识别情绪面部表情方面是否存在年龄差异[②]。结果发现老年人似乎更难识别一些情绪，如愤怒、恐惧和悲伤。这样可能会造成老年人情感交流上的特殊困难，而情感交流障碍可能引起人际关系问题，从而降低社交能力和生活质量。

老化还会引起人们情绪调节的改变，情绪调节是一种控制自己情绪的能力。情绪具有积极或消极的效价，研究证据表明，大脑左半球调节积极情绪，右半球调节消极情绪。有些人认为老化对情绪调节会造成一些负面影响，但健康的神经系统老化并不一定与积极情绪的减少或消极情绪的上升有关。老年人似乎能很好地调节自己的情绪，因此，他们的情绪健康水平通常比年轻人高。例如，一项研究采用自我报告的方法来检查年轻人和老年人的情绪调节表现和维持情况，发现老年人更能减少对电影片段的负面情绪反应[③]。有抑郁情绪的老年人通常比有抑郁情绪的年轻人有更多的体重减轻和更少的自杀念头，与老年人相比，患有抑郁症的年轻人具有更加突出的人格因素，例如高特质神经质。因为与年轻人相比，老年人受情绪变化的影响较小，比如焦虑，这在男性中尤为明显。而且，年轻人的人格障碍患病率更高。为了解释年轻人和老年人之间的这种差异，学者们给出的一种解释是随着年龄的增长，右脑半球的功能会发生改变，边缘系统也会发生变化，尤其是杏仁核的退化。而杏仁核对消极

---

① BROWN J W, JAFFE J. Hypothesis on cerebral dominance[J]. Neuropsychologia, 1975, 13(1): 107-110.

② RUFFMAN T, HENRY J D, LIVINGSTONE V, et al. A meta-analytic review of emotion recognition and aging: Implications for neuropsychological models of aging[J]. Neuroscience & biobehavioral reviews, 2008, 32(4): 863-881.

③ SCHEIBE S, BLANCHARD-FIELDS F. Effects of regulating emotions on cognitive performance: What is costly for young adults is not so costly for older adults[J]. Psychology and aging, 2009, 24(1): 217-223.

情绪刺激的反应比对积极情绪刺激的反应更强烈，因此杏仁核的退化可能导致对积极情绪刺激做出更大反应的转变。一项功能成像研究支持杏仁核萎缩导致了与老化相关的情绪改变的假设，并且该研究表明，老年人面对负面情绪刺激，杏仁核功能激活程度低于年轻参与者①。另外的解释是 Carstensen 等人②提出的社会情感选择性理论，根据这一理论，老年人更加重视情绪调节目标，因为他们觉得自己活下去的时间有限。与这一理论一致的是，在患有危及生命的疾病的年轻人中也发现了同样的现象。第二种解释负面情绪体验随年龄增长而减少的理论假设存在一种“认知重新评价”情绪调节策略。认知重新评价已被证明是最有益的积极情绪调节策略之一，减少使用这种策略与焦虑和抑郁水平的增加有关。然而，研究结果表明，与年轻人或中年人相比，老年人实际上不太可能使用主动调节策略。

情绪体验代表了复杂的神经系统现象，包括皮层认知网络、部分边缘系统、自主神经系统，甚至部分内分泌系统和其他身体器官。当然，神经退行性疾病、脑血管疾病或其他脑损伤和疾病可能对情绪处理产生负面影响。尽管有研究结果表明，老年人的情感体验和表达在年老时仍然完好无损，并且老年人比年轻人拥有更好的情感调节技能，但与年龄相关的变化(即身体、心理和社会)通常会给情绪控制和稳定带来挑战，这比年轻人所经历的要多。身体恶化、功能丧失、失去朋友和家人，甚至退休，都给老年人带来了独特的、潜在的巨大挑战。除了随着时间的推移身体表现下降外，随着个人年龄超过 60 岁，情绪障碍的患病率也趋于增加(即消极影响增加，积极影响减少)。

与老化相关的情绪变化主要是抑郁和焦虑，是影响老年人心理健康状况的重要因素，是老年人群中最普遍的健康问题之一。一些老年人可能会因为感知自己的恶化、社会环境的变化带来的威胁，或者由于衰老过程中与情感相关的大脑结构的变化而变得抑郁，抑郁症可以被理解为一种情绪主导认知的障碍。抑郁症是造成全球经济负担的一个主要原因，是一种高度流行的疾病，在不同国家的患病率从 6% 到 18% 不等。抑郁症状的核心特征包括情绪低落，对大部分或所有的活动缺乏兴趣或快乐，动机减少，食欲和体重增加或减少，失眠或嗜睡，思维迟缓、行为缓慢，可能会出现认知障碍，如记忆缺陷，更甚者会出现自杀的想法或有自杀计划。在 30% 的老年重度抑郁症患者中存在焦虑症，并且

---

① MATHER M, CANLI T, ENGLISH T, et al. Amygdala responses to emotionally valenced stimuli in older and younger adults[J]. Psychological science, 2004, 15(4): 259-263.

② CARSTENSEN L L, ISAACOWITZ D M, CHARLES S T. Taking time seriously: A theory of socioemotional selectivity[J]. American psychologist, 1999, 54(3): 165.

患有抑郁症的老年人更有可能有认知缺陷①。抑郁症主要的治疗方法是药物治疗和心理干预，但是这些治疗的成本以及抗抑郁药物导致的副作用(如恶心、体重增加、失眠、躁动和性问题)也是不可忽视的。正是由于这些原因，人们致力于探索替代的治疗方法。其中一种受到越来越多关注的替代方案便是运动锻炼，运动锻炼能改善焦虑、抑郁、沮丧等负面情绪，给予个体积极的情绪体验，进而增进心理健康。

大量的文献显示，运动和较高的身体活动水平可以预防抑郁症，在一定程度上降低患抑郁症的风险，并可以成为治疗抑郁症、减少抑郁症状、提高抑郁症患者生活质量的有用策略。De Oliveira 等人②在 2018 年的研究中采用横断面的研究设计评估了青年人(18—39 岁)、中年人(40—59 岁)和老年人(60 岁及以上)中抑郁症的患病率及其与体力活动的相关性。采用个人健康问卷抑郁量表(PHQ-8)测量当前的抑郁情况，结果显示，进行休闲 PA 的老年男性与不进行休闲 PA 的老年男性相比，抑郁发生率显著降低 81.3%。此外，参加休闲 PA 的老年男性患抑郁症的概率显著低于参加休闲 PA 的年轻男性。Jung 等人同样采用横断面研究设计获取 3191 名 70—95 岁的日本社区老年人的资料，并采用老年抑郁量表上的自我报告得分评估了抑郁症状，调查了日本社区居住的老年人的身体活动(PA)与抑郁症状之间的关系。使用加速度计客观测量 PA，并计算低强度 PA、中度至高强度 PA 和步数的平均日持续时间。结果表明体力活动强度较低的个体有较高的抑郁症状风险。这些发现表明，针对老年人体力活动的建议，应该强调适中的强度，它似乎在预防抑郁症状方面特别有效③。廖宇等人发现在改善和降低老年人消极情绪水平方面，每周不少于 3 次，周期控制在 10~12 周，每次 30~40 分钟的高强度锻炼效果更佳④。

临床或非临床性质的焦虑是一种不愉快的情绪状态，与消极的认知评估形

---

① HEUN R, PAPASSOTIROPOULOS A, JESSEN F, et al. A family study of Alzheimer disease and early- and late-onset depression in elderly patients[J]. Archives of general psychiatry, 2001, 58(2): 190-196.

② DE OLIVEIRA G D, OANCEA S C, NUCCI L B, et al. The association between physical activity and depression among individuals residing in Brazil[J]. Social psychiatry and psychiatric epidemiology, 2018, 53(4): 373-383.

③ JUNG S, LEE S, LEE S, et al. Relationship between physical activity levels and depressive symptoms in community-dwelling older Japanese adults[J]. Geriatrics & gerontology international, 2018, 18(3): 421-427.

④ 廖宇，陈子超.体育锻炼对老年人主观幸福感干预效果的元分析[J].四川体育科学，2022，41(4)：66-74+79.

式相关，典型表现为担忧、自我怀疑、恐惧和心理生理反应(如心脏和呼吸频率、出汗、颤抖、虚弱/疲劳)。这种情绪状态可能是对不真实或想象的危险、无力、理解和紧张的预期，可能是由未被认识的心理冲突造成的，它可以是对客观或感知到的威胁的适应性反应。国内外的研究结果表明，有27%以上的老年人患有严重的焦虑和忧郁症，老年人是一类特殊的人群，他们不仅存在生理功能的退化，而且也更加容易出现抑郁、焦虑等心理问题。老年人焦虑患病率约为15%[①]，广泛性焦虑障碍是最常见的焦虑类型，年轻人和老年人的焦虑在本质上似乎是相似的，然而，老年人常常有与躯体相关的抑郁和焦虑症状，如睡眠失调、疲劳和处理速度减慢(神经机能减退)。

研究证实，定期的体力活动作为一种有效的、可获得的、低成本治疗焦虑症的方法，在帮助降低焦虑症患者的焦虑症状方面发挥作用[②]。国内学者李王杰选取了179位来自农村的留守老人，使用问卷调查法和访谈法调查分析了他们的身体锻炼状况、焦虑状况，旨在探讨身体锻炼对农村留守老年人焦虑状况的影响。研究结果发现，参与团体健身活动的农村留守老人的焦虑水平显著低于未参与体育活动以及单独参与体育活动的老年人，证实了集体身体锻炼能够缓解老年人的焦虑症状[③]。高孟娟等人[④]研究了72例老年高血压患者，分别在社区晨练活动开始前和结束后对他们进行了血压测量和焦虑情绪评估，观察到社区晨练活动后老年高血压患者的收缩压、舒张压以及焦虑情绪分数均较晨练前有显著的降低，这便表明社区晨练活动既有降压作用，又能改善患者焦虑心理状态。国外学者的研究中也得到类似的结果，Murphy等人研究了1793名45岁以上经医生诊断有关节炎的成年人，研究结果显示，每周锻炼150分钟或以上的患者与不运动的患者相比，焦虑症状升高的发生率较低[⑤]。Herring等人在综述中探讨了运动训练对健康老年人、慢性疾病和焦虑障碍个体的焦虑症的影

---

① BRYANT C, JACKSON H, AMES D. The prevalence of anxiety in older adults: Methodological issues and a review of the literature[J]. Journal of affective disorders, 2008, 109(3): 233-250.

② HERRING M P, LINDHEIMER J B, O'CONNOR P J. The effects of exercise training on anxiety[J]. American journal of lifestyle medicine, 2014, 8(6): 388-403.

③ 李王杰.身体锻炼对农村留守老年人焦虑与抑郁情况的影响[J].中国老年学杂志，2015，35(24)：7204-7206.

④ 高孟娟，李美莲.社区晨练活动对老年高血压患者血压和抑郁、焦虑情绪的影响[J].中国临床康复，2004(18)：3587.

⑤ MURPHY L B, SACKS J J, BRADY T J, et al. Anxiety and depression among US adults with arthritis: Prevalence and correlates[J]. Arthritis care & research, 2012, 64(7): 968-976.

响。实证研究表明运动训练能够有效减少健康老年人、慢性病患者和恐慌障碍患者的焦虑症状，运动训练可以作为社交焦虑障碍、广泛性焦虑障碍和强迫症患者的一种替代疗法①。

积极情绪即正性情绪是指个体由于体内外刺激、事件满足个体需要而产生的伴有愉悦感受的情绪。许多研究发现，参加适当的体育活动可以提高人们的幸福感，保持良好的心态。定期进行体育运动，不但可以提高他们的身体素质，而且能够使人获得正面的心理效益，有助于激发参与者的积极情绪，增强个体的满足感、幸福感和自尊感。廖宇和陈子超采用元分析方法检验体育锻炼对老年人主观幸福感的影响，结果显示，体育锻炼干预组的老人与对照组相比，积极情绪得分明显高于对照组的老年人，表明体育锻炼对老年人主观幸福感的提高和改善具有良好的效果，具体表现为积极情绪的产生与持续、消极情绪的改善与消失②。郭涛等人一项关于体育锻炼与老年人的主观幸福感之间的相关研究得出了体育锻炼可以通过直接或间接的方式改善老年人的健康状况的结论，并提出该领域未来研究应加强体育锻炼对主观幸福感影响的纵向研究③。陈爱国等学者以 150 名 55 岁以上老年人为调查对象，使用体育锻炼等级量表、幸福感指数-总体情感指数量表、感情-社会孤独问卷对他们进行了问卷调查，旨在探究体育锻炼与老年人孤独感和幸福感的关系，调查结果发现，体育锻炼对老年人孤独和幸福感有显著的改善作用，且孤独感在体育锻炼改善老年人幸福感过程中起完全中介作用④。这些研究结果表明，体育锻炼能影响老年个体的情绪水平，体育锻炼程度越高，个体越能获得愉悦的情绪体验，从而有效预防抑郁症。规律化的体育锻炼能疏导心理压力，提高人的自我效能感，强化个体的社交能力。

总的来说，大多数研究支持运动作为抑郁和焦虑的有效治疗方法，与现有的治疗方法相比，运动有最小的副作用(如时间/精力，肌肉酸痛、出汗和疲劳)和许多身体及心理健康益处(如改善身体成分、胰岛素敏感性、肌肉骨骼健

① HERRING M P, LINDHEIMER J B, O'CONNOR P J. The effects of exercise training on anxiety[J]. American journal of lifestyle medicine, 2014, 8(6): 388-403.

② 廖宇，陈子超.体育锻炼对老年人主观幸福感干预效果的元分析[J].四川体育科学，2022，41(4)：66-74+79.

③ 郭涛，滕晓菲，陈爱国.体育锻炼与老年人主观幸福感的关系：回顾与展望[J].四川体育科学，2014，33(4)：54-58.

④ 陈爱国，殷恒婵，颜军.体育锻炼与老年人幸福感的关系：孤独感的中介作用[J].中国体育科技，2010，46(1)：135-139.

康，降低冠心病、高血压、各种癌症和2型糖尿病的风险），优于安慰剂和候补项目，运动似乎也被用作药物治疗的替代品。运动是维系和提高心理健康的重要手段，它具备高依从性、适用性广泛、零风险、操作性强、绿色经济等优点，利于人们进行心理疏导和调节，逐步成为国内外治疗抑郁症和焦虑症以及提升老年人积极情绪，增强个体的满足感、幸福感的主要手段。

二、运动健身干预老年人情绪和情感的有效性研究进展

（一）有氧健身改善老年人情绪和情感的实证证据

大量实验研究结果显示，有氧健身可以有效地改善抑郁和焦虑症状，减轻老年人的紧张、愤怒、疲劳、抑郁、惊慌等负面情绪，同时也能提高老年人的精力和自尊。例如，胡文清等人的一项研究探讨了有氧运动对于92例退休老年干部心理调适的应用效果。研究发现参与有氧运动指导8周后，老年人抑郁量表得分随有氧运动干预时间的延长而降低，有氧运动对老年人的消极情绪有一定的改善作用①。沈雁华等人②采用焦虑自评量表（SAS）对55—75岁的老年人进行了调查，从中选出SAS标准分在50分以上的老年人，对其进行了12周的有氧运动体育疗法，结果表明有氧锻炼后，老年人的焦虑、抑郁情绪和症状得到显著的改善，证明有氧运动对于改善老年人的焦虑、抑郁状态是有效和可行的。一项元分析研究共纳入12篇文献，运用Review Manager 5.3软件进行数据分析，对老年人的心理状况进行了评估，并针对有氧运动对老年人心境状态的影响机制进行了探讨。研究结果显示有氧运动对老年人的心理状态有明显的改善作用，能够减少老年人的消极情绪，提升他们的积极情绪水平③。

吴杰等人④进行的一项对照实验以老年高血压患者为研究对象，实验组和对照组参与者都接受常规药物治疗，但是实验组在常规药物治疗基础上还需进行联合有氧运动干预。测量了参与者治疗前和治疗后的焦虑自评量表（SAS）分

---

① 胡文清，肖明生.有氧运动处方对老年患者心理调适应用效果分析[J].广东医学，2017，38(8)：1304-1305.

② 沈雁华，张萍，贺鹤，等.老年人常见心理障碍的有氧运动干预研究[J].哈尔滨体育学院学报，2018，36(2)：85-89.

③ 夏婧，韩军生.有氧运动对老年人心境状态影响的Meta分析[J].四川体育科学，2022，41(2)：73-76.

④ 吴杰，姜东辉.有氧运动对老年高血压患者焦虑状况和生存质量及脂糖代谢的影响[J].中国老年学杂志，2019，39(11)：2687-2689.

数，从结果可以看出，在干预后，实验组的 SAS 评分较治疗前和对照组均有显著降低，说明有氧运动能有效地缓解老年高血压患者的焦虑状况。张宗娟等人将 200 例(42—67 岁)糖尿病前期患者分为常规组和高强度间歇有氧运动组，旨在探究高强度间歇训练(HIIT)对糖尿病前期患者焦虑情绪的作用。两组均进行 12 周的干预，并对干预前后的焦虑自评量表得分进行对比。结果显示，两组的焦虑评分相比干预之前均显著降低。除此之外，与常规组的得分相比，高强度间歇训练组焦虑自评得分下降幅度更大，说明高强度间歇训练对糖尿病前期患者的焦虑状态有明显的改善作用，具有一定的临床应用价值①。国外学者 Rethorst 等人发现，在临床抑郁症患者中，有氧运动干预能够有效地减少老年抑郁症患者的抑郁症状②。Borkovec 的研究中将跑步机行走组(70%的最大心率)、冥想组、休息组进行了对比，结果发现跑步机上行走 20 分钟后参与者的焦虑水平显著低于其他两组参与者。长期的运动可减少焦虑，剧烈的运动(如跑步)和非剧烈的运动均对患有焦虑症的个体有积极的作用③。Lee 等人 2021 年从社区中心招募了 40 名老年妇女，进行为期 12 周的水上有氧运动计划干预，每周 3 次，旨在研究水上有氧运动对老年妇女情绪状态的影响④。该研究证明了运动组的紧张、焦虑、抑郁和困惑明显降低，表示水上运动是改善老年妇女免疫功能和有效生活方式的干预策略。

广场舞是一项群众性运动，集舞蹈和健身为一体且音乐韵律感强，它的优点是老少皆宜、运动方便、时间限制小，因此在近几年里深受广大老年人的喜爱。孙境含等以 80 名社区老年人为研究对象，将仅参加广场舞的老年人和仅参加步行锻炼的老年人的心理情绪情况进行比较，结果发现老年组在愉悦、活跃和平静三项指标上得分明显高于只参与步行的老年人。而在抑郁、思虑、愤怒、激动及无活力五项指标中，仅参加广场舞运动老年人的评分均低于仅参加步行锻炼的老年人，表明广场舞运动在提高老年人身体素质、精神状态以及心理情

① 张宗娟，朱跃.高强度间歇有氧运动对糖尿病前期患者血糖、血脂水平及焦虑的影响[J].心血管康复医学杂志，2019，28(1)：17-20.

② RETHORST C D，WIPFLI B M，LANDERS D M. The antidepressive effects of exercise：A meta-analysis of randomized trials[J]. Sports medicine，2009，39：491-511.

③ BORKOVEC T D. Physicolocal and cognitive processes in the regulation of anxiety[J]. Consciousness and self-regulation：advances in research，1976，1：261.

④ LEE E，LIM S T，KIM W N. Aquatic exercise for improving immune function and mental stress in pre-frailty elderly women[J]. Journal of women & aging，2021，33(6)：611-619.

绪方面具有明显的作用[①]。

太极拳讲究"虚怀若谷、无欲无求"，能使人忘却疲惫和烦恼，感受生活带来的满足、乐观和快乐，培养积极、健康的心态，避免焦虑、抑郁等负面情绪。太极拳对健康积极情绪的形成、健全人格的培养、社会适应能力的提升有显著的积极作用。从神经系统角度看，人的抑郁、焦虑等不良情绪通常出现在大脑的左半球，而右脑负责产生愉悦的情绪。当人们进行太极拳运动时，左脑会逐渐受到抑制，而右脑会逐渐亢奋，最后占据主导。因此，在练习太极拳时，可以降低消极的情绪，增强积极的情感体验，从而提高人的心理健康状态[②]。魏德样采用元分析的方法纳入 14 篇太极拳锻炼与心理健康（抑郁和焦虑两项指标）关系的研究，发现太极拳锻炼对抑郁症、焦虑有显著的积极影响[③]。徐昌豹等人的研究中对 178 名老年人进行 17 周的运动干预，证明了体育舞蹈、太极拳和门球能够使老年人幸福感水平得到显著改善[④]。

八段锦是一套独立而完整的健身功法，是适合老年人的有氧运动，也是具有鲜明中医特点的身心运动，它的特点是柔和缓慢，圆活连贯，松紧结合，动静相兼，神与形合，气寓其中。研究结果表明八段锦运动能改善老年人的心境状态，调节情绪。宋金超进行了一项横截面调查研究，比较了进行 3 个月八段锦锻炼和没有或未经常参加任何锻炼的老年人群之间的躯体健康风险、精神健康（抑郁）状况，结果表明，进行八段锦锻炼使得老年人的抑郁情绪、躯体健康风险更低[⑤]。范维英等人采用随机对照试验，以老年原发性高血压伴焦虑患者为研究对象，对实验组进行为期 12 周的八段锦运动干预，结果显示，八段锦实验组焦虑自评量表（SAS）明显低于对照组。由此可见，八段锦能够有效地改善老年原发性高血压患者的焦虑状态，并能有效地提高他们的生活品质[⑥]。Jing

---

① 孙境含，王扩.广场舞运动对老年人体质健康与心理情绪的影响[J].中国老年学杂志，2020，40（12）：2583-2586.

② 季浏，李林，汪晓赞.身体锻炼对心理健康的影响[J].山东体育学院学报，1998（1）：38-43.

③ 魏德样.太极拳锻炼与心理健康的关系：一项元分析研究[J].福建师范大学学报（自然科学版），2011，27（5）：111-116.

④ 徐昌豹，赵淑英.体育活动对老年情绪与幸福感影响的研究[C].第六届全国体育科学大会论文摘要汇编（一），武汉，2000：262-263.

⑤ 宋金超.健身气功易筋经、八段锦锻炼对老年人群综合健康的影响研究：以重庆市九龙坡区为例[D].成都：成都体育学院，2013.

⑥ 范维英，郑丽维，陈丰，等.八段锦运动对 38 例老年原发性高血压患者焦虑、抑郁的影响[J].福建中医药，2021，52（2）：11-13.

等人的研究中以120名居家老人为研究对象，将所有老人随机分入八段锦训练组、认知行为疗法(cognitive-behavior therapy，CBT)组以及八段锦联合认知行为组，进行为期6个月的干预，采用肺活量测定法、生活质量健康调查、工具性日常生活活动量表(Lawton and Brody instrumental activities of daily living scale，LBIADL)收集身体健康数据，采用总体健康状况自评、孤独感自评和老年抑郁量表(geriatric depression scale，GDS-15)收集基线、干预后3个月和6个月的自我孤独感和抑郁水平等心理健康数据。研究结果显示，八段锦训练能够显著改善社区居家老年人的抑郁和生活质量，但是八段锦训练联合CBT的干预效果优于单独八段锦和单独的认知行为疗法①。

健身气功是一项古老而又时尚的有氧运动，其以独特的练习形式深得中老年朋友的喜爱。长期坚持健身气功锻炼不仅能强健老年人体魄、改善其身体健康状况，而且能取得防病治病、延年益寿的效果。肖留根等人采用状态-特质焦虑问卷将133名长期参加健身气功训练的老人和108名没有健身气功训练经验或偶然参加健身气功训练的老年人的问卷得分进行对比分析，结果证实了长期有规律地参与健身气功锻炼对老年人的焦虑状态有积极改善作用②。宋金超采用问卷调查、文献资料等方法比较了健身气功组、八段锦锻炼组以及没有或未经常参加任何锻炼的老年人群的抑郁状况，结果发现进行3个月以上的健身气功和八段锦锻炼的老年人抑郁评分显著优于未锻炼组，并且健身气功和八段锦锻炼组无显著差异，结果为健身气功能够改善老年人抑郁状况，提高心理健康水平提供了依据。并且老年人通过在健身气功活动中的相互交流与沟通，改善老年人的人际关系，提高其社会支持水平。田春兰研究发现五禽戏锻炼也是降低中老年人焦虑水平的有效措施，具有调身、调心、调息等保健功能③。长期坚持健身气功锻炼能够改善老年人群的综合健康状况，对老年人的抑郁和焦虑状态有积极改善作用，能够提高老年人群的心理健康水平。

(二)抗阻健身改善老年人情绪和情感的实证证据

多数研究结果表明，有氧运动和阻力运动都能有效地减少焦虑，当强度被

---

① JING L W, JIN Y P, ZHANG X L, et al. The effect of Baduanjin qigong combined with CBT on physical fitness and psychological health of elderly housebound[J]. Medicine, 2018, 97(51): e13654.

② 肖留根，高亮.健身气功锻炼对老年人焦虑的影响[J].中国老年学杂志，2016，36(19): 4856-4857.

③ 田春兰."健身气功·五禽戏"锻炼对中老年人焦虑水平的影响[J].山东体育科技，2011，33(6): 96-98.

定义和控制在适当的范围内时，阻力运动是相当有效的。力量训练通过一系列的分级掌握体验能够提高老年人的自我效能感和自信心，这种分级的掌握会使老年人的情绪增强。社会认知理论认为，对能力增强的感知会使积极影响增加，产生改善情绪的效果。

Mihalko 等人的研究中将参与者随机分入实验组（$N=29$）和对照组（$N=29$），对实验组的老年参与者进行上半身哑铃阻力力量训练，干预 8 周，后测 1 周，旨在探究阻力力量训练对于老年人力量和主观幸福的影响①。结果证实了经过 8 周的力量训练干预后，老年参与者报告的负面情绪较少，而报告的积极情绪更大。Damush 等人②以 62 名平均年龄为 68 岁的社区居住老年人为研究对象，并将其随机分为实验组和对照组，对实验组的老年人进行了为期 8 周的阻力训练干预。目的在于评估 8 周的橡皮筋阻力训练干预对老年人的心理（如抑郁、焦虑等）或身体健康功能（如力量和肌肉）的整体影响。结果发现阻力训练可以增加参与者的肌肉力量，而且能够减轻参与者的焦虑和抑郁分数。

Tsutsumi 等人旨在探究力量抗阻训练对一组健康但久坐的老年人情绪和焦虑的影响③。招募了 36 名年龄为 60—86 岁的健康但久坐不动的老年人（$M=68.5$，$SD=6.1$）作为参与者，把他们随机分配到以下三组：高强度力量训练组、中等强度力量训练组、非运动对照组。力量训练每周进行 3 天，共进行 12 次力量训练。训练期结束后，发现与对照组相比，高强度和中等强度训练组的力量和身体成分方面都有了显著的改善。最主要的是在心理变化方面，与对照组相比，进行阻力训练的参与者积极情绪（活力）均显著改善，中等强度组特质焦虑显著降低。此外，两组抗阻训练组在训练期后紧张和焦虑均有所下降。有研究表明进行 12 周高中等强度的力量练习干预能够显著降低老年女性特质性焦虑，同时建议，对于久坐的女性，中等强度的练习对于心理健康的好处大于高强度的体育锻炼。Sahin 等人④以 48 名虚弱老年人为研究对象，并将他们随机分配

① MIHALKO S L, MCAULEY E. Strength training effects on subjective well-being and physical function in the elderly[J]. Journal of aging and physical activity, 1996, 4(1): 56-68.

② DAMUSH T M, DAMUSH JR J G. The effects of strength training on strength and health-related quality of life in older adult women[J]. The gerontologist, 1999, 39(6): 705-710.

③ TSUTSUMI T, DON B M, ZAICHKOWSKY L D, et al. Comparison of high and moderate intensity of strength training on mood and anxiety in older adults[J]. Perceptual and motor skills, 1998, 87(3): 1003-1011.

④ SAHIN U K, KIRDI N, BOZOGLU E, et al. Effect of low-intensity versus high-intensity resistance training on the functioning of the institutionalized frail elderly[J]. International journal of rehabilitation research, 2018, 41(3): 211-217.

到以下干预组：高强度力量训练组(16 人，年龄：69—96 岁)、低强度力量训练组(16 人，年龄：77—93 岁)或对照组(16 人，年龄：76—93 岁)，没有特定的锻炼计划。干预维持 8 周，每周进行 3 次，训练由专业理疗医师监督进行。每次训练持续 40 分钟，包括热身练习 10 分钟，力量训练和平衡练习 20 分钟，放松练习 10 分钟。可调式踝袖系统用于下肢强化练习，哑铃用于上肢强化练习。下肢强化练习包括髋关节屈伸和外展、膝关节屈伸和膝关节屈展背屈和足底屈曲。上肢强化练习包括肩关节外展和肘关节屈伸。对照组未进行运动方案，但被告知继续日常生活。本研究的目的在于评估虚弱老年人在接受 8 周的阻力训练后的功能变化(如肌肉力量、身体功能、日常生活活动)，并用老年抑郁量表(geriatric depression scale，GDS)评估了老年人的抑郁状况。结果证实，没有锻炼的参与者的身体表现有所下降。两个力量训练组的肌力均显著增加，且组间肌力改善的程度无显著性差异，但高强度力量训练组在体能测试中的成绩明显优于低强度力量训练组。重要的是，力量训练组的参与者在抑郁和疲劳方面得到了改善，这些结果表明进行力量训练能够提高虚弱老年人的运动的力量和身体表现，降低老年人抑郁和疲劳状况。

Curi 等人为了探究以普拉提为基础的垫子运动对老年妇女功能自主性和主观幸福感的影响①，进行了一项随机对照实验，将 61 名健康且至少 6 个月未运动的老年人随机分为两组(实验组 31 人，平均年龄 64.25 岁；对照组 30 人，平均年龄 63.75 岁)。实验组的参与者每周进行两次垫子普拉提，每次 60 分钟。在基线和 16 周后对所有参与者进行相同的功能自主性和主观幸福感的测量。结果发现基线时各组间无显著差异，但是实验组经过 16 周的训练后，下肢柔韧性、上肢柔韧性、下肢和上肢力量、有氧耐力和动态平衡等指标均有所增加，并且进行普拉提运动的参与者生活满意度和主观幸福感评分较对照组有了显著的提高。而对照组在基线和 16 周后，功能自主性和主观幸福感得分没有差异。根据以上结果，普拉提这种抗阻运动有助于提升老年人的主观幸福感，助力健康老龄化。

Paulo 等人 2019 年的一项随机对照试验②招募了 36 名老年乳腺癌幸存者，

---

① CURI V S, HAAS A N, ALVES-VILAÇA J, et al. Effects of 16-weeks of Pilates on functional autonomy and life satisfaction among elderly women[J]. Journal of bodywork and movement therapies, 2018, 22(2): 424-429.

② PAULO T R S, ROSSI F E, VIEZEL J, et al. The impact of an exercise program on quality of life in older breast cancer survivors undergoing aromatase inhibitor therapy: A randomized controlled trial[J]. Health and quality of life outcomes, 2019, 17(1): 1-12.

随机分配到阻力训练和有氧训练联合实验组以及对照组，实验组干预持续 9 个月，每周 3 次，非连续数天，所有课程都由体育专业人员监督。在机器上进行 40 分钟的阻力运动，包括卧推、伸腿、按腿、卷腿等。有氧训练在跑步机上进行，持续 30 分钟，训练结束后进行伸展练习。对照组的参与者仅进行伸展和放松练习，每周 2 次，每次 45 分钟，持续 9 个月。使用了 Quality of life questionnaire version 3.0（EORTC QLQ-C30）量表测得情绪功能得分（剧烈活动、自我护理、长/短步行、工作限制、休闲限制、抑郁、担忧、紧张和易怒）。研究者的结论是，联合有氧加阻力训练对减轻关节疼痛、改善功能表现和生活质量以及减少抑郁症状有积极的作用，有助于改善老年人积极的感知，如增加自尊、自我感觉更好等。Arent 等人证实心血管运动、阻力训练运动和心血管联合阻力训练运动均能够改善老年人的情绪（积极和消极）①，且阻力训练的效果明显好于其他所有类型的运动。国内研究者探究了抗阻运动联合八段锦干预以及单独八段锦运动干预对老年 2 型糖尿病合并抑郁症患者的影响。将 30 名老年参与者随机分配至抗阻运动联合八段锦干预组、单独八段锦运动组和对照组。两个实验组在进行常规药物治疗的基础上每日锻炼 1 小时，持续 12 周，而对照组只采用常规药物治疗。得出结论证实抗阻健身联合八段锦对老年 2 型糖尿病患者的抑郁情绪有积极的作用，为改善患者的病情以及抑郁情绪提出有效适当的运动建议②。

这些发现为抗阻健身在提高老年人的心理健康、降低抑郁和焦虑以及提高积极情绪方面的有效性提供了证据，证实了抗阻健身对老年人的心理益处。

（三）运动与认知联合干预改善老年人情绪和情感的实证证据

除了进行一些传统的运动项目干预以外，运动认知干预的方式也能够改善老年人的抑郁和焦虑，提高他们的积极情绪。运动性引导想象训练作为一种以音乐为背景引导患者有意识控制生理心理活动，进行肌肉放松，在脑中直接对想象进行画像训练，可以降低唤醒水平，改善机体功能紊乱的心理疗法，已在国外广泛应用于改善情绪障碍。运动性引导想象训练通过用语言描述的方式指引患者想象美好的事物，如依次想象起身、站立、海边沙滩自由行走、伸展扭转身体、触碰天空、捡起鹅卵石、缓慢爬海边山丘等自身运动，在运动中想象疼痛

---

① ARENT S M，LANDERS D M，ETNIER J L. The effects of exercise on mood in older adults：A meta-analytic review[J]. Journal of aging and physical activity，2000，8(4)：407-430.

② 宋子麒. 八段锦结合抗阻运动对老年 2 型糖尿病合并抑郁患者的干预效果研究[D]. 大连：辽宁师范大学，2022.

的“可视化愈合”和身体的“可视化舒适”。进而抑制大脑神经递质如多巴胺等的分泌和释放，增加糖皮质激素内啡肽和皮质醇等的释放，减轻焦虑、抑郁情绪。

国内的学者近几年也积极采用运动性引导想象训练的干预方式应用于降低老年人的抑郁和焦虑状况。例如，蒋虹、李欣和陈长香于2019年采用随机对照试验方法[①]，将所招募的100名中老年脑卒中后存在疼痛和疲乏感患者，随机分配入对照组（$n=50$）和实验组（$n=50$）。对照组实施神经内科常规治疗和护理措施，实验组在对照组的基础上进行运动性引导想象干预，采用视觉模拟评分法和简易疲乏量表评价疼痛感和疲乏感，目的是探究运动性引导想象训练对中老年脑卒中患者疼痛和疲乏感的改善效果。结果发现与国外的研究结果一致，干预后两组的疼痛感和疲乏感评分都有所降低，并且运动性引导想象训练中心理想象场景带来的平静、愉悦刺激的传入以及身体放松与肌肉、关节放松使得运动性引导想象训练组的老年参与者的抑郁和焦虑情绪得到显著的改善。张焕云、刘瑞云和李玉红的研究中招募了118名老年缺血性脑卒中后抑郁患者[②]，并将他们随机分为运动引导想象训练组（对照组）和运动引导想象训练联合罗伊适应模式干预组（实验组），干预时长为3个月，旨在探究运动引导想象训练联合罗伊适应模式干预对老年缺血性脑卒中后抑郁患者情绪、认知功能及生活自理能力的影响。采用焦虑自评量表、抑郁自评量表、简易精神状态检查量表、日常生活自理能力量表对所有老年参与者的情绪、认知功能及生活自理能力进行评估。从研究结果可以看出，3个月干预后，两组焦虑自评量表、抑郁自评量表评分较干预前显著降低，并且联合干预组评分显著低于对照组。两组简易精神状态检查量表及日常生活自理能力量表评分显著提高，同样实验组显著高于对照组。以上结果证实运动引导想象训练能显著改善老年缺血性脑卒中患者的焦虑、抑郁情绪，以及认知功能及生活自理能力，并且联合干预的效果更好。

一些运动游戏项目的干预方法对老年人抑郁症状的改善也有积极的影响。Chao等人[③]的实证研究通过数据库检索，确定相关研究内容，特别关注Wii运

---

① 蒋虹，李欣，陈长香.运动性引导想象训练对中老年脑卒中患者疼痛和疲乏的干预作用[J].中国老年学杂志，2019，39(17)：3.

② 张焕云，刘瑞云，李玉红.运动引导想象训练联合Roy适应模式干预对老年缺血性脑卒中后抑郁患者情绪认知功能及生活自理能力的影响[J].临床心身疾病杂志，2022,28(1)：99-103.

③ CHAO Y Y，SCHERER Y K，MONTGOMERY C A. Effects of using Nintendo Wii exergames in older adults：A review of the literature[J]. Journal of aging and health，2015，27(3)：379-402.

动游戏干预对老年人认知、身体功能和社会心理的影响。最终共有22项实证研究符合纳入标准，并被纳入系统综述。研究结果发现，运动游戏对于改善老年人的身体功能、减少抑郁、提高认知能力和生活质量具有积极的效果。并且，社交能力和运动动机也得到了改善，表明Wii游戏是鼓励老年人锻炼的安全可行的工具。Carrasco等人①的研究分析参与运动游戏的项目是否能提高身体活动表现、感知健康和认知功能。研究样本由38名社区居住的老年人组成，干预组使用任天堂Wii Sports参加了12个1小时的训练。统计数据显示，干预组和对照组在一些心理变量（如抑郁评分）上存在显著差异。研究结果表明，运动游戏可以作为促进身体和心理健康的潜在工作工具，对老年人健康有积极的作用。Xue等人为了探讨游戏训练是否能改善老年人轻度认知障碍（MCI）患者的认知功能和抑郁症状，采用随机对照试验的方法，在武汉一家养老院招募了72名轻度认知障碍和抑郁症患者，并将他们随机分入干预组和对照组（$n=36$）。干预组接受常规护理加游戏训练，每次50分钟，每周3次，持续8周，对照组仅接受常规护理。在基线和8周干预结束时对两组的认知功能（蒙特利尔认知评估量表，Montreal cognitive assessment）和抑郁症状（老年抑郁量表，15-item geriatric depression scale）进行测试。研究者发现8周的游戏训练干预后，与对照组和基线评分相比，老年人轻度认知障碍（MCI）患者的认知和抑郁得分均有显著提高。研究结果表明，游戏训练可以改善老年MCI患者的认知功能和抑郁症状②。Monteiro-Junior等人的一项随机、单盲和对照的研究招募了70名老年人（60岁及以上），将他们随机分入基于虚拟现实的体育锻炼与Exergames（physical exercise with exergames，PhysEx）实验组和对照组，调查了PhysEx干预对养老院老年人的认知功能、身体表现、抑郁症状和对跌倒的恐惧的影响③。PhysEx组进行了6次运动游戏练习，每次持续30~45分钟。在基线和干预结束后1周记录了运动学步态参数、抑郁症状［用老年抑郁量表（GDS）评估］和对跌

① CARRASCO M，ORTIZ-MAQUÍS N，MARTÍNEZ-RODRÍGUEZ S. Playing with Nintendo Wii Sports：Impact on physical activity，perceived health and cognitive functioning of a group of community-dwelling older adults[J]. Activities，adaptation & aging，2020，44(2)：119-131.

② XUE B，XIAO A，LUO X W，et al. The effect of a game training intervention on cognitive functioning and depression symptoms in the elderly with mild cognitive impairment：A randomized controlled trial[J]. International journal of methods in psychiatric research，2021，30(4)：e1887.

③ MONTEIRO-JUNIOR R S，FIGUEIREDO L F S，MACIEL-PINHEIRO P T，et al. Virtual reality-based physical exercise with exergames (PhysEx) improves mental and physical health of institutionalized older adults[J]. Journal of the American medical directors association，2017，18(5)：454.

倒的恐惧[用国际跌倒功效量表(falls efficacy scale international, FES-I)评估]。研究证实 PhysEx 的干预方式可以改善住院老年人的短期记忆和行动能力，并且能够有效预防认知能力下降，改善老年人的抑郁情绪。

Gary 等人①比较了 12 周家庭运动联合认知行为治疗干预($n=18$)与单独认知行为治疗($n=19$)、单独家庭运动($n=20$)和常规护理($n=17$)对抑郁症患者的疗效。在基线、12 周干预和 3 个月电话随访时评估抑郁症状严重程度[汉米尔顿抑郁评定量表(Hamilton rating scale for depression, HAM-D)]、身体功能[6 分钟步行测试(6-min walk test, 6MWT)]和健康相关生活质量(health-related quality of life, HRQOL)。结果发现，联合治疗组在 24 周时 6 分钟步行距离显著增加，健康相关生活质量显著提升。并且随着时间的推移，家庭运动联合认知行为治疗组 HAM-D 评分显著下降，其次是单独认知行为治疗组、单独家庭运动组和常规护理组。这些结果表明，与认知行为治疗和单独运动相比，家庭运动联合认知行为治疗在减少抑郁和增加身体功能方面有积极作用。Park 将 63 名老年轻度认知障碍(MCI)患者随机分为运动-认知联合双任务训练组($n=32$)和单任务训练组($n=31$)，测量了参与者的一般认知功能、额叶功能和注意/工作记忆，并且采用老年抑郁量表进行抑郁评估②。旨在探究并验证运动-认知联合双任务训练方案对老年轻度认知障碍患者认知功能和抑郁的影响。结果发现 8 周后，双任务训练组的一般认知功能、额叶认知功能、注意/工作记忆功能均显著高于单任务训练组，并且老年参与者的抑郁程度显著降低，证实了运动-认知联合双任务训练对轻度认知损伤患者的一般认知功能、额叶/执行功能、注意/工作记忆功能、抑郁症状有明显改善作用。综上，能够得出运动认知干预对老年人情绪改善的积极影响，并且具有重大的实践意义。

情绪具有积极或消极的效价，其中包含了积极情绪和消极情绪。本节介绍了与老化相关的情绪变化主要是抑郁和焦虑，并且结合相关的实证研究，详细地介绍了绿色简易的方式即运动干预，对于老年群体情绪和情感的改善。证实了可以通过各种干预方式(如有氧健身、抗阻健身和运动认知干预等)去减少或者降低老年人消极情绪的发展，致力于促进积极情绪的提升。

---

① GARY R A, DUNBAR S B, HIGGINS M K, et al. Combined exercise and cognitive behavioral therapy improves outcomes in patients with heart failure[J]. Journal of psychosomatic research, 2010, 69(2): 119-131.

② PARK J H. Does a cognitive-exercise combined dual-task training have better clinical outcomes for the elderly people with mild cognitive impairment than a single-task training? [J]. Therapeutic science for rehabilitation, 2017, 6(2): 71-83.

第五节　老年人动作控制能力的衰退及运动健身有效性研究进展

一、老化引起的动作控制能力衰退

动作控制指准确、快速地完成动作的能力，是整个知觉-运动技能的一个阶段。动作控制也指身体从一个点移动到另一个点的能力，由神经系统来控制，通过有意识和无意识的方式控制身体的肌肉。动作控制简单来说就是肌肉在正确的时间做正确的工作，从动作开始，负责控制能力的肌群便开始工作（甚至一些深层肌肉会在动作的准备阶段之前就开始收缩），并且在整个活动过程中都要保持相关肌群的收缩，以此让整个动作过程中的关节都能在正确的轨迹下进行运动。

人类的运动系统包括大脑中的许多结构，如运动皮层、皮质系统、运动前皮层、基底神经节和小脑，这些网络以及运动单位（例如，脊髓前角细胞，运动神经和肌肉）可以协调几乎所有的运动。随着年龄的增长，身体的结构和生理功能会发生相应的退行性变化，身体机能和活动能力会有所下降①。老年人会经历与衰老相关的各种有害影响，其中包括肌肉力量、肌肉质量、运动单位激活和功能表现的下降。而运动控制能力的好坏取决于肌肉、骨骼、神经系统之间的复杂交互作用，以及对身体在空间中的定向和稳定性的控制。老化的过程伴随着神经系统、骨骼肌肉系统、心血管系统等方面的衰退，因此老年人的动作控制能力也会逐渐降低。Good 等人②对 465 个健康的人类大脑的灰质进行了一项形态测量研究，发现随着年龄的增长，灰质减少的主要区域之一是感觉运动皮层。老化会导致运动单元发生变化，肌肉会缩小，神经冲动的传递也会减慢。此外，运动神经与肌肉纤维的比例会发生变化，每条运动神经都会激活更多肌肉纤维。老年人的关节、肌肉、肌腱和骨骼经常有局部的结构变化，这些变化会影响老年人熟练进行有目的的动作的能力。然而，即使在没有结构变化的

---

① 赵王芳.老年人手部精细动作控制能力研究进展[J].中国老年学杂志，2012，32（15）：3348-3349.

② GOOD C D, JOHNSRUDE I S, ASHBURNER J, et al. A voxel-based morphometric study of ageing in 465 normal adult human brains[J]. Neuroimage, 2001, 14(1): 21-36.

情况下，老年人在执行有目的的熟练动作时也会经常表现出能力下降。Lee 等人的研究中分别要求年轻和老年参与者对监视器上出现的目标进行反应完成指示的动作，目标每 10 秒随机出现在监视器上。总表现时间(TPT)、关节角速度(JAV)和肌肉激活时间被用来评价年轻人和老年人对伸手和踢腿动作的运动控制能力。结果发现老年人的功能评估结果在正常范围内，但他们在认知任务中的运动控制能力明显低于年轻人。Yordanova 和其同事①比较了年长和年轻健康参与者在“选择反应时”任务中的动作处理速度，发现年长参与者的反应速度明显变慢。然而，除了速度上的改变，老化可能会导致手指和手臂协调运动的能力下降。

已有研究发现，随着年龄的增长，手部精细动作控制能力会出现显著的减退，手部精细动作控制能力指个体主要凭借手以及手指等部位的小肌或小肌群的运动，对于老年人的独立生活能力和生活幸福感有重要的作用。在实验常用的“凹槽钉板”的任务中，要求参与者尽快将所有的钉子放入凹槽，为了让木钉进入凹槽，参与者必须旋转木钉，使木钉的不规则与凹槽中的不规则对齐，需要准确的手指和手臂伸展，能够较好地评估手部精细动作控制能力。而研究发现，老年人在“凹槽钉板”任务中的表现有所下降。Mitrushina 等人②采用大头针测试(pin test)对一群健康的老年人进行了测试，要求参与者将大头针放入小孔中，较“凹槽钉板”测试，此测试需要更大的手指运动的精度。结果发现，随着年龄的增长，参与者相对于左手会表现出更强的右手性能优势。Ruff 和 Parker 的研究中探讨了不同年龄的男性和女性的手指敲击能力，发现随着年龄的增长，手指精确度和准确性表现都有所下降③。Krehbiel 和 Kang 等人④纳入了 27 项研究，发现在进行双手运算时，年长的参与者比年轻的参与者表现出更低的

---

① YORDANOVA J, KOLEV V, HOHNSBEIN J, et al. Sensorimotor slowing with ageing is mediated by a functional dysregulation of motor-generation processes: Evidence from high-resolution event-related potentials[J]. Brain, 2004, 127(2): 351-362.

② MITRUSHINA M, FOGEL T, D'ELIA L, et al. Performance on motor tasks as an indication of increased behavioral asymmetry with advancing age[J]. Neuropsychologia, 1995, 33(3): 359-364.

③ RUFF R M, PARKER S B. Gender- and age-specific changes in motor speed and eye-hand coordination in adults: Normative values for the Finger Tapping and Grooved Pegboard Tests[J]. Perceptual and motor skills, 1993, 76(3): 1219-1230.

④ KREHBIEL L M, KANG N, CAURAUGH J H. Age-related differences in bimanual movements: A systematic review and meta-analysis[J]. Experimental gerontology, 2017, 98: 199-206.

准确度和更长的执行时间。Diermayr 和 McIsaac 等人①回顾了有关老年人握力控制的文献，发现随着年龄的增长，老年人的手指控制能力有所下降，并且在力量控制方面表现出不稳定的情况，这些研究发现了普遍的与老化相关的动作控制障碍。

老化是人类不可避免的过程，老年人由于生理性的衰老，也可能由于病理性的疾病而导致动作控制能力下降。动作控制能力下降，随之出现的是姿势控制异常，姿势控制不仅对许多日常生活动有重要意义，而且对成功地运动或仅仅是避免因失去平衡而造成的伤害至关重要。研究结果证明，老年人会比年轻人更难进行姿势控制②，这使得身体运动平衡能力降低、协调能力下降以及移动速度降低成为老年人群体中的普遍现象。平衡能力指在各种情况下实现、维持和恢复平衡状态的能力，是人们完成身体活动和目标定向性行为的重要基础。协调能力是指在中枢神经系统和运动系统协调一致的情况下，身体不同部位在时间、空间同时或依次配合适当地完成动作的能力③。移动能力被定义为从一个点独立移动到另一个点的能力，主要采用正常直线行走或爬楼梯的任务，如计时 10 米行走测试、拖轮测试、爬楼梯测试被广泛用于量化老年人的移动能力。研究表明衰老与感觉和运动过程的动作控制能力下降有关，这可能导致老年人的平衡、协调和移动能力的缺陷④。

已有学者对老年人进行了平衡能力测试和生命质量的调查，发现平衡能力与老年人的行动能力和日常活动有密切的联系。所以加强老年人的平衡能力练习对于提高老年人的生命质量有着积极影响。De Souza Vale 等人⑤以 143 名老年人为研究对象，将他们随机分为实验组(年龄为 71.62±4.96 岁)和对照组(年龄为 72.89±5.40 岁)，对实验组进行 32 周的体育锻炼计划干预(每周 3 次，每次 60 分钟)。采用不同工具和电子监测设备检测干预后的平衡和身体条件反射测试、单步平衡测试表现。结果表明定期参加锻炼计划可能是保持姿势控制、

① DIERMAYR G，MCISAAC T L，GORDON A M. Finger force coordination underlying object manipulation in the elderly：a mini-review[J]. Gerontology，2011，57(3)：217-227.

② 韩平，梁杰，王晓玲，等.八段锦改善老年人运动控制能力的作用机制分析[J].福建中医药，2015，46(1)：1-2.

③ 陆清.关于少年儿童动作协调能力的研究综述[J].体育科研，2005(2)：73-77.

④ MATSUMURA B A，AMBROSE A F. Balance in the elderly[J]. Clinics in geriatric medicine，2006，22(2)：395-412.

⑤ DE SOUZA VALE R G，GUIMARÃES A C，CADER S A，et al. Balance，physical conditioning，and health perception in elderly women submitted to a 32-week physical exercise program[J]. Biomedical human kinetics，2022，14(1)：33-40.

执行日常生活能力和防止跌倒的一种策略，参加运动计划可改善本研究中老年人的平衡性、肌力、敏捷性和健康感知。宋博等人①采用对照实验，以110例老年人为研究对象，其中对照组进行常规健康指导，而实验组则在常规健康指导基础上进行适度体育锻炼，在干预后的6，9和12月进行平衡功能与下肢肌力、跌倒发生率和认知功能指标测试。结果证实适度的体育锻炼对于老年人的身体协调能力和肢体活动能力有显著的改善效果，可以降低老年人的跌倒发生率和认知障碍问题。Van Halewyck等人②的研究强调了积极的身体活动方式对老年手动瞄准能力的有益影响。

动作控制能力对于老年人独立生活和生活质量保障具有极其重要的作用，较高的动作控制能力能够有效避免老年人常见的跌倒现象。所以需要致力于提升老年人的动作控制能力，以改善老年人的日常生活，提高他们的生活幸福感。而运动由于其经济方便的优势可以作为改善中老年人的动作控制能力的有效措施已被众多研究证实，有针对性的平衡、力量和功能训练可以确保老年患者得到充分的康复。

二、运动健身干预老年人动作控制能力的有效性研究进展

(一)有氧健身改善老年人动作控制能力的实证证据

有氧健身不仅能改善大脑的执行控制功能，延缓执行控制功能的老化，还可以提高老年人的认知抑制和冲突控制能力，对于改善老年人动作控制能力有至关重要的作用。年龄增长带来的各项身体系统的衰老导致平衡感缺失，从而引起诸如跌倒等生理问题，65岁及以上成年人具有较高的跌倒率，跌倒是老年人死亡的第三大原因，因此，老年人跌倒是一项紧迫的公共卫生挑战，已有大量研究证实了有氧运动可以降低老年人跌倒的风险。

太极拳被认为是一种安全、低成本的改善老年人群平衡能力的方法，国外

---

① 宋博，刘琛志，吕韶钧.适度体育运动锻炼在降低老年人跌倒率及改善老年人认知功能中的作用[J].中国老年学杂志，2020，40(4)：807-810.

② VAN HALEWYCK F，LAVRYSEN A，LEVIN O，et al. The impact of age and physical activity level on manual aiming performance[J]. Journal of aging and physical activity，2015，23(2)：169-179.

已有大量研究证实太极拳可以降低老年人跌倒的风险。如 Hosseini 等人①采用单盲随机对照试验，将 60 名老年人随机分为两组。干预组的参与者接受太极拳训练 8 周，每周 2 次，每次 55 分钟。在基线和 8 周后，通过定时上升(TUG)试验和国际跌倒疗效量表来评估平衡和跌倒恐惧。结果显示干预 8 周后干预组的 TUG 和国际跌倒疗效量表的平均得分较基线组和对照组均有显著改善，干预组的跌倒恐惧得分是显著降低的，而对于对照组而言则保持不变。这些结果都表明了太极拳能有效改善老年人跌倒的平衡性和恐惧性。Song 等人②选取 105 名日常运动不足的城市老年妇女为研究对象，将她们随机分为太极拳观察组、舞蹈对照组和步行对照组，每组由 35 名女性组成。观察组参与者每天打一次太极拳，舞蹈组参与者每天跳舞一次，步行组参与者坚持每天快走一次。三组女性进行上述运动均为 40 分钟，运动强度控制为中等。在干预前和运动后 4 个月、8 个月、12 个月后，分别检测和比较参与者的下肢骨骼肌质量、下肢肌力、骨密度和平衡功能。目的为研究太极拳运动对老年女性下肢肌力、骨密度和平衡功能的影响，结果发现干预前各组的各项指标无显著差异，运动 4 个月后，舞蹈组和步行组大部分指标得到显著改善，而太极拳组大部分研究指标与干预前无显著性差异，总体改善效果略低于其他两组；8 个月后，三组参与者的相关研究指标与干预前相比都得到了显著改善，特别是太极拳组的改善效果更明显，优于舞蹈组和步行组。12 个月后，与舞蹈组和步行组相比，太极拳组每日均有显著的改善效果。研究结果表明与老年舞蹈和步行运动相比，短期太极拳运动效果不明显，但较长的太极拳课程可以减少跌倒和改善平衡力，即持续运动 8 个月甚至 12 个月以上，太极拳对于老年女性平衡能力优势越来越显著。研究结果表明，太极拳作为一种健身指标，更适合长期锻炼，其短期效果并不明显。然而，较长的课程实施可能具有挑战性。而 Chewning 等人③为老年人设计在 6 周内接受更大的太极拳“剂量”，探究为期 6 周的短期改良太极拳课程是否

---

① HOSSEINI L, KARGOZAR E, SHARIFI F, et al. Tai Chi Chuan can improve balance and reduce fear of falling in community dwelling older adults: A randomized control trial[J]. Journal of exercise rehabilitation, 2018, 14(6): 1024.

② SONG Q H, ZHANG Q H, XU R M, et al. Effect of Tai-chi exercise on lower limb muscle strength, bone mineral density and balance function of elderly women[J]. International journal of clinical and experimental medicine, 2014, 7(6): 1569.

③ CHEWNING B, HALLISY K M, MAHONEY J E, et al. Disseminating Tai Chi in the community: promoting home practice and improving balance[J]. The gerontologist, 2020, 60(4): 765-775.

能有效地降低跌倒的风险。结果显示实验组的腿部力量、平衡活动能力、步态和执行功能等均明显优于对照组，对老年人的平衡能力的改善有积极影响。Wang 等人的研究也证实了太极拳能有效提高 60 岁以上成年人的平衡能力，并且中等时间和高频率的 24 式太极拳可能是改善平衡的最佳方案①。

国内研究者针对太极拳对老年人平衡能力的影响也进行了深入的探究，为太极拳练习可以提高老年人平衡能力和降低老年人跌倒发生率的结论提供了证据，因此，太极拳可作为老年人预防跌倒的一种实用的方法。例如，许荣梅等人②以单一“云手”锻炼为干预方式，以无健身锻炼习惯的老年人为研究对象，探究了此运动方式对老年人肢体运动功能的影响。研究结果表明，长期进行太极拳锻炼可以提升老年人肢体运动功能，减缓其衰退的进程，而单一“云手”更利于老年人快速适应和接受，短期效果更具有明显优势。太极拳和健步走的有氧锻炼方式都是老年人常用的运动手段，有研究将 75—85 周岁年龄偏高的老年人作为观察对象③，将太极拳和健步走作为不同的干预方式，干预后采用“BD-Ⅱ-302 型双手调节器”检测来评价参与者的手眼协调能力。研究结果证明了长期太极拳锻炼可以改善年龄偏高老年人的手眼协调能力和肢体灵活性功能，并且通过长期观察，太极拳锻炼的长期效果相对于健步走之类的日常简易锻炼方法具有显著的优势。杨光等人④以弱体质老年人为研究对象，将 80 名老年人随机分入太极拳运动组和普通运动组，通过实验前后老年人敏捷性、协调性等行动能力指标的对比，发现太极拳运动能够有效地改善弱体质老年人的移动能力。

还有一些其他形式的有氧运动对老年人动作控制能力的改善同样有效。例如，Sitthiracha 等人⑤进行了一组随机对照试验，选取来自一个社区的 30 名老年人（69±3 岁）在进行渐进式步进运动（progressive step marching exercise，

---

① WANG L C，YE M Z，XIONG J，et al. Optimal exercise parameters of Tai Chi for balance performance in older adults：A meta-analysis[J]. Journal of the american geriatrics society，2021，69(7)：2000-2010.

② 许荣梅，宋清华，王柏利，等.单一“云手”对老年人肢体运动功能干预效果的观察[J].中国康复医学杂志，2021，36(7)：804-809.

③ 许荣梅，王艺锦，李晓艳，等.太极拳对年龄偏高老人手眼协调及肢体灵活能力效果的观察[J].中国康复医学杂志，2022，37(9)：1250-1253.

④ 杨光，白翠瑾，牛凯军，等.太极拳运动对弱体质老年人移动能力的影响[J].中国体育科技，2009，45(2)：97-99.

⑤ SITTHIRACHA P，EUNGPINICHPONG W，CHATCHAWAN U. Effect of progressive step marching exercise on balance ability in the elderly：A cluster randomized clinical trial[J]. International journal of environmental research and public health，2021，18(6)：3146.

PSME）项目时接受监督，而来自另一个社区的30名老年人（70±3岁）被分配到对照组。PSME组接受了为期8周的计划，而对照组则被指导继续正常活动，目的是确定渐进式步进运动（PSME）计划对老年人平衡能力、下肢肌力、有氧能力、生活质量和跌倒恐惧的影响。结果表明PSME项目可以提高老年人的平衡能力、下肢肌力、生活质量和跌倒恐惧症。刘昊①为了系统评价进行广场舞练习是否对中老年女性平衡能力产生积极影响，根据标准纳入相关研究11项，运用RevMan 5.3软件进行元分析，基于反映静态平衡能力和动态平衡能力的指标证据，表明了广场舞练习可以提高中老年女性肌肉力量、关节稳定性，能够进一步改善中老年女性的静态平衡能力和动态平衡能力。宋清华等人采用“坐-立起-五角星形路线行走”检测参与者的肢体灵活能力②，发现跳舞毯锻炼对老年女性身体灵敏性有显著的效果。Bellumori等人③以26名老年人为研究对象，并且随机分为干预组（14名）和对照组（12名），所有参与者没有参加过强调速度的运动（例如，动感单车班或网球）。干预组需要进行每周两次30分钟的高速单车干预，而对照组不进行干预。经过6周的运动干预，发现相对低剂量的高速单车运动能够改善老年人的神经肌肉功能和活动能力，提升老年人的移动能力。

（二）抗阻健身改善老年人动作控制能力的实证证据

抗阻健身是一种对抗阻力的运动，要克服外力做功，主要目的就是训练人体的肌肉，阻力运动包括俯卧撑、哑铃以及杠铃等项目。抗阻运动训练对老年人平衡性和行动能力以及肌肉力量的改善具有重要作用。Da Silveira Langoni等人的研究中采用对照实验证实了24周有氧运动结合抗阻训练可以提升老年人的移动能力和平衡能力[伯格平衡量表（Berg Balance Scale，BBS）和功能性伸展]④。金丽

---

① 刘昊，闫世藩. Cochrane评价：习练广场舞对中老年女性平衡能力的影响[J].武术研究，2022，7(5)：134-136.

② 宋清华，胡建平，赵新平.跳舞毯锻炼对老年女性身体灵敏性的影响效果[J].湖北体育科技，2016，35(12)：3.

③ BELLUMORI M，UYGUR M，KNIGHT C A. High-speed cycling intervention improves rate-dependent mobility in older adults[J]. Medicine and science in sports and exercise，2017，49(1)：106.

④ DA SILVEIRA LANGONI C，DE LIMA RESENDE T，BARCELLOS A B，et al. Effect of exercise on cognition，conditioning，muscle endurance，and balance in older adults with mild cognitive impairment：A randomized controlled trial[J]. Journal of geriatric physical therapy，2019，42(2)：E15-E22.

等人①以老年科的96例跌倒高风险老年人为研究对象，将他们进行了随机分组，比较了干预前后步态平衡操联合抗阻训练组和常规护理组在步长、步频、伯格平衡量表（BBS）上的指标表现，证实了步态平衡操联合抗阻训练能够有效改善跌倒高风险老年人平衡能力，降低跌倒风险。

飞轮抗阻训练（flywheel resistance training，FRT）是一种典型的离心超负荷训练，通过飞轮训练器转动产生阻力来进行训练。研究表明，FRT可显著改善老年人骨骼肌、肌肉力量和平衡能力②。在Onambélé等人的研究中，年龄匹配的老年人（69.9±1.3岁）被随机分配到飞轮组（$n=12$）或举重组（$n=12$），每周训练3次，训练为期12周，采用b型超声、肌电图、经皮肌电刺激和磁共振成像获取感兴趣的参数。结果发现两组腓肠肌发生适应性改变，均使肌腱刚度增加，而飞轮抗阻训练显著优于举重组，并且仅飞轮组的膝关节伸展力增加，平衡能力改善③。Odeleye等人采用两种力量训练方法：传统的抗阻训练（traditional resistance training，TRT）和偏心飞轮超负荷训练（eccentric flywheel overload training，EFOT），旨在比较偏心飞轮负荷训练和传统抗阻训练对55岁及以上、健康活跃且未接受过任何训练的老年人肌肉力量、肌肉厚度、身体成分（瘦/脂肪量）和功能表现（30秒坐立、增量穿梭行走测试、功能到达测试和上下爬楼梯能力测试）的影响。结果显示，两项训练均显著增加参与者等长峰值力矩、偏心峰值力矩。参与者30秒坐立、上下楼梯能力测试中的表现均有所改善，且在两组中也有相似的脂肪量显著减少，两组肌肉厚度随时间变化无显著差异。本研究结果表明，EFOT和TRT在改善健康老年人动作控制能力方面具有相似的效果④。因此，阻力训练不仅可以提高力量，还可以提高姿势平衡和行动能力。Sañudo等人2019年将36名参与者随机分配入飞轮阻力运动训练组（$n=18$），进行了6周的训练（每周2~3天）或对照组（$n=18$），旨在评估飞轮阻力运动训练对老年人姿势稳定性和动作控制能力的影响，并探讨力量的变化是

① 贾金丽，潘爱红，魏道琳等.步态平衡操联合抗阻训练对跌倒高风险老年人平衡能力、运动能力和跌倒效能的影响[J].实用预防医学，2022，29(10)：1229-1232.

② 王皎琴，傅鸿浩，张强，等.飞轮抗阻训练对老年人骨骼肌肌肥大、肌肉力量和平衡能力影响的Meta分析[J].首都体育学院学报，2022，34(5)：568-579.

③ ONAMBÉLÉ G L, MAGANARIS C N, MIAN O S, et al. Neuromuscular and balance responses to flywheel inertial versus weight training in older persons[J]. Journal of biomechanics, 2008, 41(15): 3133-3138.

④ ODELEYE O O. A comparative study on the effects of eccentric flywheel overload and traditional resistance training on the physiological/functional performance in healthy older adults [D]. Saskatoon: University of Saskatchewan, 2020.

否与平衡能力的改善有关①。研究中计算了老年参与者的平均功率和平均推进速度(mean propulsive velocity, MPV),同时评估不同任务中的定时上升试验(timed up and go, TUG)、姿势平衡[前后(anterior-posterior, AP)和内侧(medial-latera, ML)]压力中心(center of pressure, COP)行程。最终结果表明飞轮阻力运动训练改善了老年人的平衡性、行动能力和肌肉力量。

奥塔戈运动(Otago exercise, OE)是包括力量、平衡、耐力、柔韧性训练在内的居家运动计划,属于核心稳定性训练,能够加强脊柱的稳定性、提高神经-肌肉控制能力,对人们的平衡能力和姿势稳定性起着重要的作用。奥塔戈运动旨在通过增加平衡和肌肉力量来预防跌倒,已经被证明可以改善老年人的平衡功能,并且可以有效克服跌倒恐惧②。在国外学者以有骨性关节炎的患者作为研究对象的随机对照试验研究中,干预组的参与者接受奥塔戈运动,而对照组参与者接受一般健康建议和常规治疗。使用长力板平衡平台(Balancemaster, NeuroCom, USA)进行姿势摄影,参与者被要求站直,在每个测试条件下保持他们的位置10秒,计算所有条件下的平均读数。在基线和6个月时使用国际短期跌倒疗效量表(short-form falls efficacy scale-international, short FES-I)进行评估。组间分析显示,干预组在6个月时的改良临床平衡感觉交互作用测试、稳定性极限和FES-I评分与对照组相比有显著改善,平衡和力量锻炼可以改善老年骨性关节炎和步态平衡障碍患者的姿势控制。杜砚馨等人检索了关于奥塔戈运动对老年人平衡功能及跌倒效能影响的文献,共纳入12项随机对照试验,采用RevMan5.3软件进行元分析,结果显示了奥塔戈运动对于老年人的平衡能力的提升作用,对于老年人的跌倒恐惧有着积极的改善效果③。

普拉提是一种注重加强身体核心肌肉和实现身心连接的训练形式。Horváth等人对9名健康女性(35—50岁)进行了12周普拉提项目干预,研究结果表明,普拉提运动计划对于参与者的核心肌肉力量和灵活性、腰椎运动控制能

---

① SAÑUDO B, GONZÁLEZ-NAVARRETE Á, ÁLVAREZ-BARBOSA F, et al. Effect of flywheel resistance training on balance performance in older adults. A randomized controlled trial [J]. Journal of sports science & medicine, 2019, 18(2): 344.

② MAT S, NG C T, TAN P J, et al. Effect of modified Otago exercises on postural balance, fear of falling, and fall risk in older fallers with knee osteoarthritis and impaired gait and balance: A secondary analysis[J]. PM&R, 2018, 10(3): 254-262.

③ 杜砚馨,李春玉,苏金垚,等.Otago运动对老年人平衡功能和跌倒效能干预效果的Meta分析[J].循证护理,2022, 8(10):1321-1327.

力、姿势和平衡能力等方面都有更好的效果①。传统上，普拉提被用于姿势训练和增强核心力量，具备运动速度缓慢的特点，对关节和肌肉不会产生伤害，非常适合老年人参与练习。普拉提培训越来越受欢迎，并成为预防和康复项目领域的一种趋势。对于老年人下肢力量、敏捷性、动态平衡和协调能力的提升具有积极的影响。Pata 等人②的研究以 35 名老年人(61—87 岁)为研究对象，对实验组进行了为期 8 周的基于普拉提的锻炼计划，结果证实了普拉提计划能够提升老年人的平衡能力和移动能力，有效地改善平衡性、灵活性和姿势稳定性，以降低跌倒的风险。王玲通过对经典普拉提动作筛选、组合，创编了一套适合老年人的普拉提老年操，提高他们的平衡能力。以非体育专业离退休老年人为实验对象，通过 28 周的普拉提老年操锻炼的干预，测定参与者实验前后平衡指标的变化。研究结果发现普拉提老年操的锻炼效果的认同率较高，大多数老年被试表示练习了 28 周后，发现在静态平衡能力和动态平衡能力方面，实验组与对照组两组间差异性显著，说明普拉提老年操练习与常规的日常锻炼相比更能维持并提高老年人群的静态平衡能力和动态平衡能力。而且，普拉提老年操锻炼组的力量素质和平衡能力以及肌肉的弹性都得到有效的提高③。由此可见，这些抗阻健身不仅使得练习者的动作控制能力得到改善，而且还能使得老年人兴趣提升，给老年人带来自信。

(三)运动与认知联合干预改善老年人动作控制能力的实证证据

运动想象(Motor imagery)是对一个没有物理执行的动作进行想象的认知干预，没有任何运动输出，是为了提高运动功能对需要学习的运动或任务进行的系统地重复的心理意象。在运动想象过程中，运动想象引起了在实际任务执行过程中通常被激活的大脑区域的活动，也被称为“心理练习”。运动想象已经被证明可以促进运动规划，改善上肢功能、活动能力和平衡能力。运动想象作为一种老年人的康复工具，依赖于运动想象训练能够促进运动学习和增强皮质兴

① HORVÁTH K, SZILÁGYI B, TARDI P, et al. PMS7 efficacy examination of pilates training among healthy women on the change of trunk state, posture, lumbar motor control ability and balance[J]. Value in health, 2019, 22: S695.

② PATA R W, LORD K, LAMB J. The effect of Pilates based exercise on mobility, postural stability, and balance in order to decrease fall risk in older adults[J]. Journal of bodywork & movement therapies, 2014, 18(3): 361-367.

③ 王玲.普拉提老年操的创编及对老年人平衡能力影响的研究[D].广州：广州体育学院，2015.

奋性的能力，对于由于虚弱、手术限制等而无法进行传统运动训练的老年患者群体特别有吸引力。

Hamel 和 Lajoie 的研究中评估了心理想象技术的效率，将 20 名年龄 65—90 岁的研究对象分为两组(对照组 8 例，实验组 12 例)。实验参与者接受了为期 6 周的日常运动想象心理训练。测量使用双任务范式时的前后振荡和横向振荡、反应时，并在测试前和测试后分别回答伯格平衡量表。研究发现与对照组相比，心理意象训练组的注意需求和姿势振荡(前后振荡)明显降低，而伯格平衡量表没有显著差异。研究结果表明，接受 6 周心理姿势训练老年人的前后方向的姿势振荡显著减少，支持与心理意象相关的心理神经肌肉和运动编码理论，运动想象心理训练可以通过减少老年人的姿势振荡和注意需求来改善静态平衡①。之后，Batson 等人旨在测试为期 6 周的运动意象心理练习对社区居住老年人平衡和步态的影响②。研究者从一个社区辅助生活中心招募了 6 名老年女性，将她们随机分入实验组和对照组。实验组进行 20 分钟的运动想象心理练习，对照组进行 20 分钟的健康教育，然后聚在一起进行 20 分钟的体育锻炼，干预持续了 6 周 12 次，每次干预持续 1 小时。对干预前以及干预后伯格平衡量表(BBS)、Timed up and go(TUG)和特定活动平衡信心量表进行测试。最终结果发现各组的步态速度是显著增加的，并且在 BBS 上的动态平衡测量结果也得到改善。

Chiacchiero 等人将 20 名年龄为 65—95 岁(79.2±6.35；3 名男性和 17 名女性)的参与者随机分为对照组或实验组③。实验组的参与者想象自己在进行摇摆和伸展练习，每周锻炼 3 次，持续 4 周。旨在探究运动想象训练对老年人的身体摇摆和功能到达测试表现的影响，有更好的整体摇摆动作控制可以使一个人将其重心保持在稳定的范围内，从而降低摔倒的风险，而且功能到达测试中的表现也是衡量跌倒风险的良好工具。运动想象训练组的参与者被要求站在一个平衡平台上，手臂放在身体两侧，盯着他们正前方墙上的一个点。在 4 种不同的测试条件下评估身体摇摆：① 在稳定的表面上睁开眼睛；② 在稳定的表

---

① HAMEL M F, LAJOIE Y. Mental imagery. Effects on static balance and attentional demands of the elderly[J]. Aging clinical and experimental research, 2005, 17(3): 223-228.

② BATSON G, FELTMAN R, MCBRIDE C, et al. Effect of mental practice combined with physical practice on balance in the community-dwelling elderly[J]. Activities, adaptation & aging, 2007, 31(2): 1-18.

③ CHIACCHIERO M, CAGLIOSTRO P, DEGENARO J, et al. Motor imagery improves balance in older adults[J]. Topics in geriatric rehabilitation, 2015, 31(2): 159-163.

面上闭上眼睛；③ 在平台上的泡沫垫上睁开眼睛；④ 在平台上的泡沫垫上闭上眼睛，每种情况都被测试了 60 秒。参与者还在前、右、左三个方向进行了功能到达测试。即当他们双脚一起站立时，他们被要求尽可能向每个方向走一步，所达到的距离以厘米为单位被记录下来。结果显示运动想象训练可以提高老年人群的正向功能达到测试的表现，运动想象训练可能是一种有效的平衡干预，或者可能代替体育锻炼。Nicholson 等人①的元分析研究中纳入与运动想象(MI)相关的文章，且参与者的平均年龄超过 60 岁，进行系统分析发现，老年人的运动想象训练与平衡能力、行动能力和防跌倒能力的改善有关。运动想象训练对老年人步态速度和平衡性的改进有显著的效果，运动想象训练似乎是一种有效的和低成本的辅助治疗方式。总之，目前的系统回顾和元分析显示，运动想象训练可以改善那些没有神经系统疾病的老年人的平衡能力和行动能力。具体来说，当运动想象单独使用或与既定的身体康复相结合时，它可以促进活动能力的改善，对于老年人动作控制能力的改善具有临床意义。

研究结果证实，当身体练习与动作观察练习相结合时，能够增强运动学习。动作观察可以影响运动执行，代表了对运动表征的隐蔽获取。事实上，行动观察和行动执行激活了一个共同的皮质区域网络。此外，运动想象与动作观察结合使用时更有效已被证实。动作观察就像运动想象一样，是一种运动模拟技术，涉及个体观察别人的动作，导致负责执行相同动作的相同神经结构的激活。能够提高运动丧失或受限后的运动性能，增强中枢神经系统损伤后发生的神经可塑性机制，避免废用，促进功能。Tia 等人在老年人活动中心招募了 8 名老年参与者[女 7 例，男 1 例，年龄(70.5±6.4)岁，身高(162±7.6)cm，体重(69.9±9.5)kg]，在为期 3 周的时间里进行了 10 次观察性训练，观察电影中人物的不同速度的行走和坐立/背坐任务，训练结束后测试了观察练习对两个运动任务(行走和坐立/背坐运动)执行的贡献②。行走任务要求被试以正常速度重复 6 米行走练习 3 次，并再以最大速度重复 3 次，记录参与者的步长和运动持续时间。坐立/背坐任务表现采用光电测量设备 SMART(120 Hz 采样频率)评估，参与者被要求坐在一把无扶手的椅子上，他们的脚被平放在地板上。椅子设置在膝盖高度，它有一个背部支撑，保持参与者的躯干在垂直位置。从最初

① NICHOLSON V, WATTS N, CHANI Y, et al. Motor imagery training improves balance and mobility in older adults: A systematic review and meta-analysis[J]. Journal of science and medicine in sport, 2019, 22(S2): 99.

② TIA B, MOUREY F, BALLAY Y, et al. Improvement of motor performance by observational training in elderly people[J]. Neuroscience letters, 2010, 480(2): 138-142.

的姿势开始，参与者被要求站起来(坐立)，保持这个姿势 2 秒，然后再次坐下(背坐)，参与者需要在训练前后均以正常和最大速度完成 3 次。研究结果证实动作观察练习通过增加步频增加步行速度，但没有改变步长。此外，结果显示坐姿时间减少，这些结果强调了动作观察训练引导了对行为的心理表征的重新激活，并可以进行更好的运动控制。

由此可见，运动认知干预在治疗老年人，尤其那些由于身体退化、负重限制或心肺问题而不能进行全部运动或治疗的老年患者时特别受用。因为它缺乏身体需求，还可以提高安全性，能够降低进行身体练习时导致患者跌倒的风险。

本节揭示了随着年龄的增长，老化引起的动作控制能力的改变。此外，大量研究发现运动由于其方便安全的特点，对于促进老年人的动作控制能力有着积极有效的作用，例如有氧运动、抗阻运动以及运动认知干预均可以提升老年人的动作控制能力，包括平衡能力、协调能力、移动能力以及抗跌倒能力等。我们发现，对于老年人，体育舞蹈、广场舞、步态平衡操、太极拳以及抗阻训练应用更为广泛，更适用于提高老年人动作控制能力。大量研究证实了有针对性地运动干预能够改善老年人的平衡性、灵活性和姿势稳定性，提高老年人的肢体协调性和快速反应能力，降低由于老化造成的动作控制障碍，从而提升老年人的独立生活能力和生活幸福感。

第三章

老年人健身活动类型与认知老化关系的调查研究

本书运用问卷调查、心理测量及认知测试对全国多个城市 50 多个社区近 2000 名老年人进行了现场大样本施测，重点考察老年人的健身活动方式与认知老化特征的对应关系，包括对其身体活动情况、认知活动情况、整体认知能力、主观记忆抱怨、情绪状态、工作记忆能力进行了调查与心理测量；对老年人的注意网络功能、视空间工作记忆能力、视空间信息存储能力和心理旋转能力实施了现场测试，揭示了老年人健身活动方式与认知老化的深层内在关系，对靶向健身延缓认知老化的模式提出进行了初步探索。

第一节　老年人身体和认知活动情况调查及其与认知老化的关系研究

本节首先关注老年人的身体活动的基本情况，初步了解老年人偏好的活动方式，为靶向健身的模式构建提供“弹药库”。本书除了对老年人的身体活动进行调查外，还对其认知活动情况进行了调查，为运动与认知联合干预的靶向健身模式的构建提供现实依据。此外，通过模型建构进一步探讨了老年人的身体活动及认知活动情况与认知老化的关系，并深入分析其中的影响机制，为靶向健身延缓认知老化的模式构建提供科学的实证依据。

一、老年人身体活动与认知老化的关系研究

（一）研究背景

身体活动（Physical activity，PA）的定义为：“任何由骨骼肌收缩引起的导

致能量消耗的身体运动，在基础代谢提高的水平上，使身体能量消耗增加的活动”[①]。连克杰认为身体活动应是有意识的、有目的的、由骨骼肌收缩产生的身体活动，具有较强的主观性和方向性[②]。它包括所有类型的身体运动，例如步行、跑步、游泳、跳绳、骑自行车、跳舞、举重、瑜伽等。身体活动还包括一些日常生活中的活动，例如上下楼梯、洗衣服、打扫房间、搬运物品等。

许多研究证明了身体活动可以延缓老年人认知功能下降甚至改善其认知功能。Kerime 等人认为，无论进行何种类型的身体活动，只要是有规律的适度运动都能改善老年人的睡眠质量和认知功能，老年人经过 20 周的身体活动计划后，可以观察到对多项认知功能的益处[③]。对 100 名 60 岁以上的老年人进行持续性观察研究，结果发现 26 项研究报告了身体活动与维持或增强认知功能之间的正相关关系，5 项研究报告了身体活动和认知之间的剂量反应关系，表明不同的身体活动量能在不同程度上改善认知功能，从而延缓老年人的认知障碍发生[④]。国外研究对拉美裔老年人流行病学研究的既定人群的数据进行纵向分析，采用一般线性混合模型对 14 年来身体活动与认知功能之间的联系和相互作用进行了评估，其结果显示身体活动对 MMSE 记忆成分的认知衰退有明显的保护作用，而非记忆成分的保护作用不明显。这表明身体活动对认知功能中的记忆功能成分有显著改善作用，基线时的身体活动越多，认知能力下降越少[⑤]。

老年人的认知功能低下与抑郁显著相关。抑郁症被认为是一种情感障碍，但有大量证据表明，它的出现往往伴随着认知功能的缺陷。老年人的抑郁症偶尔会被误诊为痴呆，一项为期 4 年的基于人群的随访研究得出结论，一半的重度抑郁障碍患者表现出普遍的认知障碍，轻度认知障碍患者的早期抑郁症状可

---

① CASPERSEN C J, POWELL K E, CHRISTENSON G M. Physical activity, exercise, and physical fitness: Definitions and distinctions for health-related research[J]. Public health reports, 1985, 100(2): 126.

② 连克杰. 论体力活动与学校体育[J]. 体育学刊, 2003, 10(5): 78.

③ KERIME B, NESLIHAN L, MUAMMER C, et al. Effects of Physical Activity Program on cognitive function and sleep quality in elderly with mild cognitive impairment: A randomized controlled trial[J]. Perspectives in psychiatric care, 2019, 55(3): 401-408.

④ TANYALAK P, BARRY C, MAEVE R I, et al. Physical activity and cognitive function in individuals over 60 years of age: A systematic review[J]. Clinical interventions in aging, 2014, 9: 661-682.

⑤ OTTENBACHER A J, SNIH S A, BINDAWAS S M, et al. Role of physical activity in reducing cognitive decline in older Mexican-American adults[J]. Journal of the American geriatrics society, 2014, 62(9): 1786-1791.

能是患者的临床前症状，抑郁症状可被视为即将发生阿尔茨海默病或血管性痴呆的一个症状，阿尔茨海默病也可能是抑郁症的一个症状。已确定的痴呆也可能因抑郁而变得复杂。随着时代进步及科学研究技术发展，近几年研究证实了在老年人中抑郁和焦虑症状与认知障碍、血管性痴呆（VD）和阿尔茨海默病（AD）的风险增加有关，当抑郁症状达到具有临床意义的阈值时，它们与轻度认知障碍和痴呆的风险增加相关，风险比为1.05~4.39。

通过对国内外身体活动、抑郁与认知功能相关的文献进行梳理后发现，身体活动可以促进认知功能提高，也可以通过抑郁间接影响认知功能水平。首先，适度的身体活动可以促进老年人的心理健康；其次，研究发现经常进行身体活动有助于老年人保持健康的心理状态，有助于减少抑郁、自卑等心理困扰，促进心理健康水平提升①；最后，有研究结果表明老年人长期保持健康的生活方式（其中包括积极运动），保持一定的身体活动可以提高认知能力，且抑郁水平在生活方式对认知功能影响机制中起到了部分中介作用②。上述研究结果可以表明，抑郁在老年人身体活动和认知功能之间的关系中发挥着作用，所以，抑郁可能会在老年人身体活动与心理健康之间起中介作用。

综上所述，研究结果表明身体活动对老年人认知功能的改善有积极的促进作用，规律的身体活动可以促进老年人认知功能水平的提高，且抑郁可能会在老年人身体活动与心理健康之间起中介作用。

（二）研究方法

1.研究对象

本研究拟调查老年人身体活动与认知功能的关系，其中自变量为身体活动，因变量为认知功能。本研究共招募507名60周岁以上老年人，筛选出符合标准及排除未完成全部测试的人员后，最终选定505名老年人为本研究的研究对象。研究对象纳入标准：①无心血管疾病；②不存在严重听力、视力问题或难以进行正常交流的患者；③不存在极度衰弱，无法完成各项任务的功能评估者；④不存在患有精神类疾病并长期服用精神类药物等。

① 崔德刚，邱芬，邱服冰，等.老年人参与身体活动对改善健康、生活质量和福祉效果的系统综述［J］.中国康复理论与实践，2021，27（10）：1176-1189.

② 周蜜.我国农村老年人生活方式对认知功能的影响：抑郁的中介效应［D］.成都：西南财经大学，2022.

2.测量工具

(1)老年人身体活动测量。采用国际身体活动问卷(international physical activity questionnaire, IPAQ)的中文版短卷来测量老年人身体活动。该问卷由日常工作、日常交通、日常家务、运动锻炼及休闲娱乐、坐姿时间与睡眠时间6个部分组成并被12个国家沿用,为了便于统计分析,此次调查问卷相关身体活动数据以每周身体活动能量消耗代谢当量值(MET)×持续时间(min)进行计算,计算办法严格按照国际身体活动问卷评分规则进行,然后将记录中低强度、高强度活动及步行能量消耗量进行累加得出相应周身体活动能量消耗总量。高身体活动量标准:费力天数达3天以上,费力总和(METs)大于1500METs以上或费力天数、中费力天数与走路天数总和达7天以上,且三项累计加总的能量消耗达3000METs以上。中身体活动量标准:费力天数达到3天以上,费力时间达每天20分钟以上、中费力天数或走路天数总和达5天以上,每天至少30分钟或费力天数、中费力天数与走路天数加总达5天以上,且三项累计加总的能量消耗达600METs以上。低身体活动量标准:不满足中身体活动量标准或高身体活动量标准者,即为低身体活动量者。

(2)老年人认知功能测量。用蒙特利尔认知评估量表(MoCA)测试老年人整体认知功能情况,该测试一共包含30个问题,大约需要10分钟完成。被试教育年限小于12年,加1分,问卷已通过信效度检验。问卷包括注意与集中、执行功能、记忆、语言、视结构技能、抽象思维、计算和定向力8个认知领域的11个检查项目。总分30分,不小于26分为认知功能正常,其敏感性高,覆盖重要的认知领域,测试时间短,适合临床运用。问卷中分量表测试的内容包括:①抽象思维(Abstraction)。评估抽象思维和概念理解能力,例如在类比中找到共同点。②注意力(Attention)。测量集中注意力和分散注意力的能力,如数字串的逆序和重复。③言语(Language)。评估语言表达和理解能力,包括命名、重复、句子复述等。④记忆(Memory)。测量短时记忆和远期记忆的能力,包括词语回忆和时钟绘制后的回忆。⑤定向性(Orientation)。评估时间、地点和日期的理解能力。⑥学习和记忆(Learning and memory)。测量学习和记忆新信息的能力,例如一系列的词语、数字或字母。

(3)老年人抑郁测量。采用的简化版老年抑郁量表(Geriatric depression Scale-15, GDS-15)是Sheikh[①]和Yesavage鉴于老年人的特点,于1986年在30

① SHEIKH J. Geriatric Depression Scale (GDS). Recent evidence and development of a shorter version [M]//Clinical gerontology: A guide to assessment & intervention. New York: Haworth Press, 1986, 5:1-2.

个项目的标准版本基础上设计出包含 15 个项目的简版老年抑郁量表，该量表评估最近一周以来被调查者的抑郁状况，主要测试老年人情绪低落、活动减少、易激惹、退缩痛苦的想法，对过去、现在与将来的消极评价。唐丹[①]对在中国老年人中使用的简版老年抑郁量表进行信效度评测，其量表内部一致性 Cronbach's α 系数为 0.763，重测信度为 0.712，最高分为 15 分，分数越高表示抑郁症状越明显，分数不小于 8 为有抑郁症状。

3.数据分析方法

所有数据采用 SPSS 26.0 统计软件和 Excel 2022 软件进行统计处理，首选通过 SPSS 26.0 和 Mplus 8.3 进行信度分析、验证性因素分析法验证所选量表的信度和效度，验证工具在本研究中的适用性，然后采用 K-S、S-W、偏度-峰度法对数据是否符合正态分布进行检验，得出数据不符合正态分布后对数据进行非参数检验中的秩和检验，表明分析被试的身体活动、认知功能、抑郁情况，计量资料采用中位数及四分位、百分比进行描述。由于研究变量受协变量影响较大，使用偏相关分析老年人身体活动、抑郁、认知功能之间的关系，然后使用 SPSS 软件中的 Process 插件检验抑郁在身体活动与认知功能之间的中介效应，使用偏差校正的非参数百分位 Bootstrap 方法（抽样 5000 次，95%置信区间）估计中介效应的置信区间。如果区间不包含 0，则中介效应显著，否则中介效应不显著。

（三）研究结果

1.老年人身体活动内容

将 IPAQ 中测量的老年人主要身体活动进行统计，具体分布如表 3-1 所示。老年人的身体活动基本上以慢跑、散步这类低强度运动为主，达到 59.80%，参加健身操、广场舞占 38.22%，跑步、骑车、爬坡占 26.14%，武术、太极占 36.83%，球类活动占 27.92%，力量健身、搬运重物占 45.94%，游泳占 20.00%。男性女性老年人在项目选择上存在明显的差异：健身操、广场舞这类活动女性老年人占比较高，占 29.90%，男性老年人则为 8.32%。而在跑步、骑车、爬坡、球类活动和力量健身、搬运重物方面，男性老年人占比明显高于女性老年人，尤其是力量健身、搬运重物方面，男性老年人占 40.00%，而女性老年人仅占

① 唐丹. 简版老年抑郁量表（GDS-15）在中国老年人中的使用[J]. 中国临床心理学杂志，2013，21(3)：402-405.

5.94%。球类活动中，男性老年人以乒乓球为主，而女性老年人更多的选择羽毛球。

表 3-1　老年人身体活动分布表

项目	总人数(占比/%)	男性人数(占比/%)	女性人数(占比/%)
走路、散步	302(59.80)	169(33.46)	133(26.34)
健身操、广场舞	193(38.22)	42(8.32)	151(29.90)
跑步、骑车、爬坡	132(26.14)	89(17.62)	43(8.52)
武术、太极拳	186(36.83)	99(19.60)	87(17.23)
球类活动	141(27.92)	92(18.22)	49(9.70)
力量健身、搬运重物	232(45.94)	202(40.00)	30(5.94)
游泳	101(20.00)	46(9.11)	55(10.89)

2.老年人身体活动、抑郁及认知功能的描述性统计

由表 3-2 被试数据描述统计可知老年人的认知功能平均得分为 27.47±5.87，老年人认知功能水平均值高于认知正常范围 26 分的标准；老年人的抑郁平均得分为 1.06±1.26。

老年人群体总体身体活动水平的平均值为 3372.29±2846.32，均值满足世界卫生组织运动量建议(每周至少需要进行 150 分钟的中等强度有氧运动和肌肉强度训练)。

表 3-2　老年人身体活动、抑郁及认知功能的描述性统计

项目	N	均值	标准偏差
身体活动	505	3372.29	2846.32
抑郁	505	1.06	1.26
认知功能	505	27.47	5.87

3.老年人身体活动和认知功能的关系

在控制年龄、性别变量后，用相关分析探究农村老年人身体活动与抑郁的关系，结果如表 3-3 所示。结果发现身体活动与认知功能两者之间均呈显著正相关($r=0.222$，$p<0.05$)，即老年人身体活动量越高，其认知功能水平越高。

表 3-3　老年人身体活动、认知功能、抑郁相关性分析

控制变量			身体活动	认知功能	抑郁
性别、年龄和学历	身体活动	r	1	—	—
		p	—	—	—
	认知功能	r	0.222**	1	-
		p	0.01	—	-
	抑郁	r	−0.232**	−0.45**	1
		p	0.01	0.01	—

注：** 在 0.01 级别（双尾），相关性显著；* 在 0.05 级别（双尾），相关性显著。

进一步分析身体活动与各分量表得分的关系，分析结果如表 3-4 所示。具体分析来看，老年人的身体活动量与视空间、执行能力呈显著正相关（$r=0.148$，$p<0.05$），即老年人身体活动量越高，其视空间、执行能力越强；老年人身体活动量与其语言能力呈显著正相关（$r=0.179$，$p<0.05$），即老年人身体活动量越大，其语言能力越强；老年人身体活动量与集中注意力能力呈显著正相关（$r=0.148$，$p<0.05$），即老年人身体活动量越大，集中注意力的能力越强；老年人身体活动与其命名、抽象思维、延迟回忆、定向性（评估时间、地点和日期的理解能力）无显著相关（$p>0.05$）。

表 3-4　身体活动量与蒙特利尔分量表相关性分析

项目		视空间、执行能力	命名	语言	注意力	抽象思维	延迟回忆	定向性
身体活动	r	0.148*	0.037	0.179*	0.188**	0.068	0.122	0.111
	p	0.034	0.593	0.01	0.007	0.332	0.082	0.113

注：** 在 0.01 级别（双尾），相关性显著；* 在 0.05 级别（双尾），相关性显著。

4.身体活动与抑郁的关系

在控制老年人的性别、年龄后，用偏相关分析探究老年人身体活动与抑郁的关系，结果如表 3-3 所示。具体分析来看，老年人的身体活动与其呈现显著负相关（$r=-0.232$，$p<0.05$），即老年人身体活动量越高，其抑郁水平越低。

5.抑郁与认知功能的关系

在控制性别、年龄后，用偏相关分析探究农村老年人抑郁与认知功能的关系，结果如表 3-3 所示。具体分析来看，老年人的抑郁与其认知功能呈现显著负相关($r=-0.450$，$p<0.05$)，即老年人抑郁水平越高，其认知功能水平越低。

6.抑郁在身体活动与认知功能关系间的中间效应检验

根据相关分析的结果可知，老年人的身体活动、认知功能和抑郁之间有紧密的联系。那么，是否有更深层的联系存在于三个变量之间呢？通过以往研究可知，老年人认知功能的衰退能被适量的身体活动所改善，老年人的心理健康也可通过身体活动改善且与其认知功能有很强的相关性。因此，本研究建立了以身体活动为自变量、抑郁为中介变量、认知功能为因变量的简单中介效应模型(图 3-1)。

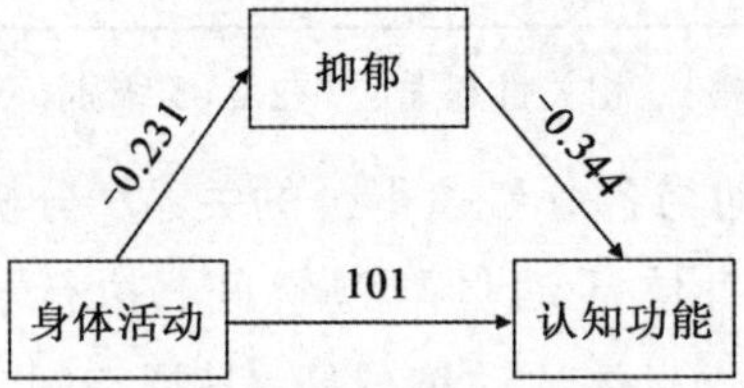

图 3-1　中介效应路径图

根据温忠麟提出的中介效应检验方法，本研究在文献综述和描述性分析的基础上，采用 Process 模型中的 Model 4 来检验组织支持感在职业认同和教学敏感之间的中介效应。运用 Bootstrap 方法，Bootstrap 重复抽样次数为 5000 次，置信区间水平设置是 95%，抽样方法为偏差校正的非参数百分位法。

根据 Shrout 和 Bolger 的研究，如果中介效应估计的 95%置信区间不包含 0，则此中介效应在 0.05 的水平上显著。结果由表 3-5 可知，身体活动对认知功能的总效应为 0.181，其置信区间为[0.111，0.250]，不包括 0，总效应存在，身体活动对抑郁具有显著正向影响，身体活动、抑郁均对认知功能具有显著正向影响。在身体活动→抑郁→认知功能的路径中，身体活动的直接效应为 0.101，其置信区间为[0.036，0.166]，不包括 0，直接效应存在，直接效应占总效应的 55.8%。身体活动的间接效应为 0.079，其置信区间为[0.056，0.113]，不包括 0，间接效应存在，间接效应占总效应的 43.6%。

表 3-5　效应值分析表

项目	Effect	*se*	*t*	*p*	LLCI	ULCI
总效应	0.181	0.035	5.09	0	0.111	0.25
直接效应	0.101	0.033	3.057	0.002	0.036	0.166
间接效应	0.079	0.014	—	—	0.056	0.113

(四)结论及建议

本研究基于身体活动的统一理论，探讨了身体活动与老年人认知功能的关系。本研究发现身体活动与老年人之间呈显著的正相关，身体活动能正向预测老年人认知功能水平，即随着身体活动量的提高，老年人的认知功能水平提高。

本研究还构建了以抑郁为身体活动与认知功能的中介变量，身体活动影响老年人认知功能的中介模型，发现身体活动将正向影响认知功能，如果老年人长期保持身体活动，例如太极拳、散步等，那么他们的认知能力得分将更高。另一方面，抑郁水平对认知功能具有显著的负向预测作用，即抑郁症状不明显的老年人认知功能得分相对更高，抑郁在老年人身体活动与认知功能之间起部分中介作用，即身体活动可以通过抑郁情绪间接地作用于中老年人的认知功能。

身体活动与心血管健康密切相关，适度的身体活动可以促进心血管系统的功能，提高心脏输出和血液供应，从而增加大脑的氧气和营养供应。这种心血管健康改善可能有助于保护和促进大脑细胞的功能，进而改善认知功能。身体活动、心血管健康与认知能力之间有很强的关联，心血管健康对老年人的认知功能至关重要。认知神经科学领域有证据表明身体活动可能通过影响脑神经营养和成长因子的分泌来改善认知能力。身体活动可以促进脑内多种神经营养和成长因子的释放，如 BDNF(脑源性神经营养因子)，这些分子与认知功能的增强和神经元的保护相关。这种分子的释放可能是身体活动与认知功能正相关的部分解释。此外，身体活动对炎症和氧化应激的减少也可能产生积极影响。炎症和氧化应激与认知功能下降有关，而适度的身体活动被认为可以减少体内炎症因子的释放，并提高抗氧化防御。这些生理效应可能减轻大脑的损伤，从而改善认知功能。

抑郁情绪对中老年人的认知功能长期发展不利，因为抑郁症状会导致血清中皮质醇水平增高，糖皮质激素增多，通过下丘脑-垂体-肾上腺轴的负反馈机制，导致海马神经元死亡和海马体积减小，最终影响认知功能。身体活动有助于促进内源性阿片肽在大脑中的释放，从而减轻疼痛感并提高欣快感，这有助于减少个体的负面情绪，增加积极情感。因此，中老年人通过进行适度强度的身体活动可以减轻抑郁情绪，有利于维护认知功能。

适合老年人的体育活动(例如广场舞、太极拳、球类等)是改善中老年人社交关系和提高社会支持水平的重要途径。不同社交背景的中老年人参与各种形式的体育锻炼，多样性的锻炼方式可以增加锻炼的趣味性，集体性的锻炼也有助于搞好人际关系。随着中老年人参与更多的体育活动，他们可以结交更多朋友，扩展社交网络。广泛的社交网络可以促进社交互动，使中老年人感受到朋友的存在，而在孤独时来自朋友的关心和陪伴可以提供社会支持，有助于减轻抑郁情绪。抑郁情绪减轻有助于维持大脑结构的正常状态，尤其是“认知控制网络”的保护，进而促进中老年人的认知功能改善。老年人应当树立健康的观念，积极参加各项身体活动，以缓解认知功能老化，积极应对老龄化。

在各种类型的身体活动中，与工作有关的身体活动通常占主导地位，其次才是强身健体、休闲娱乐相关的体育活动。然而，大多数中老年人进行高强度的身体活动通常是出于家庭或职业的需要，这可能导致他们的抑郁情绪增加，积极情感减少。抑郁情绪不利于中老年人认知功能的长期发展，可能最终导致认知功能下降。因此，适当强度和多样化的身体活动对中老年人的心理健康和认知功能都具有积极作用。

二、老年人认知、身体活动与认知老化的关系研究

(一)研究背景

身体活动对老年认知功能有积极影响，认知功能同样可以延缓老年人认知功能下降甚至改善其认知功能。一项关于晚年精神投入对认知能力下降的比较分析中发现①，经常从事具有精神挑战性的任务(例如阅读)，可以缓解认知能力下降，与平均精神刺激量的个体相比，报告经常有大量精神挑战行为的个体认知能力下降减少了 32%，而不经常进行精神活动的人的认知能力下降速度要快 48%，认知活动似乎是记忆和思维能力的保护因素。Nouchi 等人②使用日常生活相关的认知训练(阅读和解决简单的算术运算)对老年人进行干预，用以改善老年人的认知功能。参与者在 6 个月内需要每天完成两项认知任务：阅读日语和解决简单的计算问题。结果显示阅读和解决简单的算术运算对老年人的执行功能和加工速度都有显著改善。虚拟现实游戏和手机游戏对缓解老年人认知

① WILSON R S, SCHERR P A, SCHNEIDER J A, et al. Relation of cognitive activity to risk of developing Alzheimer disease[J]. Neurology, 2007, 69(20): 1911-1920.

② NOUCHI R, TAKI Y, TAKEUCHI H, et al. Beneficial effects of reading aloud and solving simple arithmetic calculations (learning therapy) on a wide range of cognitive functions in the healthy elderly: Study protocol for a randomized controlled trial[J]. Trials, 2012, 13(1): 1-10.

功能衰退有积极的作用，是老年人认知功能训练的有效手段。麻将和棋牌等活动同样对老年人的认知功能产生积极影响，经常参与这类活动可以显著改善老年人的记忆力和推理能力。可能是因为棋牌类游戏是需要调动大脑的记忆、推理以及数字处理等多项功能的智力活动，能够有效刺激认知，促进大脑的运用，从而延缓认知功能水平的退化。

身体活动和认知活动的联合可能对改善老年人认知功能更为有效。最好的运动方式，除了直接的运动锻炼，还应该结合认知、情感和社会需求，体育锻炼应该从简单的运动延伸到带着思考运动才会对认知功能产生更大的益处。Kurita 等人①调查了中老年人的身体活动及认知活动与认知障碍之间的关系。将阅读、快乐写作、填字游戏、玩棋盘游戏/纸牌、参加有组织的小组讨论和演奏乐器项目归类为认知活动，对高低身体活动和高低认知活动进行组合将参与者分为四组。结果发现与低身体活动和低认知活动组相比，其他组认知障碍患病率显著降低，高身体活动和高认知活动组认知障碍患病率最低。Adcock 等人②通过将身体活动和认知功能训练进行整合，开发出结合身体认知训练的运动游戏。在干预前后，评估身体和认知功能以及静息状态脑电图（EEG）。结果表明，在双任务条件下的步态速度、下肢肌力和认知任务（分散注意力）中的反应时相较于单任务改善更加显著。

主观记忆抱怨概念由 Reisberg 等人于 1982 年提出③，他认为主观记忆抱怨作为阿尔茨海默病（AD）发展进程中的一个阶段，至少发生在 AD 之前 20 年。主观记忆抱怨是老年人的认知健康状况远离常态的初始阶段。关于主观记忆抱怨的定义，研究者比较一致的观点④是主观记忆抱怨老人一般会自我报告出现记忆力下降，但在客观认知测验上的成绩仍处于正常范围之内。使用主观记忆

---

① KURITA S, TSUTSUMIMOTO K, DOI T, et al. Association of physical and/or cognitive activity with cognitive impairment in older adults[J]. Geriatrics and gerontology international, 2020, 20(1): 31-35.

② ADCOCK M, SONDER F, SCHÄTTIN A, et al. A usability study of a multicomponent video game-based training for older adults[J]. European review of aging and physical activity, 2020, 17(1): 1-15.

③ REISBERG B, SHULMAN M B, TOROSSIAN C, et al. Outcome over seven years of healthy adults with and without subjective cognitive impairment[J]. Alzheimer's & dementia, 2010, 6(1): 11-24.

④ HUTTON B, SALANTI G, CALDWELL D M, et al. The PRISMA extension statement for reporting of systematic reviews incorporating network meta-analyses of health care interventions: checklist and explanations[J]. Annals of internal medicine, 2015, 162(11): 777-784.

抱怨的一个优点是其独立于可能影响客观记忆任务表现的感觉功能。即时回忆、语言流畅性和处理速度表现急剧下降都与主观记忆抱怨增加有关，表明了主观-客观的一致性。Mitchell 等人[①]认为，在评估时，主观记忆抱怨不一定需要与客观记忆表现相关；然而，它们在诊断过程中是合理的，因为发病前患有主观记忆抱怨的老年人向痴呆或轻度认知障碍的转化率是前者的两倍。本章主要以研究调查的形式探究靶向运动对老年人主观记忆抱怨的影响，以及靶向运动对主观记忆抱怨与客观认知功能、抑郁情况之间的关系的影响进行分析。

近年来，身体活动对老年人主观记忆抱怨的改善引起广泛关注。Lee[②] 等人的研究发现，主观记忆抱怨与身体活动、认知活动和健康状况感知密切相关，认知活动、身体活动和健康状况感知更好的参与者的记忆抱怨频率较低。这就表明身体及认知活动联合对老年人主观记忆抱怨有改善作用，降低了主观记忆抱怨的频率。具体而言，身体活动及认知活动对改善老年人主观记忆抱怨有显著作用，同时，低体力的活动与更严重的主观记忆抱怨有关。有趣的是，当进行 12 周不同类型的靶向健身运动干预后，测量被试主观记忆抱怨和记忆能力时发现，12 周的干预只影响主观记忆抱怨，而不影响记忆的表现[③]。主观记忆抱怨是阿尔茨海默病阶段中的初始部分，年龄越大、疾病越多的被试表现出更消极的自我健康感，而消极的自我健康感与语言流利性较差相关，因此可以认为靶向健身对主观记忆抱怨存在改善作用。认知活动(书画、冥想等)同样对患有主观记忆抱怨的老年人在认知功能方面有显著改善，并且对在老年人的心理健康方面同样有显著改善，包括在抑郁等方面。有元分析探讨了靶向健身和认知训练联合干预对患有主观记忆抱怨的老年人的认知功能的影响，其结果显示进行心理运动训练的多模态训练、靶向健身和认知刺激等联合干预能够有效改善老年人主观记忆抱怨的情况，改善客观认知能力和降低转化为阿尔茨海默病的风险。

根据上述情况描述，抑郁与主观记忆抱怨可能同时存在于老年人身上。在

---

① MITCHELL A J, BEAUMONT H, FERGUSON D, et al. Risk of dementia and mild cognitive impairment in older people with subjective memory complaints: Meta-analysis[J]. Acta psychiatrica Scandinavica, 2014, 130(6): 439-451.

② LEE P L. The relationship between memory complaints, activity and perceived health status[J]. Scandinavian journal of psychology, 2014, 55(2): 136-141.

③ IULIANO E, FIORILLI G, AQUINO G, et al. Twelve-week exercise influences memory complaint but not memory performance in older adults: A randomized controlled study[J]. Journal of aging and physical activity, 2017, 25(4): 612-620.

老年人缺乏身体活动或身体不活跃的情况下，在方向和语言功能方面表现是一般的，这就表明缺乏身体活动时，抑郁与认知缺陷出现概率更大，增加身体活动可能对抑郁状态有保护作用。Vance① 的结构方程模型研究了抑郁症状和社交网络在社区老年人身体活动和认知之间的中介作用。模型中的路径观察到那些身体活动较多的人经历的抑郁较少，认知功能更好。这就表明身体活动、抑郁和认知功能三者之间的关系可以理解为，身体活动对抑郁有改善效果，身体活动对认知功能也存在改善作用，抑郁和认知功能之间存在正相关性，抑郁情况减轻，认知功能情况越好。而抑郁情绪是主观记忆抱怨的最强预测因子，就目前看来，靶向运动、认知功能、抑郁和主观记忆抱怨均存在相应关系。

主观记忆抱怨被认为受到抑郁症状的影响，抑郁症一直与主观记忆抱怨和晚年的客观认知功能障碍有关②。抑郁症状增加与客观和主观的认知能力下降有关，且仅与认知障碍者的主观记忆下降有关。主观记忆抱怨有可能识别出不能用抑郁症状来解释的客观认知表现的下降。在患有认知障碍的人群中，抑郁症状可能会放大主观而非客观的认知衰退。有抑郁症状的患者可能会出现主观问题，因为自我评价障碍和自我怀疑障碍是抑郁症的基本特征，另外，认知能力的微妙恶化（如果个人对它比认知测试更敏感）可能会导致抑郁症状。

（二）研究方法

1.研究对象

采用方便取样选取60岁以上的老年前期及老年人群为对象，共807名。纳入标准：①年龄在60岁以上；②没有严重器质性疾病，能够进行一般沟通交流；③经说明解释，愿意参加本研究。

2.测量工具

（1）老年人身体活动测量。采用国际身体活动问卷（international physical activity questionnaire，IPAQ）的中文版短卷来测量老年人身体活动。该问卷由日

① VANCE D E，MARSON D C，TRIEBEL K L，et al. Physical activity and cognitive function in older adults：The mediating effect of depressive symptoms [J]. Journal of neuroscience nursing，2016，48(4)：E2-E12.

② JONKER C，GEERLINGS M I，SCHMAND B. Are memory complaints predictive for dementia? A review of clinical and population-based studies [J]. International journal of geriatric psychiatry，2000，15(11)：983-991.

常工作、日常交通、日常家务、运动锻炼及休闲娱乐、坐姿时间与睡眠时间6个部分组成并被12个国家沿用，为了便于统计分析，此次调查问卷相关身体活动数据以每周身体活动能量消耗代谢当量值(MET)×持续时间(min)进行计算，计算办法严格按照国际身体活动问卷评分规则进行，然后将记录中低强度、高强度活动及步行能量消耗量进行累加得出相应周身体活动能量消耗总量。

(2)老年人认知活动测量。采用的是Joe Verghese[①]所使用的认知活动量表(cognitive activity scale，CAS)。使用了包括阅读、写作、下棋、纸牌类活动、聚会和乐器演奏这6项认知活动。每项活动被试每天参与得到7分；每周参与几次得4分；每周参与一次得1分；每月、偶尔或从不参与得0分。得分范围为0~42。认知活动量得分不大于7分者为低认知活动者，认知活动量得分大于7分者为高认知活动者。

(3)老年人认知功能的测量。研究采用简易精神状态检查量表(Mini-mental state examination，MMSE)对老年人的客观认知功能进行筛查。1988年由李格等引进并修订，共30个题目，包括定向力(10个)、记忆力(3个)、注意力与计算力(5个)、回忆能力(3个)、语言能力(9个)共5部分，每回答正确1题记1分，共30分。Cronbach's α系数为0.984。

(4)老年人主观记忆抱怨测量。主观记忆抱怨问卷(subjective memory complaints questionnaire，SMCQ)是韩国Youn等于2009年编制，用于老年人自评主观记忆功能。问卷共14个条目，包括4项整体记忆和10项具体记忆。2017年，孟令弟等[②]将该量表进行了汉化并应用于社区老年人群中，Cronbach's α系数为0.872。问卷答案被限定为“是”或“否”，回答“是”计1分，“否”计0分，最高分为14分，分数越高表示主观记忆抱怨越严重。

(5)老年人抑郁测量。采用的简化版老年抑郁量表(geriatric depression scale-15，GDS-15)是Sheikh[③]和Yesavage鉴于老年人的特点，于1986年在30个项目的标准版本基础上设计出包含15个项目的简版老年抑郁量表，该量表

---

① AKBARALY T N，PORTET F，FUSTINONI S，et al. Leisure activities and the risk of dementia in the elderly：Results from the Three-City Study[J]. Neurology，2009，73(11)：854-861.

② 孟令弟，冯笑，刘堃.主观记忆障碍量表在社区老年人中的信效度评价[J].中国现代医学杂志，2017，27(19)：120-124.

③ SHEIKH J. Geriatric Depression Scale (GDS). Recent evidence and development of a shorter version[M]//Clinical Gerontology A Guide to Assessment & Intervention. New York：Haworth Press，1986：5.

评估最近一周以来被调查者的抑郁状况，主要测试老年人情绪低落、活动减少、易激惹、退缩痛苦的想法，对过去、现在与将来的消极评价。唐丹[①]对在中国老年人中使用的简版老年抑郁量表进行信效度评测，其量表内部一致性Cronbach's α 系数为0.763，重测信度为0.712，最高分为15分，分数越高表示抑郁症状越明显，分数不小于8为有抑郁症状。

3.数据分析方法

行为数据处理采用社会统计分析软件包SPSS 27.0进行统计分析，根据国际身体活动量表及认知活动量表等级划分标准将老年人进行分组，共4个组，分别为高体力高认知组159人、高体力低认知组332人、低体力高认知组83人、低体力低认知组233人，对身体活动、认知活动、主观记忆抱怨、客观认知功能和抑郁情况进行方差分析，比较主观记忆抱怨、认知功能、抑郁情况的基本特点以及在不同类型的体力与认知活动下的差异。设定 $p<0.05$ 为统计结果具有显著性；采用Amos 27.0进行对认知功能、抑郁的中介作用进行检验，设定 $p<0.05$ 为统计结果具有显著性。

（三）研究结果

1.老年人身体活动及认知活动内容

将IPAQ中测量的老年人主要身体活动和CAS中测量的认知活动进行统计，具体分布如表3-6所示。老年人的身体活动基本上以走路、散步这类低强度运动为主，达到68.53%，参加健身操、广场舞占35.56%，跑步、骑车、爬坡占20.94%，武术、太极占33.09%，球类活动占33.09%，力量健身、搬运重物占39.78%，游泳占16.23%。男性女性老年人在项目选择上存在明显的差异：健身操、广场舞活动女性老年人占比较高，占26.02%，男性老年人则为9.54%。武术、太极和力量健身方面，男性老年人占比明显高于女性老年人，尤其是力量健身、搬运重物上，男性老年人占36.06%，而女性老年人仅占3.72%。球类活动中，男性老年人以乒乓球为主，而女性老年人以羽毛球为主。

老年人的认知活动以阅读、麻将、纸牌和聚会聊天为主，分别占40.40%，54.65%和77.70%。写作占5.95%，下棋占12.02%，演奏乐器占7.68%。男性女性老年人在项目选择上存在明显的差异：阅读活动中男性老年人占比较高，占

① 唐丹.简版老年抑郁量表（GDS-15）在中国老年人中的使用[J].中国临床心理学杂志，2013，21(3)：402-405.

27.51%，女性老年人则占12.89%，下棋活动中男性老年人占比较高，占9.79%，女性老年人则占2.23%。聚会聊天活动中女性老年人占比较高，占46.84%，男性老年人则占30.86%。麻将、纸牌类活动中，男性老年人以棋牌类为主，女性老年人以麻将类为主。

表3-6　老年人身体活动及认知活动分布表

项目		总人数(占比/%)	男性人数(占比/%)	女性人数(占比/%)
身体活动	走路、散步	553(68.53)	242(29.99)	311(38.54)
	健身操、广场舞	287(35.56)	77(9.54)	210(26.02)
	跑步、骑车、爬坡	169(20.94)	112(13.88)	57(7.06)
	武术、太极拳	267(33.09)	167(20.69)	100(12.40)
	球类活动	267(33.09)	153(18.96)	114(14.13)
	力量健身、搬运重物	321(39.78)	291(36.06)	30(3.72)
	游泳	131(16.23)	59(7.31)	72(8.92)
认知活动	阅读	326(40.40)	222(27.51)	104(12.89)
	写作	48(5.95)	31(3.84)	17(2.11)
	下棋	97(12.02)	79(9.79)	18(2.23)
	麻将、纸牌	441(54.65)	209(25.90)	232(28.75)
	聚会聊天	627(77.70)	249(30.86)	378(46.84)
	演奏乐器	62(7.68)	39(4.83)	23(2.85)

2.老年人身体活动、认知活动、认知功能、抑郁及主观记忆抱怨的描述性统计

表3-7结果显示MMSE量表测量的是被试的认知功能，低体力低认知组得分均值为15.55；认知功能情况的判定标准是：分数在27~30分为正常，分数小于27为认知功能障碍。痴呆严重程度分级方法：轻度，MMSE≥21分；中度，MMSE，10~20分；重度，MMSE≤9分。被试均值对应的认知功能情况为中度认知障碍；低体力高认知组MMSE得分均值为25.71，对应的认知功能情况为轻度认知功能障碍；高体力低认知组MMSE得分均值为24.91，对应的认知功能情况为轻度认知功能障碍；高体力高认知组MMSE得分均值为27.32，对应的认知功能情况为认知功能正常。从实际了解的情况来看，所调查的老年人中城市老年人有看书读报的习惯，偶尔也会进行棋牌类、书法等认知活动；反观农村老年人有的认知活动仅为棋牌类活动。对农村老年人来说忙碌的生活生产活动并未给认知活动留下时间，教育因素也存在一定的影响，无法具备书法这

样的爱好。因此在测量客观认知功能时，从事长时间大身体活动的老年人也存在客观认知功能得分上较低情况，也就是认知功能障碍。

抑郁情况最高分为15分，分数越高表示抑郁症状越明显，分数不小于8为有抑郁症状，四个组被试的抑郁情况得分分别为6.82±4.04，2.23±2.13，3.03±3.09，2.52±2.64，抑郁症状均不明显。

四组被试的主观记忆抱怨得分分别为7.89±3.99，3.99±3.14，2.90±2.88，2.69±2.15，量表的分数越高表示被试的相对应的能力情况越差，即得分越高主观记忆抱怨越严重。从数据上看，大多数老年人主观记忆抱怨程度较低，但存在少数老年人有较高主观记忆抱怨的情况。

表3-7　老年人身体活动、认知活动及认知功能的描述性统计

项目	低体力低认知组		低体力高认知组		高体力低认知组		高体力高认知组	
	N	*M*±*S*	*N*	*M*±*S*	*N*	*M*±*S*	*N*	*M*±*S*
年龄	233	76.44±8.78	82	70.43±7.21	332	66.29±4.52	160	67.13±5.91
身体活动	233	1584.34±1137.32	82	1761.78±1150.05	332	4360.2±3661.15	160	4821.03±3520.77
认知活动	233	1.92±2.76	82	11.55±2.74	332	2.30±2.85	160	11.19±3.28
认知功能	233	15.55±8.63	82	25.71±4.37	332	24.91±5.17	160	27.32±4.26
抑郁	233	6.82±4.04	82	2.23±2.13	332	3.03±3.09	160	2.54±2.64
主观记忆抱怨	233	7.89±3.99	82	3.99±3.14	332	2.90±2.88	160	2.69±2.15

3.老年人主观记忆抱怨、认知功能和抑郁在不同类型体力及认知活动中的差异分析

(1)老年人主观记忆抱怨在不同类型休闲活动中的差异。将高低身体活动和高低认知活动两两组合，分为四组，分别为高身体活动高认知活动组(HPA-HCA)、高身体活动低认知活动组(HPA-LCA)、低身体活动高认知活动组(LPA-HCA)和低身体活动低认知活动组(LPA-LCA)。图3-2显示采用单因素方差分析结果显示，$F=136.252$，$p<0.001$，$\eta^2=0.337$。即老年人的主观记忆抱怨

情况在不同休闲活动类型上存在显著差异。高身体活动高认知活动类型的老年人主观记忆抱怨的情况优于低身体活动低认知活动类型的老年人。事后分析结果显示，高身体活动低认知组与高身体活动高认知组之间主观记忆抱怨不显著，其余组别之间均显著。本书将4种活动类型的老年人进行比较发现，同等身体活动不同认知活动条件下，高认知活动老年人主观记忆抱怨得分下降，作用改善较大；同等认知活动不同身体活动条件下，高身体活动老年人主观记忆抱怨的下降幅度较前者更加显著。因此在对主观记忆抱怨的分析中可以得知，身体活动对主观记忆抱怨的影响相较于认知活动会有更加显著的降低作用。

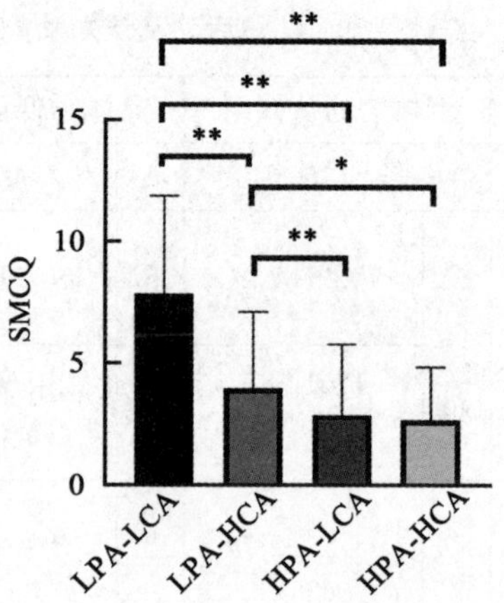

图 3-2 主观记忆抱怨在体力及认知活动类型上的差异分析

LPA—低身体活动；HPA—高身体活动；LCA—低认知活动；HCA—高认知活动；*—结果具有显著性。

(2)老年人认知功能在不同类型休闲活动中的差异。图3-3显示采用单因素方差分析结果显示，$F=143.217$，$p<0.001$，$\eta^2=0.349$。即老年人的认知功能情况在不同休闲活动类型上存在显著差异。高身体活动高认知活动类型的老年人认知功能的情况优于低身体活动低认知活动类型的老年人。事后分析结果显示，低体力高认知组与高体力低认知组之间认知功能不显著，低体力高认知组与高体力高认知组之间认知功能不显著，其余组别之间均显著。认知-身体活动计划参与对老年人认知功能的影响，包括身体和认知因素，如有氧运动、力量训练、工作记忆、计算、注意力集中和空间记忆。调查研究中分析所得结果也能同样证明认知-身体活动计划对老年人认知功能具有改善作用。通过比较四个组不同类型的老年人客观认知功能情况发现，同等身体活动不同认知活动条件下，高认知活动老年人客观认知功能得分增加，作用改善较为显著；同等认知活动不同身体活动条件下，高身体活动老年人客观认知功能的得分仍有增

加。但是通过总体分析来看，认知活动相较于身体活动对老年人客观认知功能的改善更为显著。

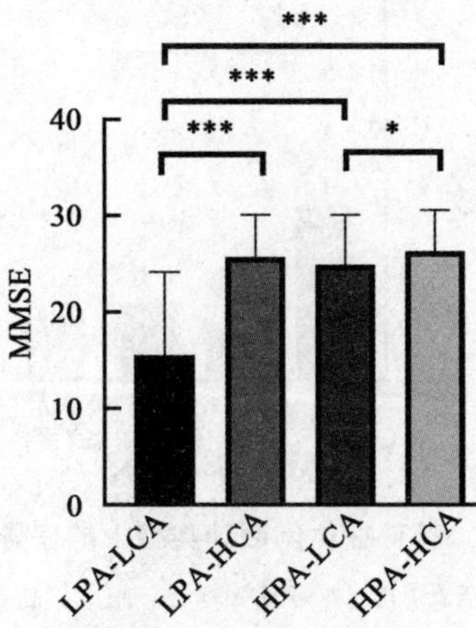

图 3-3　认知功能在体力及认知活动类型上的差异分析

LPA—低身体活动；HPA—高身体活动；LCA—低认知活动；HCA—高认知活动；*—结果具有显著性。

（3）老年人抑郁情况在不同类型休闲活动中的差异。图 3-4 显示采用单因素方差分析结果显示，$F=87.938$，$p<0.001$，$\eta^2=0.247$。即老年人的抑郁情况在不同休闲活动类型上存在显著差异。低身体活动高认知活动类型的老年人认知功能的抑郁情况优于低身体活动低认知活动类型的老年人。通过四个组对比发现，抑郁情况与认知活动强度的相关性更高（同低身体活动组相比），与身体活动强度的相关性较低（同高认知活动组相比）。事后分析结果显示，低体力高认知组与高体力高认知组之间抑郁不显著，高体力低认知组与高体力高认知组之间抑郁不显著，其余组别之间均显著。这表明身体活动量低时，抑郁和认知功能缺陷概率更大，而抑郁在身体活动和认知功能之间起到了中介作用，三者存在相互影响作用。同时，身体活动较多的老年人，相对应的抑郁情况较少且认知功能较好。有趣的是，通过四组对比发现，抑郁情况与认知活动强度的相关性更高，与身体活动强度的相关性较低。并不是之前出现的高身体活动高认知活动类型的老年人评分最优的情况。换句话说，更多的抑郁症状与较低的认知功能有关，随着时间的推移，认知功能对抑郁症状有抑制作用。此外，基本可以确定靶向运动认知活动、客观认知功能、抑郁情况和主观记忆抱怨之间的大致关系。

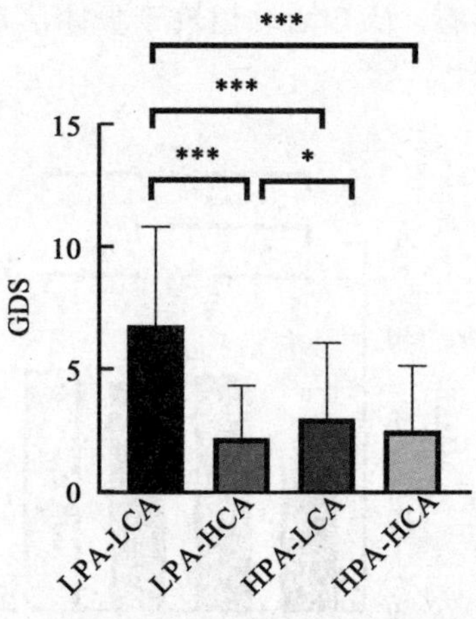

图 3-4　抑郁在休闲活动类型上的差异分析

LPA—低身体活动；HPA—高身体活动；LCA—低认知活动；HCA—高认知活动；*—结果具有显著性。

4.老年人体力及认知活动与主观记忆抱怨、认知功能和抑郁的相关性分析

表 3-8 结果表明：认知功能、抑郁情况和主观记忆抱怨与身体活动均具有显著的相关性($p<0.01$)，其中，主观记忆抱怨与身体活动的相关性最大($p<0.01$)，而抑郁与身体活动的相关性最小($p<0.01$)。认知功能、抑郁情况和主观记忆抱怨与认知活动均具有显著的相关性($p<0.01$)，其中，认知功能与认知活动的相关性最大($p<0.01$)，而主观记忆抱怨与认知活动的相关性最小($p<0.01$)。身体活动和认知活动均与主观记忆抱怨之间存在非常显著的相关性($p<0.01$)，且与认知功能和抑郁之间也存在显著的相关性($p<0.01$)；认知功能和抑郁与主观记忆抱怨之间存在非常显著的相关性($p<0.01$)。

表 3-8　体力及认知活动、主观记忆抱怨等因素的相关性分析

	PA	CA	MMSE	GDS-15	SMCQ
PA	1				
CA	0.003	1			
MMSE	0.284**	0.356**	1		
GDS-15	−0.209**	−0.325**	−0.622**	1	
SMCQ	−0.350**	−0.221**	−0.722**	0.688**	1

注：** 在 0.01 级别(双尾)，相关性显著。

由此可知，身体活动和认知活动与认知功能之间存在显著的正相关($r=0.284$，$r=0.356$)，即身体活动和认知活动能显著预测主观记忆抱怨；身体活动

和认知活动与主观记忆抱怨之间存在显著的负相关（$r=-0.350$，$r=-0.221$），即身体活动和认知活动能显著预测主观记忆抱怨；认知功能与抑郁之间存在显著的负相关（$r=-0.622$），即认知功能能预测抑郁；抑郁与主观记忆抱怨之间存在显著的正相关，即抑郁与主观记忆抱怨之间有正向相关关系。

5.老年人体力及认知活动、客观认知功能、抑郁情况与主观记忆抱怨之间的关系

研究采用 Amos 27.0 统计软件，按照理论假设，建立休闲活动为预测变量，客观认知功能和抑郁情况为中介变量，主观记忆抱怨为因变量，采用结构方程模型进行理论假设验证分析。利用所获得的样本数据，分析结构方程模型；并依照结构方程模型的评价指标及修正原则，合理调试、修正模型趋向合理。根据拟合指标，对结构方程模型进行科学评价，在数据分析的基础上，检验相关路径关系假设。

表 3-9　结构方程模型的拟合优度指标

序号	统计检验量	适配标准或临界值	参数估计值	拟合情况
1	χ^2	$p>0.05$（未达显著水平）	2.825（$p=0.093$）	满足要求
2	RESEA	小于 0.08（若小于 0.05 优秀，小于 0.08 良好）	0.048	优秀
3	NFI	0.90 以上	0.998	满足要求
4	IFI	0.90 以上	0.999	满足要求
5	TLI	0.90 以上	0.987	满足要求
6	CFI	0.90 以上	0.999	满足要求
7	χ^2 与自由度比	小于 3.00 优秀，小于 5.00 良好	2.825	优秀
8	SRMR	小于 0.05	0.0384	满足要求

如表 3-9 所示，修正后模型的绝对拟合参数卡方值为 2.825，χ^2 与自由度比为 2.825，小于 5.00，$p>0.05$，NFI＝0.998，IFI＝0.999，TLI＝0.987，CFI＝0.999 均>0.9，RESEA＝0.048<0.08，所有拟合指标的结果符合要求。模型的拟合指标表明模型与数据的整体适配度较好，即假设模型可成立。通过 Amos 软件模拟构建模型图 3-5。

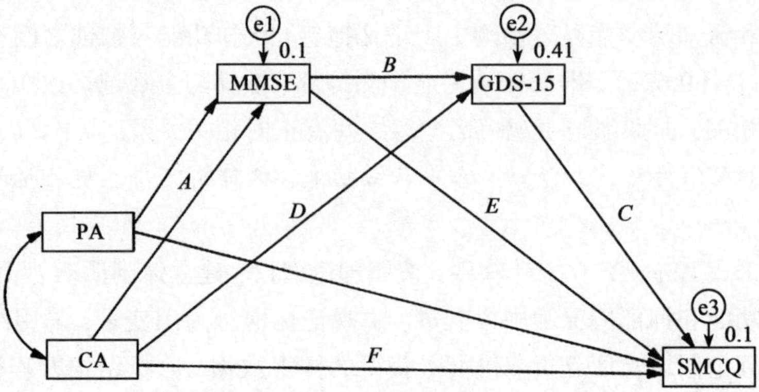

图 3-5 构建模型图

PA—身体活动；CA—认知活动；MMSE—认知功能；GDS-15—抑郁；SMCQ—主观记忆抱怨。

设立认知活动→客观认知功能路径系数为 *A*，客观认知功能→抑郁情况路径系数为 *B*，抑郁情况→主观记忆抱怨路径系数为 *C*，认知活动→抑郁情况路径系数为 *D*，客观认知功能→主观记忆抱怨路径系数为 *E*，认知活动→主观记忆抱怨路径系数为 *F*。经统计软件模拟，结果见表 3-10。

表 3-10 中介模型路径检验

路径	非标准化系数	标准化系数	S.E.	C.R.	*p*
PA→MMSE	0	0.282	0	9.004	<0.001
CA→(*A*)	0.53	0.355	0.047	11.319	<0.001
MMSE→GDS(*B*)	−0.283	−0.58	0.014	19.849	<0.001
CA→GDS(*D*)	−0.086	−0.118	0.21	−4.055	<0.001
GDS→SMCQ(*C*)	0.41	0.396	0.028	14.458	<0.001
PA→SMCQ	0	−0.137	0	6.139	<0.001
CA→SMCQ(*F*)	0.055	0.073	0.017	3.165	=0.002
MMSE→SMCQ(*E*)	−0.235	−0.464	0.014	16.207	<0.001

PA—身体活动；CA—认知活动；MMSE—认知功能；GDS—抑郁；SMCQ—主观记忆抱怨。

通过路径检验，已将所有变量相对应假设模型中的变量情况如表 3-10 所示。所有路径均显著，但是表中认知活动→主观记忆抱怨路径系数为 0.073，为正值，与实际检验中不符。对于系数乘积的检验，温忠麟等人早就意识到，如果检验结果都显著，依次检验结果强于 Sobel 法检验结果，所以在他们提出的检验流程中，先进行依次检验，不显著才需要做 Sobel 法检验。现在，Sobel 法由 Bootstrap 法取代，因此根据此程序进行检验。由表 3-10 可知 CA→SMCQ 路径系数为负且显著，因为所有系数均显著，则 SMCQ = F(CA) + E(MMSE) + C(GDS) + e3，所以依次检验模型图中 CA→MMSE、CA→GDS、GDS→SMCQ、MMSE→SMCQ 四条路径系数为正、负、正、负，得出间接效应显著(95% CI：0.45~0.61；-0.13~-0.04；0.35~0.48；-0.27~-0.20)。系数 F 为正值且显著，则直接效应显著，可能存在其他中介效应，比较得出 ADEC 与 F 同号，则说明存在部分中介效应(ADEC/F = 0.114)。报告该部分中介效应占总效应比值为 11.4%。模型标准化路径图如图 3-6 所示。

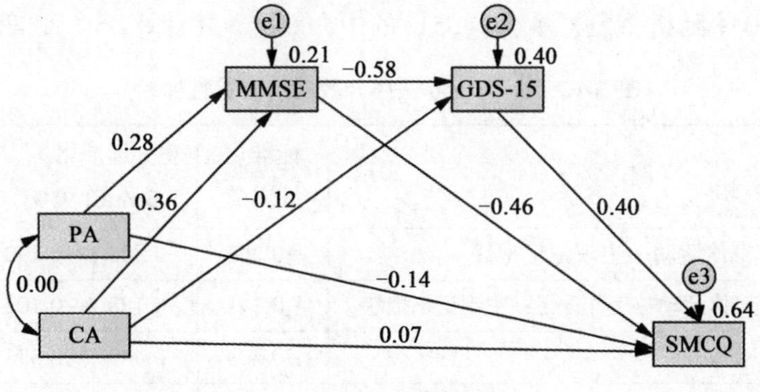

图 3-6　模型标准化路径图

PA—身体活动；CA—认知活动；MMSE—认知功能；GDS-15—抑郁；SMCQ—主观记忆抱怨。

表 3-11　Boostrap 法中介效应检验

路径	效应值	95% CI
直接效应	0.073	[0.034，0.119]
路径 1	-0.062	[-0.079，-0.047]
路径 2	-0.035	[-0.054，-0.016]
路径 3	-0.125	[-0.153，-0.098]
间接效应	-0.293	[-0.334，-0.252]
总效应	-0.22	[-0.274，-0.164]

6.探索性研究：工作记忆在老年人身体及认知活动与主观记忆抱怨的关系中的中介作用

研究发现老年人身体及认知活动可影响客观认知功能，从而进一步影响主观记忆抱怨，因此本书做了一个探索性研究，探究身体、认知活动与主观记忆抱怨的影响以及工作记忆的中介作用。

（1）研究样本。采用方便取样法，从社区选取55岁以上的老年人群为对象，共551人。纳入标准：①年龄在55岁以上；②没有严重器质性疾病，能够进行一般沟通交流；③经说明解释，愿意参加本研究。

（2）研究结果。采用Amos 24.0建立假设模型并进行路径分析，根据修正指数对模型进行检验和修正，最终得到以身体活动和认知活动作为自变量，工作记忆作为中介变量，共同作用于主观记忆抱怨的结构方程模型。使用Bootstrap法估计5000个随机重复样本（$N=551$）的中介效应，并计算95%置信区间。

表3-12　Bootstrap法中介效应的显著性检验

路径		标准化效应值	标准化Boot CI 95%		相对效应量/%
直接效应	身体活动→主观记忆抱怨	−0.263	−0.328	−0.192	65.1
间接效应	身体活动→工作记忆→主观记忆抱怨	−0.141	−0.188	−0.102	34.9
身体活动总效应		−0.404	−0.449	−0.354	—
直接效应	认知活动→主观记忆抱怨	−0.194	−0.259	−0.116	70.3
间接效应	认知活动→工作记忆→主观记忆抱怨	−0.082	−0.110	−0.056	29.7
认知活动总效应		−0.276	−0.337	−0.202	—

如表3-12所示，身体活动对主观记忆抱怨的总效应为−0.404（95% CI［−0.449，−0.354］），认知活动对主观记忆抱怨的总效应为−0.276（95% CI［−0.337，−0.202］）。身体活动对主观记忆抱怨的直接效应为−0.263（95% CI［−0.328，−0.192］），相对效应量占65.1%。认知活动对主观记忆抱怨的直接效应为−0.194（95% CI［−0.259，−0.116］），相对效应量占70.3%。这些数值表明身体和认知活动对老年人主观记忆抱怨有显著的直接影响。研究发现，工作记忆在身体活动与主观记忆抱怨关系中的中介作用为−0.141（95% CI［−0.188，−0.102］），相对效应量占34.9%。这些结果表明，工作记忆的中介作用显著，模型标准化路径图如图3-7所示。

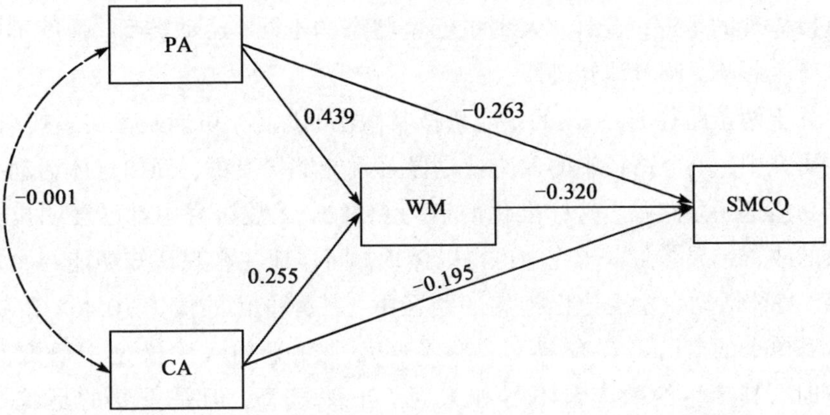

图 3-7　模型标准化路径图

PA—身体活动；CA—认知活动；WM—工作记忆；SMCQ—主观记忆抱怨。

（四）结论及建议

整个模型中共有 5 条中介路径，每条路径均能成立，再根据假设路径 H_1：身体活动→客观认知功能→主观记忆抱怨成立可知以客观认知功能作为靶向身体活动对主观记忆抱怨的中介变量时，通过客观认知功能的中介，其中介效应并没有达到预期的效果，仅为-0.00005（$p<0.05$）。由此可以看出客观认知功能的中介作用存在但是并不显著；从路径 H_2：身体活动→客观认知功能→抑郁情况→主观记忆抱怨可知，客观认知功能和抑郁情况组成链式中介时，其产生的效应也并不显著，仅为-0.00003（$p<0.05$）。虽然其中介作用和链式中介作用是存在的，但是产生的效应微乎其微，反观靶向身体活动对主观记忆抱怨的直接效应为-0.14，老年人进行靶向身体活动的时候对主观记忆抱怨产生的改善作用十分显著。从调查的实际情况来看，处于高身体活动类型的老年人其总体主观记忆抱怨情况均处于较低状态，高主观记忆抱怨人群大多数为无法自行照顾自己起居状态，否则便是年龄较大且身体活动较低的人群，在实际中明显感知到老年男性的主观记忆抱怨的情况较为严重，通过详细了解后，多数老年人都患有一些慢性疾病，由此猜测，患病也是导致其主观记忆抱怨情况严重的原因之一。同时，在高身体活动人群中，主要是已养成运动习惯的老年人和已退休但仍在进行劳作的老年人，前者大部分学历基本在初中及以上，后者基本为小学或文盲状态。这就明显表示出学历在其中的影响作用，但此次本书并未将学历作为影响因素加入到研究中，

之后的研究中应对该部分进行探讨。虽同为高身体活动人群，但是项目类型不同直接体现的是进行身体活动时的心情状态的不同，运动类型、强度不同会对脑区产生影响，调节认知健康。

关于两条路径 H_1，H_2 的效应量极其微小的原因，可能是存在于其本身，虽然在研究中，单个路径中的效应量是显著且能够接受的，例如身体活动→客观认知功能这一条路径，其标准化的值为 0.282，无数研究中都已证明出其存在有效的改善结果，在本研究中也得以体现。同样地在客观认知功能→主观记忆抱怨、身体活动→主观记忆抱怨的路径中，其标准化的值为-0.464 和-0.137。其本身单个的值已经富有意义，当将这几个变量加入到模型中研究其中介效应时，其产生的效应量不尽如人意，虽然显著，但是重要的是其产生的效应值。因此，此时的中介效应并无多少意义。反观单个变量之间分析时，其产生的效应值已超过链式中介所产生的值，因此单向干预的效果可能更佳。

在路径 H_3：认知活动→客观认知功能→主观记忆抱怨中，客观认知功能作为中介变量时，其产生的效应为-0.125（$p<0.05$）。由此可以看出客观认知功能的中介作用存在且显著，在先前的研究中已经证明，认知活动对客观认知功能存在显著改善作用，而在本次研究中以客观认知功能作为中介变量时，通过改善客观认知功能从而对主观记忆抱怨产生改善作用，因此证明了客观认知功能在认知活动与主观记忆抱怨之间起到了部分中介作用；而路径 H_4：认知活动→抑郁情况→主观记忆抱怨，抑郁情况作为中介变量加入研究时，其产生的效应为-0.035（$p<0.05$）。抑郁情况在认知功能与主观记忆抱怨之间起中介作用，认知活动量的提升减少了抑郁情况的发生，抑郁情况改善的同时主观记忆抱怨也改善，符合先前提到的抑郁是主观记忆抱怨的最强预测因子的研究情况。老年人经常进行棋牌类、聚会聊天类等认知活动的确可以愉悦身心，与人沟通的同时孤独感也随之降低。因此认知活动的重要性不言而喻，可以减少老年人抑郁、孤独的情况，提高认知活动、生活质量对老年人的身心都具有益处。在老年人群中的实际调查结果中，深受老年人喜欢的认知类活动是聊天、棋牌类活动。抑郁情况在老年人认知活动与主观记忆抱怨之间存在中介作用。孟令弟[①]（2018）提到的认知功能与主观记忆抱怨的得分影响情况呈负相关也得到验证。在路径 H_5：认知活动→客观认知功能→抑郁情况→主观

① 孟令弟．老年人主观记忆抱怨与居家不出和认知功能的相关性研究［D］．锦州：锦州医科大学，2018.

记忆抱怨中，客观认知功能和抑郁情况均加入研究后，经检验存在链式中介效应，其效应值为-0.062（$p<0.05$），与此前研究中客观认知表现对主观认知功能的影响且认知功能预测主观记忆抱怨不谋而合。Kim 等人①的研究中提到的主观认知下降组中最重要的因素是抑郁情绪和快感缺失，抑郁情绪对链式中介模型的作用也同样得到体现。总的来看，在认知活动→主观记忆抱怨的路径中，客观认知功能和抑郁情况存在的意义更大，其产生的效果也更为显著。关于认知活动→主观记忆抱怨的三条中介路径中，H_3：认知活动→客观认知功能→主观记忆抱怨效应值的变化量更大，则表明客观认知功能作为中介变量时产生的效果更好。这也与先前方差分析中的结果对应，身体活动及认知活动的分类中与客观认知功能关系最为紧密的是认知活动的量；对于主观记忆抱怨的分析来看，身体活动量比认知活动量的影响更为显著，但是认知活动对主观记忆抱怨的影响也十分突出，因此可以顺利解释其中的关系。

探索性研究同样发现客观工作记忆在身体活动和认知活动与主观记忆抱怨的关系中均起中介作用。身体活动和认知活动可以提高老年人的工作记忆，而增加工作记忆可显著改善主观记忆抱怨。患者的主观记忆抱怨可能反映了一般大脑效率或工作记忆下降。因此老年人进行身体活动和认知活动可以缓解与年龄相关的客观工作记忆下降，从而进一步缓解主观记忆抱怨。

针对老年人的调查研究显示，身体活动与认知活动均对老年人主观记忆抱怨产生影响，关键在于两种不同类型的活动量，总体而言高身体活动、高认知活动类型的老年人不论是在客观认知功能、抑郁情况还是主观记忆抱怨之中均产生积极影响，但是具体到每位老年人的具体活动类型时却大不相同，多增加身体活动和认知活动能够有效预防老年人主观记忆抱怨的发生。本研究中较高的客观认知功能是减少老年人主观记忆抱怨的主要因素，通过增加体力及认知活动减少主观记忆抱怨常伴随客观认知功能的增强。因此，老年人经常进行高身体活动、高认知活动是减少主观记忆抱怨发生和缓解认知功能下降的重要途径，也是老年人提升生活质量、保障身心健康的必然要求。

---

① KIM S，LEE K. A network analysis of depressive symptoms in the elderly with subjective memory complaints[J]. Journal of personalized medicine，2022，12(5)：821.

第二节 老年人健身活动类型与工作记忆的关系研究

一、不同健身方式老年人工作记忆特征

(一)研究背景

工作记忆，即保持和有意识地加工信息的能力，相比于其他认知功能尤其具有年龄敏感性。工作记忆包括一个中央执行系统和两个独立从属子系统：语音环路和视空模板。在视空间跨度任务、言语跨度任务和多重执行功能任务中都发现了与年龄相关的工作记忆衰退。先前的研究结果表明，工作记忆对环境变化反应敏感，并且在此之后可以显著改善认知技能。研究证据表明，工作记忆可能在体育锻炼或有氧健身中受益。然而，在另外一些运动认知研究中，并没有显示出健身对工作记忆的有益影响。Kamijoet[①] 使用最大耗氧量(VO_{2max})将参与者分为高适能组和低适能组，并得出有氧适能与工作记忆之间没有关系的结论。研究结果不一致的原因也许主要是运动健身方式的差异。此外，这些研究中使用的工作记忆任务侧重于工作记忆的不同方面。有些研究中使用的Sternberg任务主要关注工作记忆的存储部分，而另外一些研究中使用的自动加工跨度任务同时测量存储和加工。此外，年轻人的认知表现达到顶峰，这可能会混淆运动健身和认知之间存在的关联。而且，研究对象人群从年轻人到老年人可能是导致研究结果不一致的另一个原因。

尽管认知衰老的机制尚未完全清楚，但一些研究支持这样的观点，即体育锻炼是与年龄相关认知衰退的重要调节因素。例如，经过一年的有氧运动干预后，老年人的海马体积增加了2%，有效地扭转了海马随着年龄增长而萎缩的趋势。尽管许多研究表明体育锻炼在预防认知衰老方面的有效性，但只有少数研究比较了不同运动锻炼方式(例如开放性运动和闭锁性运动)所获得的认知益处。针对认知老化，不同的健身活动方式可能起到不同程度的延缓作用。

对运动方式的选择意味着曾经广为认可的“生命在于运动”的概念转变成

---

① KAMIJO K, O'LEARY K C, PONTIFEX M B, et al. The relation of aerobic fitness to neuroelectric indices of cognitive and motor task preparation[J]. Psychophysiology, 2010, 47(5): 814-821.

了“生命在于科学的运动”。根据现有的调查研究结果发现，散步、广场舞、跑步、乒乓球、羽毛球等是老年群体的主要运动健身项目。在研究中穷举所有运动项目，并比较不同项目老年人的认知功能的差异是不现实的，因此需要一个科学的分类体系将这些项目归类。在体育科学领域，根据环境的变化性和可预测性，可以将这些运动分为开放性运动和闭锁性运动。开放性运动需要对来自变化的环境中的外界刺激做出快速反应，需要更多的认知参与，如乒乓球、羽毛球等，而闭锁性运动对体能和心肺功能有更多的要求，如跑步、广场舞等。进行开放性运动可以提高抑制控制能力，因此，开放性运动也可以作为延缓老年人群抑制能力衰退的一种干预手段。乒乓球运动的难度和时间约束性在反应选择和执行方面都会有促进作用。有研究发现，在乒乓球运动干预后，参与者会出现抑制能力的增强①。有研究者开始尝试使用乒乓球锻炼对老年性痴呆患者进行临床干预，取得了较为理想的效果②。开放性运动为什么能够对延缓认知老化有促进的效果呢？研究者推测主要原因在于开放性运动中异变的环境使得大脑活动水平增高导致认知负荷的增加。运动锻炼结合认知训练对缓解认知老化的影响是近年研究的热点。将二者结合会产生相互作用，对认知的增益效果更大。另外，还有一类研究，在运动变化的环境中增加认知负荷，将认知和运动干预进行了更加密切的结合，结果证明，在丰富环境和较难的认知挑战情境下进行的运动更能够延缓认知老化。

本研究采用横断面设计，探讨健康老年人运动方式选择与视空间工作记忆之间的关系，并进一步考察运动方式选择的影响是针对被动地存储成分还是主动加工成分。工作记忆由被动存储成分和主动加工成分组成，它储存信息以供主动使用，并在巩固信息以供长期储存方面发挥功能。有人提出了工作记忆的特定过程解释，其中，存储和加工是可分离的组成部分。这两个成分的分离在发育神经科学中也得到了证明。例如，一项研究表明，信息存储的特点是比信息加工的发育时间更长，因为它涉及背外侧前额叶皮层和上顶叶皮层，与腹外侧前额叶皮层基础保持相比，前者的发育速度较慢。先前探索体育锻炼对工作记忆的有益影响的研究主要集中在存储部分，而只有少数研究调查了对加工成分的影响或比较了对两个成分的影响。本研究同时考虑了存储成分和加工成分。被动存储成分通过短

---

① COLLET C, DITTMAR A, VERNET-MAURY E. Programming or inhibiting action: Evidence for differential autonomic nervous system response patterns[J]. International journal of psychophysiology, 1999, 32(3): 261-276.

② 胡启凯，王春芳. 乒乓球运动结合叶酸、Vit B12 干预对阿尔茨海默病患者功能改善的研究[J]. 武汉体育学院学报，2014，48(8)：86-90.

期记忆任务进行测试，主动加工成分通过心理旋转任务进行测试。假设：①开放性运动锻炼者的视空间工作记忆优于闭锁性运动锻炼者和久坐对照组；②开放性运动技能锻炼者在被动存储和主动加工方面都表现出更好的能力。

(二)研究方法

1.研究对象

从社区老年中心招募124名年龄为58—81岁的参与者。所有参与者都通过简易精神状态检查量表筛查了痴呆症，得分低于25分的参与者被剔除。符合条件的参与者还需要满足以下标准：①表现出强烈的右利手；②视力正常；③据报告无精神和神经疾病；④体重正常，体重指数BMI小于25.0大于18.5；⑤签署经上海体育学院伦理委员会证明的知情同意书。最终共有111名参与者参与了这项研究。根据运动相关问卷确定的运动模式，将他们分为3组：开放性运动组、闭锁性运动组和久坐组。采用台湾版国际身体活动问卷IPAQ和运动类型问卷对参与者进行评估。IPAQ被用来估计身体活动的总量，并将参与者分为三个活动水平：不活动、低活动量和充分活动。运动类型问卷评估了具体的运动类型和每周的频率、每次的持续时间和参加特定运动类型的年数。开放性运动组的老年人在最近一年主要参加开放性运动(主要为乒乓球运动)，闭锁性运动组的老年人在最近一年主要参加闭锁性运动技能健身(主要为慢跑或快走)，每周至少3次，每次30分钟，并且必须参加这些锻炼至少1年。同时参加这两种类型体育锻炼的参与者被排除在外。

在不规律进行锻炼的基础上，久坐组被评估为不活动或低活动水平。表3-13描述了不同组被试的主要特征。

表3-13　各组被试基本情况表

项目	久坐组 ($n=37$)	闭锁性运动组 ($n=38$)	开放性运动组 ($n=36$)
男性人数	16	15	17
年龄	66.9±5.9	66.7±5.8	67.6±5.9
受教育年限	11.0±2.6	11.4±2.9	12.6±2.7
身高/cm	162.3±5.6	160.9±7.0	163.7±7.6
体重/kg	64.2±10.2	62.3±8.1	63.2±8.7
BMI/(kg·m^{-2})	24.7±4.1	24.0±2.9	23.5±2.3

表 3-13(续)

项目	久坐组 (n=37)	闭锁性运动组 (n=38)	开放性运动组 (n=36)
MMSE	27.9±1.6	28.3±1.3	28.2±1.7
IPAQ/(METs·周$^{-1}$)	3085.3±1891.9	5762.2±2564.5	6086.9±2162.8

注：MMSE—简易精神状态检查量表；IPAQ—国际体力活动问卷；METs—梅脱值。

2. 实验任务

本研究使用了自编视空间工作记忆任务(visuospatial working memory task，VWMT)对老年人工作记忆进行测量。实验材料呈现在一个距离被试 1 米远的 19 寸显示器上。首先，在灰色的屏幕中间出现一个黑色的十字注视点(视角 0.8°× 0.8°)1000 毫秒；随后出现识记刺激(视角 2.8°×2.8°)2000 毫秒，识记刺激是由一个 4×4 的正方形构成的矩阵，其中，随机四个正方形为黑色；然后一个呈现 3000 毫秒的灰屏，被试需要对目标刺激进行向左或向右 90°的心理旋转加工；之后，出现目标刺激 4000 毫秒，被试需要判断目标刺激是否为识记刺激向左或向右旋转之后的图形，如果是，左手食指按数字键盘“1”键；如果不是，则右手食指按数字键盘“3”键。一旦被试按键做出反应，目标刺激消失，出现一个 1000~3000 毫秒的灰屏间隔。实验流程如图 3-8 所示。在本实验中，共进行 40 个试次，其中 20 个测试目标刺激与识记刺激匹配，每 10 个测试被试可以休息一次。

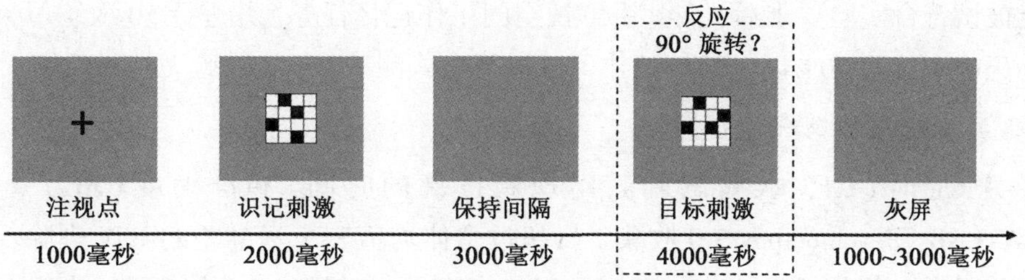

图 3-8　视空间工作记忆任务流程图

采用视空间短期记忆任务(VSMT)和视空间心理旋转任务(VMTT)对老年人的短时记忆能力和心理旋转能力进行测量，从而可以有效分离工作记忆中的存储成分和操作成分。实验材料与视空间工作记忆任务相同。VSMT 的实验范式与 VWMT 相似，不同之处在于被试被要求在保留间隔内保持记忆刺激，当测试刺激显示时，被试需要通过按一个键来判断测试刺激与记忆刺激是否相同

(如果测试刺激与记忆刺激相同，则用右手食指按“1”键，如果不相同，则按“3”键)；对于VMTT，任务也以1000毫秒的注视点开始，然后在屏幕上显示一对矩阵，持续6000毫秒。参与者必须比较这两个矩阵，以确定右侧的矩阵是否对应于左侧矩阵的90°旋转。实验试次间隔与VWMT相同(图3-9)。

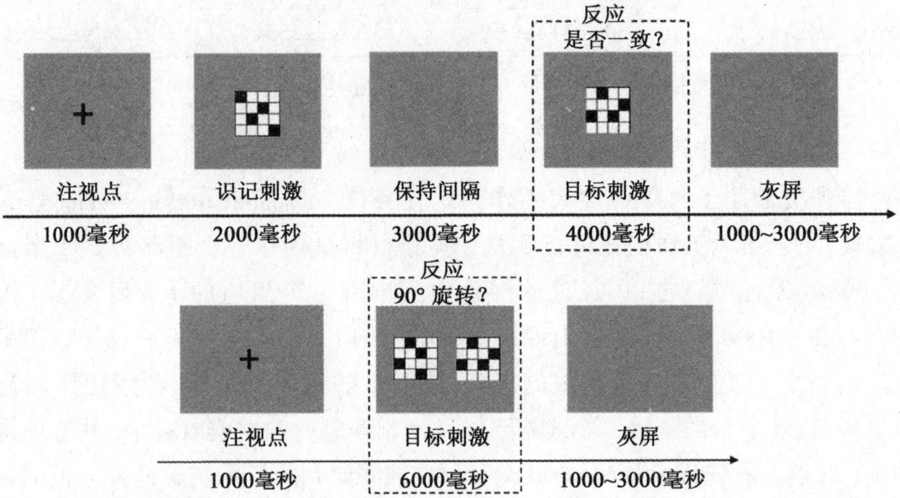

图3-9　视空间短期记忆任务流程图(上)和视空间心理旋转任务示意(下)

3.实验流程

被试到达实验室后，告知实验流程，并签署知情同意书。在主试的指导下进行简易精神状态检查量表(MMSE)测试，完成“锻炼方式问卷”和IPAQ。当确定被试符合实验要求后，向其讲解视空间工作记忆任务，并进行10次练习，只有正确率达到70%以上的被试才可以进行正式测试。正式实验无结果反馈。

4.数据记录及统计分析

反应时(RT，从测试刺激出现到按键的时间)和准确度(AC)通过MATLAB，Psychtoolbox 3.0收集。将超过个体均值三个标准差的RTs剔除。采用单因素方差分析(ANOVA)。以分组为自变量，RT和AC为因变量，进行LSD事后分析以进一步确定组间差异。显著性水平设为$p<0.05$。

(三)研究结果

1.被试基本情况统计

各组被试在年龄($F_{(2, 108)}=0.23$，$p=0.79$)、受教育水平($F_{(2, 108)}=2.97$，$p=0.06$)、身高($F_{(2, 108)}=1.58$，$p=0.21$)、体重($F_{(2, 108)}=0.41$，$p=0.66$)、BMI

($F_{(2,\ 108)}=1.42$, $p=0.27$)和 MMSE($F_{(2,\ 108)}=0.68$, $p=0.51$)上得分无显著差异。和预期的一样，在身体活动水平上差异显著($F_{(2,\ 108)}=20.59$, $p<0.01$)，事后检验结果发现，两个运动组参与者体力活动水平显著高于久坐组，而开放性运动组和闭锁性运动组之间无显著差异。

2.视空间工作记忆任务结果

视空间工作记忆任务结果因 8 名参与者无法通过练习被排除在外，1 名参与者准确性较低(40%)也被排除在外。因此，共有 102 名被试的成绩被纳入结果讨论，每组 34 人。

正确率上，组间差异有统计学意义($F_{(2,\ 99)}=6.71$, $p<0.01$)。事后分析显示，闭锁性运动组($p<0.05$)和开放性运动组($p<0.01$)的准确率均高于久坐组，但闭锁性运动组和开放性运动组之间没有差异。两组间反应时无差异($F_{(2,\ 99)}=0.54$, $p=0.58$；见图 3-10、图 3-11)。

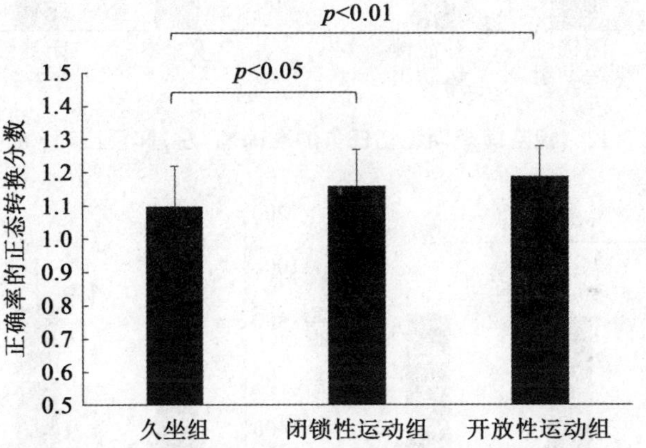

图 3-10 开放性运动组、闭锁性运动组和久坐组在视空间工作记忆任务上反应时

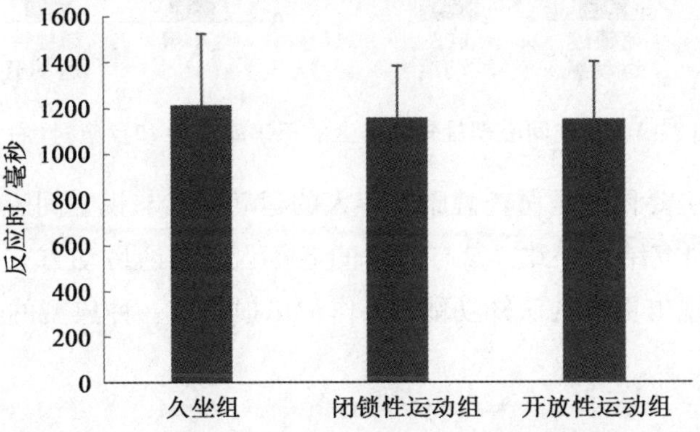

图 3-11 开放性运动组、闭锁性运动组和久坐组在视空间工作记忆任务上反应时

3.视空间短期记忆任务(VSMT)和视空间心理旋转任务(VMTT)结果

结果显示，两组间 VSMT 准确率差异有统计学意义($F_{(2,\ 99)}=3.68$，$p=0.02$)。事后分析表明，开放性运动组($p<0.01$)的准确性高于久坐组，但久坐组与闭锁性运动组之间、闭锁性运动组与开放性运动组之间均无差异。两组间 VSMT 反应时差异无统计学意义($F_{(2,\ 99)}=1.05$，$p=0.36$；见图 3-12)。对于 VMTT，准确率($F_{(2,\ 99)}=1.86$，$p=0.16$)或反应时($F_{(2,\ 99)}=0.28$，$p=0.76$)无显著差异(见图 3-13)。

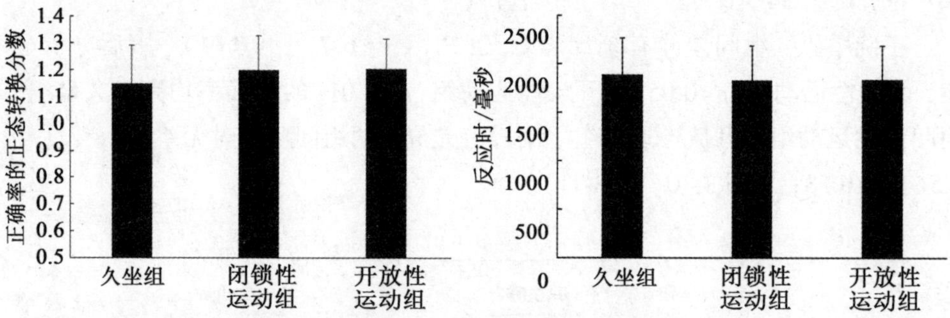

图 3-12　视空间短期记忆任务的准确性(左)和反应时(右)

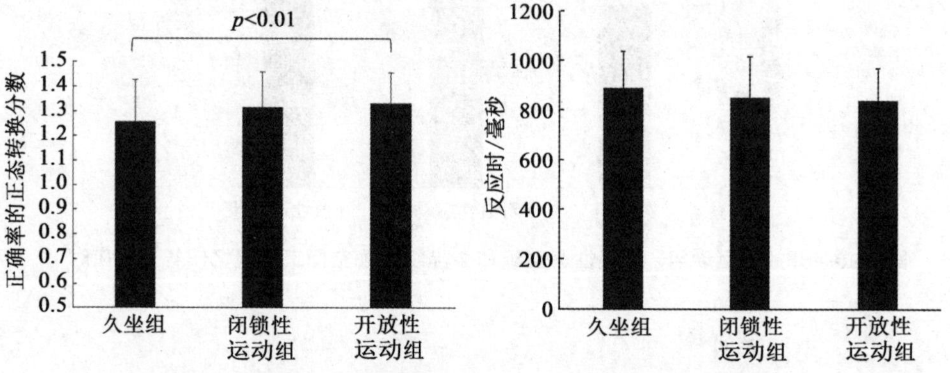

图 3-13　视空间心理旋转任务上的正确率(左)和反应时(右)

本研究的主要目的是调查健康老年人的运动模式与视空间工作记忆之间的关系。与以往研究结果一致，参与运动的老年人，无论运动方式如何，都比久坐的老年人表现出更好的认知功能。工作记忆损伤是一种典型的与认知缺陷相关的老化。在认知衰老的理论模型中，工作记忆被认为是一个重要的认知因素①。先前的一项研究报告说，规律活动的老年人比久坐组的老年人表现出更好的言语工作记忆。然而，缺乏直接证据来证明规律活动的老年人是否也会表现出更好的视空间工作记忆。据我们所知，这是第一个研究老年人运动模式和视空间工作记忆之间关系的研究。实验一的结果显示，在视空间工作记忆任务中，封闭技能组和开放技能组的准确率都高于久坐组，而闭锁性运动技能组和开放性运动技能组之间没有发现差异。

本研究还考察了不同运动模式对老年人视空间工作记忆存储和加工方面的差异。虽然实验一没有揭示两个运动组之间的差异，但在实验二中分别评估视空间短期记忆和视空间心理旋转时，发现了一些有趣的差异：在视空间短期记忆任务中，开放性运动组比久坐组更准确，而闭锁性运动组和久坐组之间没有发现差异。此外，不同运动模式的老年人在执行视空间心理旋转任务时也没有差异。

根据提出的"连续体"模型，根据信息加工的主动程度，视空间工作记忆分为被动存储和主动加工两种。被动存储指的是对编码后未修改的视空间信息进行存储，而主动加工是指对存储的视空间信息进行转换、保持或整合。在之前的研究中，主动加工显示出比被动存储更早出现衰老效应。然而，在本研究中，主动加工并没有显示出体育锻炼带来的更多好处。各组在视空间心理旋转任务上的准确率远低于视空间短期记忆任务，因此推测无论是通过开放性运动技能还是闭锁性运动技能的体育锻炼，衰老导致的主动加工能力退化都是不可逆的。本研究还发现，在需要被动存储处理的任务上，开放性运动组的表现优于久坐组。结果表明，视空间信息的被动存储更容易受到开放性运动技能的影响，这与之前的研究一致。

开放性运动技能练习对认知的益处此前已有报道，包括老年人、运动员，甚至适用于发育协调障碍儿童。开放性运动技能练习的认知益处可能归因于运动过程中认知需求的增加。之前的元分析已经证实，将认知技能与运动相结合，可以有效改善有或无认知损伤的成年人的认知功能②。有人提出，在具有认

---

① KIROVA A M, BAYS R B, LAGALWAR S. Working memory and executive function decline across normal aging, mild cognitive impairment, and Alzheimer's disease [J]. BioMed research international, 2015, 2015(44): 748212.

② LAW L L F, BARNETT F, YAU M K, et al. Effects of combined cognitive and exercise interventions on cognition in older adults with and without cognitive impairment: A systematic review [J]. Ageing research reviews, 2014, 15(1): 61-75

知挑战性的环境中进行的运动比单独运动更能有效地诱导神经和认知益处①。在本研究中，开放性运动组在视空间短期记忆方面的表现优于闭锁性运动和久坐组。而闭锁性运动组和久坐组之间没有差异，尽管两组之间的体力活动估计水平存在显著差异。当老年人有氧技能锻炼后拥有更好的短期记忆能力，这一发现与之前的研究结果不一致。导致这种差异的原因可能是本研究中使用的不同记忆任务。本研究中使用的刺激是 4 个 4×4 矩阵和 4 个黑色方块，这比 Erickson 研究中使用的实体点刺激要复杂得多，我们推测认知挑战性的短期记忆可能从认知技能和有氧运动的结合中获益更多。

本研究存在一些局限性。首先，参与者的分类是基于自我报告的问卷。在研究不同运动模式与工作记忆的关系时，应采用加速度计或计步器等客观测量方法，并测量最大耗氧（VO_{2max}）来指示心肺健康状况，以控制所有被试的锻炼水平。其次，横断面设计揭示了不同运动模式与视空间工作记忆之间可能存在的关系，但很难得出因果关系。因此，未来还需要进行干预研究。最后，该研究没有将“屏幕时间”考虑在内，它包括看电视和使用智能设备，这是调节认知功能的一个因素。

（四）研究结论

总的来说，参加体育锻炼与老年人更好的视空间工作记忆有关。具体来说，涉及高认知要求的开放性运动技能练习对保持视空间信息有选择性的好处。这一重要的健康启示是，开放性运动技能练习可能是老年人保持或增强认知功能的一种更合适的锻炼模式。

二、开放性运动锻炼老年人工作记忆优势的原因探索

前期研究显示，开放性运动锻炼能够延缓视空间工作记忆的老化衰退，尤其在视空间信息存储能力上表现出明显优势。本研究旨在进一步探索这种优势的原因，并通过实验深入了解其机制。我们将依据消退假说和干扰假说展开研究。这两种假说分别认为工作记忆优势基于消退过程更慢或排除干扰的能力更强。实验 1 和 2 将验证消退假说，实验 3 和 4 将验证干扰假说。实验设计包括控制视空间信息的保持时间、提供环境支持、探讨环境信息有效性和区分干扰

① FABEL K, WOLF S, EHNINGER D, et al. Additive effects of physical exercise and environmental enrichment on adult hippocampal neurogenesis in mice [J]. Frontiers in neuroscience, 2009, 3: 994.

出现的时间点。所有被试将参与这4个实验，实验顺序在每个被试间进行平衡，以确保研究的公正性和准确性。

（一）实验1 老年人健身活动类型与抵抗存储信息消退的能力

本实验旨在验证开放性锻炼方式对视空间工作记忆存储功能的强化是否归因于增强抗消退能力。实验通过调整视空间信息保持的时间长度，以探索老年人锻炼方式与保持信息能力的关系。从社区招募60—80岁的老年人被试，通过简易精神状态检查量表筛选，剔除得分低于25分的被试。符合以下条件的被试可用于实验：①右利手；②视力正常；③无严重身体和精神疾病；④BMI指数小于25；⑤签署知情同意书。

使用问卷调查锻炼方式和强度，并根据结果将被试分为三组：开放性运动组（过去6个月内每周至少进行3次、每次30分钟的乒乓球锻炼）；闭锁性运动组（过去6个月内每周至少进行3次、每次30分钟的快走、跑步等闭锁性运动）；久坐组（过去6个月内无固定运动习惯，排除同时进行开放性和闭锁性运动的被试）。实验中详细分组情况见下表。

表3-14 各组被试基本情况表

项目	久坐组（$n=27$）	闭锁性运动组（$n=30$）	开放性运动组（$n=27$）
男性人数	10	11	12
年龄	65.4±5.4	66.2±5.2	64.6±4.9
教育年限	11.1±2.6	11.9±2.7	12.2±2.8
身高/cm	162.3±6.6	161.3±7.1	163.9±7.7
体重/kg	63.1±9.3	62.9±9.1	63.3±8.9
MMSE	27.8±1.7	28.4±1.2	28.6±1.8
IPAQ/（METs·周$^{-1}$）	2879.2±1231.9	5463.9±1765.5	5967.3±1423.2

注：MMSE—简易精神状态检查量表；IPAQ—国际体力活动问卷；METs—梅脱值。

本研究在视空间短期记忆任务的基础上进行了一定改变。刺激呈现在一个距离被试1米远的19寸显示器上。首先，在灰色的屏幕中间出现一个黑色的十字注视点（视角0.8°× 0.8°）1000毫秒；随后出现识记刺激（视角2.8°× 2.8°）2000毫秒，识记刺激是由一个4×4的矩阵构成的正方形，其中，随机4个方块为黑色；然后一个随机1000，3000，5000毫秒的灰屏出现，被试需要记住识记刺激；之后，出现目标刺激2000毫秒，被试需要判断目标刺激是否与识记刺激一致。如果是，左手食指按数字键盘“1”键；如果不是，右手食指按数字键盘“3”键。一旦被试按键做出反应，目标刺激消失，出现一个1000~3000毫秒的灰屏间隔。实验流程如图3-14所示。在本实验中，共进行60个试次，其中30个试次目标刺激与识记刺激匹配，每10个试次被试可以休息一次。

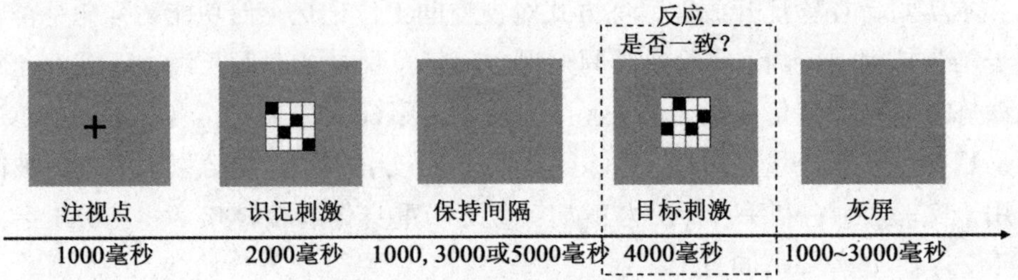

图3-14　实验任务流程图

被试到达实验室后，告知实验流程，并签署知情同意书。在主试的指导下进行简易精神状态检查量表(MMSE)测试，完成“锻炼方式问卷”和“国际体力活动问卷”。当确定被试符合实验要求后，向其讲解工作记忆任务，并进行10次练习，只有正确率达到70%以上的被试才可以进行正式测试。正式实验无结果反馈。

各组被试在年龄($F_{(2,\ 81)}=0.81$，$p=0.88$)、受教育水平($F_{(2,\ 81)}=1.91$，$p=0.16$)、身高($F_{(2,\ 81)}=1.01$，$p=0.31$)、体重($F_{(2,\ 81)}=0.99$，$p=0.56$)和MMSE($F_{(2,\ 81)}=1.88$，$p=0.39$)上得分无显著差异。在体力活动水平上差异显著($F_{(2,\ 81)}=18.77$，$p<0.01$)，事后检验结果发现，开放性运动组和闭锁性运动组老年人的体力活动水平显著高于久坐组，而开放性运动组和闭锁性运动组之间无显著差异。

由于不能通过练习阶段，有5名被试未能完成实验，另外有1名被试的正确率低于40%，也被剔除，因此，共有78名被试的成绩纳入结果讨论，其中久坐组24人，闭锁性运动组28人，开放性运动运动组26人。

采用二因素混合方差分析对被试在该任务上的正确率和反应时进行分析，被试组别为组间因素(开放性运动组、闭锁性运动组、久坐组)，保持间隔时间为组内因素(1000，3000，5000毫秒)。

由于在本实验中，正确率数据不服从正态分布，故对其进行反正弦转换变成近似服从正态分布的数据。转换公式$x=\arcsin\sqrt{X}$。

结果发现，在正确率指标上，保持间隔时间主效应显著($F_{(2,\ 150)}=3.11$，$p=0.05$，$\eta_p^2=0.08$)，事后比较结果显示，间隔时间为1000毫秒时的正确率显著高于间隔时间为 5000 毫秒时。组别主效应不显著（$F_{(2,\ 75)} = 2.11$，$p = 0.13$，$\eta_p^2 = 0.05$）。组别和保持间隔时间交互作用不显著（$F_{(4,\ 150)} = 0.26$，$p = 0.89$，$\eta_p^2 = 0.00$）。

在反应时指标上，保持间隔时间主效应显著（$F_{(2,\ 150)} = 10.09$，$p < 0.01$，$\eta_p^2 = 0.16$），事后比较结果显示，保持间隔时间为 3000 毫秒时的反应时显著短于 1000 毫秒和 5000 毫秒，而 1000 毫秒条件下和 5000 毫秒条件下的反应时差异不显著。组别主效应不显著（$F_{(2,\ 75)} = 0.79$，$p = 0.46$，$\eta_p^2 = 0.02$）。组别和保持间隔时间交互作用不显著（$F_{(4,\ 150)} = 1.01$，$p = 0.37$，$\eta_p^2 = 0.03$）。结果如图 3-15 所示。

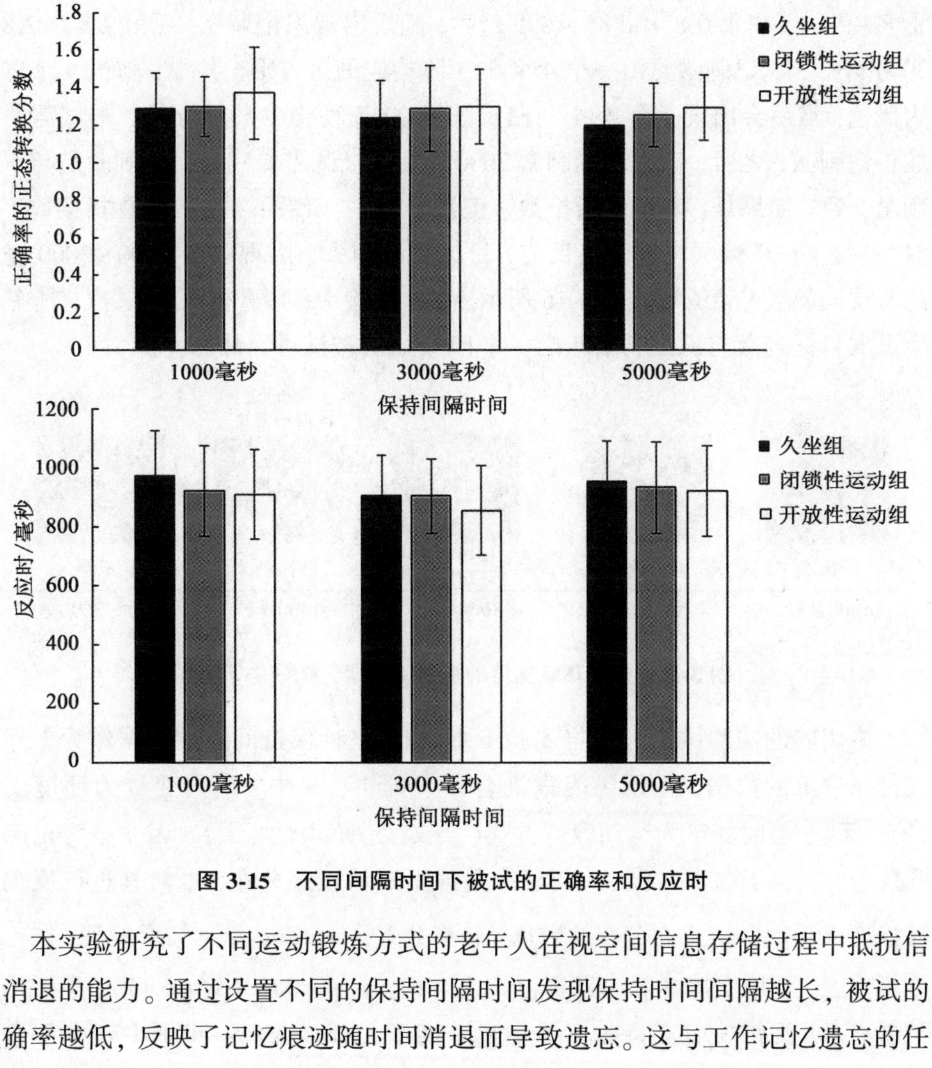

图 3-15　不同间隔时间下被试的正确率和反应时

本实验研究了不同运动锻炼方式的老年人在视空间信息存储过程中抵抗信息消退的能力。通过设置不同的保持间隔时间发现保持时间间隔越长，被试的正确率越低，反映了记忆痕迹随时间消退而导致遗忘。这与工作记忆遗忘的任务转换模型一致，该模型认为保持时间是影响工作记忆广度的主要因素。实验还发现，不同运动锻炼方式与保持间隔时间之间没有交互作用，即各种运动锻炼方式对视空间信息消退的影响没有显著差异。

(二)实验 2　老年人健身活动类型与运用环境支持的能力

本实验通过在保持的过程中提供一定的环境支持探讨开放性运动锻炼方式的老年人在运用环境信息的有效性是否更高，从而进行更好的信息复述，延缓信息痕迹的消退。

实验任务在视空间短期记忆任务的基础上进行了一定改变。刺激呈现在一个距离被试 1 米远的 19 寸显示器上。首先，在灰色的屏幕中间出现一个黑色的十字注视点(视角 0.8°× 0.8°)1000 毫秒；随后出现识记刺激(视角 2.8°× 2.8°)2000 毫秒，识记刺激是由一个 4×4 的矩阵构成的正方形，其中，随机 4 个方块为黑色；然后会出现一个 4×4 空白矩阵 3000 毫秒作为环境支持，被试需要记住识记刺激；之后，出现目标刺激 2000 毫秒，被试需要判断目标刺激是与识记刺激一致。如果是，左手食指按数字键盘"1"键；如果不是，右手食指按数字键盘"3"键。一旦被试按键做出反应，目标刺激消失，出现一个 1000～3000 毫秒的灰屏间隔。实验流程如图 3-16 所示。在本实验中，共进行 40 个试次，其中 20 个试次目标刺激与识记刺激匹配，每 10 个试次被试可以休息一次。

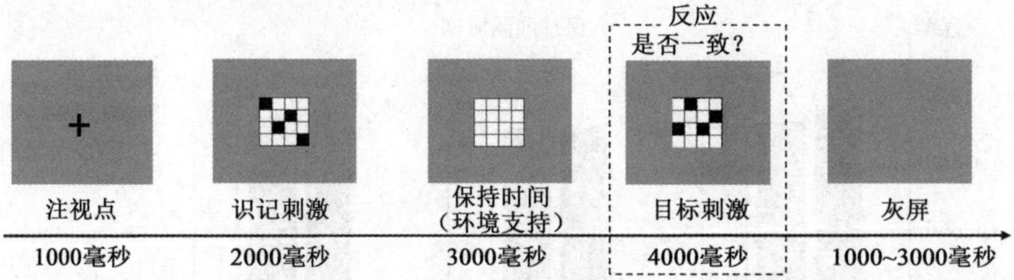

图 3-16　提供环境支持的视空间短期记忆任务示意图

本实验的实验结果分析将实验 1 中 3000 毫秒保持间隔的数据作为无环境支持条件下的数据，采用二因素混合方差分析，其中，组内变量为环境支持(有、无)，组间变量为运动锻炼方式(开放性、闭锁性、无)，因变量为正确率和反应时。由于在本实验中，正确率数据不服从正态分布，故对其进行反正弦转换变成近似服从正态分布的数据。转换公式 $x = \arcsin\sqrt{X}$。结果发现，在正确率指标上，环境支持主效应显著($F_{(1,75)} = 14.34$，$p < 0.01$，$\eta_p^2 = 0.17$)，事后比较结果显示，提供环境支持时正确率显著高于无环境支持。组别主效应不显著

($F_{(2, 75)}=1.26$, $p=0.29$, $\eta_p^2=0.03$)。组别和环境支持交互作用不显著($F_{(2, 75)}=0.01$, $p=0.99$, $\eta_p^2<0.01$)。在反应时指标上，环境支持主效应不显著($F_{(1, 75)}=3.32$, $p=0.07$, $\eta_p^2=0.09$)。组别主效应不显著($F_{(2, 75)}=2.03$, $p=0.14$, $\eta_p^2=0.05$)。组别和环境支持交互作用不显著($F_{(2, 75)}=0.15$, $p=0.8$, $\eta_p^2=0.01$)。结果如图 3-17 所示。

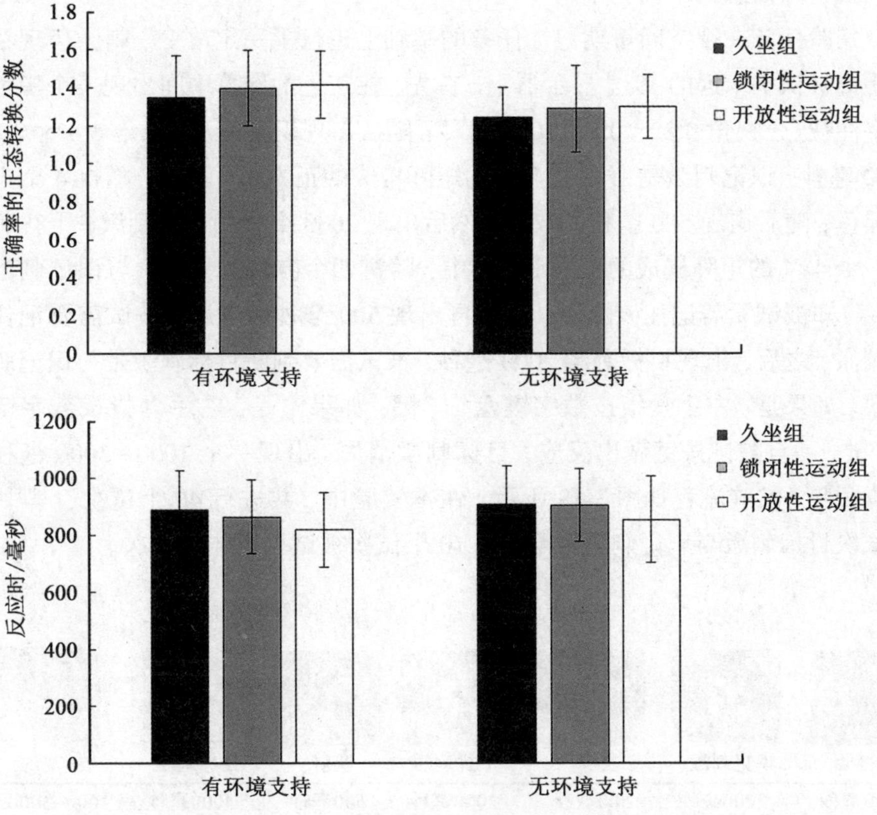

图 3-17　各组被试在提供环境支持的视空间短期记忆任务的正确率与反应时

实验 1 发现，开放性运动老年人在自然消退下的抗消退能力并未显著强于其他组，说明其选择性提高视空间工作记忆的存储功能并非主要通过抵抗自然消退实现。这并不排除他们可能运用认知策略来减少消退。因此，本研究进一步提供环境支持，探索在有支持条件下开放性运动老年人的抗消退能力。大量研究已证实环境支持对抗消退的有效性，例如通过复述来巩固记忆。而本研究中的空白方格作为环境支持，有助于老年人自发地将记忆任务标记于相应位置。然而，老年人自发加工能力较弱，因此环境支持的有效性成为实验难点。实验结果显示，老年人确实有效利用了环境支持，任务绩效显著提高。然而，不同运动运动组在运用环境信息的有效性上并未出现差异，开放性运动组的老年人在运用环境信息的能力上并未表现出显著优势。

（三）实验 3a 老年人健身活动类型与排除视空间干扰的能力

本实验将考察开放性运动运动的老年人在视空间信息的存储过程中是否受无关视空间信息的干扰更小。

实验任务在视空间短期记忆任务的基础上进行了一定改变。刺激呈现在一个距离被试 1 米远的 19 寸显示器上。首先，在灰色的屏幕中间出现一个黑色的十字注视点（视角 0.8°× 0.8°）1000 毫秒；随后出现识记刺激（视角 2.8°× 2.8°）2000 毫秒，识记刺激是由一个 4×4 的矩阵构成的正方形，其中，随机 4 个方块为黑色；随后出现 500 毫秒的灰屏，然后出现 2000 毫秒的干扰刺激，干扰刺激为一个 4×4 的矩阵构成的正方形，其中，随机四个方块为黑色，与识记刺激无关，告知被试无需记住该图形，然后再出现 500 毫秒的灰屏，被试需要记住识记刺激；之后，出现目标刺激 2000 毫秒，被试需要判断目标刺激是与识记刺激一致。如果是，左手食指按数字键盘“1”键；如果不是，右手食指按数字键盘“3”键。一旦被试按键做出反应，目标刺激消失，出现一个 1000～3000 毫秒的灰屏间隔。实验流程如图 3-18 所示。在本实验中，共进行 40 个试次，其中 20 个试次目标刺激与识记刺激匹配，每 10 个试次被试可以休息一次。

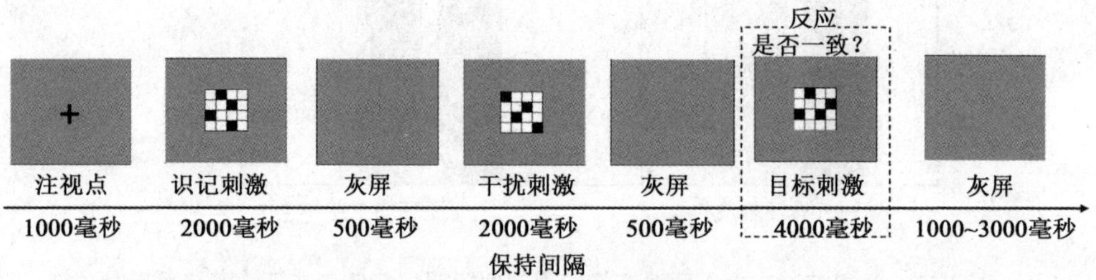

图 3-18 视空间信息干扰的视空间短期记忆任务示意图

本实验的实验结果分析将实验 4 中 3000 毫秒保持间隔的数据作为无干扰条件下的数据，采用二因素混合方差分析，其中，组内变量为干扰条件（有、无），组间变量为运动锻炼方式（开放性、闭锁性、无），因变量为正确率和反应时。由于在本实验中，正确率数据不服从正态分布，故对其进行反正弦转换变成近似服从正态分布的数据。转换公式 $x = \arcsin \sqrt{X}$。结果发现，在正确率指标上，干扰主效应显著（$F_{(1,\ 75)} = 5.27$，$p = 0.02$，$\eta_p^2 = 0.07$），有干扰条件下的正确率显著下降。组别主效应边缘显著（$F_{(2,\ 75)} = 2.67$，$p = 0.07$，$\eta_p^2 = 0.06$），事后检验结果发现，开放性运动组的正确率显著高于久坐组。组别和干扰交互作用不显著（$F_{(2, 75)} = 0.49$，$p = 0.61$，$\eta_p^2 = 0.01$）。在反应时指标上，干扰主效应显著（$F_{(1, 75)} = 12.15$，$p < 0.01$，$\eta_p^2 = 0.14$），事后检验结果发现，有干扰时的反应时显著大于无干扰。组别主效应不显著（$F_{(2, 75)} = 1.37$，$p = 0.26$，$\eta_p^2 = 0.05$）。组别和干扰交互作用不显著（$F_{(2, 75)} = 0.13$，$p = 0.88$，$\eta_p^2 = 0.03$）。

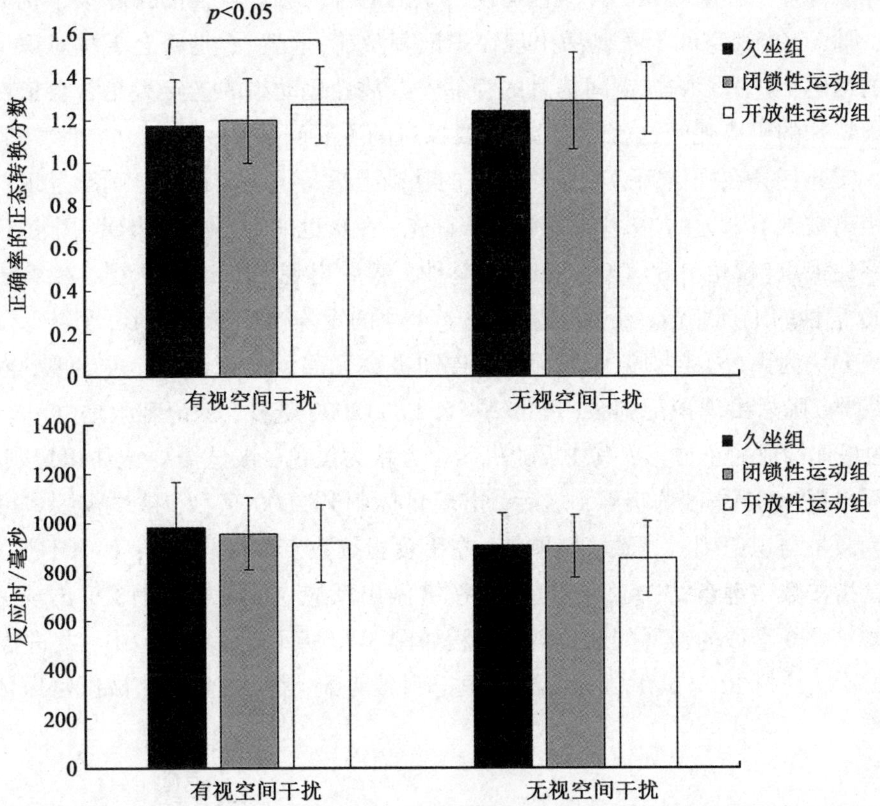

图 3-19　视空间信息干扰的视空间短期记忆任务的正确率和反应时

实验 1 和实验 2 在抵抗消退功能上未能明确开放性运动锻炼对视空间工作记忆存储成分的促进成因。因此，本实验从排除干扰的角度展开探索。实验中引入干扰刺激，观察被试受其影响程度。结果显示，干扰刺激影响老年人对视空间信息的保持，证明了干扰的有效性。在考虑干扰作用后，开放性运动组的老年人在抵抗视空间干扰时的正确率表现优于久坐组，而闭锁性运动组与久坐组差异不显著。这表明排除无关刺激干扰的能力可能受开放性锻炼方式选择性影响。本实验的干扰设置与常见研究不同，被试仅需排除干扰刺激进入工作记忆，而非排除已存工作记忆的干扰。因此，三组被试在该过程中的差异解释了开放性运动锻炼对存储成分的选择性增益。实验结果显示，开放性运动锻炼的老年人在排除视空间信息干扰方面显著优于久坐组。

(四)实验 3b 老年人健身活动类型与排除前置视空间干扰的能力

实验 3a 已经证明了干扰刺激出现在识记刺激后，会对视空间工作信息的存储成分产生显著干扰，开放性运动锻组的老年人具有较强的排除该干扰的能力，那么，当视空间干扰刺激出现在识记刺激前(前置)，是否会干扰对识记刺激的编码，进而影响视空间信息的存储？开放性运动组的老年人是否会依然表现出特殊的优势呢？这就是实验 3b 要探讨的主要问题。

实验任务在视空间短期记忆任务的基础上进行了一定改变。刺激呈现在一个距离被试 1 米远的 19 寸显示器上。首先，在灰色的屏幕中间出现一个黑色的十字注视点(视角 0.8°× 0.8°)1000 毫秒，然后出现 500 毫秒灰屏，接着出现 2000 毫秒的干扰刺激，干扰刺激为一个 4×4 的矩阵构成的正方形，其中，随机四个方块为黑色，与识记刺激无关，告知被试无需记住该图形；再出现 500 毫秒灰屏，随后出现识记刺激(视角 2.8°× 2.8°)2000 毫秒，识记刺激是由一个 4×4 的矩阵构成的正方形，其中，随机四个方块为黑色；被试需要记住识记刺激；然后出现 3000 毫秒的灰屏，之后，出现目标刺激 2000 毫秒，被试需要判断目标刺激是与识记刺激一致。如果是，左手食指按数字键盘“1”键；如果不是，右手食指按数字键盘“3”键。一旦被试按键做出反应，目标刺激消失，出现一个 1000~3000 毫秒的灰屏间隔。实验流程如图 3-20 所示。在本实验中，共进行 40 个试次，其中 20 个试次目标刺激与识记刺激匹配，每 10 个试次被试可以休息一次。

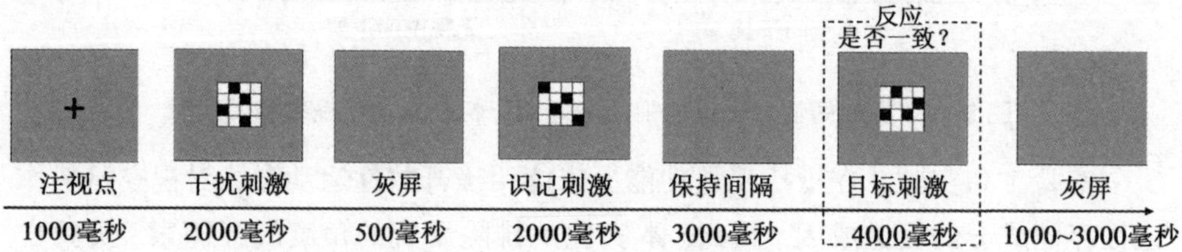

图 3-20　视空间干扰出现在识记刺激前的视空间短期记忆任务示意图

本实验的实验结果分析将实验 1 中 3000 毫秒保持间隔的数据作为无干扰条件下的数据，采用二因素混合方差分析，其中，组内变量为干扰条件(有、无)，组间变量为运动锻炼方式(开放性、闭锁性、无)，因变量为正确率和反应时。由于在本实验中，正确率数据不服从正态分布，故对其进行反正弦转换变成近似服从正态分布的数据。转换公式 $x = \arcsin\sqrt{X}$。结果发现，在正确率指标上，干扰主效应不显著（$F_{(1,75)} = 2.01$，$p = 0.16$，$\eta_p^2 = 0.02$）。组别主效应不显著（$F_{(2,75)} = 2.43$，$p = 0.10$，$\eta_p^2 = 0.05$）。组别和干扰交互作用不显著（$F_{(2,75)} = 0.55$，$p = 0.58$，$\eta_p^2 = 0.02$）。在反应时指标上，干扰主效应不显著（$F_{(1,75)} = 0.57$，$p = 0.54$，$\eta_p^2 = 0.01$）。组别主效应不显著（$F_{(2,75)} = 1.07$，$p = 0.35$，$\eta_p^2 = 0.03$）。组别和干扰交互作用不显著（$F_{(2,75)} = 0.13$，$p = 0.88$，$\eta_p^2 = 0.03$）。

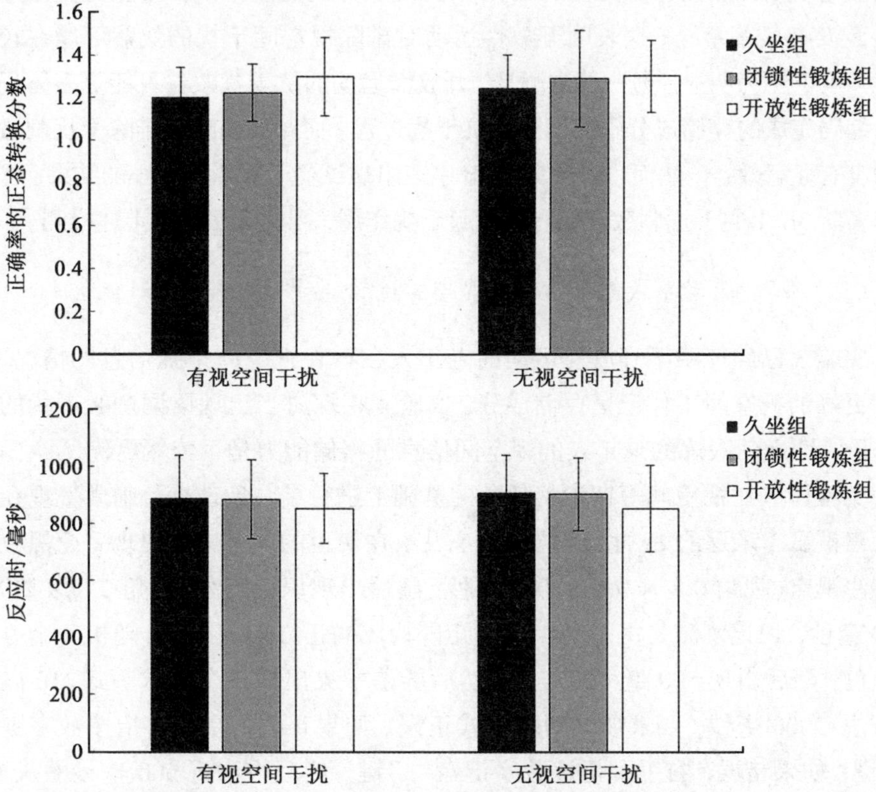

图 3-21　视空间干扰出现在识记刺激前的视空间短期记忆任务的正确率和反应时

在实验 3a 的基础上，本实验进一步探索干扰刺激对工作记忆存储过程的影响。与实验 3a 相似，本实验采用类似的设计，但将干扰刺激置于记忆刺激之前。在实验 3a 中，干扰主要影响已存在的存储成分；而本实验中，前置干扰主要干扰新的存储成分的形成。干扰刺激对工作记忆存储的抑制衰退理论提供了理论指导，该理论认为抑制分为两种：防止无关信息在工作记忆存储过程中进入并干扰相关信息的存储，以及防止不再相关的信息继续留在工作记忆中干扰当前信息的存储。老年人这两种抑制机制功能下降，导致干扰物更容易进入工作记忆，从而降低其工作记忆容量和功能。本实验中的干扰刺激更接近第一种干扰，即无关干扰进入工作记忆并干扰当前存储成分。

实验 3a 和 3b 采用不同设置来讨论体育锻炼与阻止干扰进入存储成分能力之间的关系。在实验 3a 中，识记刺激后的干扰对存储成分产生了显著干扰，而实验 3b 中前置干扰对工作记忆无显著影响。这表明后置于识记刺激的干扰具有更大的干扰作用。在实验 3a 中，开放性运动锻炼的老年人在排除干扰方面表现出显著优势。然而，在实验 3b 中，不同锻炼方式的老年人在排除无关信息干扰方面没有显著差异。这表明开放性运动对排除视空间干扰的效益可能在较大干扰强度下更为明显。另一种推测是，开放性运动的抗干扰效益可能更多体现在对已编码完成的存储成分中的信息的抗干扰过程，而对编码阶段排除干扰刺激的过程没有显著效益。然而，结合实验 3b 中三组被试受干扰影响较小的结果，可以认为实验 3b 中的干扰刺激未能有效地起干扰作用，因此无法验证上述推测。

(五) 实验 4a 老年人健身活动类型与排除语词干扰的能力

实验 3 已经证明了开放性运动的老年人在存在视空间干扰信息的情况下，具有更好的视空间工作记忆存储成分，实验 4 将探讨当出现语词刺激干扰的时候，开放性运动锻炼的老年人的视空间信息的存储能力是否依然更优。

实验任务在视空间短期记忆任务的基础上进行了一定改变。刺激呈现在一个距离被试 1 米远的 19 寸显示器上。首先，在灰色的屏幕中间出现一个黑色的十字注视点(视角 0.8°× 0.8°) 1000 毫秒；随后出现识记刺激(视角 2.8°× 2.8°) 2000 毫秒，识记刺激是由一个 4×4 的矩阵构成的正方形，其中，随机 4 个方块为黑色；随后出现 500 毫秒的灰屏，然后屏幕中央出现一个算术等式(10 以内加减法) 2000 毫秒，要求被试判断等式正误。如果正确，左手食指按数字键盘“1”键；如果错误，右手食指按数字键盘“3”键。然后再出现 500 毫秒的灰屏，在这个过程中，被试需要记住识记刺激；之后，出现目标刺激 2000 毫秒，被试需要判断目标刺激是否与识记刺激一致。如果是，左手食指按数字键盘“1”键；如果不是，右手食指按数字键盘“3”键。一旦被试按键做出反应，目标刺激消失，出现一个 1000~3000 毫秒的灰屏间隔。实验流程如图 3-22 所示。在本实验中，共进行 40 个试次，其中 20 个试次目标刺激与识记刺激匹配，每 10 个试次被试可以休息一次。

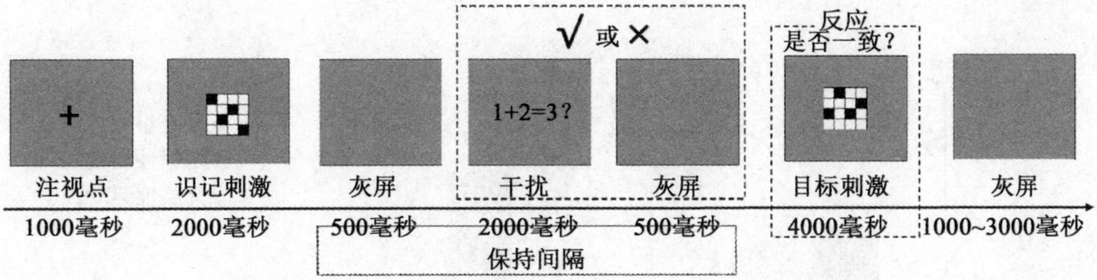

图 3-22 语词干扰的视空间短期记忆任务示意图

本实验的实验结果分析将实验 4 中 3000 毫秒保持间隔的数据作为无干扰条件下的数据，采用二因素混合方差分析，其中，组内变量为干扰条件(有、无)，组间变量为运动锻炼方式(开放性、闭锁性、无)，因变量为正确率和反应时。由于在本实验中，正确率数据不服从正态分布，故对其进行反正弦转换变成近似服从正态分布的数据。转换公式 $x=\arcsin\sqrt{X}$。结果发现，在正确率指标上，干扰主效应显著($F_{(1,75)}=43.46$，$p<0.01$，$\eta_p^2=0.37$)，事后比较结果显示，干扰条件下的正确率显著低于无干扰条件下。组别主效应显著($F_{(2,75)}=3.33$，$p=0.04$，$\eta_p^2=0.1$)，事后比较结果发现，开放性运动组的正确率显著高于久坐组。组别和干扰交互作用不显著($F_{(2,75)}=1.73$，$p=0.19$，$\eta_p^2=0.05$)。在反应时指标上，干扰主效应显著($F_{(1,75)}=14.02$，$p<0.01$，$\eta_p^2=0.16$)，事后比较结果显示，干扰条件下的反应时显著高于无干扰条件下。组别主效应显著($F_{(2,75)}=2.69$，$p=0.07$，$\eta_p^2=0.09$)，事后比较结果显示，开放性运动组的反应时最短，久坐组的反应时最长。组别和干扰交互作用不显著($F_{(2,75)}=0.60$，$p=0.55$，$\eta_p^2=0.02$)。

本实验采用语词干扰刺激替代了实验 3a 和 3b 中的视空间干扰刺激。这一改变旨在探索不同通道干扰的问题，并比较不同通道刺激与相同通道刺激的干扰效果。有研究发现，当干扰刺激与主任务刺激为不同通道类型时，工作记忆的绩效表现更佳。然而，关于视空间工作记忆领域是否存在不同通道信息干扰的差异仍存在争议。本实验发现，在保持阶段进行算数运算会干扰被试对视空间信息的加工，这可以通过资源共享理论解释。工作记忆的存储和加工成分争夺有限的共同认知资源，导致任务绩效下降。与实验 3a 和 3b 的不同之处在于，被试在本实验中需要排除干扰刺激进入工作记忆，而不仅仅是存储成分。

实验结果显示，语词干扰对老年人的任务表现产生了影响。更重要的是，我们观察到不同组被试之间的显著差异。开放性运动锻炼的老年人在排除无关语词干扰方面表现出显著优势。这可能意味着选择开放性运动的老年人能够更

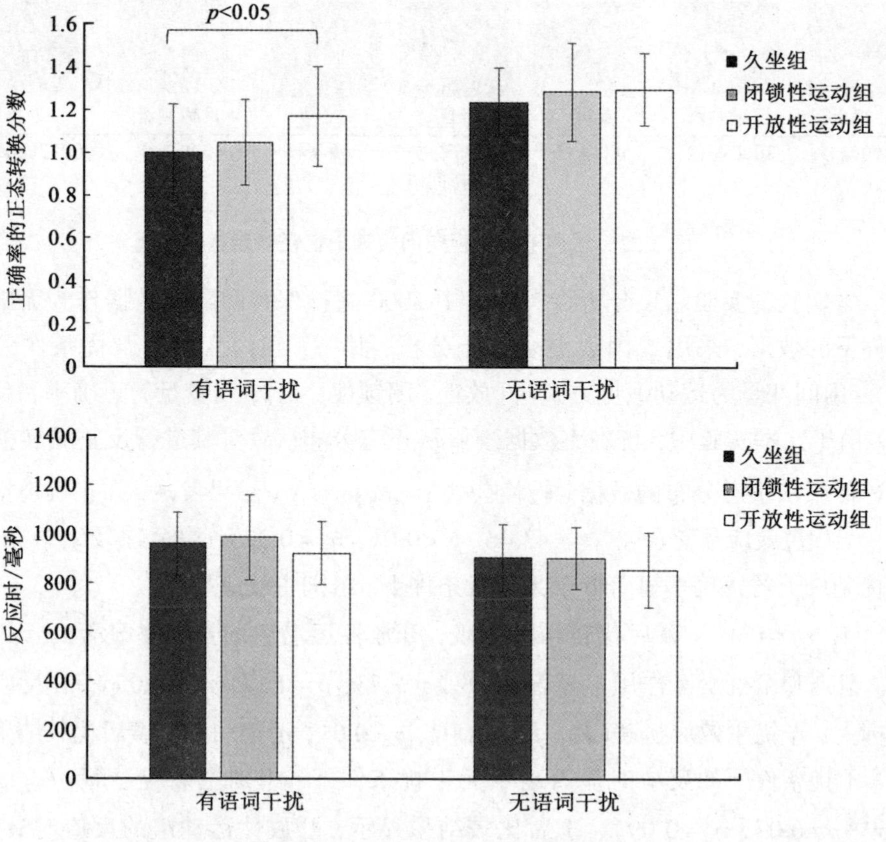

图 3-23　语词干扰的视空间短期记忆任务的正确率和反应时

好地清除工作记忆中不再有用的内容。此外，这表明在语词加工过程中，开放性运动锻炼的老年人不会破坏先前存在的存储功能，从而在视空间工作记忆任务中展现出更好的存储功能。

（六）实验 4b 老年人健身活动类型与排除前置语词干扰的能力

实验 4a 的结果表明，开放性运动组的老年人在视空间信息存储过程中排除语词干扰的能力强于闭锁性运动组，实验 4b 将语词干扰呈现在识记刺激前（前置），各组被试间是否会出现差异。

实验任务在视空间短期记忆任务的基础上进行了一定改变。刺激呈现在一个距离被试 1 米远的 19 寸显示器上。首先，在灰色的屏幕中间出现一个黑色的十字注视点（视角 0.8°× 0.8°）1000 毫秒；接着屏幕中央出现一个算术等式（10 以内加减法）2000 毫秒，要求被试判断等式正误。如果正确，左手食指按数字键盘“1”键，如果错误，右手食指按数字键盘“3”键，再出现灰屏 500 毫秒；随后出现识记刺激(视角 2.8°× 2.8°)2000 毫秒，识记刺激是由一个 4×4 的矩阵构成的正方形，其中，随机 4 个方块为黑色，被试需要记住识记刺激；然后出现 3000 毫秒的灰屏，之后，出现目标刺激 2000 毫秒，被试需要判断目标刺激是与识记刺激一致。如果是，左手食指按数字键盘“1”键；如果不是，右手食指按数字键盘“3”键。一旦被试按键做出反应，目标刺激消失，出现一个 1000～3000 毫秒的灰屏间隔。实验流程如图 3-24 所示。在本实验中，共进行 40 个试次，其中 20 个试次目标刺激与识记刺激匹配，每 10 个试次被试可以休息一次。

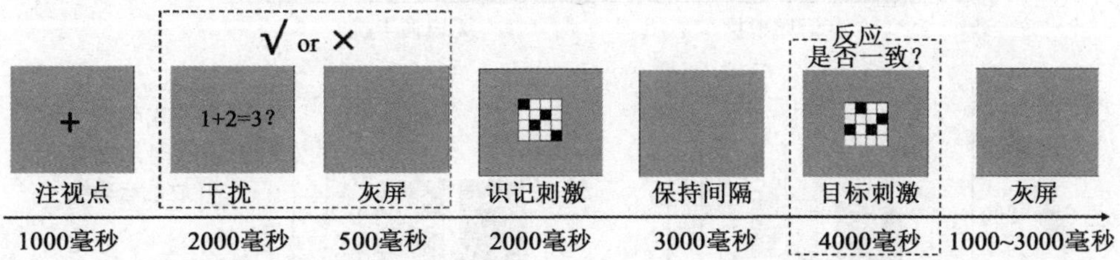

图 3-24　语词信息干扰出现在识记刺激前的视空间短期记忆任务示意图

本实验的实验结果分析将实验 1 中 3000 毫秒保持间隔的数据作为无干扰条件下的数据，采用二因素混合方差分析，其中，组内变量为干扰条件(有、无)，组间变量为运动锻炼方式(开放性、闭锁性、无)，因变量为正确率和反应时。由于在本实验中，正确率数据不服从正态分布，故对其进行反正弦转换变成近似服从正态分布的数据。转换公式 $x = \arcsin\sqrt{X}$。结果发现，在正确率指标上，干扰主效应不显著($F_{(1,\ 75)} = 0.01$，$p = 0.94$，$\eta_p^2 = 0.00$)。组别主效应不显著($F_{(2,\ 75)} = 2.53$，$p = 0.09$，$\eta_p^2 = 0.06$)。组别和干扰交互作用不显著($F_{(2,\ 75)} = 0.70$，$p = 0.50$，$\eta_p^2 = 0.02$)。在反应时指标上，干扰主效应不显著($F_{(1,\ 75)} = 0.97$，$p = 0.33$，$\eta_p^2 = 0.01$)。组别主效应不显著($F_{(2,\ 75)} = 1.90$，$p = 0.16$，$\eta_p^2 = 0.05$)。组别和干扰交互作用不显著($F_{(2,\ 75)} = 0.84$，$p = 0.44$，$\eta_p^2 = 0.02$)。

实验 4a 已证明语词干扰可破坏老年人的视空间工作记忆存储能力。本实验将语词干扰前置，以探索不同锻炼方式在编码阶段排除干扰的能力。尽管干扰和记忆刺激的前后位置加工相同，但本实验中未观察到与实验 4a 相似的干扰效应。这一差异表明，实验 4a 中的干扰效应是由存储中的信息破坏所致，而非探测刺激的编码受损。若探测刺激编码受损导致绩效下降，实验 4b 中应观察到类似的显著变化。然而，实验 4b 中的干扰对视空间工作记忆存储成分无显著影响，表明语词干扰主要针对已存储的信息。此外，这表明老年人可以在进行下一编码任务前迅速清除工作记忆中的干扰资源。

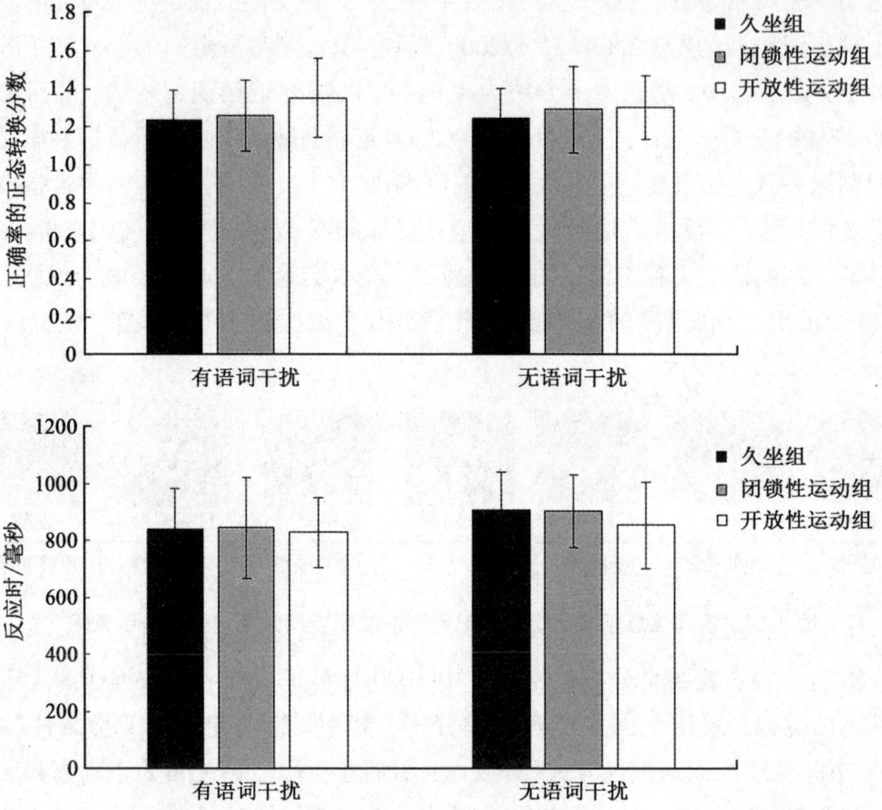

图 3-25　语词信息干扰出现在识记刺激前的视空间短期记忆任务的正确率和反应时

综合上述研究，开放性运动锻炼的老年人在视空间工作记忆能力上优于久坐组。在老年人视空间能力方面，闭锁性运动不如开放性运动。此外，不同健身方式的老年人在视空间工作记忆能力上存在差异，可能与视空间信息操作能力相似、存储能力不同有关。为提高老年人的视空间能力，应结合个人情况选择合适的运动方式。未来研究应聚焦于针对性地选择开放性运动锻炼方式。

第三节　老年人健身活动类型与注意功能的关系研究

一、研究背景

有选择地关注相关信息而忽略无关信息的能力是我们大脑的一项基本功能，它能够确保我们与环境进行有效互动，这种能力需要注意的参与。注意是认知系统的核心功能，在其他各认知功能中起着重要的调节作用。Posner 和 Petersen 在 1990 年提出注意网络理论，将人类的注意系统分为三个网络：警觉网络、定向网络和执行控制网络。每一个网络都代表一组特定的注意力功能，神经成像分析显示三个网络之间很少有重叠。警觉网络与增强警惕和准备有关，由背侧视觉通路的顶叶区和右侧额叶介导。定向网络是负责从多种感觉输入中选择信息的基本注意功能，依赖于顶叶、上丘脑、额视野和颞顶交界组成的网络。执行控制网络参与监测和解决的冲突，与前扣带皮层、背外侧前额叶皮层以及基底神经节和丘脑的部分区域有关。认知心理学中的一大重点是在任务中保持最佳警惕性和表现。研究警觉的一种方法是在目标事件发生前使用警觉信号，该警觉提示会导致参与者从静止状态转变到一个新的状态，该新状态包括对这个预期目标的检测和响应所做的准备。如果需要对目标做出快速反应，那么在发出警觉信号后参与者的反应时会缩短。这种反应时上的改善不是由于参与者积累了更多准确的信息，因为警告信号不会改变信息本身，而是由于警觉信号改变了他们注意定向的速度，从而对信号做出了更快速的反应。警觉任务在很大程度上依赖于右脑皮层的机制。定向网络的重点是通过选择感官输入的优先次序来确定位置。脑成像结果表明，额叶前部和后部区域都参与了定向。例如，人类和动物研究表明额叶眼区参与了这一过程①。众多注意对象存在优先级之分，这时注意力需要得到控制以更高效地完成事件任务，因此注意控制网络主要负责监测和解决注意对象之间的冲突。一般研究执行注意的任务中回呈现一个视觉干扰刺激，在干扰刺激呈现的时候需要参与者保持注意力不被该干扰刺激吸引。

对于大多数运动员而言，在极短的时间内选择处理比赛环境中的重要信息是至关重要的。对于注意力容易受到干扰的运动员来说，实现任何目标都是困难的。因此，我们有理由推测，相对于非运动员，运动员的运动特异性注意功能可能发展得更好。然而，尚不清楚运动员是否可能有更好的一般注意功能。事实上，一些研究已经集中在实验室环境中运动员经验和一般注意力功能之间的可能关系。然而，由于实验室注意力任务的差异，这类研究产生的结果存在争议。Fan 等人开发的注意网络测试是最主要的注意范式之一②，很适合这类探讨运动与注意网络功能关系的研究。因此，研究采用注意网络测试任务探索运

---

① CORBETTA M, AKBUDAK E, CONTURO T E, et al. A common network of functional areas for attention and eye movements[J]. Neuron, 1998, 21(4): 761-773.

② FAN J, MCCANDLISS B D, SOMMER T, et al. Testing the efficiency and independence of attentional networks[J]. Journal of cognitive neuroscience, 2002, 14(3): 340-347.

动锻炼与注意网络功能之间的关系。在以往的研究中有一些证据揭示了运动员的警觉、定向或执行控制的特征。运动员的警觉性和方向性能力主要通过空间暗示范式来衡量。例如，Enns 使用不同的线索-目标间隔来研究警觉效应。结果显示，运动员在最长的线索-目标间隔时间内保持了高水平的警觉性①。Cereatti 等人观察到运动员在注意力的自愿取向方面比非运动员表现更好②。研究结果还表明，运动员在执行功能测试任务中表现出更高的熟练程度。例如，Jacobson 揭示运动员在解决问题和抑制任务上比非运动员表现更好，这表明运动员获得了更好的执行控制能力③。

因此，本书前期首先试图探索运动训练经历与注意网络功能调节之间的关系，以期为老年人健身活动类型与其注意功能的关系研究提供预实验数据。运动员因其独特的经历而成为研究运动与注意关系这一问题的最合适的模型之一。与非运动员相比，他们大多进行了数年的高强度定期训练。在某种程度上，它可以回答大脑可塑性研究中的一个基本问题，即个人的经历是否会影响注意过程。以往的相关研究主要探讨了来自闭锁性运动(如游泳、跑步)的运动员的注意功能，而不是来自开放性运动(如网球、乒乓球)的运动员④。与闭锁性运动相比，开放性运动需要个体在不可预测的环境中投入更高的认知努力，这可能作为认知训练来提高注意技能。本书以乒乓球这一典型的开放性运动项目的运动员作为运动员群体。该研究选择乒乓球运动员作为参与者有三个原因。第一，乒乓球是速度最快的球类运动之一，由球速决定的响应窗口非常短。乒乓球运动员必须利用高级线索尽快决定需要做出什么反应，因此，他们会发展出优越的警觉能力和定向能力。第二，乒乓球是一项高度发达的战术技能，涉及创造力、专注力、竞争力、理解力、自我调节力和意志力。乒乓球运动员在动态变化、不可预测和外部节奏的环境中比赛，这可能会形成更好的执行控制能

① ENNS J T, RICHARDS J C. Visual attentional orienting in developing hockey players[J]. Journal of experimental child psychology, 1997, 64(2): 255-275.

② CEREATTI L, CASELLA R, MANGANELLI M, et al. Visual attention in adolescents: Facilitating effects of sport expertise and acute physical exercise[J]. Psychology of sport and exercise, 2009, 10(1): 136-145.

③ JACOBSON J, MATTHAEUS L. Athletics and executive functioning: How athletic participation and sport type correlate with cognitive performance[J]. Psychology of sport and exercise, 2014, 15(5): 521-527.

④ VOSS M W, KRAMER A F, BASAK C, et al. Are expert athletes "expert" in the cognitive laboratory? A meta-analytic review of cognition and sport expertise[J]. Applied cognitive psychology, 2010, 24(6): 812-826.

力。第三，乒乓球是中国最受欢迎的运动之一。乒乓球运动员训练系统，竞技水平高，是研究运动员训练经验与注意功能关系的理想样本。

研究结果中关于参与者反应时方面，线索类型的主效应显著，无线索情况下的反应时最长，空间线索情况下的反应时最短。在侧翼类型中也观察到显著的主效应，不一致情况下的反应时比一致或中性情况下的反应时都更长。侧翼类型与线索类型交互作用显著、组别与侧翼类型交互作用显著。侧翼类型与线索类型的相互作用对比显示，在所有线索情况下，一致情况与不一致情况、不一致情况与中性情况之间存在显著差异，而在所有线索情况下，一致情况与中性情况之间没有显著差异。组别与侧翼类型的相互作用对比显示，不一致情况下组间差异显著，而在一致情况下与中性情况下组间的差异不显著。组别主效应、组×线索类型交互作用及组别×线索类型×侧翼类型相互作用不显著。在准确率方面，线索类型和侧翼类型的主效应显著。侧翼类型与提示类型之间存在显著的交互作用。交互对比显示，在所有线索情况下，一致情况与不一致情况、不一致情况与中性情况之间存在显著差异，而在所有提示情况下，一致情况与中性情况之间没有显著差异。组别主效应、组别×侧翼类型、组别×线索类型及组别×线索类型×侧翼类型交互作用均不显著。

综上，该研究结果显示运动员组的执行网络部分的得分高于非运动员组，这与之前证实执行控制与运动能力正相关的研究结果一致。对运动员而言，注意力的警觉和定位尤其重要，因为他们必须时刻保持警觉，并在运动环境中迅速将注意力定位到相关信息上。然而，通过注意网络测试的警觉和定向网络的效率在运动员和非运动员中没有差异。这些结果与之前的研究结果不一致，之前的研究结果表明，进行开放性技能运动的运动员在警觉和自愿注意定向方面比对照组表现出更强的能力①。这两项研究都是通过测试线索和目标之间的多个刺激启动异步(SOA)来衡量警觉效应，而定向效应则是通过比较在有人参与和无人参与的位置上目标刺激之间的反应时间差来衡量的。然而，在本研究中，注意网络测试的定向网络和警觉的效率在运动员和非运动员中相当。这与 Voss 等人的元分析是一致的。他们发现运动员经验在注意线索范式中的影响很小，没有统计学意义，这与本研究中注意网络测试中的警觉和定向网络测试相似。不一致的一个可能原因是实验范式不同。本研究中使用的注意网络测试是一个相对简单的任务，测量定向的响应时间可能受到天花板效应的影响。此

① ENNS J T, RICHARDS J C. Visual attentional orienting in developing hockey players[J]. Journal of experimental child psychology, 1997, 64(2): 255-275.

外，非运动员组的参与者似乎定期参加体育锻炼，这可以改善他们的认知功能。运动员执行控制网络的选择性增强与之前的研究相似，这些研究主要关注慢性运动或急性运动对警觉、定向和执行控制的影响，使用了类似的注意网络测试版本。Pérez 等人发现主动参与者和被动参与者在执行网络上存在差异，而在警觉网络和定向网络上未观察到差异。运动员执行网络功能优越的一个可能原因是体育活动的认知效益。此外，有人提出，在认知障碍的环境中进行的锻炼在诱导神经和认知方面的益处方面比单独锻炼更有效①。乒乓球运动员在丰富的环境中训练和比赛，包括身体和心理上的挑战。然而，目前的研究还不能推断运动经验与注意网络功能之间的因果关系。有可能发展出强大执行控制技能的人更有可能成为运动员。Vestberg 等人认为，执行控制能力高的个体更容易成为运动员，并且该能力可以在训练中得到进一步提高。因此，运动参与可能是观察到注意网络存在差异的原因之一。

根据本书关于探讨运动与注意网络功能的研究结果，运动可能会对注意网络功能产生影响，因此，本书试图探索运动与老年人注意网络功能的关系。与年龄相关的注意力、记忆、处理速度和推理障碍在成年期出现，并发展到老年。注意力是大脑的基本功能，通过选择性地关注相关信息而避开其他信息以确保我们与环境进行有效互动；然而，这个功能对年龄特别敏感。越来越多的证据表明体育锻炼对注意力有积极影响。一项包括了 44 篇文章的系统综述(效应大小从 0.2 到 0.8)表明，急性运动、有氧运动和有氧健身干预可能对持续和选择性注意有积极影响②。此外，有一篇综述表明，与久坐的成年人相比，参加球类运动或快速运动(如网球和武术)的老年人表现出更好的视觉注意力③；因此，运动方式可能与注意功能有关。此外，一项随机对照实验的元分析表明，与久

---

① FABEL K, WOLF S, EHNINGER D, et al. Additive effects of physical exercise and environmental enrichment on adult hippocampal neurogenesis in mice [J]. Frontiers in neuroscience, 2009, 3: 994.

② FERNANDES M de Sousa A, Medeiros A R, Del Rosso S, et al. The influence of exercise and physical fitness status on attention: A systematic review[J]. International review of sport and exercise psychology, 2019, 12(1): 202-234.

③ MUIÑOS M, BALLESTEROS S. Does physical exercise improve perceptual skills and visuospatial attention in older adults? A review[J]. European review of aging and physical activity, 2018, 15(1): 1-12.

坐不动的对照组相比，打太极拳的老年人在注意力和处理速度方面有显著改善①。

以往的研究已经使用注意网络测试任务揭示武术训练、乒乓球训练和急性期有氧运动对年轻人注意力网络的三个组成部分的影响。一项随机对照试验表明，与拉伸对照组相比，哈他瑜伽组老年人在三个注意网络方面没有显著效果②。与开放性技能练习(如乒乓球和羽毛球)相比，瑜伽是一种典型的闭锁性技能练习，在一个相对稳定、可预测和自我节奏的环境中进行。开放性技能训练是指要求锻炼者在动态变化、不可预测的环境中做出反应。一些研究表明，在老年人中，开放性技能练习比闭锁性技能练习有更多的认知好处③。开放性技能练习的额外认知效益主要归因于环境的丰富和体育锻炼中认知需求的增加。Diamond 认为有氧运动缺乏认知成分，因此产生的认知效益很少或没有。作者建议体育训练应该从简单的运动扩展到有思想的运动④。

一些研究表明，高龄伴随着注意力下降，而体育锻炼可以延缓这种下降。然而，关于不同的运动模式如何影响老年人的认知领域的信息仍然有限。因此，本书再次进行研究，试图通过阐明不同的锻炼模式是否对注意网络功能的某些组成部分产生不同的益处(即改善)来扩展现有的知识。具体而言，该项研究关注的是两种运动模式如何影响老年人在进行注意网络测试任务时的注意网络功能。基于已发表文献的现有信息，提出 2 个假设：①在注意网络测试中，开放性技能和闭锁性技能锻炼者的表现均优于久坐对照组；②在执行控制网络功能方面，开放性技能锻炼者优于闭锁性技能锻炼者。

二、研究方法

该项研究通过张贴招募启事的方式从各个社区的老年中心招募参与者，要

① KELLY M E, LOUGHREY D, LAWLOR B A, et al. The impact of exercise on the cognitive functioning of healthy older adults: A systematic review and meta-analysis[J]. Ageing research reviews, 2014. 16: 12-31.

② GOTHE N P, KRAMER A F, MCAULEY E. Hatha yoga practice improves attention and processing speed in older adults: Results from an 8-week randomized control trial[J]. The journal of alternative and complementary medicine, 2017, 23(1): 35-40.

③ DAI C T, CHANG Y K, HUANG C J, et al. Exercise mode and executive function in older adults: An ERP study of task-switching[J]. Brain and cognition, 2013, 83(2): 153-162.

④ DIAMOND A. Effects of physical exercise on executive functions: Going beyond simply moving to moving with thought[J]. Annals of sports medicine and research, 2015, 2(1): 1011.

求参与者年龄为60—81岁。所有参与者需要满足以下标准：①右利手；②视力正常或矫正到正常；③在迷你精神状态检查(MMSE)中得分高于25分；没有出现痴呆症状；④体质指数正常(BMI指数高于18.5且小于30)；⑤无脑损伤、精神、神经障碍和心血管疾病。所有符合条件的参与者都需要填写国际体育活动问卷(IPAQ，中文版)和运动方式问卷，随后根据他们的运动方式将其分为开放性运动组、闭锁性运动组和久坐组。

中文版的IPAQ已被证明具有良好的信度和效度①，并通过运动模式问卷获得参与者运动的详细信息，包括具体的运动模式、每周的频率、每次锻炼的持续时间以及参与某种运动模式的年数。这两份问卷已在之前的研究中采用②。开放性运动组参与者需要符合在前一年内每周至少参加3次开放性运动(如乒乓球、羽毛球)，每次30分钟的标准。闭锁性运动组需要以相同的频率参加过闭锁性运动(即慢跑、游泳)。同时参加开放性运动和闭锁性运动的参与者被排除在外。久坐组需要在IPAQ中显示是不活动或低活动水平，且没有定期锻炼。

最终纳入的参与者年龄($F_{(2,256)}=1.10$，$p=0.33$)、受教育程度($F_{(2,256)}=1.11$，$p=0.33$)、身高($F_{(2,256)}=1.93$，$p=0.15$)、体重($F_{(2,256)}=1.47$，$p=0.23$)、BMI($F_{(2,256)}=0.21$，$p=0.81$)、简易精神状态检查($F_{(2,256)}=1.82$，$p=0.17$)差异均无统计学意义。体力活动水平存在统计学意义($F_{(2,256)}=18.46$，$p<0.01$)。LSD事后比较显示，开放性运动组和闭锁性运动组比久坐组进行了更高水平的体育锻炼($p<0.01$)，而开放性运动组和闭锁性运动组之间没有显著差异。参与者的主要特征见表3-15。

表3-15　参与者主要特征表

项目	久坐组 ($n=87$)	闭锁性运动组 ($n=87$)	开放性运动组 ($n=85$)
男性人数	41	38	40
年龄	65.9±6.3	65.5±5.8	66.8±5.5
教育年限	11.4±2.3	10.9±2.3	11.3±2.6

① LIOU Y M, JWO C J C, YAO K G, et al. Selection of appropriate Chinese terms to represent intensity and types of physical activity terms for use in the Taiwan version of IPAQ[J]. Journal of nursing research, 2008, 16(4): 252-263.

② DAI C T, CHANG Y K, HUANG C J, et al. Exercise mode and executive function in older adults: An ERP study of task-switching[J]. Brain and cognition, 2013, 83(2): 153-162.

表 3-15(续)

项目	久坐组 (n=87)	闭锁性运动组 (n=87)	开放性运动组 (n=85)
身高/cm	161.3±5.8	161.8±5.5	163.0±7.1
体重/kg	62.3±6.0	62.1±5.9	63.8±9.4
BMI/(kg·m^{-2})	24.0±2.3	23.8±2.2	24.0±2.9
MMES	27.9±1.4	28.2±1.6	28.3±1.2
IPAQ/(METs·$周^{-1}$)	4458.8±2770.8	6683.9±3031.9	6737.4±2631.0

注：MMSE—简易精神状态检查；IPAQ—国际体育活动问卷；METs—代谢等价物。

采用注意网络测试(ANT)对老年人的注意网络功能进行测评(图 3-26)。在每次实验开始时，屏幕中央将出现一个固定的十字注视点。线索刺激在 400~1600 毫秒的随机间隔后呈现。该任务提供的线索刺激包含四种可能的情况：中心线索、双线索、空间线索或无线索。在提供中心线索的情况下，星号取代十字注视点。在提供双线索的情况下，两个星号分别显示在十字注视点的上方和下方。在提供空间线索的情况下，星号显示在固定物的上方或下方。在无线索的情况下，屏幕中央持续呈现十字注视点。这些星号作为线索刺激，提供即将到来的目标刺激的位置信息，并在屏幕上保持呈现 100 毫秒。空间线索提供了关于目标刺激位置的额外有效信息。在线索刺激呈现后，十字注视点再次呈现在屏幕中央，呈现时间为 400 毫秒。随后，根据之前线索刺激呈现的位置，在屏幕的特定位置呈现目标刺激。在空间线索情况下，目标刺激呈现与线索刺激呈现的位置相同。该阶段 5 个目标刺激水平排列，可是 5 个水平排列的箭头也可能是中间为箭头，在箭头左右两侧分别呈现 2 条线段。5 个目标刺激的呈现包括三种不同的情况：一致情况(其他 4 个箭头指向与中心箭头的指向相同)，不一致情况(其他 4 个箭头指向与中心箭头的指向相反)，或中性情况(中心箭头和 4 条没有方向信息的线段)。目标刺激维持 1700 毫秒或参与者做出响应。参与者被要求对中心箭头的方向做出尽可能快、尽可能准确的反应。如果箭头指向左边，参与者用左手食指按数字键盘的“1”键，如果箭头指向右边，参与者用右手食指按“3”键。数字键盘与屏幕中间对齐。参与者被要求在整个任务中将注意力集中在十字注视点上。整个注意网络测试任务有 4 个组块构成，每个组块包括 48 个试次，每个人一共需要完成 192 个试次。在每个组块内，所有 48 个实验都是由四种线索情况(无线索、中心线索、双线索和空间线索)、三种侧翼情况(一致、不一致和中性)、两个箭头方向(左或右)和两个目标显示位置(十字注视点上方或下方)的组合。

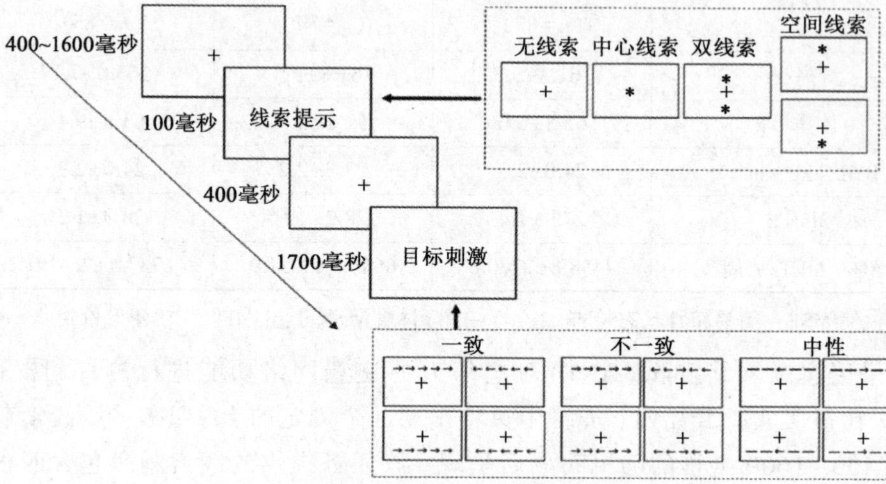

图 3-26 注意网络测试(ANT)的刺激和实验范式

三、研究结果

(一)平均反应时

所有不正确的实验或与个体均值相差三个标准差的实验均被排除在反应时分析之外。组别的主效应显著($F_{(2,\ 256)}=7.79$, $p<0.01$, $\eta_p^2=0.06$)。事后比较显示，开放性运动组和闭锁性运动组比久坐组更快。侧翼类型($F_{(2,\ 512)}=1285.12$, $p<0.01$, $\eta_p^2=0.83$)和线索类型($F_{(3,\ 768)}=188.50$, $p<0.01$, $\eta_p^2=0.42$)的主效应也显著。无线索情况下的反应时最长，空间线索情况下的反应时最短。与一致和中性情况相比，不一致情况下的反应时更长。侧翼类型与线索类型($F_{(6,\ 1536)}=18.16$, $p<0.01$, $\eta_p^2=0.07$)、组别与侧翼类型($F_{(4,\ 1024)}=18.72$, $p<0.01$, $\eta_p^2=0.13$)交互作用显著。侧翼型与组别间交互作用分析显示，在不一致情况下，开放性运动组的反应速度明显快于闭锁性运动组和久坐组。相比之下，在一致和中性情况下的组之间没有发现差异。线索与侧翼类型的交互作用分析显示，在所有线索情况下，一致情况与不一致情况、不一致情况与中性情况之间存在显著差异。在任何线索情况下，均未发现一致情况与中性情况之间的显著差异。组别×线索类型($F_{(6,\ 1536)}=1.23$, $p=0.29$, $\eta_p^2=0.01$)和组别×线索类型×侧翼类

型($F_{(12,\ 3072)}$ = 1.01, p=0.44, η_p^2=0.01)间无显著交互作用。不同运动模式组关于不同线索和侧翼类型的平均反应时和标准差的数据见表 3-16。

表 3-16　三个运动模式组关于不同线索和侧翼的平均反应时和标准差

组别	侧翼类型	线索类型			
		无线索	中心线索	双线索	空间线索
久坐组	一致	662.92±97.65	638.88±93.93	635.77±84.52	629.05±98.99
	不一致	728.84±106.75	730.01±99.70	721.36±97.90	701.28±105.11
	中性	646.17±99.03	625.88±81.35	630.36±93.30	622.26±91.99
闭锁性运动组	一致	640.06±68.25	614.99±75.47	617.30±73.66	605.30±71.25
	不一致	698.26±76.81	697.93±80.24	687.14±79.41	668.02±77.45
	中性	625.32±64.10	602.78±63.19	605.63±66.80	590.41±57.21
开放性运动组	一致	622.63±70.35	599.89±73.85	596.86±76.51	593.05±74.06
	不一致	665.28±83.70	666.93±73.94	654.36±79.93	633.25±77.97
	中性	615.44±71.65	599.82±61.84	590.92±70.15	580.25±70.97

(二)准确性

在准确性分析中，组别($F_{(2,256)}$ = 4.47, p = 0.01, η_p^2 = 0.03)和侧翼类型($F_{(2,512)}$= 86.09, p<0.01, η_p^2=0.25)的主效应显著。线索类型的主效应不显著($F_{(3,768)}$= 0.30, p=0.82, η_p^2<0.01)。组别与侧翼类型($F_{(4,1024)}$= 1.10, p=0.36, η_p^2=0.01)、侧翼类型×提示类型($F_{(6,\ 1536)}$= 2.03, p=0.11, η_p^2=0.01)、线索类型×组别($F_{(6,\ 1536)}$= 2.38, p=0.10, η_p^2=0.02)、线索×组别×侧翼类型($F_{(12,\ 3072)}$ = 1.85, p=0.21, η_p^2=0.01)之间无显著交互作用。根据线索和侧翼类型，三个运动模式组的平均准确度和标准差的描述数据如表 3-17 所示。

表 3-17　三个运动模式组的平均准确度和标准差

组别	侧翼类型	线索类型			
		无线索	中心线索	双线索	空间线索
久坐组	一致	97.41±4.63	97.99±5.99	96.26±6.06	98.49±3.56
	不一致	97.13±5.29	94.32±6.71	93.97±8.00	94.40±6.32
	中性	97.77±4.95	97.49±4.81	97.99±5.00	96.98±4.66

表 3-17(续)

组别	侧翼类型	线索类型			
		无线索	中心线索	双线索	空间线索
闭锁性运动组	一致	96.77±4.75	98.78±3.28	97.99±3.63	97.27±4.74
	不一致	95.69±7.88	94.25±7.99	95.40±6.57	94.25±5.74
	中性	97.41±5.09	97.92±3.77	97.77±4.15	98.20±2.84
开放性运动组	一致	98.38±3.22	97.94±3.25	98.46±3.18	98.46±3.97
	不一致	95.88±4.48	96.91±5.25	95.44±6.35	96.91±4.59
	中性	97.94±2.95	96.99±4.27	99.26±2.24	98.46±3.60

(三)三种注意网络效率的组间差异

对注意系统(警觉网络、定向网络和执行控制网络)各组成部分的效率进行了单因素方差分析。执行网络组间差异显著($F_{(2,\ 256)} = 20.78$, $p<0.01$)。事后分析显示，开放性运动组的执行网络效率显著高于闭锁性运动组($p<0.01$)和久坐组($p<0.01$)，闭锁性运动组显著高于久坐组($p<0.01$)。在警觉网络($F_{(2,\ 256)} = 0.64$, $p = 0.53$)和定向($F_{(2,\ 256)} = 1.62$, $p = 0.20$)网络中未观察到显著差异(图3-27)。

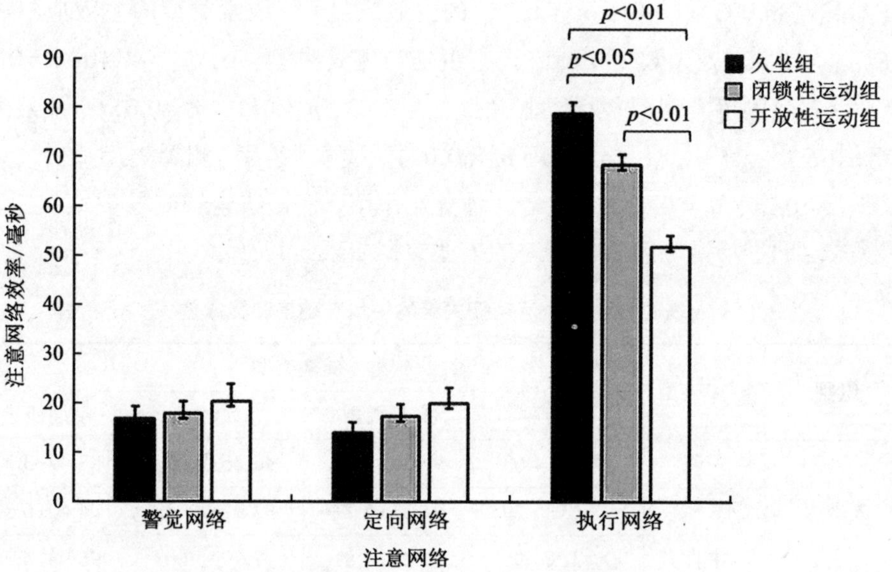

图 3-27　不同健身活动类型老年人的三个注意网络的效率

考虑到三组间的整体反应时存在微显著性差异（$F_{(2, 256)} = 7.79$），$p<0.01$，开放性运动组、闭锁性运动组和久坐组的反应时分别为 618，638 和 664 毫秒，三种注意网络的效率除以每个参与者的整体反应时，这种效率被称为注意力网络的比例分数。执行网络的比例得分组间差异有统计学意义（$F_{(2, 256)} = 15.99$，$p<0.01$）。事后分析表明了开放性运动锻炼者得分比例显著高于久坐对照组（$p<0.01$）。相比之下，警觉网络（$F_{(2,256)} = 1.73$，$p=0.18$）和定向（$F_{(2,256)} = 2.22$，$p=0.11$）网络没有观察到显著差异（图 3-28）。

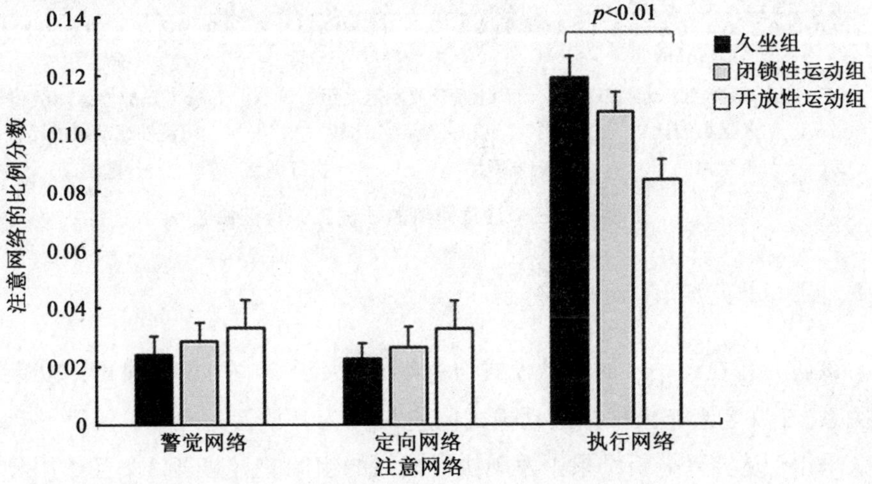

图 3-28　不同健身活动类型老年人的三个注意网络的比例分数

（四）被试工作特征（ROC）分析

为了评估注意网络测试成分是否能够区分不同运动模式的老年人，我们进行了被试工作特征分析，并计算 ROC 曲线下面积（AUC）。在闭锁性运动组与久坐组之间，警觉网络 AUC 值（AUC 值=0.46，$p=0.41$，95% CI[0.38，0.55]）、定向网络 AUC 值（AUC 值=0.48，$p=0.58$，95% CI[0.39，0.56]）和执行网络 AUC 值（AUC 值=0.58，$p=0.09$，95% CI[0.49，0.66]）不显著。开放性运动组与久坐组之间，警觉网络（AUC 值=0.43，$p=0.13$，95% CI[0.35，0.52]）和定向网络的 AUC 值（AUC 值 0.44，$p=0.20$，95% CI[0.36，0.53]）差异不显著。然而，执行网络的 AUC 值（AUC 值=0.77，$p<0.01$，95% CI[0.70，0.84]）是显著的。在闭锁性运动组和开放性运动组之间，警觉网络（AUC=0.46，$p=0.38$，95% CI[0.37，0.55]）和定向网络（AUC=0.47，$p=0.46$，95% CI[0.38，0.55]）的 AUC 值不显著。然而，执行网络的 AUC 值（AUC 值=0.69，$p<0.01$，95% CI

[0.61, 0.77])是显著的(图 3-29)。

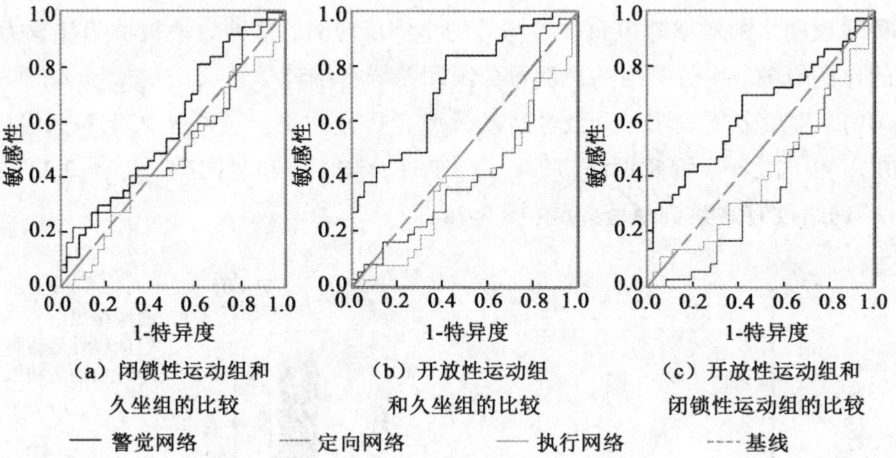

图 3-29　三个注意网络的被试工作特征曲线

四、研究结论

该研究旨在评估不同运动模式与老年人(大于 60 岁)的注意网络功能之间的关系。259 名老年人根据运动模式问卷被分为开放性运动组、闭锁性运动组和久坐组。从方差分析结果中发现执行网络的组间差异显著。交互作用分析结果表明，在不一致情况下，开放性运动组的反应速度比闭锁性运动组和久坐组都更快。此外，执行控制的降低伴随着较慢的处理速度。因此，计算注意网络的比例分数是可能的。在控制了一般的处理速度后，开放性运动组比久坐组表现出更好的执行控制能力。各组之间的警觉网络和定向网络相似，这与之前的研究结果一致，年轻的成年慢性锻炼者表现出与对照组水平相当的警觉性和定向性①。为了加强选择性增强的效应，ROC 分析显示，在老年人中，执行网络在区分开放性运动组和对照组方面比警觉网络和定向网络具有更大的能力。这些结果与之前的一项研究相似，该研究表明，大学水平的乒乓球运动员对注意网络的执行网络表现出选择性的增强②。因此，开放性运动的执行网络在年轻人和老年人中都有选择性的增强。

① PÉREZ L, PADILLA C, PARMENTIER F B R, et al. The effects of chronic exercise on attentional networks[J]. PLOS one, 2014, 9(7): e101478.

② WANG B Y, GUO W, ZHOU C L. Selective enhancement of attentional networks in college table tennis athletes: A preliminary investigation[J]. PeerJ, 2016, 4(12): e2762.

衰老与注意力障碍有关。关注年龄与三个注意网络之间关系的研究表明，警觉、定向和执行功能受到年龄的不同影响。总的来说，这些研究得出的结论是定向网络随着年龄的增长而保持正常水平。然而，其他两个网络的相关研究得到的结果不太一致。例如，专注于注意网络测试中年龄差异的研究表明，执行网络存在年龄相关性的下降；然而，当考虑到与年龄相关的反应时变慢时，年轻人和老年人之间没有差异。大多数关于警觉网络的研究都显示了与年龄相关的衰退，只有一项研究报告没有显示与年龄相关的衰退。更具体地说，一项关注轻度神经认知障碍老年人注意网络效率的研究表明，与健康老年人相比，轻度神经认知障碍组老年人的执行网络效率较低，处理速度较慢。

以往的研究结果表明，体育锻炼和注意力训练可以增强注意功能。据我们所知，该研究是第一个探索老年人运动方式和注意力网络之间关系的研究。研究中将体育锻炼分为两种不同的模式：开放性运动和闭锁性运动。与闭锁性运动相比，开放性运动是在不可预测的环境中进行的，需要投入更高的认知努力。开放性运动同时结合了身体锻炼和认知训练。由于他们的认知挑战环境，开放性运动更能有效地诱导运动员、老年人和发育协调障碍(DCD)儿童的认知效益。该项研究结果支持那些关注老年人的研究，即与闭锁性运动组相比，开放性运动组能表现出更好的执行功能、视觉空间注意和工作记忆。

此外，在本研究中，闭锁性运动组和久坐组老年人在注意网络的比例得分上没有观察到显著差异。比例分数用于控制反应时的组间差异影响警觉网络、定向网络和执行网络效率的可能性。比例分数分析的结果与之前在老年人中进行的研究相对应，结果显示，在转换任务①和视空间短期记忆②方面，闭锁性运动组和久坐组之间没有行为差异。相比之下，开放性运动组与久坐组之间观察到显著差异。这种差异可能是因为之前的研究采用了横断面设计，参与者数量相对较少。在本书的研究中，与闭锁性运动相比，开放性运动增强了老年人的认知功能。

本研究存在一定的局限性。从实验设计的角度来看，横断面设计仅揭示了老年人运动方式与注意网络之间可能存在的关系。此外，开放性运动比闭锁性运动需要更多的社会互动，这可能也解释了两组之间的差异。因此，未来需要通过纵向研究来揭示这些因果关系。从实验实施的角度来看，测试时间没有严

---

① DAI C T, CHANG Y K, HUANG C J, et al. Exercise mode and executive function in older adults: An ERP study of task-switching[J]. Brain and cognition, 2013, 83(2): 153-162.

② GUO W, WANG B, LU Y, et al. The relationship between different exercise modes and visuospatial working memory in older adults: A cross-sectional study[J]. PeerJ, 2016, 4: e2254.

格控制。Knight 发现，老年人在早晨的警觉网络表现最好，而其他两个网络不受一天中的时间影响①。本研究在上午或下午进行，因此，警觉网络中不显著的差异可能被测试的时间所掩盖。

① KNIGHT M, MATHER M. Look out: it's your off-peak time of day! Time of day matters more for alerting than for orienting or executive attention[J]. Experimental aging research, 2013, 39(3): 305-321.

第四章

靶向健身模式延缓认知老化的元分析研究

本章将基于现有的文献数据，通过元分析的方法对运动联合认知干预及富认知运动(包括开放性运动及运动类视频游戏)两种靶向健身模式延缓认知老化的科学性与有效性进行验证。元分析是循证医学、循证教育学、循证咨询等循证实践常用的定量分析方法，用以概括多个研究结果的系统评价。相较于传统文献综述的方法，元分析可以对多个同类独立研究的研究结果进行汇总和合并分析，以达到增加样本量。提高检验效能的目的，尤其是当多个研究结果不一致或都没有统计学意义时，采用元分析可以得到更加接近真实情况的分析结果。本章将通过元分析对运动与认知联合干预、运动类视频游戏及开放性运动这三类典型的靶向健身模式对延缓认知老化的效果进行归纳总结，主要关注的认知老化靶点包括执行功能、注意功能和记忆功能。

第一节　运动与认知联合干预对老年人整体认知功能影响的元分析研究

一、研究背景

多项研究结果表明，老年人的认知功能具有可塑性，并且可以通过运动健身的方式抑制与年龄相关的认知衰退。大量的研究结果表明运动干预可以有效延缓老年人整体认知功能的下降。Amjad 等人对老年人进行 6 周的有氧健身干预，通过测量在单次运动后的短期效果以及 18 次治疗后的长期效果，结果发现，有氧运动是一种能够提高老年人认知功能的非药物性行为干预方法[①]。此外，高亮和张樱收集了有关运动对老年人认知功能影响的相关文献，并对其进行元分析，结果发现，参与体育运动的老年人记忆力、执行功能、注意力和语言流畅性都得到了显著的改善[②]。这与之前的一些系统综述和元分析的结论一致，即体育运动可以延缓老年人整体认知功能下降。这可能是由于运动引起了与认知衰退减缓有关的脑源性神经营养因子(BDNF)的增加。

除了体育运动，认知训练干预已被证明可以有效延缓认知衰老。认知训练可以增强多巴胺能神经元传递，从而巩固和增强老年人的认知表现。研究结果表明，基于认知训练的干预对处于不同认知状态的老年人的认知功能有积极影响。例如，Chen 等人对老年人进行了为期 10 周的认知训练，并测量他们在训练前和训练后的空间工作记忆、数字工作记忆、推理和日常解决问题的能力。结果显示，认知训练显著改善了所有干预组的认知功能[③]。这一结果也得到了 Hill 等人的支持。他们对老年人进行十期记忆(言语情景记忆)、推理(归纳推理)或处理速度(视觉搜索和识别)训练，结果发现，认知训练导致了特定于能力训练的认知能力的改善，并发现认知训练对老年人的认知功能具有长期的维持效益。此外，有学者整理了认知训练对患有轻度认知功能障碍和痴呆的老年人认知功能影响的研究，并进行了元分析，结果发现，认知训练对促进轻度认知功能障碍老年人的整体认知功能也产生了显著的干预效益[④]。

近年来，研究者开始关注运动干预和认知训练的联合运用对老年人认知功能的促进效益。运动干预可以增强细胞增殖和突触可塑性，认知训练可以引导和整合新的神经元和突触到已有的神经网络中，因此，运动干预和认知训练相结合的联合干预可能会比单一的干预方式产生更多的认知效益。基于该观点，研究者将有氧健身与认知训练进行联合，对健康老年人进行 4 个月的训练并与

① AMJAD I, TOOR H, NIAZI I K, et al. Therapeutic effects of aerobic exercise on EEG parameters and higher cognitive functions in mild cognitive impairment patients[J]. International journal of neuroscience, 2019, 129(6): 551-562.

② 高亮，张樱.运动锻炼延缓老年人认知功能下降的元分析[J].北京体育大学学报，2020,43(12):104-114.

③ CHEN B, WEI Y L, DENG W G, et al. The effects of cognitive training on cognitive abilities and everyday function: A 10-week randomized controlled trial[J]. The international journal of aging and human development, 2018, 86(1): 69-81.

④ HILL N T M, MOWSZOWSKI L, NAISMITH S L, et al. Computerized cognitive training in older adults with mild cognitive impairment or dementia: A systematic review and meta-analysis[J]. American journal of psychiatry, 2017, 174(4): 329-340.

单一的有氧健身、单一的认知训练以及对照组进行比较。结果发现认知和运动相结合的干预方式相比单一的运动或认知干预可以更大程度地改善健康老年人的认知功能。Lauenroth 等人总结和评估了运动与认知联合干预在提高老年人认知功能中的作用。结果表明，无论是同时进行或继时将运动和认知训练结合起来，都比单一的运动干预或单一的认知训练更成功①。与此同时，Zhu 等人也整理了 20 项关于认知和运动联合干预对健康老年人认知功能的影响研究，并进行了元分析。结果显示，联合干预组对老年人认知功能的影响效果优于单一运动组和对照组②。为了更深层次的探讨联合干预对不同认知状态老年人的干预效果，Donnezan 等人招募了认知状态评定为轻度认知障碍的老年人作为研究对象，探讨运动与认知联合干预对轻度认知障碍老年人认知功能的影响，也发现了联合干预比单一运动或认知干预更有效③。此外，Karssemeijer 等人在痴呆患者中仍然发现了相似的结果④。上述研究表明，对于不同认知状态的老年人，认知和运动联合干预都起着重要的作用。然而，Fiatarone 等人却得到了不一致的结果。该研究探讨了运动与认知联合干预对轻度认知障碍老年人认知功能的影响，结果发现，相比单一的运动干预，联合干预并未产生显著的干预效果⑤。此外，这一研究争议也存在于健康老年人被试群体中。因此，对于运动与认知的联合干预对于不同认知状态老年人的干预效益并没有得出明确的结论。

运动与认知联合干预的干预效益不仅在不同认知状态的老年人中存在争议，而且对于不同的组合模式所产生的效果也值得探讨。运动和认知训练组合方式有两种，一种是在进行认知任务的同时进行运动(同时)，另一种是先进行

① LAUENROTH A, IOANNIDIS A E, TEICHMANN B. Influence of combined physical and cognitive training on cognition: A systematic review[J]. BMC geriatrics, 2016, 16: 1-14.

② ZHU X Y, YIN S F, LANG M J, et al. The more the better? A meta-analysis on effects of combined cognitive and physical intervention on cognition in healthy older adults[J]. Ageing research reviews, 2016, 31: 67-79.

③ DONNEZAN L C, PERROT A, BELLEVILLE S, et al. Effects of simultaneous aerobic and cognitive training on executive functions, cardiovascular fitness and functional abilities in older adults with mild cognitive impairment[J]. Mental health and physical activity, 2018, 15: 78-87.

④ KARSSEMEIJER E G A, AARONSON J A, BOSSERS W J R, et al. The quest for synergy between physical exercise and cognitive stimulation via exergaming in people with dementia: A randomized controlled trial[J]. Alzheimer's research & therapy, 2019, 11(1): 1-13.

⑤ FIATARONE S M A, GATES N, SAIGAL N, et al. The Study of Mental and Resistance Training (SMART) study-resistance training and/or cognitive training in mild cognitive impairment: A randomized, double-blind, double-sham controlled trial[J]. Journal of the American medical directors association, 2014, 15(12): 873-880.

完认知或运动训练后，再进行另一项训练(继时)。例如，Takeuchi 等人采用双任务的运动与认知同时联合干预的方式，并发现这种联合方式有效地改善了老年人的认知功能并诱导了神经的改变①。这一认知促进效益也同样在继时的联合干预形式中被证明。如 Ji 等人将联合干预、认知干预、运动干预和对照组四组进行比较，探索联合干预对老年人认知功能的影响。在联合干预中，参与者首先完成 30 分钟的运动锻炼，然后再进行 15 分钟的语言流利性训练。结果发现，相比其他干预方式，这种继时的联合干预方式同样产生了显著的干预效果②。尽管上述研究结果表明了不同的联合干预形式均对老年人的认知功能产生了积极的干预效果，但是近年来的元分析结果对此却没有一个统一的定论。Zhu 等人的元分析结果表明，采用同时和继时的运动与认知联合干预均对老年人的认知功能产生了显著的干预效果，但是这一结果却与 Gheysen 等人的元分析结果不一致。在该元分析的联合干预组与控制组的比较结果中发现，采用同时的联合干预方式对老年人的认知功能产生了显著的增益效果，而继时的联合干预方式的增益效果则不显著③。

综上所述，虽然运动与认知联合干预对老年人认知功能具有促进效益，但有一些潜在的调节因素对联合干预产生的效果却存在着争议。因此，本书针对这些问题，整理了联合干预对老年人整体认知功能影响的相关研究，并使用 CMA 软件进行元分析，验证运动与认知的联合干预对老年人整体认知功能的影响，并进一步挖掘认知状态、联合方式等相关因素的调节作用。

二、研究方法

本书研究使用了 Prisma 指南进行了系统评价和报告，并对中国知网、万方数据库、Web of Science、Elsevier Science、PubMed、Nature 等数据库进行系统的检索，中文检索关键词包括：多成分运动、认知与运动联合训练、联合干预、

① TAKEUCHI H，MAGISTRO D，KOTOZAKI Y，et al. Effects of simultaneously performed dual-task training with aerobic exercise and working memory training on cognitive functions and neural systems in the elderly[J]. Neural plasticity，2020，2020：1-17.

② JI Z G，FENG T，MEI L N，et al. Influence of acute combined physical and cognitive exercise on cognitive function：An NIRS study[J]. PeerJ，2019，7(8)：e7418.

③ GHEYSEN F，POPPE L，DESMET A，et al. Physical activity to improve cognition in older adults：Can physical activity programs enriched with cognitive challenges enhance the effects? A systematic review and meta-analysis[J]. International journal of behavioral nutrition and physical activity，2018，15(1)：63.

双任务训练、认知功能、老年人；英文检索关键词包括：combined physical and cognitive training，multimodal training，dual-task，physical training，aerobic exercise，cognitive training，mental training，cognitive function，older adults。所选期刊中的文献均经过进一步筛选，并且在Google学术搜索中使用相同的搜索字词进行了额外的互联网搜索，以确定其他可能相关的文章。

在对文献进行审阅后，依据以下标准选择文献进行数据提取和分析。纳入标准：①研究设计。采用纵向干预的实验研究方法。②研究对象。50岁及以上的成年人，没有认知障碍症以外的神经疾病，如重度抑郁症。③干预方法。结合认知训练和运动干预的方法，且至少有一个比较组。④研究结果。测量结果必须包括认知功能的测量。⑤语种。中文或英文书写的文献。排除标准：①非干预类型的研究。②未发表的研究、摘要或论文。③综述类文献。④没有充分说明干预措施。⑤不能提取相关数据的研究。

此外，本书采用物理治疗证据数据库（PEDro）量表来评估纳入元分析中每一篇文献的质量。PEDro量表包含11项评价标准，旨在帮助评价者评估各项研究的内在效度和结果解释。当纳入的研究文献符合量表中的一项标准，得1分，最高得分11分。本研究使用8分或更高分数表示存在较低的偏倚风险，7分或更低分数被认为是高偏倚风险。

三、研究结果

共纳入47篇研究文献，文献特征表如表4-1所示，它们都报告了运动与认知联合干预对老年人整体认知功能的影响。

如图4-1、图4-2所示，联合干预对老年人整体认知功能的干预效果显著优于运动组（SMD＝0.26，95% CI［0.14，0.39］，$p<0.01$）和对照组（SMD＝0.20，95%CI［0.10，0.30］，$p<0.01$）。这表明运动与认知联合干预可以延缓老年人的认知功能，符合人类的大脑终生具有可塑性的观点。然而，未发现联合干预组与单一的认知训练组之间的差异性（SMD＝0.10，95% CI［－0.04，0.25］，$p=0.16$），但是其效应量达到了0.08。这表明，与单一认知组相比，联合干预的效果仍具有微弱的优势，如图4-3所示。

表 4-1　纳入文献基本特征信息表

研究	比较方式	样本量	年龄	认知状态	运动成分	认知成分	对照组活动	联合方式	干预方案
Anderson（2012）	CPI vs PI	CPI：38；PI：41	CPI：75.7±9.9；PI：81.6±6.2（≥55）	健康	卧式自行车	运动游戏（3D 骑行）	N/A	同时	45 分钟/次，5 次/周，3 个月
Ansai（2016）	CPI vs PI	CPI：39；PI：41	CPI：68.5±8.4；PI：68.5±6.3（≥60）	健康	耐力、肌肉力量、灵活性和平衡性练习	顺序记忆回忆任务	N/A	同时	50 分钟/次，3 次/周，12 周
Bae（2020）	CPI vs CG	CPI：140；CG：140	CPI：76.3±4.1；CG：76.4±4.2	轻度痴呆	肌肉力量、有氧和平衡练习	双任务训练	健康教育	继时	90 分钟/次，1 次/周，40 周
Barnes（2013）	CPI vs PI vs CI vs CG	CPI：32；PI：31；CI：31；CG：32	CPI：74.8±6.1；PI：71.1±5.5；CI：73.8±5.7；CG：73.9±6.3（≥65）	健康	有氧训练	视觉和听觉处理速度训练	健康视频教育活动	继时	60 分钟/次，6 次/周，12 周
Berthold（2013）	CPI vs CG	CPI：15；CG：17	CPI：77.5±4.5；CG：78.4±4.5（≥65）	健康	Stepping 游戏	Stepping 游戏	无	同时	15~20 分钟/次，2~3/周，8 周
Brinke（2019）	CPI vs CI vs CG	CPI：41；CI：41；CG：42	CPI：72.46±4.11；CI：72.88±5.17；CG：71.36±5.14（65—85）	健康	快走运动	认知训练（FitBrains）	健康教育活动	继时	60 分钟/次，3 次/周，8 周
Combourieu（2018）	CPI vs CI vs PI vs CG	CPI：21；PI：18；CI：16；CG：14	CPI：75.2±1.3；PI：77.1±1.44；CI：76.3±1.5；CG：79.2±4（≥65）	MCI	有氧运动	执行功能认知训练	N/A	同时	60 分钟/次，2 次/周，12 周

表 4-1(续)

Delbroek (2017)	CPI vs CG	CPI：10；CG：10	CPI：86.9±5.6；CG：87.5±6.6(≥75)	MCI	步行	记忆训练	无	同时	18-30min/周，2 次/周，6 周
Desjardins (2016)	CPI vs CI	CPI：22；CI：20	CPI：72.7±7.4；CI：73.2±6.3(≥60)	健康	健身房锻炼	数字、形状辨别任务	计算机课程学习	继时	180 分钟/次，3 次/周，12 周
Falbo (2016)	CPI vs PI	CPI：20；PI：16	CPI：71.5±6.7；PI：73.7±4.5(65—80)	健康	协调能力训练，力量、平衡、伸展运动	执行功能训练	N/A	同时	60 分钟/次，2 次/周，12 周
Fiatarone (2014)	CPI vs PI vs CI vs CG	CPI：27；CI：24；PI：22；CG：27	55—89	MCI	抗阻训练	记忆、注意、执行功能、认知加工速度训练	观看视频、伸展运动	继时	100 分钟/次，2~3 次/周，6 个月
Fogarty (2016)	CPI vs PI	CPI：22；PI：18	CPI：71.55±9.33；CI：72.61±5.78	MCI	太极拳	记忆训练	N/A	继时	90 分钟/次，2 次/周，10 周
Hagovska (2016)	CPI vs PI	CPI：40；PI：40	CPI：68.22±6.78；PI：65.95±5.68(≥65)	MCI	运动游戏	CogniPlus	N/A	同时	30 分钟/次，2 次/周，10 周
Hiyamizu (2012)	CPI vs CG	CPI：21；CG：22	CPI：72.9±5.1；CG：71.2±4.4(≥65)	健康	力量和平衡练习	计算、视觉搜索和语言流利性	无	同时	60 分钟/次，2 次/周，12 周
Jack (2011)	CPI vs CI vs PI vs CG	CPI：19；CI：18；PI：18；CG：18	76.4(70—85)	健康	有氧、灵活性训练	记忆训练	健康教育讲座	继时	110 分钟/次，1~2 次/周，4 个月

表 4-1(续)

研究	比较方式	样本量	年龄	认知状态	运动成分	认知成分	对照组活动	联合方式	干预方案
Ji (2019)	CPI vs CI vs PI vs CG	20	67±3.2	健康	基本锻炼	语言流利性测试	阅读	继时	认知组：15min；运动组：25min；联合组：30min
Kalbe (2018)	CPI vs CI	CPI：28；CI：23	CPI：68.22±7.96；CI：67.53±5.88(50—85)	健康	多成分运动成分(力量、灵活性和耐力)	记忆、注意和执行功能训练	N/A	继时	90 分钟/次，2 次/周，7 周
Kayama (2014)	CPI vs PI	CPI：26；PI：15	≥65	健康	有氧、力量和灵活性训练	涉及认知的踏步练习	N/A	同时	70~80 分钟/次，1 次/周，12 周
Kitazawa (2015)	CPI vs CG	CPI：30；CG：30	CPI：76.8±4.4；CG：75.5±3.7(≥70)	健康	双任务训练，Net-step 练习(NSE)	双任务训练，Net-step 练习(NSE)	N/A	同时	30 分钟/次，1 次/周，8 周
Kobe (2016)	CPI vs CG	CPI：21；CG：14	CPI：70±7.2；CG：70±5.2(60~80)	MCI	有氧训练	记忆训练	补充 Omega-3 脂肪酸	继时	135 分钟/次，2 次/周，6 个月
Leon (2015)	CPI vs PI vs CG	CPI：57；PI：46；CG：35	CPI：70.5±5.5；PI：72.6±5.0；CG：71.1±6.2	健康	有氧练习、肌肉力量练习	语音和视觉信号反应、记忆训练	无	同时	60 分钟/次，2 次/周，12 周
Linde (2014)	CPI vs CI vs PI vs CG	CPI：16；CI：11；PI：15；CG：13	67.06±3.55(60—75)	健康	有氧耐力联合力量训练	短期记忆训练、信息加工训练、逻辑推理训练	健身课程评估	继时	90 分钟/次，2 次/周，16 周

表 4-1(续)

Maffei (2017)	CPI vs CG	CPI：55； CG：58	CPI：74±4.8； CG：74.9±4.4 (65—89)	MCI	有氧运动训练	记忆、注意和执行功能训练	无	继时	认知：60 分钟/次，6 次/周，24 周； 运动：60 分钟/次，3 次/周，7 个月
Maillot (2012)	CPI vs CG	32	CPI：73.47±4.10； CG：73.47±3.00 (65—78)	健康	任天堂运动游戏	任天堂运动游戏	无	同时	60 分钟/次，2 次/周，12 周
McDaniel (2014)	CPI vs CI vs PI vs CG	CPI：24； PI：24； CI：23； CG：25	CPI：65±6； CI：64±4； PI：67±6； CG：64±7 (55—75)	健康	有氧运动	注意控制、前瞻性记忆、回忆训练	低强度家庭锻炼	继时	1~5 月： 40~45 分钟/次，3 次/周，5 个月的有氧训练； 70~75 分钟/次，3 次/周， 1 个月联合训练
Nishiguchi (2015)	CPI vs CG	CPI：24； CG：24	CPI：73.0±4.8； CG：73.5±5.6(≥60)	健康	拉伸运动、肌肉力量训练	语言流利性测试	无	同时	90 分钟/次，1 次/周，12 周
Nocera (2020)	CPI vs CI vs PI	CPI：13； CI：12； PI：12	CPI：72.1±1.6； CI：73.0±1.7； PI：69.5±1.6(60—89)	健康	有氧练习	Mindfit 程序	N/A	继时	45~65 分钟/次，2 次/周，12 周
Okamura (2018)	CPI vs PI	CPI：50； PI：50	CPI：82.4±8.0； PI：79.2±9.8(≥65)	痴呆	手臂测力练习	基于电脑的认知训练	N/A	同时	5 分钟/次，≥1 次/周，3 个月
Park (2019)	CPI vs CG	CPI：25； CG：24	CPI：70.55±6.46； CG：72.76±5.37(>60)	MCI	运动游戏	运动游戏	无	同时	110 分钟/次，2 次/周，24 周

表 4-1(续)

研究	比较方式	样本量	年龄	认知状态	运动成分	认知成分	对照组活动	联合方式	干预方案
Rahe (2015)a	CPI vs CI	CPI：25；CI：20	CPI：67.65±6.86；CI：68.44±7.36(50—85)	健康	力量、灵活性、平衡性和耐力	工作记忆、流利性、抑制和计划训练	N/A	继时	90 分钟/次，2 次/周，7 周
Rahe (2015)b	CPI vs CI	CPI：15；CI：15	CPI：67.13±4.09；CI：66.33±5.33(61—84)	健康	力量、灵活性和平衡练习	记忆、注意和执行功能训练	N/A	继时	90 分钟/次，2 次/周，7 周
Sato (2014)	CPI vs PI	CPI：7；PI：7	≥65	健康	水中伸展和放松练习	注意、加工速度、执行功能、记忆训练	水中伸展和放松练习	同时	60 分钟/次，1 次/周，10 周
Shah (2014)	CPI vs CI vs PI vs CG	CPI：51；CI：62；PI：64；CG：47	67.60±5.42 (60—85)	健康	步行、力量训练	健脑计划，Visual-based，Insight Program	无	继时	60 分钟/次，5 次/周，32 周
Shatil (2013)	CPI vs CI vs PI vs CG	CPI：29；CI：33；PI：29；CG：31	CPI：79±5.49；CI：80±5.43；PI：79±5.76；CG：81±5.25(50—90)	健康	有氧、力量和灵活性训练	大脑训练	阅读	继时	40 分钟/次，3 次/周，16 周
Shimada (2017)	CPI vs CG	CPI：137；CG：129	CPI：71.6±5.0；CI：71.6±4.9(≥65)	MCI	有氧、肌肉力量和平衡练习	认知训练	健康教育	继时	90 分钟/次，40 周

表 4-1(续)

Simona (2018)	CPI vs CG	CPI：5；CG：5	CPI：72.00±5.15；CG：74.60±6.43(≥65)	MCI	有氧训练	执行功能认知训练	无	同时	40~45 分钟/次，3 次/周，6 周
Theill (2013)	CPI vs CI vs CG	CPI：21；CI：16；CG：26	CPI：72.39±4.19；CI：73.33±6.08；CG：70.90±4.77 (65—84)	健康	步行	工作记忆训练	无	同时	30 分钟/次，2 次/周，10 周
Yoon (2013)	CPI vs CI	CPI：11；CI：9	CPI：77.9±7.5；CI：70.1±12.2	痴呆	重复动作	记忆训练	N/A	同时	30 分钟/次，3 次/周，12 周
You (2009)	CPI vs PI	CPI：8；PI：5	CPI：70.5±6.8；PI：68.0±3.3 (64—84)	健康	步行	单次记忆和算术任务	N/A	同时	30 分钟/次，5 次/周，6 周
蔡俊 (2019)	CPI vs CI	CPI：26；CI：26	60-80	MCI	渐进功能性动作训练	注意、记忆、语言、空间定向能力训练	N/A	继时	80 分钟/次，4 次/周，6 个月
陈秀 (2016)	CPI vs PI	CPI：30；PI：30	CPI：68.5±10.1；PI：69.1±9.3 (60—90)	健康	平衡能力测试	认知注意力测试	N/A	同时	30 分钟/次，7 次/周，4 周
刘梦 (2017)	CPI vs CG	CPI：42；CG：42	≥60	MCI	有氧、力量、平衡和灵活性训练	执行功能训练	健康讲座，慢性疾病的防治宣教	同时	30 分钟/次，5 次/周，3 个月
石永 (2015)	CPI vs CG	CPI：16；CG：16	CPI：67.1±6.31；CG：66.4±6.59 (60—75)	MCI	秧歌舞	观察力、分类能力、计算能力、想象力训练	药物治疗	继时	140 分钟/次，7 次/周，6 个月

表 4-1(续)

研究	比较方式	样本量	年龄	认知状态	运动成分	认知成分	对照组活动	联合方式	干预方案
王玲(2019)	CPI vs PI	CPI：30；PI：30	CPI：74.8±5.4；PI：75.6±4.2（60—85）	痴呆	有氧运动	正念运动	N/A	继时	有氧：60 分钟/次，3 次/周，12 周；正念训练：90~120 分钟/次，1 次/周，8 周
张洁(2015)	CPI vs CG	CPI：20；CG：20	CPI：86±4；CG：86±4（75—89）	痴呆	保健操练习	记忆障碍训练、定向力训练、思维障碍训练	无	继时	3 个月干预
张琰(2014)	CPI vs PI	CPI：40；PI：40	CPI：70.22±5.56；PI：69.85±5.45（≥60）	MCI	正念训练	正念训练	N/A	同时	60 分钟/次，2 次/周，12 周

注：CPI—运动与认知联合干预；PI—运动干预；CI—认知干预；CG—对照组；MCI—轻度认知障碍人群；N/A—无对照组比较。

Study name	Std diff in means	Lower limit	Upper limit	p-Value	Relative weight
Damirch (2018)	0.39	-0.48	1.25	0.38	1.30%
Berthold (2013)	0.37	-0.33	1.07	0.30	1.98%
Delbroek (2017)	0.24	-0.64	1.11	0.60	1.26%
Shatil (2013)	0.32	-0.20	0.84	0.22	3.59%
Kobe (2016)	-0.29	-1.15	0.57	0.50	1.32%
Fiatarone (2014)	0.17	-0.36	0.71	0.53	3.37%
Combourieu (2018)	0.55	-0.14	1.24	0.12	2.03%
Jack (2011)	-0.01	-0.68	0.66	0.99	2.16%
Linde (2014)	0.41	-0.33	1.15	0.28	1.76%
McDaniel (2014)	0.14	-0.51	0.80	0.66	2.29%
Nishiguchi (2015)	0.41	-0.16	0.98	0.16	2.95%
Park (2019)	-0.54	-1.16	0.09	0.09	2.48%
Theill (2013)	0.18	-0.46	0.82	0.58	2.37%
石永秀 (2015)	0.78	0.07	1.50	0.03	1.88%
张洁 (2015)	0.57	-0.07	1.20	0.08	2.43%
Shah (2014)	0.23	-0.21	0.68	0.31	4.85%
Ji (2019)	0.77	0.13	1.42	0.02	2.32%
Brinke (2019)	0.26	-0.17	0.70	0.24	5.12%
Hiyamizu (2012)	0.09	-0.58	0.75	0.80	2.22%
Kitazawa (2015)	0.05	-0.46	0.56	0.84	3.73%
Barnes (2013)	0.07	-0.42	0.57	0.77	4.00%
Shimada (2017)	0.28	0.05	0.50	0.01	19.22%
Simona (2018)	0.39	-0.87	1.65	0.54	0.61%
Maffei (2017)	0.11	-0.26	0.48	0.56	7.08%
Bae (2020)	0.04	-0.19	0.28	0.72	17.68%
Overall	0.20	0.10	0.30	0.00	

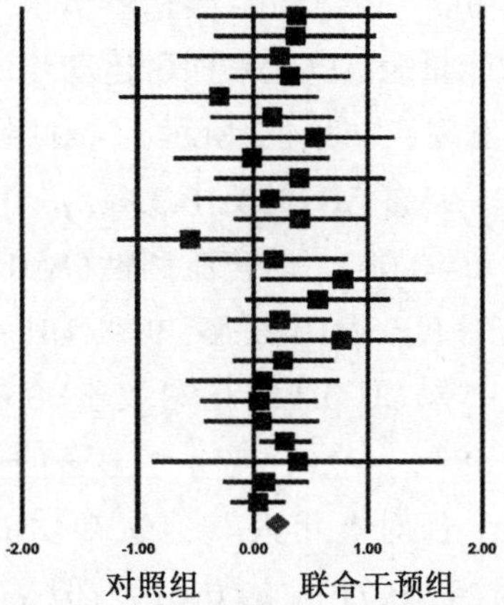

图 4-1　联合干预组对比对照组整体认知功能元分析森林图

Study name	Std diff in means	Lower limit	Upper limit	p-Value	Relative weight
Kalbe (2018)	0.15	-0.51	0.82	0.65	4.60%
Jack (2011)	-0.05	-0.73	0.62	0.87	4.50%
Linde (2014)	-0.03	-0.80	0.75	0.95	3.44%
Nocera (2020)	0.67	-0.23	1.58	0.15	2.51%
Rahe (2015) a	-0.06	-0.65	0.53	0.85	5.90%
Theill (2013)	-0.33	-1.06	0.41	0.38	3.77%
Rahe (2015) b	0.12	-0.61	0.84	0.75	3.92%
Shatil (2013)	0.01	-0.49	0.52	0.96	8.08%
McDaniel (2014)	0.43	-0.27	1.12	0.23	4.23%
Desjardins (2016	0.06	-0.55	0.67	0.85	5.55%
Combourieu (2018	0.13	-0.52	0.79	0.69	4.78%
Damirch (2018)	-0.11	-0.92	0.70	0.79	3.14%
Fiatarone (2014)	0.01	-0.54	0.57	0.96	6.75%
Shah (2014)	-0.03	-0.44	0.37	0.88	12.48%
Ji (2019)	0.76	0.12	1.40	0.02	4.96%
Brinke (2019)	-0.02	-0.46	0.41	0.92	10.84%
Barnes (2013)	0.12	-0.37	0.62	0.63	8.32%
Yoon (2013)	1.16	0.20	2.11	0.02	2.23%
Overall	0.10	-0.04	0.25	0.16	

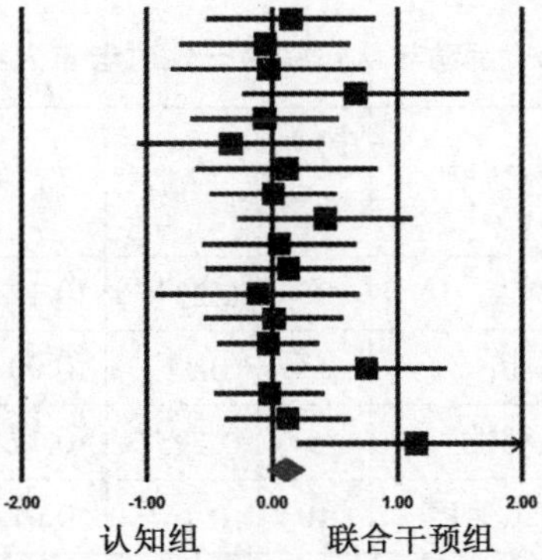

图 4-2　联合干预组对比运动组整体认知功能元分析森林图

Study name	Std diff in means	Lower limit	Upper limit	p-Value	Relative weight
Jack (2011)	-0.24	-0.92	0.44	0.48	3.37%
Linde (2014)	-0.10	-0.82	0.61	0.78	3.06%
Nocera (2020)	0.33	-0.47	1.13	0.42	2.45%
Shatil (2013)	0.29	-0.23	0.80	0.27	5.96%
McDaniel (2014)	0.94	0.28	1.59	0.00	3.65%
Fogarty (2016)	0.29	-0.34	0.92	0.36	3.95%
Falbo (2016)	0.04	-0.62	0.69	0.91	3.60%
Sato (2014)	0.12	-0.93	1.17	0.82	1.41%
Combourieu (2018)	0.04	-0.59	0.67	0.91	3.91%
Damirch (2018)	0.22	-0.59	1.03	0.59	2.37%
Hagovska (2016)	0.45	0.00	0.90	0.05	7.82%
Fiatarone (2014)	-0.07	-0.63	0.50	0.82	4.87%
Ansai (2016)	0.05	-0.39	0.49	0.82	8.03%
陈秀思 (2016)	1.12	0.57	1.66	0.00	5.20%
张琰 (2014)	0.79	0.33	1.25	0.00	7.29%
Shah (2014)	-0.19	-0.62	0.23	0.38	8.55%
Ji (2019)	0.42	-0.21	1.05	0.19	3.95%
Barnes (2013)	0.23	-0.27	0.72	0.38	6.28%
Okamura (2018)	0.05	-0.36	0.45	0.83	9.37%
Kayama (2014)	0.33	-0.31	0.97	0.31	3.79%
You (2009)	1.04	-0.15	2.23	0.09	1.11%
Overall	0.26	0.14	0.39	0.00	

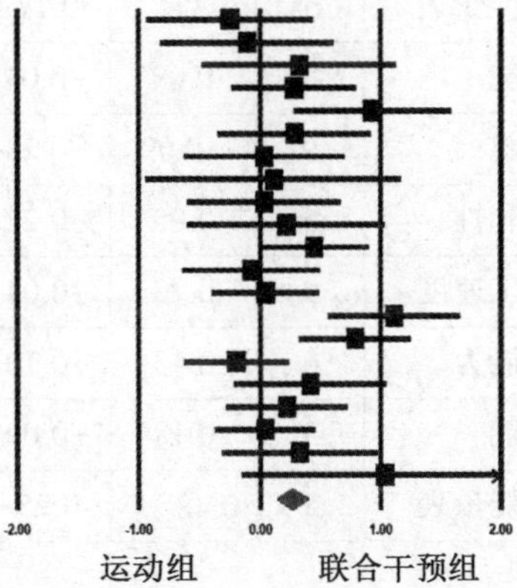

图 4-3　联合干预组对比认知组整体认知功能元分析森林图

本书还针对不同研究中对认知功能的测量，将测量任务划分为不同的认知领域，包括执行功能、记忆功能、注意功能、语言流利性、认知加工速度、视空间能力和认知功能量表，以此来探讨运动与认知干预对老年人不同认知功能的干预效果。结果发现，如表4-2所示，与对照组相比，联合干预对老年人的执行功能(SMD=0.23，95% CI[0.13，0.33]，$p<0.01$)、记忆功能(SMD=0.11，95% CI[0.00，0.23]，$p=0.04$)、语言流利性(SMD=0.29，95% CI[0.12，0.46]，$p<0.01$)、认知加工速度(SMD=0.16，95% CI[-0.01，0.30]，$p=0.02$)、视空间能力(SMD=0.43，95% CI[0.14，0.73]，$p<0.01$)和其他认知功能(SMD=0.32，95% CI[0.17，0.48]，$p<0.01$)产生了显著的干预效果。在联合干预与运动组比较中，发现联合干预对老年人其他认知功能产生了显著的干预效益(SMD=0.48，95% CI[0.25，0.71]，$p<0.01$)，但是该结果却存在显著的异质性($Q=29.81$，$I^2=86.58$，$p<0.01$)。在联合干预与认知组中，未发现联合干预对不同认知领域的显著干预效果。

表 4-2　运动与认知联合干预对老年人不同认知功能的干预效果

比较组	测量结果	研究数量	SMD	置信区间	I^2	异质性检验		
						Q	df	p
联合干预组比对照组	执行功能	22	0.23**	0.12~0.33	30.18	30.18	21	0.09
	记忆功能	13	0.11*	0.00~0.23	0	9.45	12	0.66
	语言流利性	5	0.29**	0.12~0.46	56.57	9.21	4	0.06
	认知加工速度	10	0.16*	0.01~0.30	65.08	25.78	9	0
	视空间能力	4	0.43**	0.14~0.73	0	0.16	3	0.98
	注意功能	6	0.23	-0.02~0.49	0	3.45	5	0.63
	认知功能量表	10	0.32**	0.17~0.48	0	3.91	9	0.65
联合干预组比运动组	执行功能	20	0.09	-0.04~0.22	74.04	73.2	19	0
	记忆功能	9	-0.09	-0.28~0.10	30.3	11.43	8	0.18
	语言流利性	5	0.05	-0.22~0.33	0	0.6	4	0.96
	认知加工速度	9	0.13	-0.04~0.30	71.74	28.31	8	0
	视空间能力	6	0.13	-0.10~0.37	54.01	10.87	5	0.05
	注意功能	5	0.18	-0.09~0.44	28.35	5.58	4	0.23
	认知功能量表	5	0.48**	0.25~0.71	86.58	29.81	4	0

表 4-2(续)

比较组	测量结果	研究数量	SMD	置信区间	I^2	异质性检验		
						Q	*df*	*p*
联合干预组比对照组	执行功能	17	0.12	−0.02~0.27	0	12.25	16	0.71
	记忆功能	11	−0.03	−0.20~0.14	0	7.78	10	0.65
	语言流利性	4	0.29	−0.06~0.64	0	1.78	3	0.62
	认知加工速度	8	0.14	−0.06~0.35	0	1.26	7	0.99
	视空间能力	3	0.25	−0.08~0.57	0	1.57	2	0.46
	注意功能	7	−0.1	−0.33~0.12	54.53	13.11	6	0.04
	认知功能量表	4	0.1	−0.20~0.40	17.61	3.64	3	0.3

注：SMD 为标准化均数差；* $p<0.05$；** $p<0.01$；认知功能量表包括 Alzheimer's disease assessment scale-cognitive subscale（ADAS-Cog），Mini-mental state examination（MMSE），Montreal cognitive assessment（MOCA），Mindful attention awareness scale（MAAS）和 Self-rating anxiety scale（SAC）。

为了探索潜在的调节变量对干预效果的影响，本书根据前人研究选择以下调节变量进行亚组分析：老年人的认知状态、联合干预方式、干预周期、干预频率、单次时长、对照组分类以及研究质量。在联合干预组与对照组比较的亚组分析中（表 4-3），发现联合干预的效果受研究质量的影响（$Q=5.88$，$df=1$，$p=0.02$），并且低风险研究与高风险研究之间具有显著的统计学差异，但是低风险研究（SMD=0.14，95% CI[0.03，0.26]，$p=0.02$）和高风险研究（SMD=0.41，95% CI[0.23，0.60]，$p<0.01$）均发现了运动与认知联合干预的显著增益效果。在其他调节变量中，如不同的联合干预方式、单次干预时长和对照组分类也均发现了联合干预的显著效果。在认知状态上，联合干预对健康老年人（SMD=0.28，95% CI[0.12，0.43]，$p<0.01$）和 MCI 人群（SMD=0.21，95% CI[0.06，0.37]，$p=0.01$）的整体认知功能促进效果显著优于对照组，而在老年性痴呆群体中却没有发现显著的差异（SMD=0.11，95% CI[−0.11，0.33]，$p=0.35$）；在干预周期方面，当干预周期≥24 周（SMD=0.14，95% CI[0.01，0.27]，$p=0.03$）和干预周期为 12~23 周（SMD=0.34，95% CI[0.14，0.55]，$p<0.01$）时，联合干预对老年人的整体认知功能产生了显著的干预效果，当干预周期小于 12 周时（SMD=0.22，95% CI[−0.01，0.45]，$p=0.06$），联合干预效果不显著；在干预频率方面，每周 3 次及以下的联合干预效果显著（SMD=0.17，95% CI[0.04，0.29]，$p=0.01$），每周大于 3 次的联合干预效果不显著（SMD=0.27，

95% CI[−0.03, 0.57], $p=0.08$)。

表 4-3　联合干预组对比对照组整体认知功能亚组分析结果

调节变量	水平	文献数量	SMD	置信区间	I^2	组间异质性检验		
						Q	df	p
联合干预方式	同时	16	0.21**	0.01~0.32	0	0.2	1	0.65
	继时	9	0.16*	−0.07~0.38	0			
认知状态	健康	13	0.24**	0.09~0.40	0	1.01	2	0.6
	MCI	10	0.21*	0.06~0.37	18.89			
	老年性痴呆	2	0.11	−0.11~0.33	56.83			
干预周期	≥24 周	8	0.14*	0.01~0.27	35.97	2.62	2	0.27
	12~23 周	9	0.34**	0.14~0.55	0			
	<12 周	8	0.22	−0.01~0.45	0			
干预频率	>每周 3 次	3	0.27	−0.03~0.57	23.26	0.87	1	0.35
	≤每周 3 次	19	0.17*	0.04~0.29	0			
单次时长	>60 分钟	11	0.16*	0.03~0.29	19.85	1.12	2	0.57
	30~60 分钟	9	0.26**	0.08~0.44	0			
	≤30 分钟	5	0.30*	0.01~0.58	0			
对照组分类	主动	12	0.21**	0.08~0.33	0	0.02	1	0.9
	被动	13	0.19*	0.03~0.36	0			
研究质量	低风险	13	0.14*	0.03~0.26	0	5.88	1	0.02
	高风险	12	0.37**	0.18~0.56	0			

注：SMD 为标准化均数差，* $p<0.05$，** $p<0.01$。

在联合与运动组的比较的亚组分析中(表 4-4)，结果表明，联合干预的效果受干预周期的影响，不同的干预周期，联合干预效果差异显著($Q=11.12$，$df=2$，$p<0.01$)。当干预周期<12 周(SMD = 0.59，95% CI[0.27，0.91]，$p<0.01$)和 12~23 周(SMD = 0.19，95% CI[0.02，0.36]，$p=0.02$)时，运动与认知联合干预对老年人整体认知功能的干预效果显著优于运动组。在其他调节变量中，如不同的干预频率也发现了联合干预的显著效果，大于每周 3 次(SMD = 0.32，95% CI[0.05，0.59]，$p=0.02$)和每周 3 次及以下干预频率(SMD = 0.24，95% CI[0.10，0.38]，$p<0.01$)的干预效果均显著；在联合干预方式上，相比于运动组，继时的联合干预方式产生了更为显著的干预效果(SMD = 0.36，95% CI

[0.19, 0.54], $p<0.01$)，但是同时的联合干预方式却没有显著的效果(SMD=0.16, 95% CI[-0.02, 0.34], $p=0.08$)；在认知状态方面，联合干预对健康老年人(SMD=0.25, 95% CI[0.09, 0.41], $p<0.01$)和MCI人群(SMD=0.36, 95% CI[0.13, 0.58], $p<0.01$)的整体认知功能促进效果显著优于运动组，而在老年性痴呆群体中却没有发现显著的差异(SMD=0.05, 95% CI[-0.36, 0.45], $p=0.83$)；在单次干预时长方面，当单次时长≤30分钟(SMD=0.46, 95% CI[0.22, 0.70], $p<0.01$)和单次时长为30~60分钟(SMD=0.19, 95% CI[0.01, 0.37], $p=0.04$)时，联合干预对老年人的整体认知功能产生了显著的干预效果，当单次时长>60分钟时(SMD=0.19, 95% CI[-0.05, 0.44], $p=0.13$)，联合干预效果不显著；在研究质量方面，高风险的研究表现出了联合干预的显著优势(SMD=0.29, 95% CI[0.15, 0.43], $p=0.01$)，而低风险的研究却表现出联合干预效果的不显著(SMD=0.17, 95% CI[-0.09, 0.43], $p=0.21$)。

表4-4　联合干预组对比运动组整体认知功能亚组分析结果

调节变量	水平	文献数量	SMD	置信区间	I^2	组间异质性检验		
						Q	df	p
联合干预方式	同时	11	0.16	-0.02~0.34	15.46	2.68	1	0.1
	继时	10	0.36**	0.19~0.54	51.2			
认知状态	健康	14	0.25**	0.09~0.41	46.54	1.77	2	0.41
	MCI	6	0.36**	0.13~0.58	27.18			
	老年性痴呆	1	0.05	-0.36~0.45	0			
干预周期	≥24周	3	0.03	-0.47~0.53	45.36	11.12	2	0
	12~23周	11	0.19*	0.02~0.36	4.47			
	<12周	6	0.59**	0.27~0.91	32.91			
干预频率	>每周3次	4	0.32*	0.05~0.59	80.3	0.25	1	0.62
	≤每周3次	16	0.24**	0.10~0.38	12.91			
单次时长	>60分钟	7	0.19	-0.05~0.44	27.68	3.53	2	0.17
	30~60分钟	9	0.19*	0.01~0.37	25.14			
	≤30分钟	5	0.46**	0.22~0.70	61.69			
研究质量	低风险	4	0.17	-0.09~0.43	18.07	0.62	1	0.43
	高风险	17	0.29**	0.15~0.43	44.18			

注：SMD为标准化均数差，* $p<0.05$，** $p<0.01$。

四、研究结论

本研究证明了运动与认知联合干预对老年人的整体认知功能产生了显著效果，这一显著效果是在联合干预组与对照组的比较、联合干预组与运动组的比较中发现的，且亚组分析结果发现该效果分别受研究质量和干预周期的影响。在与对照组比较的亚组分析结果中发现高风险研究的联合干预效果更显著高于低风险研究，这可能是由于纳入研究中未采用单盲或者双盲的心理学实验设计，造成期望效应，以致其合并效应量显著地高于低风险研究；在与运动组比较的亚组分析结果中，采用中等长度的运动干预周期显著优于长时的运动干预周期。究其原因，在纳入分析的研究中，小于 24 周运动干预的研究文献有 17 篇，而不小于 24 周的研究文献仅有 3 篇，两种干预周期的研究文献数量的差异可能是产生该结果的重要原因。此外，本研究还发现，在与对照组的比较中，运动与认知联合干预对老年人认知功能各子功能也具有更为显著的干预效益，这一结果也与先前的元分析结果基本一致。

综上所述，在与对照组和运动组的比较中，运动与认知联合干预对老年人的整体认知功能具有更为显著的干预效果，该效果分别受研究质量和干预周期两种调节变量的影响。本研究进一步证明了运动与认知联合干预在改善老年人整体认知功能方面的效益。但由于干预方法不同，应谨慎解释结果。此外，需要设计良好的长时间随访研究来阐明老年人联合干预的潜在独特疗效和潜在机制。

第二节　运动与认知联合干预对老年人执行功能影响的元分析研究

一、研究背景

执行功能，也称为执行控制或认知控制，是指一组自上而下的心理过程①。执行功能是一个包括记忆更新、注意转换和抑制控制等的一个复杂的认知系

① DIAMOND A. Executive functions[J]. Annual review of psychology, 2013, 64(1): 135-168.

统。已经证明，老年人执行功能下降会严重影响他们的日常生活，是认知老化的主要原因。因此，抵消老年人执行功能的下降非常重要。幸运的是，目前已经找到了一些方法来延缓这一进程。有研究发现，参加有氧运动计划会增加位于前额叶和颞叶皮质的灰质和白质的体积，这些区域通常被报告为与年龄相关的严重退化密切相关，因此，研究者建议将体育活动作为一种有效的非药理学方法来改善健康老年人的执行功能。此外，最近的一项元分析报告称，体育活动可以有效地改善轻度认知障碍的老年人的执行功能①。同时，有研究发现认知训练是另一种行为干预，已被证明可以有效地延缓认知老化。认知训练包括玩视频游戏、基于电视的认知训练、计算机化认知训练、玩棋盘游戏和数学训练等。就认知训练对轻度认知障碍的老年人的疗效而言，先前的研究结果表明，认知训练可以有效增强特定的认知功能，如注意力、定向、言语流畅性、视觉记忆等。

根据先前研究所揭示的效果和机制，我们假设认知训练和体育锻炼相结合可能比单独的体育锻炼或认知训练带来更大的认知益处。体育锻炼可以增强细胞增殖和突触可塑性，认知训练可以引导新的神经元和突触融入现有的神经网络。因此，这两种干预措施组合可能会带来叠加的认知益处。然而，在有或没有认知障碍的老年人中，这种益处是否存在仍然存在争议。一项系统性研究显示，联合干预对健康老年人有额外的认知益处，但对有认知障碍的老年人没有益处②。相反，最近的随机对照实验表明，体育锻炼和认知训练相结合也可以改善老年认知障碍患者的认知功能③。

一项对 29 项 RCTs 的元分析，研究了有氧运动对神经认知表现的影响。该分析包含大规模随机研究的结果，表明有氧运动的增加与执行功能的适度但一

---

① ÖHMAN H, SAVIKKO N, STRANDBERG T E, et al. Effect of physical exercise on cognitive performance in older adults with mild cognitive impairment or dementia: A systematic review[J]. Dementia and geriatric cognitive disorders, 2014, 38(5/6): 347-365.

② LAW L L F, BARNETT F, YAU M K, et al. Effects of combined cognitive and exercise interventions on cognition in older adults with and without cognitive impairment: A systematic review [J]. Ageing research reviews, 2014, 15(1): 61-75.

③ DONNEZAN L C, PERROT A, BELLEVILLE S, et al. Effects of simultaneous aerobic and cognitive training on executive functions, cardiovascular fitness and functional abilities in older adults with mild cognitive impairment[J]. Mental health and physical activity, 2018, 15: 78-87.

致的改善有关①。功能性脑成像研究已经揭示了一些大脑区域，这些区域可能调节身体活动对执行功能的影响。当与随机对照实验设计相结合时，这些研究代表了一种特别有力的方法来确定心血管训练引起的脑功能变化。例如，6 个月的有氧运动已被证明可以提高注意力控制任务的表现，并更有效地激活与任务相关的额叶和顶叶大脑区域②。一项文献综述证实，在测量执行功能的任务中，体育活动似乎与额叶和顶叶区域更有效的大脑活动模式最为一致③。

目前大多数研究集中于体育锻炼和认知训练对整体认知功能的有益影响，而只有少数研究集中于特定认知功能，尤其是执行功能。此外，目前的元分析侧重于潜在的调节变量，如组合方式。研究结果表明，不同的组合方式可能会导致不同的结果。联合干预措施的分离是负面结果的一个可能原因。同时，联合干预已被证明对老年人的认知功能产生有益影响。造成这种差异的可能原因是神经可塑性受到时间因素的影响，并在运动后一小时恢复到基线水平。因此，在回到基线之前，联合干预可以获得更多认知益处。

因此，本书为求证运动和认知联合干预对老年人执行功能的影响进行了一项元分析。该元分析已在国际前瞻性系统注册评审，并使用 Prisma 指南进行系统评价和报告。文献搜索限于 2020 年 12 月之前发表的针对老年人和联合干预的英文文献。

二、研究方法

在文献进行评审后，依据以下标准选择符合要求的文献进行数据提取和分析：①研究设计必须是随机对照实验。②样本人群必须是老年人（健康或轻度认知障碍），患者除了轻度认知障碍外，不可有其他任何神经疾病，例如严重抑郁症。年龄范围尚未预先确定，最终由选定的文章决定。③干预策略必须包括

① SMITH P J, BLUMENTHAL J A, HOFFMAN B M, et al. Aerobic exercise and neurocognitive performance: A meta-analytic review of randomized controlled trials [J]. Psychosomatic medicine, 2010, 72(3): 239.

② COLCOMBE S J, KRAMER A F, ERICKSON K I, et al. Cardiovascular fitness, cortical plasticity, and aging[J]. Proceedings of the national academy of sciences, 2004, 101(9): 3316-3321.

③ VOELCKER-REHAGE C, NIEMANN C. Structural and functional brain changes related to different types of physical activity across the life span[J]. Neuroscience & biobehavioral reviews, 2013, 37(9): 2268-2295.

运动和认知训练的结合以及文章中至少一个比较组。④干预必须进行 6 周以上。⑤文章中必须报告足够的信息，计算至少一个 EF 测量结果的影响大小。⑥文章必须用英语书写。排除了以下类型的研究：①非干预性研究；②未发表的研究、摘要或论文；③综述性文章或理论性文章；④干预未得到充分解释的研究；⑤联合干预组未与主动对照组、单独运动干预组、单独认知干预组中任何一组进行比较。

使用质量评价工具 Delphi 清单标准来评估纳入元分析中的每一篇文献的质量。两位评审员独立评估了所鉴定文献的质量。从 Delphi 清单中修改的 13 个条目的核对表被用来评估文献质量，任何关于评级的分歧都要与第三位评审员进行讨论，然后确定最终决定。每达到一项标准就得 1 分，如果没有达到标准就不给分；每篇文章的质量评分从 0～13 分不等。总分 10～13 分为高质量，总分 7~9 分为中等质量，总分小于 7 分为质量较低。

在元分析中，以平均数、标准差（SDs）、基线和干预后每组参与者人数的形式提取执行功能的结果数据。如果平均值和标准偏差不可用，则提取干预前后的平均值和标准差的变化，或使用 95%置信区间（CI）的上限和下限来计算标准偏差，并使用综合元分析软件进行定量分析。本研究将联合干预组分别与对照组、单独认知干预组和单独运动干预组进行比较，比较后采用标准化平均差（SMD）测量干预效果。正向的 SMD 表明联合干预组的干预效果优于对照组。获得每项研究的效果大小后，计算综合效果大小和 95%置信区间，以评估联合干预对老年人执行功能的影响。

三、研究结果

（一）文献检索结果及特征

最终，共有 21 篇符合条件的研究被纳入了元分析，共包括 1665 名参与者。在这些研究中，14 项研究关注的是健康的老年人，7 项研究关注有轻度认知障碍的老年人。所有参与者的年龄均在 50 岁以上。参与者的平均年龄为 67—77.9，只有一项研究没有给出确切的平均年龄。除 2 项研究未报告性别外，约 69%的参与者为女性。具体研究特征见表 4-5。

表 4-5　纳入研究的主要特征表

研究名称	样本量	平均年龄	认知状态	比较关系	认知干预	运动干预	组合模式	干预计划	执行功能测量任务	对照组内容	研究质量
Hiyamizu（2012）	36	>65（71.6）	健康	CPI vs CG	记忆、视觉搜索、语言流畅性训练	平衡训练	同时	60 分钟/次 2 次/周 2 周	Stroop task TMT A，TMT B	NO	8
Legault（2011）	73	70—85（76.4）	健康	CPI vs PI vs CI vs CG	记忆训练	有氧运动、柔韧性运动	继时	50~150 分钟/次 每周 3 次 24 周	2-back test，Flanker task，Task switching，TMT A，TMT B，Self-ordered pointing task	NO	9
Maillot（2012）	30	65—78（73.5）	健康	CPI vs CG	任天堂 Wii 游戏	奥运会游戏	同时	60 分钟/次 2 次/周 12 周	TMT A，TMT B，Stroop test，Letter sets test，Matrix reasoning test，Digit-symbol substitution	NO	9
Barnes（2013）	126	≥65（73.4）	健康	CPI vs CI vs PI vs CG	视觉和听觉处理速度训练	有氧运动	继时	60 分钟/次 6 次/周 12 周	TMT B，Erikson flanker test	健康影像教育活动	11
Shatil（2013）	122	65—93（76.8）	健康	CPI vs CI vs PI vs CG	认知游戏	有氧、力量、柔韧性训练	继时	40~45 分钟/次 6 次/周 16 周	CogniFit，Neuropsychological evaluation	加入一个读书俱乐部	7

表 4-5(续)

Nishiguchi (2015)	48	≥60 (73.3)	健康	CPI vs CG	语言流利认知运动训练	步操、拉伸和力量	同时	90 分钟/次 1 次/周 12 周	TMT A, TMT B	NO	9
Rahe (2015) a	68	50—85 (68.4)	健康	CPI vs CI	工作记忆、流畅、抑制、计划训练	力量、柔韧性、协调性和耐力训练	继时	90 分钟/次 2 次/周 7 周	Regensburger Wortflüssigkeits-test, Stroop test, WAIS-II (DSB)	N/C	8
Rahe (2015)	30	50—85 (66.7)	健康	CPI vs CI	记忆力、注意力、执行功能训练	力量、柔韧性和平衡练习	继时	90 分钟/次 2 次/周 7 周	Complex figure test, TMT A, TMT B	N/C	9
Kalbe (2018)	55	50—85 (68.1)	健康	CPI vs CI	记忆力、注意力、执行功能训练	力量、柔韧性和平衡练习	继时	90 分钟/次 2 次/周 7 周	Stroop test, WAIS-II (DSB), Regensburger Wortflüssigkeits-test	N/C	10
Lam (2012)	261	≥65 (77.8)	MCI	CPI vs CG	记忆力、注意力训练	太极拳	同时	30 分钟/次 每周 3 次 持续 12 个月	TMT B	伸展运动	9
Hagovska (2017)	80	≥65 (67)	MCI	CPI vs PI	注意力、记忆力、执行功能训练	不同的步行方式	同时	30 分钟/次 2 次/周 10 周	Stroop Test, TMT A	N/C	10
Sungkarat (2017)	66	≥60 (67.9)	MCI	CPI vs CG	记忆力、注意力训练	太极拳	同时	50 分钟/次 每周 3 次 12 周	TMT A, TMT B	教育活动	9

表 4-5(续)

研究名称	样本量	平均年龄	认知状态	比较关系	认知干预	运动干预	组合模式	干预计划	执行功能测量任务	对照组内容	研究质量
Nishiguchi (2015)	48	≥60 (73.3)	健康	CPI vs CG	语言流利认知运动训练	步操、拉伸和力量	同时	90 分钟/次 1 次/周 12 周	TMT A, TMT B	NO	9
Mrakic (2018)	10	≥65 (73.3)	MCI	CPI vs CG	记忆、视空间能力训练	有氧运动	同时	40~45 分钟/次 3 次/周 6 周	TMT A	NO	8
Singh (2014)	86	55—89 (70.1)	MCI	CPI vs CI vs PI vs CG	记忆、注意力、执行功能、认知加工速度训练	阻力训练	继时	60~100 分钟/次 2 次/周 24 周	WAIS-III, Controlled, Oral words, Association test	伸展运动和教育活动	12
Park (2019)	49	>60 (71.6)	MCI	CPI vs CG	短语游戏、记忆游戏、算术训练	有氧运动、平衡、伸展运动	同时	110 分钟/次 2 次/周 24 周	Symbol-digit, Substitution test	NO	10
Kayama (2014)	41	≥65	健康	CPI vs CG	数独游戏	太极拳	同时	75~80 分钟/次 1 次/周 12 周	TMT A, TMT B	力量和平衡训练	7
Brinke (2020)	124	65—85 (72.4)	健康	CPI vs CI vs CG	认知游戏	快走	继时	60 分钟/次 每周 3 次 8 周	DCCS, Flanker test, TMT A, TMT B, Stroop test	规律运动	9

表 4-5(续)

Schoene (2013)	32	≥65 (77.9)	健康	CPI vs CG	注意训练	步法练习	同时	15~20 分钟/次 2~3 次/周 8 周	TMT A，TMT B	规律运动	10
Linde (2014)	55	60—75 (67.1)	健康	CPI vs CI vs PI vs CG	短时记忆、信息处理速度、逻辑推理训练	有氧、耐力和力量训练	继时	60~90 分钟/次 2 次/周 16 周	Leistungsprüf-system	NO	11
Shah (2014)	172	60—85 (67.4)	健康	CPI vs CI vs PI vs CG	基于听觉的 BFP 基于视觉的 IP	步行、力量训练	继时	60 分钟/次 10 次/周 16 周	Groton maze, learning, Controlled, Oral word, Association test	NO	9
Bae (2019)	83	≥65 (75.9)	MCI	CPI vs CG	“KENKOJI SEICHI”V 系统	“KENKOJI SEICHI” 系统	继时	90 分钟/次 每周 2 次 24 周	TMT B	NO	9

注：MCI—轻度认知障碍；CPI—认知和运动联合干预；PI—运动干预；CI—认知干预；CG—对照组；TMT A—Trail making test A；TMT B—Trail making test B；Wechsler adult intelligence scale—韦氏成人智力量表；DSB—Subtest Digit Span Backwards；DCCS—Dimensional change card sort test；BFP—脑力健身计划；IP—洞察力计划；KENKOJISEICHI——个包括 28 项运动活动、29 项认知活动和 44 项社会活动的系统；N/C—没有对照组。

(二)认知联合干预对执行功能的影响

与认知组以及运动组相比，联合干预组在整体执行功能提高方面均没有显著差异(图 4-4、图 4-5 和图 4-6)。这一结果与之前针对老年人整体认知功能的元分析略有不同。研究发现，与对照组和运动干预组相比，联合干预具有显著的认知优势，而联合干预和单独认知干预之间没有显著差异①。结果测量的不同选择可能是有争议的结果的原因。我们的研究重点是运动和认知干预对老年人特定执行的影响，而不是像以前的研究那样对整体认知功能的影响。考虑到上述差异，本研究探讨了联合干预对执行功能的影响，因为不同类型的干预

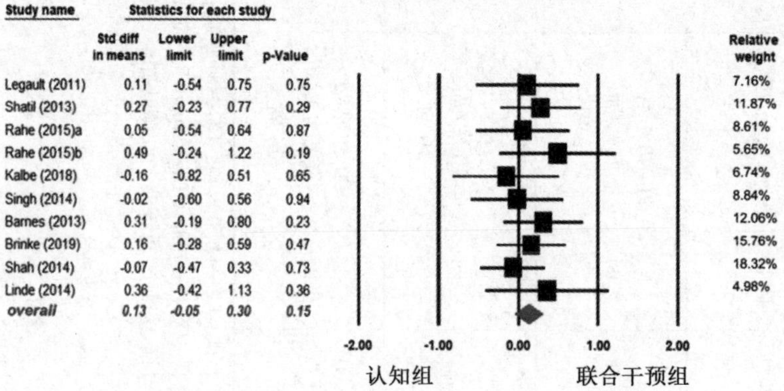

图 4-4　联合干预组与认知干预组相比的效应大小的森林图

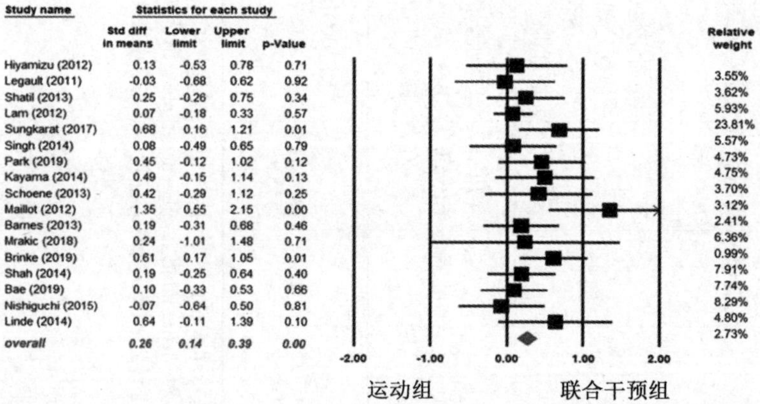

图 4-5　联合干预组与运动组相比的效应大小的森林图

---

① ZHU X Y, YIN S F, LANG M J, et al. The more the better? A meta-analysis on effects of combined cognitive and physical intervention on cognition in healthy older adults [J]. Ageing research reviews, 2016, 31: 67-79.

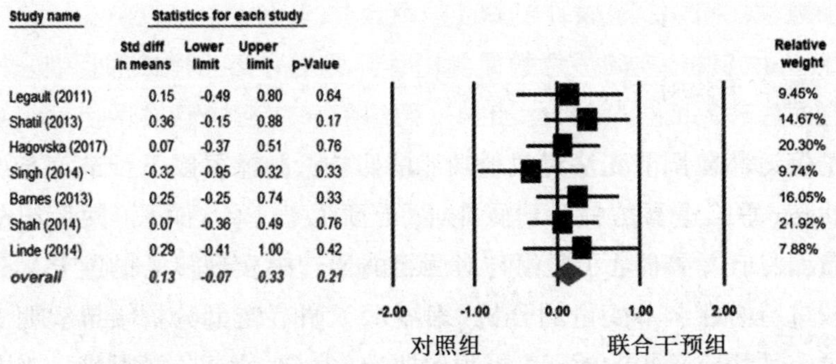

图 4-6　联合干预组与对照组相比的效应大小的森林图

似乎会影响不同的认知功能。这也是本研究分析执行子功能的重要考虑因素之一。虽然联合干预组与单独干预组间无显著差异，但运动干预组与认知干预组的效应量均达到 0.13，表明联合干预组相比认知干预组仍然有微弱的优势。

与对照组相比，联合干预对老年人执行功能的所有子功能产生了显著影响，包括反应抑制、定势转换和复杂执行功能。与运动或认知干预相比，联合干预只对执行功能的定势转换有显著影响。天花板效应有助于解释这个结果。可以合理地假设，仅运动或认知干预组的子功能可能提高到老年人的上限水平。另一种可能性是目前元分析中分离认知子功能的方法的局限性。在过去的 20 年里，理论界对任务的不纯性一直争论不休，认为执行功能与其他认知过程纠缠在一起，在实验任务中可能难以区分。此外，已经证实，执行功能的子功能并不是完全独立的，似乎有一些潜在的共性。

除了上述不同结果测量选择的作用外，还可以推测，心理和身体上都具有挑战性的联合干预可能导致过度压力、较少参与家庭或社区活动，或其他抑制，而非促进神经可塑性和认知益处的变化。这种推测也可以解释为什么长时间的干预和高频率干预没有产生显著效果。在这方面，继时组合需要更多的时间进行干预，可能比同时组合造成更多的身体负荷和认知负荷。

尽管在目前的元分析中，联合干预策略未被发现优于运动干预或认知干预，但结果证实，两种类型的干预都会影响老年人的执行功能。老年人应该保持身体或精神上的活跃，以防止认知老化。应该注意的是，在所分析的大多数文献报告中，联合干预组与对照组进行了比较，而只有少数研究比较了联合干预与认知干预或运动干预之间的差异。这种限制可能是由于后一种研究设计需要更多的研究对象，这使得研究难以进行。此外，在一些研究中，样本量太小（每组不到 20 人），这可能导致结果的低可靠性。这就是我们进行当前元分析的原因。

(三)联合干预对执行功能的效果受干预时长和频率的调节

为了探讨潜在调节变量对执行功能的影响，选择了以下调节变量：参与者的认知状态、联合干预方式、干预周期、干预频率、单次时长、对照组分类以及研究质量，由于仅在联合干预组与对照组的比较中发现显著的组差异，因此仅对该比较进行潜在调节变量的分析(表 4-6)。调节变量分析结果表明，干预时间长短决定了联合干预的效益。干预周期为 12~23 周或干预周期<12 周产生了显著的效果，而干预周期≥24 周。似乎少于 23 周的干预可以有效改善老年人的执行功能。先前的元分析还表明，在运动干预研究中，老年人不需要较长的干预时间来产生更好的认知效果①。值得注意的是，目前的元分析中只有五项研究采用了长期干预措施，因为执行功能在相对较短的时间内对环境影响很敏感，而且在老年人中很难实施长期干预。

研究结果还表明，联合干预策略在主动和被动对照组中都具有显著优势。就干预频率而言(≤3 次/周)，干预产生了更好的干预效果；就干预计划持续时间而言，中等持续时间是最好的(30~60 分钟)。联合干预对有或无认知障碍的老年人的执行功能均有显著的影响。此外，研究质量与干预效果之间也存在正相关。干预的效果对于高质量的研究更为显著。

表 4-6　联合干预组与对照组调节变量分析结果

调节变量	水平	研究数量	SMD	置信区间	I^2	异质性测试		
						Q	df	p
联合干预方式	继时	9	0.27	0.10~0.44	0	0.001	1	0.94
	同时	8	0.26	0.08~0.44	49.53			
认知状态	健康	11	0.3	0.16~0.50	23.28	1.22	1	0.27
	轻度认知障碍	6	0.19	0.01~0.37	6.74			
对照组分类	主动	8	0.27	0.11~0.43	14.52	0.03	1	0.86
	被动	9	0.25	0.05~0.45	29.78			

① NORTHEY J M, CHERBUIN N, PUMPA K L, et al. Exercise interventions for cognitive function in adults older than 50: A systematic review with meta-analysis [J]. British journal of sports medicine, 2018, 52(3): 154-160.

表 4-6(续)

调节变量	水平	研究数量	SMD	置信区间	I^2	异质性测试		
						Q	df	p
干预周期	≥24 周	5	0.11	−0.07~0.29	0			
	12~23 周	8	0.37	0.17~0.56	39	4.92	2	0.09
	<12	4	0.44	0.12~0.75	0			
干预频率	每周 3 次以上	3	0.21	−0.07~0.48	0	0.2	1	0.66
	每周 3 次以下	14	0.28	0.14~0.41	32.92			
单次时长	>60 分钟	7	0.20	−0.02~0.41	0			
	30~60 分钟	8	0.41	0.22~0.61	30.47	4.13	2	0.13
	≤30 分钟	2	0.11	−0.13~0.35	0			
研究质量	高(≥9 分)	13	0.26	0.13~0.39	36.65	0.01	1	0.91
	低(<9 分)	4	0.28	−0.05~0.61	0			

在实践中，决定选择哪种类型的组合，继时还是同时，是一个有争议的问题。一项元分析显示，体育锻炼和认知训练同时进行可以显著地提高老年人的认知功能。运动会使脑源性神经营养因子暂时增加，一段时间后会恢复到基线水平。因此，使用同时干预可以及时整合运动的神经营养作用。另一项元分析发现，继时和同时的联合干预都可以改善老年人的认知功能①。最近，一项随机对照实验在老年人中采用了继时以及同时组合的静态循环和基于策略的记忆训练，结果表明，同时训练改善了复合记忆，而继时训练改善了执行功能②。也就是说，不同类型的组合干预策略可能会影响认知的不同方面。目前的元分析主要集中于执行功能与对照组相比，同时和继时的联合干预都会使执行功能增强。

① ZHU X Y, YIN S F, LANG M J, et al. The more the better? A meta-analysis on effects of combined cognitive and physical intervention on cognition in healthy older adults [J]. Ageing research reviews, 2016, 31: 67-79.

② MCEWEN S C, SIDDARTH P, ABEDELSATER B, et al. Simultaneous aerobic exercise and memory training program in older adults with subjective memory impairments [J]. Journal of Alzheimer's disease, 2018, 62(2): 795-806.

四、研究结论

本课题组总结了联合干预对执行功能的影响，发现运动干预和认知干预组合在执行功能方面有显著提高。这表明运动和认知的联合干预可以有效地缓解老年人执行功能下降。联合干预的效果受干预时间和频率以及研究质量的影响。这些发现支持了运动干预和认知干预相结合可以有效改善老年人的执行功能的观点。

第三节　运动与认知联合干预对老年人工作记忆影响的元分析研究

一、研究背景

工作记忆是人类认知功能的核心，是指临时存储和操作当前任务相关信息的资源有限的认知系统。其衰退是认知老化的主要成因。我国人口老龄化严重，记忆(尤其是工作记忆)能力下降带来的认知衰退和认知障碍会影响老年人的健康生活和社会经济的发展。大量研究结果表明，老年人的大脑保持一定水平的神经可塑性①。基于此，如何延缓老年人工作记忆能力的下降已成为许多研究领域的热门问题。

越来越多的研究结果表明，认知训练是一种可以有效延缓认知衰老的行为干预。例如，Haimov 和 Shatil 发现，为期 8 周、以家庭为基础、个性化、电脑化的认知训练计划提高了老年人的工作记忆、视觉记忆以及一般记忆②。随着科技的发展，越来越多的研究者将研究目光投向了基于计算机的认知训练方式。例如，Shatil 等人发现以互动电视为基础的认知训练也提高了老年人的工作记忆③，该结果得到了一项元分析结果的支持。Zhang 等人整理了基于

① LI S C, SCHMIEDEK F, HUXHOLD O, et al. Working memory plasticity in old age: Practice gain, transfer, and maintenance[J]. Psychology and aging, 2008, 23(4): 731.

② HAIMOV I, SHATIL E. Cognitive training improves sleep quality and cognitive function among older adults with insomnia[J]. PloS one, 2013, 8(4): e61390.

③ SHATIL E, MIKULECKA J, BELLOTTI F, et al. Novel television-based cognitive training improves working memory and executive function[J]. PloS one, 2014, 9(7): e101472.

电脑的认知训练对轻度认知障碍(MCI)老年人认知功能影响的文献，结果表明，基于电脑的认知训练方式有效地改善了MCI老年人的工作记忆①。此外，伴随着游戏产业的发展，关于视频游戏的认知训练方法在延缓认知老化中发挥着重要的作用。例如，Toril等人对老年人进行了15个1小时的视频游戏训练(认知训练)，结果发现视频游戏也可以提高老年人视空间工作记忆和情景记忆②。

与此同时，以运动为基础的干预已被证明是另一种对老年人工作记忆产生积极影响的干预行为。杨源对老年人进行为期8周、每次35分钟的传统太极拳运动训练，结果发现老年人认知控制与工作记忆功能得到了显著提高③。这一结论被后续研究再次证明④。Ikudome等人发现，即使是仅使用体重进行简单的抗阻运动，也可以预防老年人与年龄相关的工作记忆衰退⑤。传统的运动干预方式对老年人记忆功能的促进效益已经得到广泛的证实。开放性运动、闭锁性运动作为新兴的运动分类方式，对老年群体会产生怎样的认知干预效果也一直备受体育锻炼心理学研究者的关注。O' Brien探讨了一次性开放或闭锁运动对老年人记忆的影响，结果发现，老年人在开放性运动后，跨模态感知和记忆获得了直接改善，而在进行闭锁性运动后，老年人的工作记忆也得到了显著的改善。此外，除了单独进行有氧运动或抗阻运动外，有研究表明有氧运动与抗阻运动相结合对认知功能的促进效益大于单独进行的运动干预。Kelly等人的研究也揭示多种方式相结合的运动更具认知促进优势⑥。除了关注不同运动方式

① ZHANG H, HUNTLEY J, BHOME R, et al. Effect of computerised cognitive training on cognitive outcomes in mild cognitive impairment: A systematic review and meta-analysis[J]. BMJ open, 2019, 9(8): e027062.

② TORIL P, REALES J M, MAYAS J, et al. Video game training enhances visuospatial working memory and episodic memory in older adults[J]. Frontiers in human neuroscience, 2016, 10(10): 206.

③ 杨源. 8周太极拳运动对社区老年人认知控制与工作记忆能力的影响[D]. 北京：首都体育学院, 2019.

④ 杨子燚，梅剑，陈爽，等.太极拳和广场舞锻炼对女性老年人工作记忆的影响：一项ERP研究[J].天津体育学院学报, 2019, 34(1): 86-92.

⑤ IKUDOME S, MORI S, UNENAKA S, et al. Effect of long-term body-mass-based resistance exercise on cognitive function in elderly people[J]. Journal of applied gerontology, 2017, 36(12): 1519-1533.

⑥ KELLY M E, LOUGHREY D, LAWLOR B A, et al. The impact of exercise on the cognitive functioning of healthy older adults: A systematic review and meta-analysis[J]. Ageing research reviews, 2014, 16(1): 12-31.

的联合运用，近年来研究者也开始关注运动干预和认知干预的联合运用对认知功能的促进效益①。大量研究发现，运动干预和认知干预相结合的干预方式可以在更大程度上改善工作记忆，相比单一运动或认知训练。例如，Dana 将 48 名老年人随机分为运动与认知联合干预组、运动组、认知组以及对照组，并进行为期 2 个月，每周 3 次，每次 1 小时的干预，结果发现，运动与认知联合干预组能够更大程度上改善老年人的工作记忆和认知灵活性。这与之前 Shatil 等人的研究发现一致。然而，联合干预的效益在不同认知状态老年人中仍然存在争议。Law 等人元分析结果显示，联合干预在健康老年人中产生了较大的认知促进效益，而在认知障碍老年人中却没有发现类似结果。最近的一些研究发表了不一致的观点，这些研究结果表明联合干预同样有利于促进认知障碍人群的认知功能②。除此之外，以上研究都是基于对整体认知功能的探讨，专门针对工作记忆的研究不多，而且工作记忆恰是导致认知老化的主要原因，也是认知老化的典型特征。因此，本书针对联合干预存在的争议来探索运动和认知联合干预是否可以有效延缓老年人的工作记忆老化。

二、研究方法

本书研究使用 Prisma 指南进行了系统评价和报告。检索策略如下：在 2019 年 3 月至 2020 年 6 月，对 Web of Science，Elsevier Science，PubMed 等数据库进行系统检索，检索时间自建库至 2019 年 6 月，以 combined physical and cognitive training，multimodal training，dual-task，physical training，aerobic exercise，cognitive training，mental training，cognitive function，memory，working memory，older adults 等英文关键词进行检索。

元分析的纳入标准：①研究设计：采用随机对照实验（RCT）；②研究对象：60 岁及以上的老年人（健康或轻度认知障碍人群），且没有轻度认知障碍以外的神经疾病，如重度抑郁症；③干预方法：结合认知训练和运动干预的方法，且至少有一个比较组；④研究结果：认知功能的测量必须包括工作记忆任务的

① BAMIDIS P D，VIVAS A B，STYLIADIS C，et al. A review of physical and cognitive interventions in aging[J]. Neuroscience & biobehavioral reviews，2014，44(SC)：206-220.

② BAE S，LEE S，LEE S，et al. The effect of a multicomponent intervention to promote community activity on cognitive function in older adults with mild cognitive impairment：A randomized controlled trial[J]. Complementary therapies in medicine，2019，42：164-169.

测量结果；⑤语种：英文书写的文献。元分析的排除标准：①非干预类型的研究；②未发表的研究、摘要或论文；③综述类文献；④没有充分说明干预措施；⑤不能提取相关数据的研究。

有关测量工作记忆任务的数据使用电子表格分别从运动与认知的联合干预、单一运动干预、单一认知干预和对照组中提取。提取测试前和测试后每组的平均值、标准差(SD)和参与者人数(N)。如果未提及平均值和标准差，则提取干预后平均值和SD的变化值。当都不可用时，使用95%置信区间的平均差计算SD。

数据分析采用了RevMan5.3软件对统计数据进行量化并计算效应量。将联合干预组分别与对照组、认知干预组和运动干预组进行比较，干预效果采用联合组与对照组或单一干预组干预后变化的标准化均数差(standardize mean difference，SMD)来衡量。每项研究计算SMD和SD，正向的SMD表明联合干预较对照组和单一干预组有更好的干预效果。当每项研究获得SMD时，计算联合效应量大小和95%置信区间，以确定联合干预对老年人工作记忆产生的效果。

本书还采用RevMan 5.3软件对纳入文献的偏倚风险标准进行评价，评估方法的条目包括随机分配方案、隐蔽分组、主试和被试双盲、对结果评价致盲、数据结果不完整、选择性报告结果和其他偏倚，这7条主要从选择偏倚、实施偏倚、测量偏倚、失访偏倚以及报告偏倚5方面评价纳入研究的偏倚风险。

三、研究结果

(一)文献检索结果及特征

本研究最终纳入文献共16篇，共包含1351名被试，被试群体以女性居多，平均年龄范围为65.9—77.8岁。纳入研究的文献的基本特征见表4-7。

表 4-7　文献的基本特征表

研究	N	年龄	认知状况	研究质量	比较组	认知干预	运动干预	对照组	联合方式	干预情况		
										时长	频率	周期
Kiefer（2002）	32	65.9	H	8	CPI vs CI vs PI vs CG	记忆训练	有氧	文学讲座	继时	60~90	3	8
Jack（2011）	73	76.45	H	7	CPI vs CI vs PI vs CG	记忆训练	有氧、灵活	健康讲座	继时	50~150	3	26
Lam（2012）	261	77.8	MCI	7	CPI vs CG	记忆、执行功能	太极拳	拉伸活动	同时	<30	—	52
Maillot（2012）	30	73.5	H	6	CPI vs CG	游戏	游戏	无	同时	60	2	12
Suzuki（2013）	100	75.4	MCI	8	CPI vs CG	组合训练	组合训练	健康讲座	同时	60	1	26
Evelyn（2013）	122	76.8	H	6	CPI vs CI vs PI vs CG	组合训练	组合训练	读书活动	继时	40~45	6	16
Linde（2014）	55	67.1	H	7	CPI vs CI vs PI vs CG	组合训练	有氧、抗阻	无	继时	60~90	2	16
Shah（2014）	172	67.4	H	6	CPI vs CI vs PI vs CG	组合训练	步行	无	继时	60	10	16
Charis(2015)	70	70.8	MCI	7	CPI vs CI vs PI vs CG	记忆训练	游戏	观看纪录片	同时	40	10	8
Julia(2015)a	68	68.4	H	8	CPI vs CI	组合训练	组合训练	—	继时	90	2	7
Julia（2015)b	30	66.7	H	6	CPI vs CI	组合训练	组合训练	—	继时	110	2	7
Hagovska(2016)	80	67	MCI	8	CPI vs PA	组合训练	步行	—	同时	30	2	10
Sungkarat(2016)	66	67.9	MCI	9	CPI vs CG	组合训练	太极拳	健康教育	同时	50	3	12
Damirchi(2017)	54	68.39	MCI	5	CPI vs CI vs PI vs CG	精神训练	步行	无	继时	45	3	8
Kalbe（2018）	55	68.1	H	8	CPI vs CI	组合训练	组合训练	—	继时	90	2	7
Bae（2019）	83	75.9	MCI	8	CPI vs CG	记忆训练	组合训练	健康教育	同时	90	2	24

注：N—参与者人数；H—健康人群；MCI—轻度认知障碍；CPI—运动与认知联合干预；CI—认知干预；PI—运动干预；CG—对照组；—表示不存在或者未报告；单位为干预时长(分钟/次)，干预频率(次/周)，干预周期(周)。

（二）联合干预的效果

联合干预与对照组比较的结果表明，联合干预可以有效延缓老年人工作记忆老化（SMD = 0.18，95% CI［0.03，0.33］，p = 0.02）（图 4-7），该结果符合 Gutchess 等人的观点①，即人类的大脑终生具有可塑性，即使到了老年，认知功能也可以通过干预得到改善。

	联合干预组			对照组				Std. Mean Difference
Study or Subgroup	Mean	SD	Total	Mean	SD	Total	Weight	IV, Fixed, 95% CI
Bae et al. (2019)	0.27	1.0772	41	-0.28	1.0269	42	11.5%	0.52 [0.08, 0.96]
Damirchi et al. (2017)	1.07	2.59532272	15	-0.22	2.3464015	9	3.1%	0.50 [-0.34, 1.34]
Evelyn et al. (2013)	0.21	0.783071	33	0.09	1.013854	31	9.2%	0.13 [-0.36, 0.62]
Jack et al. (2011)	0.05	0.185203	19	0.13	0.20664	18	5.2%	-0.40 [-1.05, 0.25]
Kiefer et al. (2002)	0.5	0.9539392	8	0	0.360555	8	2.1%	0.66 [-0.36, 1.67]
Lam et al. (2012)	0.1	1.37477271	92	0	1.35277493	169	34.2%	0.07 [-0.18, 0.33]
Linde et al. (2014)	1	1.312745	16	0.85	1.195533	13	4.1%	0.12 [-0.62, 0.85]
Maillot et al. (2012)	0.4	2.17	15	-0.2	0.35	15	4.2%	0.38 [-0.35, 1.10]
Shah et al. (2014)	0.04	0.1184	44	0.02	0.1421	35	11.2%	0.15 [-0.29, 0.60]
Sungkarat et al. (2016)	1.4	3.019934	30	0.9	2.762245	29	8.4%	0.17 [-0.34, 0.68]
Suzuki et al. (2013)	3.8	4.7364	24	2.1	4.625	23	6.6%	0.36 [-0.22, 0.93]
Total (95% CI)			**337**			**392**	**100.0%**	**0.18 [0.03, 0.33]**

Heterogeneity: Chi^2 = 8.12, df = 10 (P = 0.62); I^2 = 0%
Test for overall effect: Z = 2.39 (P = 0.02)

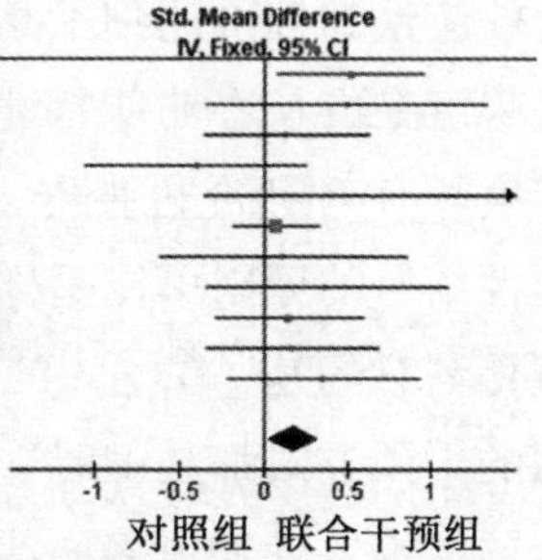

图 4-7　联合干预组对比对照组工作记忆元分析森林图

联合干预与单一的运动干预（SMD = 0.14，95% CI［−0.10，0.38］，p = 0.26）和认知干预（SMD = 0.13，95% CI［−0.08，0.34］，p = 0.24）相比，没有表现出更大的认知效益，如图 4-8、图 4-9 所示。

	联合干预组			认知干预组				Std. Mean Difference
Study or Subgroup	Mean	SD	Total	Mean	SD	Total	Weight	IV, Fixed, 95% CI
Damirchi et al. (2017)	1.07	2.595323	15	1.55	2.564742	15	8.7%	-0.18 [-0.90, 0.54]
Evelyn et al. (2013)	0.21	0.783071	33	0.14	0.892693	29	18.0%	0.08 [-0.42, 0.58]
Jack et al. (2011)	0.05	0.185203	19	0.02	0.244336	18	10.8%	0.14 [-0.51, 0.78]
Julia et al. (2015a)	1	2.511494	25	0.61	2.06647	20	12.9%	0.16 [-0.42, 0.75]
Kalbe et al. (2018)	1.28	2.636721	18	0.94	1.999475	17	10.2%	0.14 [-0.52, 0.81]
Kiefer et al. (2002)	0.5	0.953939	8	-0.1	1.014889	8	4.4%	0.58 [-0.43, 1.58]
Linde et al. (2014)	1	1.312745	16	0.27	1.152085	11	7.3%	0.57 [-0.22, 1.35]
Shah et al. (2014)	0.04	0.1184	44	0.03	0.32	51	27.6%	0.04 [-0.36, 0.44]
Total (95% CI)			**178**			**169**	**100.0%**	**0.13 [-0.08, 0.34]**

Heterogeneity: Chi^2 = 2.90, df = 7 (P = 0.89); I^2 = 0%
Test for overall effect: Z = 1.18 (P = 0.24)

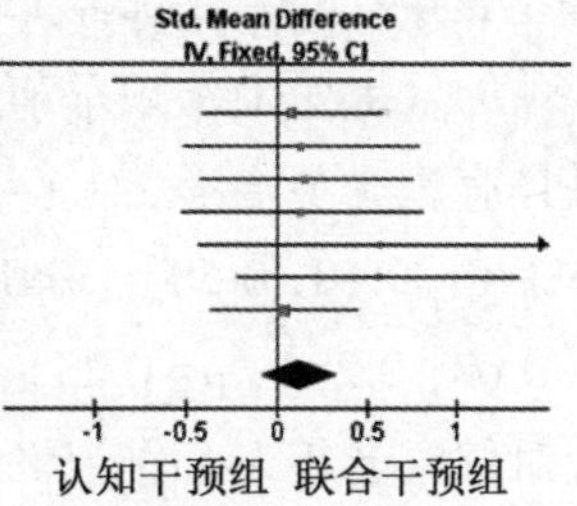

图 4-8　联合干预组对比运动组工作记忆元分析森林图

	联合干预组			运动干预组				Std. Mean Difference
Study or Subgroup	Mean	SD	Total	Mean	SD	Total	Weight	IV, Fixed, 95% CI
Damirchi et al. (2017)	1.07	2.595323	15	0	2.221441	15	11.3%	0.43 [-0.29, 1.16]
Evelyn et al. (2013)	0.21	0.783071	33	0.2	0.824197	29	23.8%	0.01 [-0.49, 0.51]
Jack et al. (2011)	0.05	0.185203	19	0.02	0.196723	18	14.2%	0.15 [-0.49, 0.80]
Kiefer et al. (2002)	0.5	0.953939	8	0.7	0.754983	8	6.1%	-0.22 [-1.20, 0.76]
Linde et al. (2014)	1	1.312745	16	1.34	1.271652	15	11.8%	-0.26 [-0.96, 0.45]
Shah et al. (2014)	0.04	0.1184	44	-0.02	0.2246	42	32.7%	0.33 [-0.09, 0.76]
Total (95% CI)			**135**			**127**	**100.0%**	**0.14 [-0.10, 0.38]**

Heterogeneity: Chi^2 = 3.38, df = 5 (P = 0.64); I^2 = 0%
Test for overall effect: Z = 1.12 (P = 0.26)

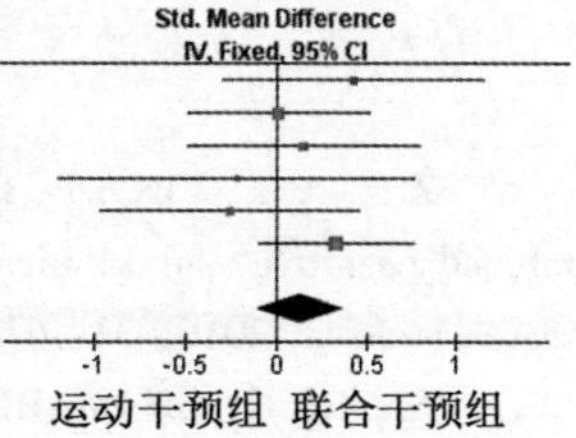

图 4-9　联合干预组对比认知组工作记忆元分析森林图

① GUTCHESS A. Plasticity of the aging brain: New directions in cognitive neuroscience［J］. Science，2014，346（6209）：579-582.

这一结果与前人的元分析结果不完全一致①，上述结果差异的成因可能是：前人的研究是对整体认知功能的探讨，而本研究是基于工作记忆这个特定认知功能的分析；直接验证联合干预比较单一干预效果的研究数量有限，可能也是造成以上研究结果存在争议的原因之一。因此，针对这一研究问题，未来的研究应该开展更多的联合干预与单一干预比较的研究，才可能在一定程度上解决以上研究结果的争议。尽管联合干预与单一干预效果相比没有显著差异，但综合效应量却分别达到了0.14和0.13，相比之下，联合干预的效果仍具有微弱的优势。在纳入的研究中，有2项研究报告了联合干预相比运动干预产生的阴性结果②，1项研究也报告了联合干预相比认知训练产生的阴性结果③。造成以上阴性结果的原因可能是样本量不足，上述研究平均每组被试人数均不足20人。值得注意的是，在纳入的联合干预与单一干预方式比较的研究中，联合干预采用的干预方式都是继时，这可能导致两个结果：为了达到相同的干预量，联合干预组需要参加更多的活动；换言之，采用相同的干预频率，联合干预量要大于单一干预量。有研究表明，高强度的训练可能会导致认知疲劳和过度的压力，从而影响干预效果。

（三）调节变量与干预效果

表4-8总结了联合干预组和对照组的各亚组分析的结果。结果表明，联合干预的效果受干预频率和研究质量的影响。在干预频率的两个亚组上，干预效果具有边缘显著差异（$p=0.09$，$I^2=64.2\%$），进行每周3次以下（SMD=0.39，95% CI[0.10，0.68]，$p<0.01$）干预的效果优于3次及以上（SMD=0.11，95% CI[−0.07，0.28]，$p=0.23$），这一结果与Zhu等人的元分析结果一致。Penner等人对健康老年人工作记忆训练的研究表明，低频的训练计划比高频的训练计划

---

① ZHU X Y，YIN S F，LANG M J，et al. The more the better? A meta-analysis on effects of combined cognitive and physical intervention on cognition in healthy older adults[J]. Ageing research reviews，2016，31：67-79.

② FABRE C，CHAMARI K，MUCCI P，et al. Improvement of cognitive function by mental and/or individualized aerobic training in healthy elderly subjects[J]. International journal of sports medicine，2002，23(6)：415-421.

③ DAMIRCHI A，HOSSEINI F，BABAEI P. Mental training enhances cognitive function and BDNF more than either physical or combined training in elderly women with MCI：A small-scale study[J]. American journal of Alzheimer's disease & other dementias，2018，33(1)：20-29.

的认知收益更大①。这一观点也得到了 Wang 等人的支持②，在后续研究中，他们还发现了长时间间隔的训练计划会带来更大认知效果的迁移。此外，研究质量亚组分析结果显示，低风险研究（SMD = 0.10，95% CI[-0.08，0.27]，p = 0.28）的干预效果要优于高风险研究（SMD = 0.39，95% CI[0.11，0.67]，p< 0.01）。低风险与高风险研究的划分是根据 PEDro 量表得分确定的，得分越高，风险越低。与高风险研究相比，低风险的研究对实验设计的控制更加严谨，这可能是干预效果显著的重要原因。

在不同认知状态下，联合干预对 MCI 人群产生的工作记忆促进效果显著优于对照组（SMD=0.22，95% CI[0.03，0.40]，p=0.02），而健康人群却没有发现差异（SMD=0.12，95% CI[-0.13，0.37]，p=0.34）。这说明，在 MCI 人群的研究中，联合干预对工作记忆的促进效果最明显。将干预方案进行调节变量分析发现，单次干预时长大于 60 分钟（SMD = 0.27，95% CI[0.00，0.55]，p = 0.05）、干预时长不小于 12 周（SMD=0.16，95% CI[0.01，0.31]，p=0.04）时可以达到更优效果。值得注意的是，有关 12 周以下干预时长的文献仅有 2 篇，因此，研究得出的结论可能存在一定的偏差，未来需要纳入更多的文献来探索干预时长这一调节变量。对照组设计这一亚组分析结果表明，主动对照组的联合干预效果明显（SMD=0.17，95% CI[0.00，0.33]，p=0.05），而被动对照组却无显著差异。主动对照组应进一步控制期望效应、社会接触或其他活动引起的效应，有利于消除无关变量对实验结果的影响，增强实验结果的可信度。采用同时的联合干预方式时，干预效果显著（SMD = 0.21，95% CI[0.03，0.40]，p = 0.02）。Gheysen 等人的元分析结果表明，同时进行的干预方案与继时进行的干预方案相比，具有显著性的优势③。这可能是因为在同时的联合干预后，脑源性神经营养因子（BDNF）的增加会更明显。有研究表明，在运动后 10~60 分钟内

---

① PENNER I K，VOGT A，STÖCKLIN M，et al. Computerised working memory training in healthy adults：A comparison of two different training schedules [J]. Neuropsychological rehabilitation，2012，22(5)：716-733.

② WANG Z W，ZHOU R L，SHAH P. Spaced cognitive training promotes training transfer [J]. Frontiers in human neuroscience，2014，8(1)：217.

③ GHEYSEN F，POPPE L，DESMET A，et al. Physical activity to improve cognition in older adults：Can physical activity programs enriched with cognitive challenges enhance the effects? A systematic review and meta-analysis[J]. International journal of behavioral mutrition and physical activity，2018，15(1)：63.

BDNF 会恢复到基线水平①。因此，运动导致的 BDNF 的暂时性增加需要注入认知活动成分，才能从这些神经营养效应中获得最佳益处。

表 4-8 调节变量分析表

调节变量	水平	文献数量	SMD	95%置信区间	异质性检验			
					I^2	Chi^2	*df*	*p*
认知状态	健康	6	0.12	−0.13~0.37	0	0.38	1	0.54
	MCI	5	0.22*	0.03~0.40				
联合干预方式	同时	5	0.21*	0.03~0.40	0	0.33	1	0.57
	继时	6	0.12	−0.13~0.37				
干预周期	<12 周	2	0.56	−0.09~1.21	28.4	1.40	1	0.24
	≥12 周	9	0.16*	0.01~0.31				
干预频率	<每周 3 次	4	0.39**	0.10~0.68	64.2	2.79	1	0.09
	≥每周 3 次	7	0.11	−0.07~0.28				
单次时长	≤60 分钟	6	0.14	−0.04~0.32	0	0.64	1	0.42
	>60 分钟	5	0.27*	0.00~0.55				
对照组分类	主动	7	0.17*	0.00~0.33	0	0.15	1	0.70
	被动	4	0.24	−0.08~0.55				
研究质量	低风险	4	0.39**	0.11~0.67	66.9	3.02	1	0.08
	高风险	7	0.10	−0.08~0.27				

注：SMD：标准化均数差；$^{*}p<0.05$；$^{**}p<0.01$。

四、研究结论

本书通过元分析探讨运动与认知联合干预对老年人工作记忆的影响，结果发现，与对照组相比，联合干预组对延缓老年人的工作记忆衰退具有显著作用，尽管仅在联合干预组与对照组比较中发现。该研究证明了联合干预在老年人工作记忆方面的效益，为靶向健身延缓老年人工作记忆下降提供了理论支撑。

① KNAEPEN K，GOEKINT M，HEYMAN E M，et al. Neuroplasticity-exercise-induced response of peripheral brain-derived neurotrophic factor：A systematic review of experimental studies in human subjects[J]. Sports medicine，2010，40(9)：765-801.

第四节　运动类视频游戏延缓认知老化的元分析研究

一、研究背景

认知老化已被证明是人们工作和生活受限的一个重要原因。人类衰老与大脑的结构和功能变化有关，如体积和神经可塑性下降，这可能导致认知能力下降。在这种情况下，认知功能的改变会损害人的独立性和自主性。因此，与年龄有关的认知能力下降是一个紧迫且日益严重的全球公共卫生问题。大多数老年人表现出认知功能衰退，甚至认知障碍。认知障碍，也被称为神经认知障碍（如轻度认知障碍、痴呆和阿尔茨海默病），是衰老的一个常见和令人担忧的方面，通常会影响学习、记忆、语言、注意力和解决问题能力。目前，估计全球痴呆患病率在60岁以上人群中占5%～7%。全球约有4700万人患有痴呆，预计到2050年这一数字将增加两倍。与年龄有关的认知障碍严重侵蚀老年人的日常生活能力和生活质量，给家庭带来负担和压力。与年龄相关的认知衰退可能从中年甚至更早的时候就开始出现，在各个认知领域表现出不同程度的年龄相关的衰退倾向。因此，预防和改善老年人与年龄相关的认知能力下降迫在眉睫。执行功能涉及一系列高级过程，如抑制、转换和更新。执行功能的下降是老年人认知老化的一个主要原因，执行功能的下降会对日常生活产生影响。因此，维持或改善老年人的执行功能可能是对抗认知衰老的有效手段。

已有研究探索非药物干预对老年人认知表现的影响，其中，较多地探索了体育锻炼对老年人认知功能的影响，如有氧运动和阻力训练。研究结果发现这些锻炼对老年人的认知表现有积极影响。在老年人中，体育锻炼可以增强神经元结构、突触可塑性和认知功能。因此，体育锻炼被认为是支持大脑可塑性的分子和细胞机制的触发器。传统的老年人体育锻炼项目通常与传统的平衡练习相联系。平衡训练也已被证明有利于通过改变皮层下结构来维持和提高运动表现。基于电子游戏的训练是调节神经网络和评估潜在神经机制的强大工具。此外，电子游戏被认为具有训练认知功能的潜力，包括反应时、处理速度、注意和执行功能。一项系统回顾得出结论，电子游戏有希望提高存在认知能力衰退风险的老年人的认知能力。

活动性视频游戏将体育锻炼与计算机模拟环境和互动式视频电子游戏功能

结合起来，作为促进健康行为和增加锻炼吸引力的一种手段已经被广泛应用。活动性视频游戏有可能通过将注意力从讨厌的方面转移到激励的方面来增加锻炼，如竞争和三维风景。与传统运动相比，参与体育游戏可以带来更频繁和强度更高的健康结果。一项研究报告指出，与传统的固定自行车相比，老年人更喜欢玩互动游戏骑自行车。一项早期的研究调查了虚拟现实增强的功率自行车使用虚拟旅行和屏幕上的竞争（这里称为“网络自行车”），发现创伤性脑损伤患者的认知能力得到了改善。因此，活动性视频游戏当前也被认为是一种可以改善老年人的认知功能的有趣的认知干预手段。活动性视频游戏被定义为任何类型的需要玩家进行全身运动的电子游戏，它是一种新兴的将体育锻炼与电子游戏相结合的干预手段。此前有研究表示运动和认知的联合干预会比单一进行其中任何一种形式的干预的效果更好，而活动性视频游戏是运动锻炼和电子游戏干预的联合，因此，活动性视频游戏干预可能比单独的运动或电子游戏干预都更有效[①]。之前有元分析表明，在联合干预中，同时进行干预比依次进行干预更能促进认知功能的改善[②]。综上所述，活动性视频游戏可能是一种很有前景的改善认知衰退的方法。

执行功能对老年人的重要性虽然已经有大量的研究探索了体育锻炼[③]和电子游戏[④]对执行功能表现的影响，但是关于活动性视频游戏对执行功能的影响的研究较少，而关于活动性视频游戏对老年人执行功能的影响的研究更少。这些探索活动性视频游戏对老年人执行功能的影响的研究结果还存在争议。以往关于活动性视频游戏对老年人的影响的研究主要集中在平衡能力、姿势控制和生活质量上。非常少的研究关注活动性视频游戏对执行功能的影响。这些关注活动性视频游戏对执行功能的影响的研究大多也是将执行功能视为一个整体，而针对执行功能的子功能的研究更少。

---

① BAMIDIS P D, FISSLER P, PAPAGEORGIOU S G, et al. Gains in cognition through combined cognitive and physical training: The role of training dosage and severity of neurocognitive disorder[J]. Frontiers in aging neuroscience, 2015, 7: 152.

② ZHU X Y, YIN S F, LANG M J, et al. The more the better? A meta-analysis on effects of combined cognitive and physical intervention on cognition in healthy older adults[J]. Ageing research reviews, 2016,31(16): 67-79

③ LEYLAND L A, SPENCER B, BEALE N, et al. The effect of cycling on cognitive function and well-being in older adults[J]. PloS one, 2019, 14(2): e0211779.

④ DURLACH P J, KRING J P, BOWENS L D. Effects of action video game experience on change detection[J]. Military psychology, 2009, 21(1): 24-39.

二、研究方法

因此，本研究为求证活动性视频游戏对老年人执行功能的影响进行了一项元分析。该元分析在国际前瞻性系统注册评审，并使用 PRISMA 指南进行系统评价和报告。文献搜索限于 2021 年 2 月之前发表的针对老年人和活动性视频游戏的英文文献。

在文献进行评审后，依据以下标准选择符合要求的文献进行数据提取和分析：①随机对照试验设计；②试验参与者为能够在没有或很少帮助的情况下进行日常活动、视力正常、没有或很少有神经缺陷或认知障碍的老年人；③干预方式为活动性视频游戏干预；④对照组不进行活动性视频游戏干预；⑤研究报告了足够的能够用来计算至少一个执行功能的结果的效应量大小的信息；⑥用英语书写。以下类型的研究被排除：①非干预类研究；②非随机研究；③是摘要形式；④书；⑤综述文章或理论文章；⑥未发表的研究、摘要或论文。研究采用质量评价工具物理治疗证据数据库（PEDro）量表对符合条件的研究进行质量评估。它是由位于乔治中心的物理治疗循证中心的一群临床和物理治疗师所建立。旨在帮助使用最佳证据于临床应用来强化物理治疗服务的有效性。PEDro 量表是基于 Delphi 清单制作的随机对照实验评价量表，包括 11 条评分内容，每个条目为 1 分：①被试的纳入条件有具体说明；②被试被随机分配到各组，在交叉研究中被试的治疗顺序是随机安排的；③分配方式是隐藏的；④就最重要的预后指标而言，各组在基线都是相似的；⑤对被试全部设盲；⑥对实施治疗的治疗师全部设盲；⑦对至少测量一项主要结果的评定者全部设盲；⑧在最初分配到各组的被试中，对 85%以上的人进行至少一项主要结果的测量；⑨凡是有测量结果的被试，都必须按照分配方案接受治疗或者对照条件，假如不是这样，那么应对至少有一项主要结果进行“意向治疗分析”；⑩对至少一项主要结果的组间统计结果做出报告；⑪研究将提供至少一项主要结果的点测量值和变异测量值。

根据以往的研究将执行功能分为抑制、转换和和刷新三个部分。通过提取干预前后各组在各项执行功能测试任务中测试结果的均值、标准差（SDs）和参与者人数，或各组干预前后均值和 SDs 的差异值以及参与者人数，得到关于执行功能的相关数据。然后在综合元分析软件中对所有数据进行定量分析。变量的异质性通过统计量 Q 的效应量大小进行精确检验。用统计量 I^2 评估纳入研究的异质性。如果异质性检验显示 $p \geqslant 0.05$，$I^2 < 50\%$，表示各研究间的异质性

无统计学意义，则采用固定效应模型进行分析。如果 $p<0.05$，$I^2 \geq 50\%$，则采用随机效应模型进行分析。使用 Egger's 回归检验发表偏倚。此外，本研究还进行调节变量分析，探讨可能影响活动性视频游戏效果的因素。活动性视频游戏的干预效果通过实验组和对照组之间的标准化平均差异（SMD）来衡量①。SMD 为正值表明干预有效。综合的 SMD 大小是通过计算每项研究中所有任务的效应大小的平均值来评估的。当获得每项研究的 SMD 后，计算具有 95%置信区间（CI）的组合效应量以确定活动性视频游戏的有效性。通过所有相关研究的综合效应量和 95% CI 来评估活动性视频游戏对老年人执行功能的影响。

三、研究结果

（一）文献检索结果及特征

最终，共有 15 项符合条件的研究被纳入了元分析，共计 650 名参与者。参与者的平均年龄为 60.4—86.0 岁。具体研究特征见表 4-9。

（二）活动性视频游戏干预效果

元分析结果显示，活动性视频游戏对老年人的执行功能有积极影响。活动性视频游戏对整体执行功能以及抑制、转换和刷新这三个执行功能子功能都有好处。此外，发现活动性视频游戏对整体执行功能的影响受干预频率的调节。这些发现支持了运动干预和认知干预相结合可以有效改善老年人的执行功能的观点。

1.活动性视频游戏干预对执行功能的影响

活动性视频游戏组的参与者在整体执行功能上的表现都比对照组更好（图 4-10）。如图 4-10 所示，接受活动性视频游戏干预的参与者比对照组有更好的整体 EF（SMD = 0.349，95% CI[0.191，0.506]，$p<0.001$）。异质性检验显示，活动性视频游戏组与对照组之间无显著异质性（$Q(14) = 11.569$，$I^2 = 0.000$，$p = 0.641$）。

① BORRENSTEIN M，HEDGES L V，HIGGINS J P，et al. Introduction to meta-analysis [M]. West Sussex：John Wiley & Sons，2009.

表 4-9 纳入研究的主要特征表

研究名称	样本量	人群	平均年龄	干预组内容	频率	对照组内容	执行功能测试任务	研究质量
Anderson (2012)	63	H / MCI	78.7	科技自行车	12 周，3×45 分钟/周	传统自行车	Color trails	7
Maillot (2012)	32	H	73.5	任天堂游戏	24 周，2×60 分钟/周	无	Stroop，Trail making，Digit-symbol	6
Eggenberger (2016)	33	H	74.9	互动型跳舞游戏	8 周，3×30 分钟/周	平衡和伸展练习	Trail making，Executive control，Stroop word-color	8
Gschwind (2015)	153	H	74.7	防跌倒系统和教育手册	16 周，180 分钟/周	教育手册	Stroop，Trail making，Digit span，Flanker	9
Phirom (2020)	39	H	69.8	互动型游戏	12 周，3×60 分钟/周	教育手册	Trail making	8
Guimaraes (2018)	27	H	60.4	手柄游戏	12 周，3×60 分钟/周	有氧运动	Groton maze learning	8
Schattin (2016)	27	H	79.2	认知-技能练习	8 周，3×30 分钟/周	传统平衡训练	Go/No go，Set-shifting	8
Schoene (2015)	81	H	81.5	互动型台阶练习	16 周，3×20 分钟/周	教育手册	Stroop，Trail making，Digit span，Flanker	8

表 4-9(续)

Ordnung (2017)	29	H	69.2	夏日之星	6 周，2×60 分钟/周	无	*n*-back，Response inhibition	7
Liao (2019)	34	MCI	74.3	基于 VR 的运动联合认知训练	12 周，3×60 分钟/周	传统运动联合认知训练	Stroop，Trail making，	8
Liao (2020)	34	MCI	74.3	基于 VR 的运动联合认知训练	12 周，3×60 分钟/周	传统运动联合认知训练	Executive Interview 25	8
Monteiro (2017a)	19	H	86	VR 运动	单次，30~45 分钟	非 VR 运动	Digit span	7
Monteiro (2017b)	18	H	85.5	VR 运动	6~8 周，2×(30~40) 分钟/周	非 VR 运动	Trail making，Floor maze	8
Adcock (2020)	31	H	73.9	互动型运动系统	16 周，3×(30~40)分钟/周	无	Stroop，Trail making Digit span	8
Schoene (2013)	30	H / MCI	78	电脑版台阶练习系统	8 周，(2~3)×(30~40) 分钟/周	无	Trail making	8

注：MCI：轻度认知障碍；H：健康；VR：virtual reality。

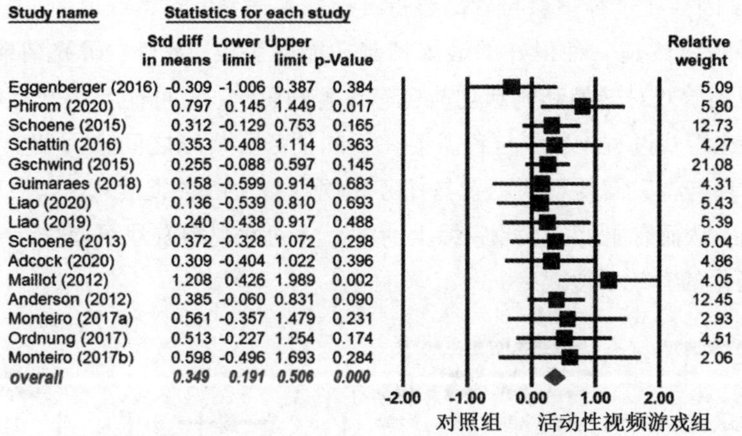

图 4-10　活动性视频游戏对整体执行功能的影响

参与活动性视频游戏的被试在抑制、转换和刷新这三个执行功能子功能方面的表现也显著优于对照组的被试。参与活动性视频游戏锻炼的被试在抑制（SMD=0.415，95% CI[0.102，0.729]，p=0.009）、转换（SMD=0.243，95% CI[0.071，0.415]，p=0.005）、刷新（SMD=0.366，95% CI[0.140，0.592]，p=0.002）(图 4-11)方面的表现都优于对照组被试。在分析抑制功能中发现，活动性视频游戏组和对照组之间存在显著的异质性（$Q(7)$= 14.771，I^2=52.611，p=0.039），而在转换（$Q(10)$= 13.639，I^2= 26.683，p= 0.19）和刷新（$Q(5)$= 8.179，I^2=38.866，p=0.147）上未发现显著异质性。该研究结果支持了运动干预和认知干预相结合可以更有效改善老年人的执行功能的观点。本研究不仅探讨活动性视频游戏对整体执行功能的影响还分别探讨了对抑制、转换和刷新三个执行功能子功能的影响。分析数据显示，活动性视频游戏对老年人的整体执行功能有普遍的增强作用，因为活动性视频游戏集运动锻炼和认知训练为一体，是一种训练运动技能的同时也训练认知功能的活动，因此，活动性视频游戏能够对整体认知功能起到增强作用。此外，由于活动性视频游戏包含电子游戏的成分，而电子游戏的一大特点便是能够娱乐身心，因此以该运动作为干预手段，参与者不容易产生枯燥无聊感以及疲惫感①。从这个角度来看，应该鼓励老年人从简单的运动到有更多认知参与的运动来提高执行功能。在抑制、转换和刷新三个执行功能子功能方面都发现了显著的改善，其中对抑制功能的改善效果最大。此前有研究表示抑制功能是容易受到活动性视频游戏影响的一种敏

① DIAMOND A. Effects of physical exercise on executive functions：Going beyond simply moving to moving with thought[J]. Annals of sports medicine and research，2015，2(1)：1011.

感功能①，因为在过程中参与者需要持续抑制不适当的过程或反应。所以，活动性视频游戏显然是一种很好的锻炼抑制功能的手段。此外，研究结果还显示，活动性视频游戏对转换和刷新功能也有显著的影响，这可能与游戏环境的可变性有关。在游戏过程中，参与者需要在不同任务和规则之间来回切换，在切换过程中，参与者又需要不断更新与任务和规则有关的各类信息，以快速适应变化的环境，从而有更好的表现。综上所述，活动性视频游戏可以作为改善老年人认知老化的有效手段之一。

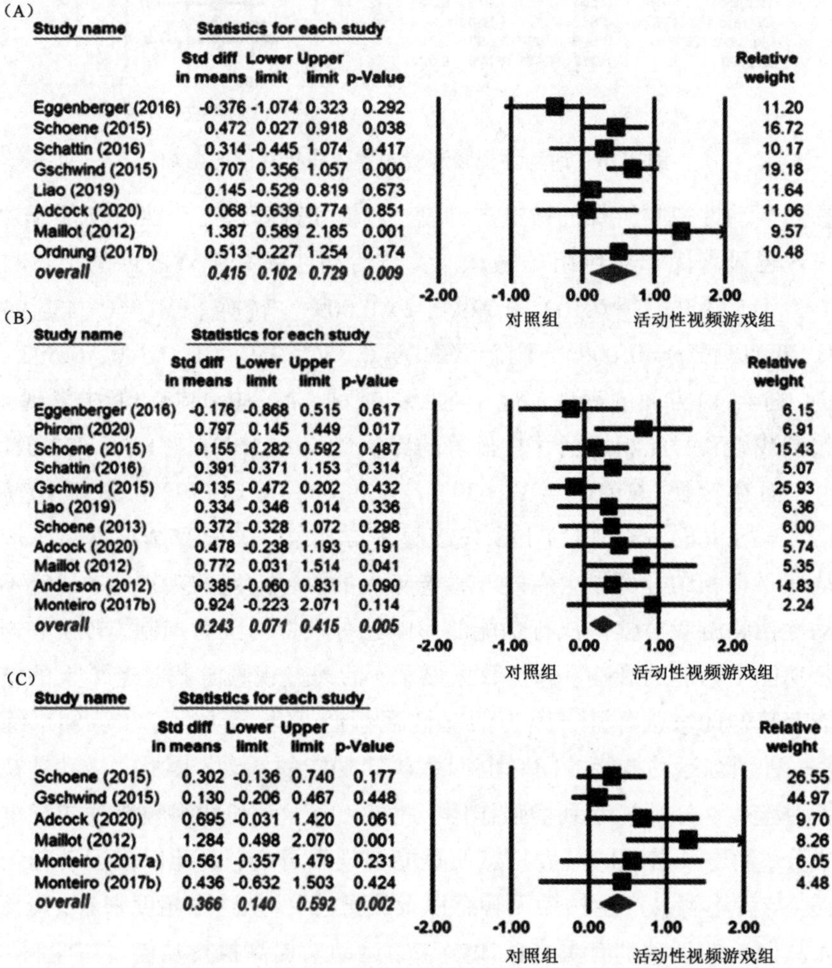

图 4-11　活动性视频游戏对抑制（A）、转换（B）和刷新（C）功能的影响

---

① DHIR S, TEO W P, CHAMBERLAIN S R, et al. The effects of combined physical and cognitive training on inhibitory control: A systematic review and meta-analysis[J]. Neuroscience & biobehavioral reviews, 2021, 128: 735-748.

2. 活动性视频游戏对执行功能的效果受干预频率的调节

在探讨哪些因素可能会影响活动性视频游戏对老年人执行功能影响的分析中，我们选用了以下变量：参与者平均年龄、认知状态、样本量、对照组分类、干预周期、干预频率；活动性视频游戏类型和单次时长。分析结果发现在这些变量中，干预频率是活动性视频游戏对老年人整体执行产生影响的显著调节因子（表 4-10）。

在两个不同的频率子组之间观察到显著的异质性（$Q(1)=3.537$，$p=0.060$）（表 4-10）。干预频率<3 次/周导致显著的整体执行功能改善（SMD=0.744，95% CI[0.317，1.171]，$p=0.001$），而干预频率≥3 次/周效果较小（SMD=0.291，95% CI[0.088，0.493]，$p=0.005$）。这与之前的研究结果一致，即低频干预对老年人认知功能的显著影响①。这是由于过度的干预可能会导致参与者的认知疲劳，从而降低老年人在干预中的参与度。与高频的干预相比，更分散的培训可能产生更大的收益。适当的干预频率可能是改善老年人执行功能的关键。在干预持续时间方面，当干预周期>12 周（SMD=0.368，95% CI[0.128，0.609]，$p=0.003$）或干预周期为 8～12 周（SMD=0.363，95% CI[0.091，0.635]，$p=0.009$）时，活动性视频游戏对执行功能有显著影响，且长周期干预产生的效应量大于中等周期干预。干预周期≤8 周的活动性视频游戏方案没有显著效果（SMD=0.293，95% CI[-0.029，0.614]，$p=0.074$）。关于单次干预持续时间，当单次时长≥60 分钟（SMD=0.550，95% CI[0.237，0.863]，$p=0.001$）或单次时长为 30～60 分钟（SMD=0.404，95% CI[0.104，0.705]，$p=0.008$）时，活动性视频游戏对执行功能有显著影响，但中等持续时间干预产生的效应量大于长持续时间干预。没有观察到单次时长≤30 分钟的活动性视频游戏的显著影响（SMD=0.177，95% CI[-0.158，0.511]，$p=0.301$）。

此外，我们还发现，当采用主动对照组时的干预效果比采用被动对照组时更强。主动对照组被认为比被动对照组对实验变量有更强的对照性，因此与主动对照组相比的效果可能比与被动对照组更有说服力。在其平均年龄、样本量、活动性视频游戏类型这些变量中我们发现无论何种水平，都能够显著促进老年人执行功能的改善。在认知状态为轻度认知障碍、总干预时长为 8 周及 8

① LAMPIT A，HALLOCK H，VALENZUELA M. Computerized cognitive training in cognitively healthy older adults：A systematic review and meta-analysis of effect modifiers[J]. PLoS medicine，2014，11(11)：e1001756.

周以下的和每次干预时长在 30 分钟及 30 分钟以下这三种情况下，活动性视频游戏对老年人的执行功能没有显著改善作用。

表 4-10　调节变量分析结果

调节变量	水平	研究数量	SMD	置信区间	I^2	异质性测试		
						Q	df	p
平均年龄	≥75 岁	6	0.381**	0.130~0.631	0	0.104	1	0.747
	<75 岁	9	0.328**	0.126~0.530	27.703			
样本量	>35 人	4	0.360**	0143~0.578	0.000	0.024	1	0.877
	≤35 人	11	0.336**	0.109~0.563	0.000			
认知状态	健康	11	0.365**	0.179~0.550	9.308	0.460	1	0.497
	轻度认知障碍	2	0.187	−0.290~0.665	0.000			
干预周期	>12 周	4	0.368**	0.128~0.609	39.355	0.153	2	0.926
	>8—≤12 周	5	0.363**	0.091~0.635	0.000			
	≤8 周	6	0.293	−0.029~0.614	0.000			
干预频率	≥3 次/周	9	0.291**	0.088~0.493	0.000	3.537	1	0.060
	<3 次/周	4	0.744**	0.317~1.171	0.000			
单次时长	≥60 分钟	5	0.550**	0.237~0.863	27.803	2.577	2	0.276
	>30—<60 分钟	5	0.404**	0.104~0.705	0.000			
	≤30 分钟	3	0.177	−0.158~0.511	18.023			
对照组分类	主动	11	0.298**	0.124~0.472	0.000	1.775	1	0.183
	被动	4	0.573**	0.207~0.939	11.893			
活动性视频游戏类型	现有的	9	0.322**	0.141~0.502	0.000	0.356	1	0.551
	定制的	6	0.433**	0.114~0.753	9.229			

注：* $p<0.05$，** $p<0.01$。

四、研究结论

目前对15项研究的元分析结果显示，活动性视频游戏对老年人的执行功能有积极影响。活动性视频游戏对整体执行功能以及抑制、转换和刷新这3个执行功能子功能都有好处。此外，研究发现活动性视频游戏对整体执行功能的影响受干预频率的调节。

本研究结果支持了运动干预和认知干预相结合可以有效改善老年人的执行功能的观点①。值得注意的是，在本研究中，我们分析了整体执行功能和执行功能子功能，即抑制、转换和刷新。目前的数据显示，活动性视频游戏对老年人的整体执行功能有普遍的增强作用。活动性视频游戏的过程可以被认为是一种包含运动和认知挑战的过程，执行功能在其中起着重要作用。从这个角度来看，活动性视频游戏对整体执行功能的增强作用是很容易理解的，应该鼓励老年人从简单的运动慢慢转换到有认知负荷的运动，在锻炼他们身体素质的同时帮助老年群体改善执行功能等认知功能，从而延缓认知老化，预防老年性痴呆等疾病。此外，老年人参与活动性视频游戏过程中还应重点关注干预频率，根据元分析的调节变量结果发现，高频率的活动性视频游戏的锻炼效果没有低频率的效果好。可是由于老年人特殊的人群特征，他们的身体机能随着年龄的增长有所下降，因此，频繁的锻炼可能会导致他们的身体和心理的疲劳，从而降低他们在活动性视频游戏中的参与度，导致练习的效果降低。因此，在老年人进行活动性视频游戏练习的过程中应合理安排间歇时间。对于老年群体而言，分散练习可能较集中练习更好。根据该元分析我们发现，关于活动性视频游戏对老年人认知功能的影响中很少有研究探索对执行功能及其子功能的影响。并且，这类研究的样本量普遍都较少，结果的可靠性会受到所纳入研究的样本量的限制，之后的研究可以考虑使用更大的样本量。此外，所分析的研究中使用的活动性视频游戏类型不同，可能是由于活动性视频游戏的受众面还不够广，在之后的研究中可以尝试根据活动性视频游戏的玩法、机制等方面的不同对这类游戏进行分类，并探讨不同类型的活动性视频游戏对人类认知功能的影响。

执行功能为提高老年人的整体生活质量做出了贡献。改善执行功能被认为与降低跌倒风险有关。对于老年群体而言，跌倒可能会导致严重的身体伤害和

---

① GUO W，ZANG M，KLICH S，et al. Effect of combined physical and cognitive interventions on executive functions in older adults：A meta-analysis of outcomes[J]. International journal of environmental research and public health，2020，17(17)：6166.

心理伤害。本书总结了活动性视频游戏对执行功能的影响，此外还有研究针对活动性视频游戏对平衡能力的影响进行总结①。平衡能力往往随着年龄的增长而下降。一些骨骼肌肉的变化可能会导致老年人平衡能力下降，比如肌肉强度、肌肉质量、力量和关节活动度的减少。摔倒是老年人骨折和头部受伤的主要原因，老年人的摔倒引发了公共卫生问题。即使摔倒没有导致个体受伤，但也会对心理状态产生负面影响。有过摔倒经历的老年人由于产生了对摔倒的恐惧，因此，他们自身也会产生限制日常生活相关的体育活动的倾向。以往有研究表明，活动性视频游戏对老年人是安全可行的。并且老年人报告在游戏中有积极的体验，并愿意在干预项目结束后继续进行活动。该元分析通过对16项随机控制实验的分析发现，与对照组相比，活动性视频游戏组的结果更好。具体而言，活动性视频游戏组和对照组参与者在动态平衡、感知平衡、座椅站立测试和平衡测试中的功能性测试和平衡置信度评估方面均有显著影响。执行功能为老年人的整体生活质量做出了贡献，平衡也是影响老年人健康指数的重要能力。相较于单一的干预方式，活动性视频游戏贴近日常生活，大多数日常生活活动都需要认知和身体功能的同时参与，因此，活动性视频游戏或许是提高老年人的健康状况的强有力的手段。

第五节　开放性运动延缓认知老化的元分析研究

一、研究背景

体育锻炼可以改善人的认知功能，包括注意力、处理速度、工作记忆和执行功能。此外，这一观点得到了许多行为和影像学研究的支持。具体来说，体育锻炼有利于儿童学习成绩的提高，有利于成人脑源性神经营养因子浓度的增加，有利于老年人脑容量的增加。认知功能是指获取或应用知识的过程，或信息加工的过程，是人类最基本的心理功能。研究人员将

① FANG Q, GHANOUNI P, ANDERSON S E, et al. Effects of exergaming on balance of healthy older adults: A systematic review and meta-analysis of randomized controlled trials[J]. Games for health journal, 2020, 9(1): 11-23.

认知功能分解为更具体的心理能力，如感知、注意力、工作记忆、决策、处理速度、计划、抑制、认知灵活性等，以便简单、可操作地测量。执行功能产生协调、有序和有针对性的行为。执行功能是认知功能的重要组成部分，执行功能的三个子功能是抑制、工作记忆和认知灵活性。研究结果表明，体育锻炼能够改善人的执行功能。

研究结果表明，体育锻炼模式会产生不同的认知益处，其目标是最大限度地提高体育锻炼的认知增益功效。体育锻炼是体育活动的一个分支，它被定义为一种有计划的、有组织的、重复的体育活动，旨在提高或保持身体健康的一个或多个组成部分。一般来说，体育锻炼可以分为两种主要模式。一种模式是开放性运动，它要求参与者在动态的、不可预测的、外部节奏的环境中做出反应(例如，篮球、足球、网球和羽毛球)。这种锻炼模式通常伴随着更大的认知负荷和执行负荷。第二种模式是闭锁性运动，它涉及一个相对一致、可控、可自我调节的环境(例如，跑步、游泳)。一项随机对照实验发现，参加开放性运动的儿童在移动表现上优于参加闭锁性运动的儿童。然而，当 Jacobson 等人选择年轻人作为研究对象来探索两种运动模式之间的抑制控制差异时，他们发现参加闭锁性运动锻炼的年轻人表现更好。与此同时，一项针对老年人的横断面研究发现，两种锻炼模式在视空间心理旋转任务方面没有差异。许多调节变量可能导致这些模糊的结果，例如，参与被试的年龄、种族、不同任务范式的应用等变量都可能发挥作用。因此，尽管许多研究比较了这两种运动模式的认知效果，但没有明确的证据证明哪一种更好。假设选择合适的运动方式可以促进儿童和中年人的认知功能，并可能延缓老年人的认知能力下降，鉴于体育活动已被证明可以影响健康人的大脑健康和认知能力，并可能延缓阿尔茨海默病患者的认知能力下降，寻找更有效的运动模式来提高儿童智力、延缓老年人认知衰老将具有很大的应用价值。

到目前为止，还没有元分析来比较开放性运动和闭锁性运动对认知的不同影响。因此，我们进行了一项全面的元分析，共选择 19 项研究来检验三个关键问题：①所有人群中开放性运动和闭锁性运动的整体认知功能差异；②不同人群的执行功能差异，包括抑制、认知灵活性、视觉空间注意和加工速度；③评价迄今为止发表的结果是否适用于不同的人群结构。

二、研究方法

本研究对不同的人群进行开放性运动和闭锁性运动的效果进行了元分析。该元分析使用 Prisma 指南进行系统评价和报告。

(1)研究策略。系统检索了 5 个数据库(Web of Science, EMBASE, Elsevier Science, PubMed 和 PsycINFO),检索了 2021 年 9 月之前发表的文献。两种类型的术语用于检索:“认知”和“锻炼模式”。与认知相关的术语包括认知、工作记忆、注意、执行功能、抑制控制和信息处理。与锻炼模式相关的术语包括锻炼类型、锻炼模式、开放性运动和闭锁性运动。认知和锻炼模式相关的术语与“和”相结合,以便从数据库中检索。此外,对获得的文章中的参考文献进行了审查。

(2)选择标准。符合以下纳入标准的研究被认为是合格的:①具有干预或横断面研究设计的研究;②将闭锁性运动和开放性运动明确定义并讨论为自变量的研究;③将至少一个认知相关指标确定为因变量的研究。在剔除重复或不相关的文章后,对剩余的文章进行全文评价。根据以上三个标准进行进一步筛选,将符合所有标准的文章纳入元分析。

(3)数据提取与分析。每项横断面研究和干预研究都记录了发表年份、参与者特征、干预方法、锻炼经验和认知评估工具。同时提取开放性运动组和闭锁性运动组的被试人数,以及认知测量任务中相关数据的均值±标准差。对于干预研究,提取基线和测试后的平均值±标准差数据来自认知测量任务。如果没有标准差数据,将标准误差转换为标准差,或者根据数据的上下限(如 95% 置信区间,CI)计算标准差。采用综合元分析(comprehensive meta-analysis, CMA) Version 3 软件对数据进行总结和分析。此外,一个认知测试任务可以包含多个子任务。在评估不同的认知功能时,子任务的数量过多和不一致可能导致元分析的结果有偏差和不具代表性。因此,在每个任务中,筛选最具代表性的结果作为认知功能的测量,并确保每个任务具有相同数量的子任务。

将筛选的所有研究中涉及的特定认知功能进行分类,包括抑制、认知灵活性、视觉空间注意力和处理速度。利用 CMA 进一步分析各子函数。

在数据分析方面,参照其他元分析的方法,在每项研究中使用标准均差作为整体认知的效应量。效应量估计的解释与 Cohen 的指导原则一致,0.2 为小效应,0.5 为中效应,0.8 为大效应。p 值的显著性设为 $p<0.05$。效

应量的统计齐性(I^2)采用 Cochran's Q 检验。I^2 通常表示非均质性的比例；$I^2<25\%$为低，50%～75%为中，$I^2>75\%$为高。

对生成的结果进行发表偏倚分析，并绘制相应的漏斗图。漏斗图的不对称或不完整意味着可能存在发表偏倚。只能对发表偏倚做出粗略的定性判断，需要足够的样本才能做出判断。因此，仅选取 15 个横断面研究进行发表偏倚分析。生成的漏斗图(横坐标表示效应量，纵坐标表示标准误差)显示样本偏差较小。排除阴性结果后，p 值仍然显著($p<0.05$)。

考虑到可获得的干预研究数量有限，仅对 15 项横断面研究进行了分析。每项横断面研究的质量由两名领域内专家使用 Fuzeki① 和 Engeroff 等人开发的研究质量评估工具进行评定。总共有 12 个问题，12 分是可能的最高分。两位专家根据详细的评分标准对每个研究进行独立评分，评分差异由第三位专家解决。

三、研究结果

(一)文献检索结果及特征

对 5 个数据库的关键词搜索初步确定了 3064 篇潜在文章。通过检验最相关研究中的参考文献，确定了另外 5 项记录。在剔除重复或不相关的文章后，获得了 70 篇研究。在剔除不符合筛选标准的文献后，共选取 19 项研究进行分析，包括 15 项横断面研究和 4 项干预研究②。横断面研究和干预研究分别进行分析。表 4-11 表 4-12 分别总结了两组研究的特征。

---

① FUEZEKI E, ENGEROFF T, BANZER W. Health benefits of light-intensity physical activity: A systematic review of accelerometer data of the National Health and Nutrition Examination Survey (NHANES)[J]. Sports medicine, 2017, 47(9): 1769-1793.

② HUNG C L, TSENG J W, CHAO H H, et al. Effect of acute exercise mode on serum brain-derived neurotrophic factor (BDNF) and task switching performance[J]. Journal of clinical medicine, 2018, 7(10): 301.

表 4-11　横断面研究的主要特征表

研究	样本量（开放性/闭锁性）	平均年龄/岁	测量工具	认知功能	开放性运动锻炼	闭锁性运动锻炼	频率
Giglia（2011）	12/10	23.28	线长判断任务	视觉空间注意	排球	划船	开放性运动：3.±1.0h/d 闭锁性运动：3.±0.5h/d
Dai（2013）	16/16	68.73	任务切换模式	认知灵活性	乒乓球、网球	跑步、游泳	乒乓球：13.0±5.7y 跑步游泳：11.1±4.5y
Wang(2013a)	20/20	20.13	停止信号任务	抑制	乒乓球	游泳	乒乓球：5.5±2.8y 游泳：4.9±1.7y
Wang，(2013b)	14/14	20.4	Go/no-go task	抑制	乒乓球	游泳	乒乓球：3~11y 游泳：2.5~9y
Huang（2014）	20/20	69.43	Eriksen Flanker task	抑制	乒乓球、羽毛球	跑步、游泳	开放性运动：7.8±1.1y 闭锁性运动：6.7±2.4y
Jacobson and Matthaeus(2014)	22/17	20.13	D-KEFS tower test，D-KEFS color-word interference test，coding test	决策、抑制、处理速度	不同节奏运动	同频运动	1/wk
Tsai and Wang（2015）	21/22	65.11	任务转换	认知灵活性	羽毛球、乒乓球	跑步、游泳	运动组：≥30 分钟/次，≥3 次/周，≥2 年
Guo（2016）	36/38	67.06	VWMT，VSMT，VMTT	视空间工作记忆	乒乓球	跑步、游泳	运动组：≥30 分钟/次，≥3 次/周，≥1 年

表 4-11(续)

Tsai (2016)	20/20	65.53	视觉空间注意范式	视觉空间注意	羽毛球、乒乓球	跑步、游泳	运动组：≥30 分钟/次，≥3 次/周，≥2 年
Ballester (2017)	20/20	11	Vigilance task session	抑制	足球	田径	运动组：≥4 次/周，≥4 年
Chang (2017)	15/14	21.32	Stroop task，WCST，Tower of London task	抑制、工作记忆、认知灵活性	武术训练	马拉松	武术训练：8.6±2.3y 马拉松：7.8±2.4y
Chueh(2017)	9/9	20.6	NDMT	视空间注意力、记忆力	羽毛球、乒乓球	游泳、跑步	开放性运动组：10.8±2.2y 闭锁性运动组：9.7±3.2 y
Yu (2017)	18/18	21.33	task-switching paradigm，simple reaction task	认知灵活性、处理速度	羽毛球	田径	羽毛球：11.3±2.7 y 田径：7.9±1.6 y
Li et al. (2018)	23/24	68.88	SCWIT，task-switching paradigm	抑制、认知灵活性	网球、乒乓球	慢跑、快走	运动组：≥30 分钟/次，≥3 次/周，≥3 次/月
Ballester (2019)	22/22	23.13	Psychomotor vigilance task，go/no-go task	抑制	足球、篮球、排球、乒乓球	田径、游泳、铁人三项、自行车	EP 运动员：4.5 小时/周 SP 运动员：5.5 小时/周 非运动员：0.7 小时/周

表 4-12　干预研究的主要特征表

研究名称	样本量（开放性/闭锁性）	平均年龄	测量工具	认知功能	开放性运动锻炼活动	闭锁性运动锻炼活动	运动周期
Crova（2014）	20/15	9.6	RNG task	抑制、工作记忆	Enhanced PE	Curricular PE	6 个月
Schmidt（2015）	26/28	11.33	*n*-back task，Flanker task	认知灵活性、工作记忆	团队游戏	有氧运动	6 周
Tsai（2017）	22/21	66.28	Task-switching，*n*-back task	认知灵活性、工作记忆	乒乓球	自行车、慢跑、快走	6 个月
Hung（2018）	20/20	23.15	Task-switching	认知灵活性	羽毛球	跑步	40 分钟

(二)横断面研究中整体认知表现的比较

开放性运动和闭锁性运动对整体认知功能的影响如图 4-12 所示。开放性运动与闭锁性运动对整体认知表现的效应量为 0.304(95% CI (-0.097, 1.213); $p<0.05$)。此外，在研究中没有观察到显著的异质性($Q(14)=16.207$; $p>0.05$; $I^2=13.62\%$)。在漏斗图分析中，两项纳入的研究解释了观察到的漏斗图不对称。一项研究在倒锥外，另一项研究在倒锥边缘。当这两项研究被排除后，最初获得的显著性结果不受影响，效应量为 0.192(95% CI[-0.097, 0.724]; $p<0.05$)。

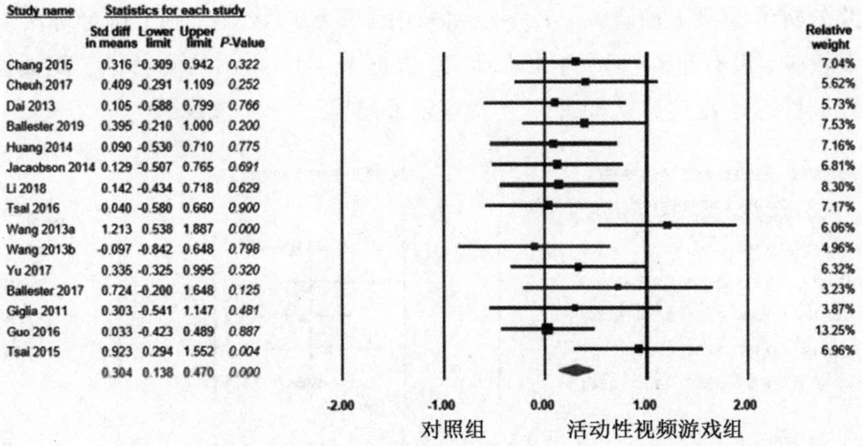

图 4-12　横断面研究中开放性运动与闭锁性运动的效果对比的森林图

(三)特定认知表现

在每项研究中，都选择特定的认知表现作为评价指标。考虑到选择的干预研究数量较少，仅对 15 项横断面研究进行亚组分析。采用测量同一类型认知能力的研究，探索闭锁性运动和开放性运动的具体子功能，以充分了解这两种运动模式促进认知表现的能力。值得注意的是，每项研究都采用了相同或相似的范式来测量特定的子功能。最终结果如表 4-13 所示。开放性运动与闭锁性运动在抑制作用上的总体效应大小为 0.247(95% CI (-0.173, 1.213); $p=0.042$)。此外，各研究间未发现显著异质性($Q(6)=10.529$; $p>0.05$; $I^2=43.01\%$)。认知灵活性方面，综合效应量为 0.360(95% CI (0.036, 0.923); $p=0.013$)，且无显著异质性($Q(4)=5.382$; $p>0.05$; $I^2=25.68\%$)。此外，在视觉空间注意力和加工速度上，开放性运动和闭锁性运动之间没有发现显著差异。

表 4-13　特定认知表现

功能	研究数量	效应量	95% CI	p
抑制功能	7	0.247	0.173～1.213	0.042
认知灵活性	5	0.360	0.036～0.923	0.013
视觉空间能力	3	0.209	0.040～0.359	0.314
处理速度	2	0.103	0.098～0.108	0.657

（四）干预研究中整体认知表现的比较

共分析了四项干预研究，其中一项采用了被试内设计。由于符合标准的研究数量较少，没有排除被试内设计研究。根据图 4-13 所示的森林图，闭锁性运动和开放性运动在整体认知表现上没有显著差异。

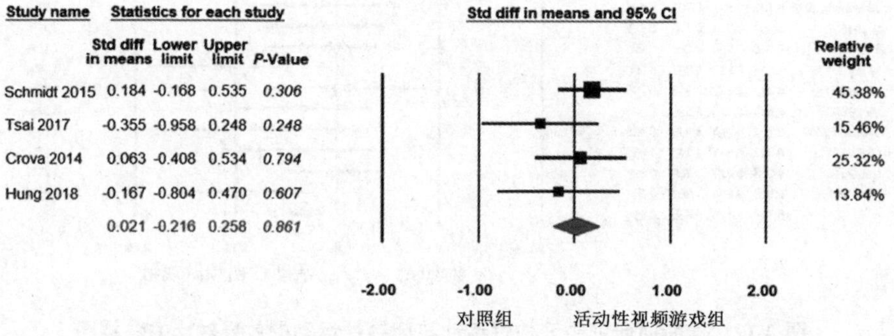

图 4-13　干预研究中闭锁性运动和开放性运动在认知表现上的差异

（五）调节变量分析

表 4-14 总结了开放性运动与闭锁性运动影响认知功能的调节变量分析结果。为分析潜在调节变量对整体认知功能的影响，考虑到干预研究较少，我们仅按年龄组分析了 15 项横断面研究的调节变量。这些群体包括 5—16 岁的儿童、17—35 岁的年轻人和大于 56 岁的老年人。我们的目的是探讨开放性运动和闭锁性运动是否影响不同年龄组的整体认知功能。根据选择标准，我们有 1 项关于儿童的研究，8 项关于年轻人的研究，以及 6 项关于老年人的研究来评估。因此，我们只比较了年轻人和老年人的差异。开放性运动与闭锁性运动对年轻人整体认知的效应量为 0.384（95% CI（−0.097，1.213）；$p = 0.002$），且各研究间无显著异质性（$Q(7) = 8.129$，$p > 0.05$，$I^2 = 13.89\%$）。同时，开放性运动

与闭锁性运动对老年人整体认知的效应量为0.197(95% CI (0.033, 0.923); p=0.105)。这些研究之间也没有发现显著的异质性($Q(5)=6.077$, $p>0.05$, $I^2=17.72\%$)。综上所述，这些结果表明，开放性运动对年轻人的认知益处更大。

根据先前描述的研究质量评估工具，对每个研究进行评分。15 项横断面研究的得分从7到9不等。9分表示高质量，8分表示中等质量，7分表示低质量。在高质量和中等质量的研究中，开放性运动和闭锁性运动对认知功能的影响的差异都是显著的，而在低质量的文章中则不显著。

表 4-14　调节变量分析

		研究数量	效应量	95% CI	p
年龄	年轻人	8	0.384	−0.097~1.213	0.002
	老人	6	0.197	0.033~0.923	0.105
文献评分质量	高	4	0.639	0.335~1.213	0.000
	中	9	0.235	0.033~0.923	0.025
	低	2	0.034	−0.097~0.129	0.892

据我们所知，这是第一个基于横断面研究和干预研究结果比较闭锁性运动和开放性运动对认知表现影响的所有年龄组的元分析。在15项横断面研究中，开放性运动优于闭锁性运动，对认知表现的影响较小。额外的亚组分析进一步表明，与闭锁性运动相比，开放性运动在抑制和认知灵活性方面具有积极作用。同时，视觉空间注意力和加工速度在两种运动模式之间没有显著差异。由于抑制和认知灵活性都是执行功能的重要子功能，这些结果为开放性运动比闭锁性运动获得更好的执行功能提供了初步支持。相比之下，在4项干预研究中，开放性运动和闭锁性运动之间没有观察到显著差异。此外，虽然效应量的方向偏向于开放性运动，但相关的p值并不显著。因此，我们的研究结果仅部分支持开放性运动在执行功能上优于闭锁性运动的假设。与最近的一项系统综述的结果一致，我们发现开放性运动在改善认知表现方面比闭锁性运动更有效。此外，当我们改进认知表现时，开放性运动比闭锁性运动产生更好的抑制和认知灵活性。在之前的两项研究中①，使用事件相关电位对开放性运动和闭锁性运动进行比较，前者表现出更好的电生理性能。这些结果也与本研究结果一致。

① HUANG C J, LIN P C, HUNG C L, et al. Type of physical exercise and inhibitory function in older adults: An event-related potential study[J]. Psychology of sport and exercise, 2014, 15(2): 205-211.

关于视觉空间注意，以往的研究产生了相互矛盾的观点。例如，当 Giglia 等人关注运动员视觉空间注意的偏侧化时，没有观察到闭锁性运动组和对照组在视觉空间注意方面显著差异。此外，两组的表现都比开放性运动组差，这表明稳定的运动环境可能无法有效地训练个体分散他们的视觉空间注意力。相比之下，Chueh 等人进行的另一项研究显示，开放性运动和闭锁性运动在视觉空间注意方面没有差异。基于对两种锻炼方式的理解，我们更倾向于支持前者的结果。值得注意的是，本元分析的数据显示了相对较大的效应量，偏向于开放性运动锻炼。然而，结果并不显著。后一种观察有两个可能的原因：第一，我们的分析中只包括了三个研究，我们的结果是基于一个非常小的样本量；第二，视觉空间注意力的评估对象主要是年轻人。因此，缺少儿童和老年人作为研究对象也可能是我们的结果不显著的原因之一。本研究的结果也证实了两种运动模式在处理速度相关任务的表现上不存在显著差异。

为了进一步丰富和支持横断面研究的结果，我们分析了 4 项干预研究。纳入干预研究的主要原因是促进因果推断。在我们检索的 4 篇文章中，有 2 篇支持开放性运动更有利于认知促进，1 项研究表明开放性运动和闭锁性运动在特定方面具有独特的优势认知亚功能，最终研究显示两种运动之间没有差异行为层面的模式。本元分析结果显示，开放性运动与闭锁性运动在认知能力提升方面无显著差异。这一结果的可能原因是，没有太多的干预研究调查了这两种运动模式对认知的影响，我们检查的 4 篇论文中只有 1 篇可能在元分析中造成很大的错误。因此，在未来的研究中，重要的是要包括更多的干预研究，以确保获得可靠的结果。运动带来的认知改善似乎与干预时间有关。这一发现得到了一项系统综述的支持，该综述表明，只有长期锻炼才能对大脑功能和结构发挥积极作用。在元分析中，我们纳入了 3 项长期运动研究，以及 1 项短期运动研究。因此，我们不确定结果的潜在原因可能是我们纳入了所有 4 项研究进行分析。然而，由于纳入的文献数量有限，根据干预持续时间分组的适度分析来判断这一猜想的正确性是不可实现的。因此，需要进一步研究。值得一提的是，一项研究表明，在急性运动后，闭锁性运动对回顾性记忆的优势比开放性运动更明显。这种不一致的主要原因可能是由于不同的实验范式。在未来，需要更多的干预研究来进一步揭示两种运动模式的不同效果。

综上所述，本元分析结果显示，开放性运动在促进认知功能发展方面比闭锁性运动更有效。此外，这种差异反映在更高的认知过程中，即执行功能。在目前的元分析中，我们发现开放性运动对认知功能的益处大于闭锁性运动。然而，根据特定的认知领域，效果有所不同。特别是开放性运动更有可能促进抑制和认知灵活性。我们假设这一结果是由于参与者需要在自我控制和转化中调动更多的认知资源，以适应外部信息和开放性运动多感官环境的变化。相比之下，闭锁性运动涉及一个相对可预测和稳定的环境。因此，在这种运动模式中，需要调动的认知资源较少。抑制和认知灵活性是执行功能的重要组成部分。在开放性运动中，这种高级认知过程可以得到改善。在处理速度方面，由于处理速度测量是基于相对简单的任务，因此动员所需的认知资源非常有限。因此，在考虑需要低认知水平的任务时，开放性运动和闭锁性运动之间没有显著差异。

关于视觉空间注意力，我们的元分析没有发现两种锻炼模式之间的任何差异。在复杂环境下的锻炼已被证明可以增加皮质厚度、神经发生和增强神经传递。此外，先前的一项研究发现，儿童前额皮质的激活程度要比成人高得多。此外，前额叶皮层在抵抗干扰和维持目标方面起重要作用。因此，不同的运动模式对视觉空间注意的影响在不同的年龄组有所不同。迄今为止，很少有研究将儿童和老年人纳入运动模式的评估中。因此，缺乏对这些主题特征的全面覆盖可能是我们获得不重要结果的原因。此外，后者在一定程度上解释了目前两种练习模式关于视觉空间注意的观点之间的不一致。从教育应用的角度来看，目前的证据表明开放性运动锻炼更有利于正常人的认知发展，这些发现将有助于教育决策者重新规划和安排体育教学。在临床应用方面，体育锻炼也被证明是改善轻度认知障碍和痴呆的有效手段。因此，我们推测开放性运动在认知能力方面的独特优势可能也存在于特殊群体中。研究结果表明，与闭锁性运动相比，开放性运动在行为层面的认知功能改善方面更具优势。这为人们选择锻炼方式提供了一些启示。这一现有的发现可以在未来进一步扩展到大脑机制的水平。

我们的元分析的一个主要优点是，它提供了闭锁性运动和开放性运动对认知表现影响差异的最新总结，而不受实验设计方法、受试者年龄和发表日期的限制。然而，本元分析的结论应考虑以下局限性。首先，19 项研究中只有 4 项是干预研究。因此，我们对干预研究的元分析不够可靠，结论只能为今后的研究提供一些参考和建议。此外，未来的研究需要谨慎考虑因果推理。其次，横断面研究并没有提供有关运动时间、频率和特定任务表现的具体信息。因此，调节变量的数量不足以进行进一步的分析，这不利于探索异质性的来源。再次，虽然我们的调节分析表明，开放性运动为年轻人提供了更大的认知益处，但只有少数研究调查了参与开放性运动的儿童。因此，开放性运动是否对儿童有益还有待进一步的研究证实。最后，我们仅使用行为数据来确定两种运动模式之间认知表现的差异。在未来的研究中，使用功能磁共振成像(fMRI)技术来探索两种运动模式对大脑功能和结构变化的影响将是非常重要的。关键的考虑因素将是哪种运动模式更有助于促进和更新当前的推理，以及哪种神经机制是观察到的变化的基础。此外，我们的搜索策略仅限于以英文发表的全文研究。未来的研究应该包括所有的相关文献，独立于语言，有一个完整的数据集，不因语言而有偏见。

四、研究结论

与闭锁性运动相比，无论基线年龄如何，开放性运动都能更有效地改善认知功能。开放性运动在抑制和认知灵活性方面的好处尤其明显，这些可能会促进更好的执行功能。此外，调节分析的结果显示，开放性运动对年轻人的认知益处更大。然而，由于现有的研究数量有限，谨慎解释目前的结果是很重要的。建议进行长期干预研究，以及使用功能磁共振成像技术，以揭示开放性运动影响认知功能的潜在脑机制。

第五章

靶向健身延缓认知老化的模式构建

第一节　靶向健身模式构建的基础与机遇

一、靶向健身可以指向认知老化的基础

在前文中，通过对现有文献的梳理和调查研究，我们发现了充足的证据表明某些健身方式可以有效地延缓认知老化。上述前期研究为靶向健身提供了最为基础的支撑，它意味着运动健身可以有效地延缓认知老化，而不单单对显而易见的身体的机能存在益处。这种视角具有一定的创新性，因为健身运动对身体机能、身体素质的提升是显而易见的，但对认知老化的影响常常是看不见摸不着的。因此，每当谈及健身与健康时，人们易于联想到那些可以直接观察到的身体上的健康，而往往忽视看不见摸不着的认知功能上的健康。在这样的情况下，现有文献和研究对健身与认知功能健康的关系的强调就愈发有意义。总之，本研究的前期工作为健身可以延缓认知老化的有效性提供了多样的、切实的证据。

但"有效"不是"可用"的同义词。从有效到可用，至少还要进行经济评估。效果好的药物不一定销量好，类似的，有效的延缓认知老化的手段不一定就是受到欢迎的。一种干预认知老化的手段是否可用，对其进行包含支出成本和预期效益的经济性评估是必不可少的。从支出成本（包括时间、金钱等成本）考虑，本研究所指的针对认知老化为靶点的靶向健身并不会额外增加成本，在本研究所涉及的干预计划或建议中，都没有额外增加运动的时间，也无购入干预器材的强制要求，不会减少老年人在其他方面从健身中所获得的益处。简而言

之，老年人不需要付出更多的时间、金钱，也不需要付出减少现有的健身收益的代价，就可以进行靶向健身。从预期效益的角度考虑，老年人可以通过融合了认知成分的靶向健身方式获得额外的、重要的认知健康收益。另一个需要评估的是风险，即使存在不需要额外支出成本，或者仅需很少成本支出的有效干预手段，还需要评估这样的手段是否会带来额外的风险。在本书前面的章节中，我们回顾了相关主题的研究论文，暂未发现有关增加认知训练成分造成老年人运动风险增加的证据。且在已有的研究中，存在很多具有丰富认知训练的健身方式，即富认知训练的靶向健身本身就是一种已经存在的健身方式，其安全性与传统观念中的指向身体健康的健身并无不同，因为它们使用了相同的身体活动方式，只是在本研究中从新的视角去思考其指向认知老化的靶向可行性。如前文提及的用乒乓球作为老年健身方式的一项研究，其中富认知成分的运动健身方式就是乒乓球，它显然不会额外增加任何风险。综上，以富认知训练为代表的靶向健身在延缓认知老化上，不但有效，而且可用。

在本研究前期的调查中，我们发现超过一半的老年人都自述存在认知老化的症状，诸如对自己记忆功能衰退的抱怨，但几乎没有老年人表达出对体育锻炼可以改善这些症状的了解。他们认为，体育锻炼对普遍患有的以糖尿病、高血压为代表的慢性病是有好处的，这也是部分老年人坚持体育锻炼的重要原因，但对于绝大部分的老年人而言，运动健身可以延缓认知老化是从未听说过的。即使有些老年人已经表现出明显的认知老化的症状，但其往往都不曾想过寻找合适的方法延缓这一过程。正因如此，存在着一种未被广泛认识到的存在于健身运动和认知功能之间的关系。一旦这种关系，也可以称为一种效果，可以得到更为普遍的理解和接受，那么它的受众数量将会是巨大的。因此，实质上存在着对以认知老化为靶点的健身的客观需求，即使现阶段主观上对这一理念的理解是显然不足的。破解这一困境的直接途径是加大对相关理念的宣传力度，加速合适的健身方法可以延缓认知老化的理念的传播，以此为靶向健身开展提供催化条件支持。特定的富认知的健身运动方式可以延缓认知老化的有效性已经得到了较为丰富的证据支撑，表明健身可以指向认知老化问题。不可否认，还存在着与富认知健身运动差异明显的健身运动，其可能本身不包含丰富的认知成分，对于这些健身运动如何可以指向认知老化需要进一步探讨。

对于不包含丰富认知要素的健身运动方式，很难将其视为无法有效延缓认知老化的方式，实际上，只要手段合适，它也可以在延缓认知老化中起到特有的作用，成为靶向健身模式构建的重要组成部分。单独使用的不包含丰富认知要素的运动方式本身确实无法有效支撑靶向健身，也可以对延缓认知老化起到一定的作用。只是相比于富认知运动，其作用存在如下劣势：首先，该作用是一种普遍的而非特异性的作用，它无法指向认知老化的任何一种核心功能；其次，该作用的效果量，即作用的大小显著小于富认知运动的效果。因此，单纯的非富认知运动虽然可以轻度有益于认知功能，但无法单独支撑靶向健身延缓认知老化。得益于体育学、医学、心理学工作者的研究，本研究分析了相关研究结果，并进行了实证研究，证实了在非富认知运动中增加认知要素可以有效延缓认知功能老化。这种作用的效果量显著大于单独的体育活动，且可以通过简单操作指向具体核心功能。以此，为靶向健身可以指向认知老化提供了另一块重要拼图。

二、构建延缓认知老化的靶向健身模式的机遇

推动老年人积极参与到健身活动中，对我国积极应对人口老龄化问题有着重要的战略意义①。我国政府针对老年人健身锻炼的需求和特征，在不同时期出台了系列专项文件，步入 21 世纪以来，先后推出了《老年人体育发展规划》(2000 年)、《关于进一步加强新形势下老年人体育工作的意见》(2015 年）等一系列专项政策文件。《“健康中国 2030”规划纲要》指出要促进老年人积极参与全民健身②；《健康中国行动(2019—2030 年)》针对老年人参与体育锻炼给出了具体建议③；《全民健身计划(2021—2025 年)》明确提出促进老年人开展健身活动的多项具体要求④。2022 年，新修订的《中华人民共和国体育法》明确加强了对老年人群体参加体育活动和全民健身活动的保障和便利。以上政策文件、法律法规的颁布充分说明国家对老年人健身活动开展的重视，从战略规划、设施保障到权利保障对老年人健身活动提供充分支撑。上述文件中虽然并未对健康的内涵和外延做出明确界定，未能明确指出延缓认知老化在老年人健康促进中的特殊地位，但从政策保障维度来看，构建延缓认知老化的靶向健身模式仍

---

①　翟振武，金光照，张逸杨.推进老年人体育锻炼战略布局积极应对人口老龄化[J].体育学研究,2022，36(3):8.

②　中共中央 国务院印发《“健康中国 2030”规划纲要》[EB/OL].(2016-10-25)[2025-03-26].https://www.gov.cn/zhengce/2016-10/25/content_5124174.htm.

③　健康中国行动(2019—2030 年)[EB/OL].(2019-07-15)[2025-03-26].https://www.gov.cn/xinwen/2019-07/15/content_5409694.htm.

④　国务院关于印发全民健身计划（2021—2025 年)的通知[EB/OL].(2021-08-03)[2025-03-26].https://www.gov.cn/zhengce/zhengceku/2021-08/03/content_5629218.htm.

恰逢良机，以结合常规运动为载体的形式融入全民健身中使靶向健身模式搭上健康中国的“顺风车”。

基于当前调查和文献检索的结果，绝大部分的老年健身者和该领域的学者都更加关注与健身有关的身体的健康，只有少量参与者或学者关注健身运动与认知健康，在少数关注健身运动与认知健康的研究中，也未对认知老化的类型、进展程度等因素进行探索。这种重身体轻认知的观点的广泛存在是容易理解的，因为健身运动和身体层面的对应关系最为直接，健身运动要通过身体完成，那么它对身体健康有好处这一点似乎是自然而然的。而相比之下，健身运动同认知功能健康的关系是隐性的，不够直观。从健身参与者的角度，不靠外界信息的输入，无法仅凭自身的体验认识到健身和认知健康的关系。倘若参与者可以清晰理解健身对延缓认知老化的有效性，势必可以有效提升其参与健身运动的积极性，整体提升老年人群体健身参与率。

从研究者的角度考虑，体育学领域的研究者整体上对身体的理解要明显优于对大脑功能的理解，这种优势会促进对身体层面的研究，因此从事大脑认知相关研究的体育学者相比之下比例不高。另一方面，健身运动延缓认知老化的研究相比健身与身体健康的研究起步相对较晚，基础相对较弱。在本课题立项3年后，国内蔡治东等24名学者，共同发布了《体育锻炼延缓老年人认知衰退量效关系的专家共识》（以下简称《共识》）①，代表着体育学正式系统地关注了体育锻炼与认知老化的关系。虽然这份专家共识对于相关研究和实践工作有着重要意义，但需要注意的是该共识中仅重点关注了量效关系，没有关注具体的认知老化的类型，也没有关注体育活动的具体形式。这符合事物发展的规律，从方向性的、粗旷的，到具体的、精细的。靶向健身要促进和推动的，就是相比之下的精细和具体。以《共识》为代表的现有研究为靶向健身的推动起到了积极的作用，这些理论与实践经验的积累，一定程度上从客观上为相关理念的传播提供了肥沃的土壤。

面向人口老龄化社会带来的重重危机，认知老化问题将会成为重要的社会难题，我们国家积极应对，出台政策全面保障，科学研究直面挑战，相关理论积累丰富。据此现状，延缓认知老化的靶向健身模式的构建恰逢良机。

---

① 蔡治东，娄淑杰，陈爱国，等.体育锻炼延缓老年人认知衰退量效关系的专家共识[J].上海体育学院学报，2021，45（1）：51.

第二节　靶向健身延缓认知老化的多维尺度界定

一、靶向健身的精确性尺度

在靶向健身延缓认知老化模式构建前，首先要解决一个简单但关键的问题，靶向的精确性程度，即本研究所讨论的靶向的精确程度，它可以被理解为一种尺度。这种尺度可以在一个想象中的刻度尺中进行表征，尺子的一端极致精细，它代表着对于认知老化的具体细节的最详细的刻画，它可能包含所有认知功能的详细状态，也包含个体身体全部的细节参数；尺子的另一端，它代表着对认知老化特征参数最为粗略的表述，它可能仅仅包括认知是否发生老化。本研究中的靶向的精确度就在这个尺上的某个范围之内，它不应该也不能被界定为一个具体的值，而只能是介于最精细和最粗略之间的一个区间。

用一个假想的区间来界定靶向的尺度可以带来许多益处，诸如概念适用的灵活性、结论的普适性等。本研究拟探讨的是延缓认知老化的模式构建，而认知老化涉及不同社会维度、疾病发生发展的特性，用一个固定的靶向的尺度就等价于主动放弃了解决问题的灵活性。例如，当研究过度关注某个个体的独特的认知老化特征时，研究结果就很难具有普适性。同时，用区间来界定靶向也可以避免许多误解。过度"精确"地理解靶向的意义容易将其理解为认知老化特性与靶向的简单机械对应关系，仿佛简单连线一般一一对应，而这种臆想中的关系显然是不可能存在的，进而导致对靶向的怀疑。过度夸大靶向的精确性，带着这样的理解去思考靶向的尺度，认为靶向就是精确的对应法则，反而引起对靶向的怀疑，甚至是否定。其错误之处就在于没能很好理解靶向的尺度。

本书拟构建靶向健身模式的过程中需要直面的一个问题：精确度的区间范围究竟是什么。精确度固然越高越好，但实践中要定义这个区间，不能背离事物发展的客观规律。人们普遍存在着美好的愿景，希望可以有与个体认知老化特征精确对应的健身模式，但是不能忽视的基本事实是，靶向健身模式构建处于早期阶段，一个成熟的完善的模式的构建从来不是一蹴而就的。每个阶段均有该阶段要解决的核心问题。本书要解决的最为关键的问题是从无到有地提出核心理念，并给出靶向健身的基础开展方式。在当前阶段，本书所提出的靶向的精确尺度可以由下面两个标准界定其精确性的高低阈值：首先要指向认知老化，这是精确性的下限，即所提出的靶向健身模式至少应该是明确指向认知老化的，为延缓认知老化而构建的。其次，更精确的靶向应该可以指向具体的认知老化核心症状，包括老化的功能与衰退程度，这些核心症状的选择依靠老年医学、心理学等学科知识，在未来有持续更新的可能性。具体而言主要包括记忆、注意、执行功能、情绪、情感以及动作控制。本研究中对靶向精确性的尺度的界定可以到核心症状的划分。虽然这种精确程度和理想中的尺度存在一定的差异，但较现在的运动健身延缓认知老化的主流观点在精确度上有明显的提升。以2021年的相关专家共识而言①，仍是将认知老化作为一个整体，而未对其中潜在的核心功能特性与分类进行充分考虑，相比之下，本书所提出的精确尺度具有一定的先进性。

二、靶向健身的效果尺度

靶向健身延缓认知老化的效果尺度主要是讨论健身预期效果的潜在效应量。面对老龄化伴随的认知功能的老化，人们希望可以有一种途径可以治愈，甚至逆转老化的过程。但是基于目前的研究进展和文献积累，只能遗憾地接受一个现实：现阶段人类的技术手段无法治愈认知老化。但这并不意味着对于认知老化只能束手无策，本书从始至终一直使用延缓这一概念，因为延缓在当前条件下是可行的。故本书将靶向健身的效果的尺度设置在延缓这一量级上，下限能够帮助减缓认知老化的进展速度，上限可以在特定的指标、特定的时间区间内几乎停止老化的进程。

靶向健身的效果尺度设置在延缓而非治愈，并不完全是靶向健身效果的局限性所致。换言之，不是只有靶向健身的效果被限定在延缓的范畴中，实际上，无论是药物治疗、认知训练都仅能做到延缓，从未有科学的证据表明认知老化可以被治愈。当下有研究表明认知老化相关疾病可以在实验室条件下“有望得到”治愈，但是需要指出的是，在类似的研究中所关注的不是认知老化，而是某种特定的疾病，如阿尔茨海默病。并且，上述的有望治愈距离真正的临床实验还有漫长的过程。即使在认知老化相关疾病的研究领域中，研究中和工作人员更喜欢的表述是早识别、早干预，也未见治愈的表述方式。本书所谈及的认知老化与认知老化的疾病相比有明显的不同，认知老化并不是病理上的改变，更多时候是指认知功能的自然老化，是人的生理过程的动态特征之一。从这个角度来说，既然它不是疾病，那么自然没有治愈这一说法。一旦试着将其视为一

① 蔡治东，娄淑杰，陈爱国，等.体育锻炼延缓老年人认知衰退量效关系的专家共识[J].上海体育学院学报，2021，45(1)：51.

个必然的且不可逆的过程，那么对于效果尺度设定为延缓的合理性就很容易理解了。

将认知老化理解为一个不可逆的过程而不是某种突发疾病，可以更好地理解本书要最终解决的问题。此处需要对延缓的含义进行一定的辨析，它可以至少包含两个维度：减缓和推迟。对于已经在进行中的过程而言，延缓是减缓整个过程进展的速度，它基于当前科学水平，尽可能地减缓过程。最完美的状态下，认知老化过程得以减缓，直至个体生命的终结，仍未发展至严重的认知老化。退而求其次，只要老化进程慢于完全未进行干预的情况，就可以被认为是一种有效的延缓，虽然个体认知老化速度的减慢很难被量化。对于尚未发生的认知老化的群体而言，延缓是推迟认知老化的发生。推迟所对应的是尚未发生认知老化的群体，对其而言，更一般性的富认知或运动认知联合训练的占比可能要远高于特异性的干预。推迟的程度不存在一个普遍的可接受的固定的标准，对于个体而言，将认知老化推迟得越远越好。

谈及延缓，存在一个关键的问题：如何评价认知老化已经发生。已有的量表（如 MMSE 量表）测量整体的认知水平，设定某个固定的标准，低于这个标准时就认为发生了认知老化。认知老化的程度不是分类变量，而是连续变量，这意味着虽然可以将某个得分以下的人视为已经发生了认知老化，但这并不能得到他何时进入了认知老化的早期阶段。因为本书提出的认知老化的核心功能的测试是有较大的实践意义的，它有更好的敏感性和特异性。它可以帮助有效判断早期认知老化的发生，也可以更有效地分辨出尚未发生认知老化的群体。这对于延缓的减缓和推迟两个维度的区别开展有重要的意义。

将靶向健身的效果设定为延缓而非治愈，会为整个模式的构建带来如下特征：①谨慎估计预期效果。从健身模式构建之初，就将潜在的效果限定在延缓，可以避免因过高的预期无法达到而带来失望等负性情绪。②延缓内涵具有丰富性。虽然表述均为延缓，但是延缓不是一个简单、单一的概念，其中包含着至少两个大类的内涵，一方面可以指推迟，它针对的是尚未发生的认知老化，使之尽可能晚地出现；另一方面是减缓，它针对的是已经发生的认知老化过程，使之尽可能慢地发展。③基于数据的科学反馈。一旦将效果设定为延缓，就必然要对延缓的程度进行评估，这种评估可以满足对个体老化程度的评定，也可以用来评价当前健身方案的有效性。为了可以进行科学的评价，需要收集大量的包含不同年龄群体的核心认知功能的数据。鉴于此，模式构建过程中必然需要包含开发认知功能测评的易用平台。

将靶向健身的效果尺度界定为延缓而非治愈，不是对困难的让步，而是基于实际需求与当前理论积累情况的综合分析后的结果。延缓这一概念可以在现阶段帮助靶向健身模式更好地完成构建，它可以引导当前的模式构建以更为扎实的方式进行，具体体现为：慎重的效果预期可以确保实践中对靶向健身效果的客观认知，避免夸大效果的反噬作用；延缓的内涵包括推迟和减缓两个方面，足够满足当前两大类目标群体的健康需求；延缓的评价对数据的采集和记录均有较高的需求，客观上提高了模式构建中对数据采集的要求。

三、靶向健身的时空尺度

(一)靶向健身的时间尺度

本研究主要基于靶向健身模式的适用条件中的时间特征，对其时间尺度进行一定的界定。对于认知老化的自然发展的时间进程，可以分为早期阶段和晚期阶段。本研究所关注的靶点的时间范畴在早期阶段及更早。对于发展到研究认知老化甚至阿尔茨海默病的晚期阶段，老年人更加需要的是科学的医学治疗，而不仅仅是延缓认知老化。一方面是因为在晚期阶段健身的效益不如药物等手段，另一方面也是因为晚期严重认知老化的群体较难进行健身活动，故本研究将靶向健身延缓认知老化的靶点设定为认知老化的早期阶段，也包括尚未老化的老年群体的认知功能。对于靶向健身模式的构建主要限定在现阶段这个特定的时间点，现阶段有关健身促进老年认知健康的理论积累足以提供足够证据进行相关实践，社会老龄化特征又对延缓认知老化的有效手段提出前所未有的迫切需求，因此，以聚焦当下难点的时间限定去构建靶向健身是合理的。相较而言，贸然把靶向健身的时间尺度限定在未来的某个时间，基于推测未来的科学水平会对靶向的准确性、有效性提供更好的支撑，而提出指向未来的靶向健身并不能有效地解决当下的难题。正是因为将时间牢牢限定在当下，充分利用当下拥有的理论积累和政策支持，才有可能构建出依托载体的靶向健身模式，过去的健身未能有效关注认知健康，而未来的健身理论尚未出现，即便更有效，但不能解决当前的问题。

(二)靶向健身的空间尺度

为了更好地对靶向健身模式进行界定，此处对其空间尺度进行界定。靶向健身的空间尺度界定主要参考老年常规体育健身的空间尺度界定，分辨空间尺度的重合与差异，可以帮助更为清楚地理解靶向健身的模式的空间维度，有助于构建靶向健身模式与开展相关实践活动。我国在老年公共体育空间的供给上存在一定的现实窘境，城乡老年居民在健身空间尺度上也存在较为明显的差异。乡村老年人面临的主要空间上的困境在于设施基础较差，虽然乡村的空间较城镇要大，但有效的、条件好的体育空间却少得多。自2018年以来，我国城镇化率增速减缓，城乡老龄人口比例趋于稳定。在城镇地区，根据《全力推进新时代老龄工作高质量发展》中提出的相关要求，重视对体育休闲设施进行适老化改造，支撑老年人进行健身活动。在农村地区相对配套设施暂未能达到同样水准。

老龄人口的健身活动对空间条件有一定的要求，在新的居住环境规划中已经将其纳入重点考虑范畴，以雄安新区为例，创新性的街区规划中就包括了运动健身空间的规划。相较于常规健身模式，从根本上而言，延缓认知老化的靶向健身模式在空间的需求上是一致的。因此，这种新的规划几乎可以完全转化为靶向健身适用条件。相比年轻人，老年健身运动空间对合理性、安全性有更高的要求。以防止跌倒为例，跌倒是老年人的重要健康风险因素，那么空间上对防滑、便利、支撑等方面都有着较高的要求。在靶向健身开展实施的过程中，老年人面对的风险并不会比常规运动更小，因此对于空间上各种要求并不会降低。考虑到部分运动干预联合认知干预的方案中，老年人需要投入部分注意力到认知任务中，从而会增加潜在的运动风险。因此，从这一角度来说，靶向健身开展的空间范围相较于常规运动健身而言可能会略小。它对健身空间适老性改造提出了更高的要求。从整体上而言，靶向健身相较于常规健身活动空间范围差异不大，尤其是在进行以富认知活动为主的健身活动的情况下，但是如果采用运动干预联合认知干预的方式进行靶向健身，对空间会有一定额外的需求，与常规健身空间范畴相比，其可用空间上有一定的缩小。

如果按照由大到小的范畴对我国靶向健身空间进行分解，可以包含社会范畴、社区范畴和具体建筑范畴。在社会范畴下，靶向健身在硬件上的要求主要涉及环境的适老性规划、硬件设施的改造升级，即打造开发更多适老性的开放空间，结合绿地系统供给老年靶向健身需求，从软件层面上，主要涉及对相关理念的宣传，尤其是老年健身活动对认知功能的促进这一关键但传播不够广泛的观点，鼓励更多老年人参与到靶向健身中。在社区范畴下，靶向健身要求提供便于开展运动干预结合认知干预的老年健身活动的场地，提供合适的空间并承担责任主动有规律地组织各类老年健身活动。在具体建筑范畴下，靶向健身需要老年人家中存在可以进行靶向健身的条件，这种条件在初次接触时可能错误地被理解为大空间、多设备、昂贵，因而很难实现。但实际上，以本研究所关注的体感游戏(exergaming)为例，其对空间的要求并不高，常规家庭条件即可满足。本研究所探讨的靶向健身模式的空间尺度，主要集中在社区范畴和具体建筑范畴。

据此，靶向健身延缓认知老化以当前重大社会需求为指引，聚焦早期预防，基于现有的研究对认知老化的核心功能进行划分、设置靶点，构建有效延缓老化的模式。

第三节　靶向健身延缓认知老化的实践路径

一、实现靶向健身的两种载体形式的界定

指向认知功能老化的健身不是空中楼阁，而是要搭建在已经存在的运动形式之中，不需要也不能凭空生成一种全新的运动形式。我们可以将承担靶向健身的基础运动形式理解为载体，它将最终的效果运送到认知老化这一靶点。靶向健身和载体的结合形式大体上可以分为两种：一种是某些运动天然具有较为丰富的认知需求，其原本就具有一定的延缓认知老化的功能，只是这种功能未被重视和发掘，这一类的结合形式可以称为富认知运动；另一种是运动过程中，认知需求相对较少，需要额外增加认知训练的要素才能达到延缓认知老化的效果，这样的结合形式可以成为运动健身联合认知训练。前者可以理解为一种自然存在的形式，它是由健身运动项目特性决定的，在本节中，为了方便表述，我们将其称为一类形式；后者则是基于特定目标制定的，它是由制定者的需求而组合得来的，我们将其称为二类形式。不同的载体结合形式，将会在理念宣传、健身开展和效果预期等维度上表现出不同的特征。

在具体讨论载体如何决定实践路径之前，首先需要厘清选择载体来承载靶向的健身运动，而不去直接进行单独的靶向健身运动的主要原因。

第一，老年人没有额外参加更多健身活动的客观基础。虽然我国老年人参加健身运动的整体趋势在变好，支撑服务设施建设效果明显，但是整体参与率、参与情况仍不乐观，最乐于参与健身活动的老年群体中，参与率也未能超过 40%[①]。在此情况下，推动老年人再参加另外的健身体育活动缺少现实基础。无论是从个人意愿判断还是基于现有的体育设施建设情况估计，额外增加新的

① 张新辉，宋新明，王东敏.提升与均等：中国老年人体育锻炼参与趋势的年龄时期队列分析 2002—2018[J].北京体育大学学报，2022，45(10)：24.

健身活动都不如对现有的进行“改造”，使之成为载体，承担靶向健身的功能，以最小的成本完成新模式的应用。对于老年群体而言，在考虑成本的时候，除去金钱成本外，时间成本也是一个重要的因素。以常规健身为载体，进行一类形式或者二类形式的靶向健身运动可以事半功倍，在几乎不增加健身经济、时间成本的情况下，获得或额外获得认知健康收益。若是单独开发所谓靶向健身运动，可能会让潜在的参与群体感受到过大的参与成本，在当前阶段不符合客观现实条件的实现途径。

第二，靶向健身的根基仍是常规的健身活动。无论指向认知老化的靶向健身的具体形式是富认知（一类形式）还是运动健身联合认知训练（二类形式），都离不开常规的健身活动。以延缓认知老化为靶点的靶向健身模式不是传统老年健身活动的替代者、竞争者，而是其共生体。离开了传统的健身活动，健身无从谈起，更不要说指向的靶点是老年群体的身体健康抑或是认知健康。而没有指向老年人认知老化的健身活动是不完备的老年健身活动，因为它未能实现效益的最大化。这种共生关系决定了靶向健身一定是依附于某种形式的常规健身开展的。倘若只是用某种手段延缓认知老化而脱离健身这个环境，那么这种手段大概率是药物、认知训练等，固然上述手段可能具有一定的效果，但是靶向健身相对具有明显的优势，如相比药物，靶向健身投入少、副作用少，相比于单纯的认知训练，靶向健身在健身过程中实现身体与认知的双健康促进，效率更高。因此，以传统健身为基础的靶向健身模式在延缓认知老化的众多途径中具有独特的优势，且该优势一定要依托常规的健身活动来实现。

第三，常规健身活动内部演化方向指向认知老化。杨继星等学者曾在论文中指出，体育与医疗卫生关系不是一成不变的，而是演化发展的①。此处所说的医疗卫生范畴包含本研究中所指的认知老化的防治工作。2016 年《“健康中国 2030”规划纲要》发布以来，体育和大健康的实质化融合步入快车道，首先呈现的发力点集中指向慢性病这一靶点，包括政策文件和体医融合实体均体现出了这一特征，即健身首先被导向慢性病。从政策文件上，如 2017 年发布的《中国防治慢性病中长期规划（2017—2025 年）》中明确提出促进体医融合，在有条件的机构开设运动指导门诊，提供运动健康服务；从体医融合实体上，如 2017 年成立的安徽省合肥市“体医融合”慢性病干预试点、2019 年成立的体医融合糖尿病运动康复联盟，均将慢性病作为健身的靶点。体育健身固有的两个特征将

① 杨继星，陈家起，高奎亭.我国体育与医疗卫生关系演化历程、内在逻辑与展望[J].体育文化导刊，2021(1)：55.

决定这种融合的演化方向，一是体育健身延缓认知老化的有效性是切实存在的，二是老年人延缓认知老化的需求是切实存在的。体育健身延缓认知老化的效果会逐渐被更多人了解，人口老龄化又催生更多对延缓认知老化的需求，在体医融合大背景下，健身目标的演化势必会有一定的回应，使得常规的体育健身活动需要承担靶向健身延缓认知老化的载体功能。

二、靶向健身延缓认知老化的具体实现路径

既然现阶段以常规健身活动为载体是开展延缓认知老化的靶向健身的必然选择，其具体的实践途径就是值得思考的问题。为了更好地理解途径上的差异，可以将潜在的参与者分成如下几类：①已经采用富认知体育活动进行锻炼的老年人群体；②习惯进行体育锻炼，但采用低认知体育活动的老年人；③未建立健身习惯的老年人。需要明确的是，前两个人群的划分不是简单的归类，具体而言，富认知和低认知的界定不是二分类，它们之间不存在明确的标准，甚至同一个体育项目也可能包含不同认知需求的组成成分，因此其具体划分要考虑众多因素。可以参考对温度、高度的理解，它不应该是一个绝对的概念，而是一个相对的概念。体育活动的认知丰富度也应该被理解为一个相对概念和一个连续的尺度。所以在考虑老年人的类型划分上，不应该寻求某个绝对的标准，而要根据具体的体育活动与个体认知功能的现状进行综合考量。

以富认知体育活动为健身活动的老年人，通常应该以一类形式开展靶向健身活动，对于大部分参与者而言，不需要学习一项新的运动项目，因为其常规锻炼的项目可能就是一些富认知体育活动。虽然数据证明此类富认知体育活动存在延缓认知老化的效益，但参与者可能从未意识到这种效益的存在。从心理学的角度来说，个体一旦意识到某种效益的存在，结果就会放大这种效益。因此，对于已经经常进行富认知体育活动的老年人来说，在延缓认知老化上并不是不做任何事情，而是要加大宣传与科普，使其知晓个体的健身活动对自身认知健康的客观益处，以帮助其获得更大、更明确的健康提升主观体验。如果建议这类人群以二类形式开展靶向健身运动，则可能导致参与率或者效果的下降。因为在富认知体育活动上增加额外的认知训练会显然导致时间成本增加，并且有可能影响原形态的体育活动的乐趣，少部分参与者可能会延误，甚至退出原本的健身运动。此外，在富认知体育活动的基础上融合认知训练的效益尚未得到足够的研究支撑。

对于习惯于采用低认知体育活动作为健身活动的老年人来说，可以有两种形式使其转变为指向延缓认知老化的靶向健身运动。一是可以让其以一类形式

开展后续健身活动，关键问题在于推动其调整习惯的体育锻炼活动，这一过程如存在较大阻力或困难，则可以尝试以二类形式开展健身活动，即不调整其已经成为习惯甚至爱好的健身习惯，而是以融合认知训练的方式实现靶向化。这里的融合可以是同步的，也可以是异步的。同步的融合是指在进行体育活动的同时进行一定认知训练，异步的融合是指认知训练和健身活动存在时间上的先后，后者相对而言需要付出更多时间成本，但优势是不需要打破已有的健身习惯，不涉及对已有健身内容的实质性更改。需要明确的是，即使运动和认知干预是在不同的时间异步进行的，体育运动依然是可以作为载体的，它可以促进脑源性神经生长因子(BDNF)的分泌，从而提升延缓认知老化的效果。本书在相关内容中已经证明了这两种不同时机的融合均能产生符合预期的认知效益，因此效益层面不存在差异，具体途径的决定因素是参与者的可接受程度。这种可接受程度可以从如下几个方面考虑：第一，健身老年人自身是否有意愿在现有的健身活动方式上进行融合，比如在跑步过程中同时完成某些认知加工任务，如果参与者愿意以这样的方式进行，那么就有进行同步融合的基础，可以在不明显增加额外时间的情况下，以习惯的运动方式为载体，完成二类形式的健身运动。第二，健身老年人是否愿意投入额外的时间，在习惯的体育锻炼以外，如参与者愿意再为认知健康投入额外的时间，以异步的方式进行融合，也可以以现有运动方式为载体，也可以实现二类形式的健身运动。无论老年个体具体是采用何种形式的健身运动，只要存在良好的健身运动习惯，就意味着载体已经存在，在此基础上开展以认知老化为靶点的健身活动的途径都较易实现。

对于没有健身运动习惯的老年个体而言，在谈及开展靶向健身延缓认知老化之前，先要进行载体搭建。即先要让其从无健身习惯成为有健身习惯的个体，培养健身运动的爱好。而这一点，已经有政府、社会、家庭、学者等各个层面共同发力，正在逐步推进解决中。这个问题的逐步解决为本书的开展奠定了客观基础。从现状上看，老年群体没有健身运动习惯是制约靶向健身开展的主要因素，但以发展的眼光看，在推动上述群体转变思想投入健身活动的过程中，可以将健身对认知功能存在促进效益的理念同时引导植入。变劣势为优势，积极宣传老年人健身对延缓认知老化的重要性，帮助其建立科学的老年健身观点，从无到有的过程中，避免弯路，直接推动对延缓认知老化有益处的靶向健身，科学构建常规健身项目载体，无论采用的具体形式是富认知(一类形式)还是运动健身联合认知训练(二类形式)。充分理解靶向健身载体的重要性和形式的多样性可以在极大程度上有助于靶向健身在不同类型老年人中开展推广。

第四节　延缓认知老化靶向健身模式的结构体

基于当前相关理论的积累现状与迫切的现实需求，本书提出延缓认知老化的靶向健身模式应包含三个相对独立又相互联系紧密的逻辑上的必要结构体。第一个结构体需要解决延缓认知老化的动力问题，让靶向健身延缓认知老化的理论研究和实践活动得以开展；第二个结构体需要解决健身延缓认知老化可以实现的最基础问题，即其有效性的验证；第三个结构体需要解决靶向健身活动开展的关键问题，即开展的具体形式。第一个结构体可以视为靶向健身模式构建的源头之水，即延缓认知老化行动的动力源；第二个结构体可以视为靶向健身模式构建的立足之根，即靶向健身可以实现的基础；第三个结构体可以视为靶向健身模式构建的关键之钥，即靶向健身从操作层面如何开展健身活动。

一、靶向健身模式构建的源头之水

靶向健身模式构建的源头之水即内在动力与外部动力共同驱动的靶向健身。当前课题提出的靶向健身延缓认知老化是一个新的模式，狭义上也可被视为一个新的理论。马克思曾经做出过著名的论断，理论最终实现的程度，需要取决于理论满足国家需求的程度。根据民政部 2023 年发布的最新报告，我国 60 岁以上老龄人口已经超 2.8 亿，占人口比重的 19.8%，人口老龄化问题日益突出。在此背景下，老年群体对可以有效延缓认知老化的有效模式的需求是巨大且迫切的，因此，在我国开展靶向健身延缓认知老化有足够的内在动力。从外部动力的角度分析，国家频繁出台的老年人健身与健康有关的系列文件充分说明国家从设施保障、权利保证等层面对老年科学健身开展的切实推动，这种推动实质上成为靶向健身模式开展的外部动力。现实的巨大需求和政策的接连出台，为靶向健身模式构建提供了充沛的动力。

二、靶向健身模式构建的立足之根

靶向健身模式构建的立足之根即充分数据支撑科学性。延缓认知老化的健身模式构建一定要建立在科学基础上。这种科学性可以从以下主题的研究积累中得到支撑：对于认知老化的研究揭示了包括工作记忆、注意功能等在内的核心认知功能，对于各种体育活动形式延缓认知老化的实验研究证据累计，对于运动干预联合认知干预在延缓认知老化上的效益的发现和验证，相关主题的包括元分析在内的循证医学研究等。以上研究从不同方面对靶向健身模式的构建提供科学支撑。对发生老化的核心认知功能的分离与分类，改变了将认知老化视为一个整体性的、平均的老化的观点，最终为靶向健身提供较为明确的靶点。对各类运动项目与认知老化的关系的探索研究加速了健身具有潜在延缓认知老化的假说的提出。实验研究和元分析将假说逐步证明为扎实的科学依据。进而为本模式的构建提供了坚实的科学性的基础。

三、靶向健身模式构建的关键之钥

靶向健身模式构建的关键之钥即载体形式保证可行性。载体形式最初提出是为了解决两个关键问题：第一，富认知常规的老年健身如何转化为靶向健身；第二，认知训练如何与现有的常规健身活动形式进行整合。现阶段采用载体形式开展靶向健身有一定的必然性。对于已经有常规健身习惯的老年群体，额外增加新的健身是效率较差的实现方式，对其习惯的健身活动方式进行分析可以发现，其中部分健身方式属于富认知的方式，对此没有必要进行大的改变，对于剩下的有健身习惯的老年群体，在已有的健身方式中融合认知训练也是一种可行的途径。对于暂未有运动健身习惯的老年人而言，无论是促进其采用富认知的方式，抑或是联合干预的方式。只有明确了具体的操作层面的实现方式，靶向健身的模式才解决了最关键的问题，即如何靶向的问题。因此，靶向的载体这一结构体是构建靶向健身模式的关键之钥。

当确定了以上三个重要的组成结构体后，靶向健身的模式也就初步形成了。老年人靶向健身诞生于我国人口老龄化问题日益严重的背景下，由内部对老年健康的巨大需求和外部政策共同驱动，基于充分的数据积累与实验验证，以常规运动为载体，通过富认知运动或运动结合认知训练的途径，形成旨在延缓认知老化的新型老年健身模式。

第六章

靶向健身延缓认知老化的评价指标及服务系统开发

在靶向健身延缓认知老化的实践过程中，科学、有效且简便地对老年人的认知老化程度进行测试是极其重要的。一方面，需要根据认知老化的类型和程度进行评价，以便给出合适的靶向健身方案；另一方面，需要对已经在干预过程中的老年人的认知能力进行评价，以确定干预的具体效果，对靶向健身的具体参数进行调整。为此，本章内容将对认知老化的测试方法进行梳理，并以已有科学测试方法为基础，开发相应服务软件系统，方便老年人本人、家属、相关工作人员及科研人员使用。

第一节　靶向健身延缓认知老化评价指标系统的建立

一、量表测试方法

在对老年人进行认知老化程度测试时，量表是最容易被想到的测量方法，它具有施策方便、环境要求少、成本低和耗时较短的优势。目前存在许多量表可以对老年群体的认知功能有效地进行多角度的测试。这些量表中很大一部分都经过研究的验证，其信度和效度都达到了较高的水平。通过量表测试的结果对老年人认知功能的具体状况进行评价是有足够的可信程度的。

(一)简易精神状态检查量表(MMSE)

简易精神状态检查量表(mini-mental state examination，MMSE)简单易行，国内外广泛应用，是认知老化筛查的首选量表。其中文版本由张明园修订改变而成，该量表包括以下 7 个方面：时间定向力、地点定向力、即刻记忆、注意力及计算力、延迟记忆、语言、视空间。共 30 项题目，每项回答正确得 1 分，回答错误或答不知道评 0 分，量表总分范围为 0~30 分。整套量表施测一次约需要 10 分钟，是评价认知老化的较为方便的量表工具。需要指出的是，该量表无法用于老年人自测，一定要有另一熟悉量表的人进行测试。

其评分应该参考如下标准，分数 27~30 分，正常；分数小于 27 分，认知功能障碍；21~26 分，轻度认知障碍；10~20 分，中度认知障碍；0~9 分，重度认知障碍。但是该量表的得分与受教育程度显著相关，因此，运用该量表测试老年人认知功能时，要充分考虑其受教育情况，以免产生错误的结果解释，对认知干预联合运动干预的处方制定产生一定的误导。

（二）CogState 量表测试法

1998 年，Randolph 自行研制了一组用于神经精神状况的筛选量表①。此量表适用于评定 20—89 岁人群的神经心理功能状态，能够比较全面地检查药物依赖者的认知功能。该量表共分为 12 项，分为 5 个因子，每项得分都是根据所包含项的原始分数通过查表法得出，即时记忆包括词汇学习和故事再现；视觉广度包括图像复制和线条定位；语音功能包括：图像命名和语义流畅性测验；注意要素包括数字广度和编码测验；延迟记忆包括词汇回忆、词汇重识、故事回忆和图形回忆。对 5 个因子的合计进行统计，得到总分。

CogState 量表（CogState battery，CSB）是 CogState 开发的以电脑为基础的认知评价工具。本量表为一种可重复的、计算机化的认知能力测验方法。以往的研究结果表明，CogSate 对精神分裂症、药物滥用、注意联合过动症、健康人等具有较高的信效度。CogState 公司提供的中文版 CogState 量表，研究已经证实在中国苯丙胺类兴奋剂使用障碍者中具有良好的信度和效度，可以作为检测中国苯丙胺类兴奋剂使用障碍认知功能的工具。它包括 8 项任务：①言语学习记忆；②加工速度；③注意力、警觉；④视觉记忆；⑤工作记忆；⑥空间工作记忆；⑦空间问题解决能办、错误监管能力；⑧社会认知。

CogState 量表使用方法：研究前对药物依赖者进行标准化访谈及量表软件检测培训，被试入组时以及干预结束后进行中文版 CogState 成套神经心理测验，完整的测试大约需要 40 分钟，以评估其认知功能。测试前使用统一指导

① ZHONG N, JIANG H F, WU J, et al. Reliability and validity of the CogState battery Chinese language version in schizophrenia[J]. PLoS one, 2013, 8(9): e74258.

语，要求被试独立完成认知功能测试。共评估两次。

相关研究结果显示，在测试后总得分越高，认知功能受损程度越小。最终得分越低，则说明认知功能受损程度越小。根据以上八个不同任务的得分也可以判断出老年群体不同认知功能方面的受损程度，以此来判断出这些老年群体需要在认知功能的哪个方面进行加强和锻炼，以及在将来需要为这样的老年群体开发出具有针对性的干预方案。

(三)中国修订的韦氏成人智力量表

本量表适用于对语言功能和一般智商的评估①。这是 WAIS-R 子测试中与智商相关度最高的量表。评分是依据被试对所呈现的刺激词的正确定义，平均得分为 10 分，标准差为 3 分。中文的韦氏成人智力量表是在其量表上进行了修改，制定出了一个符合中国成人的智力量表。

(四)瑞文标准推理测验

瑞文标准推理测试(SPM)是英国心理学家瑞文于 1938 年发明的，用于测试被试的视觉感知和逻辑思维②。这是一种很单纯的语言测试，所以可以在没有语言限制的情况下被广泛应用。该测试包括一个渐近性矩阵图，总共有 60 幅图像，分成 5 个单元，每一个单元都是逐步的矩阵构图，每一格需要的知识活动也各不相同，总体而言，矩阵的结构会从初始的一阶到最后的多阶。

瑞文标准推理测验按照难度分为 A，B，C，D，E 五组，每组都有不同的主题，每组题目的类型也有些许不同之处。A 组主要测试感知、图形对比、图像想象力等；B 组主要进行类似对比和图形之间的对比；C 组测试的重点是对比推理和图形的结合；D 组主要是测试序列和图形组合等；E 组以交叉式的逻辑思维能力为主。五个小组所需的思考能力各有差异。该测验是根据被试的思想活动程度来判断其智力活动的程度。

每组包含 12 个问题，均是按照难度递增的顺序排列。每个问题由一张缺失一小部分的大图和 6~8 张作为选择项的小图组成。在测试中，要求被试根据大图案中人物之间的关系，思考找出哪张小图片最适合填补(心理想象)大图案中

① CHELUNE G J, BORNSTEIN R A, PRIFITERA A. The Wechsler Memory Scale Revised [M]//MC-REYNOLDS P, ROSEN J C, CHELUNE G J. Advances in Psychological Assessment: Volume 7. Boston, MA: Springer US, 1990: 65-99.

② RAVEN J C, COURT J H. Manual for Raven's progressive matrices and vocabulary scales [M]. Oxford: Oxford Psychologists Press, 2000.

缺失的部分，主要用于智力上的理解以及筛选。所需的思维操作也是一个从直接观察到间接抽象推理的渐进过程。

测试通常没有时间限制，被试一般40分钟左右可以完成，最终将正确答案的总分数转换为百分比分数。

二、实验室测试方法

（一）记忆评估

1.华山版听觉词语学习测验（auditory verbal learning test of Huashan version，AVLT-H）

AVLT-H是在加利福尼亚听觉词语学习测验（CVLT）的基础上修订的一种专用于检测情景记忆的听觉词语学习测验①。

测试包含12个词语的词表：大衣、长裤、头巾、手套、司机、木工、士兵、律师、海棠、百合、蜡梅、玉兰。上述所有词语念完1遍后指导受试者立即回忆，并记录回忆出词语的个数，同样的做法重复3次，为“即刻回忆”。要求参与者进行3轮重复学习，随后，在3~5分钟的间隔后进行短延迟回忆，以及在20分钟的间隔后进行长延迟回忆、线索回忆与再认。最敏感的评估指标为长延迟回忆的得分与再认分数，同时辅助指标涵盖即刻回忆得分、历次回忆总分、回忆技巧以及辨别力等。分界值根据年龄分组设定，用于判定长延迟回忆得分和再认得分的正常范围，从而有效鉴别正常老化、轻度认知障碍（MCI）和轻度阿尔茨海默病。

分界值：长延迟回忆得分≤5（50—59岁），≤4（60—69岁），≤3（70—79岁）；再认得分≤20（50—59岁），≤19（60—69岁），≤18（70—79岁）。

2.非语言材料记忆测验（non-language-based cognitive assessment，NLCA）

2013年，我国学者研制了适用于本国失语症患者的认知功能损害识别与评估工具，即NLCA②。该评估工具包含记忆力测验（图形再认）、视空间能力测验（直线成角和实物重叠立体图识别）、注意力测验（相似干扰图识别）、逻辑推理能力测验（图形找规律）和执行力测验（照图摆方块）五个部分。在记忆力测验

① 郭起浩，洪震. 神经心理评估[M]. 2版. 上海：上海科学技术出版社，2016：100-104.

② 吴积宝，刘晓加，吴小琴，等. 非语言性认知功能评估量表的验证[J]. 国际脑血管病杂志，2013，21(4)：282-287.

中，每正确识别一个图形计 1 分，总分为 20 分。图形再认部分选取了 15 张日常生活中常见的物品图片(图 6-1)，被试者在 10 秒内记住指定的图形标记，然后在混合了目标项的图形中重新认出(指出)10 秒前所记住的图形。每正确识别一个图形计 1 分，总分为 20 分。

图 6-1　非语言材料记忆测验(NLCA)的刺激和实验范式①

3.数字广度测验(digital span test，DST)

DST 被设计为一项评估记忆力和数字处理能力的测验。参与者将听到一系列数字，然后根据要求按照顺序或逆序回忆这些数字。测试会在连续两次未通过的情况下终止，随后会计算数字广度得分。

在顺序测试中，测试者会朗读一串数字，参与者需要按照相同顺序回忆这些数字。例如，测试者可能会说："2，3，4，5，6，7，7，8，8。"参与者需要回忆并按照相同顺序说出这些数字。测试会以不同长度的数字串进行，直到参与者无法正确回忆为止。得分会根据正确回忆的数字串长度计算。

逆序测试中，测试者会朗读一串数字，参与者需要按照逆序回忆这些数字。例如，测试者可能会说："6，2，3，5，8。"参与者需要回忆并按照逆序说出这些数字，即"8，5，3，2，6"。测试同样包括不同长度的数字串，直到参与者无法正确回忆为止。得分仍然基于正确回忆的数字串长度计算。

① 吴积宝.非语言性认知功能评估量表的编制及标准化[D].广州：南方医科大学，2014.

（二）注意评估

1.快速序列视觉呈现任务（rapid serial visual presentation task，RSVP ）

RSVP 用来研究视觉注意加工时间方面的特性和注意瞬脱现象。通常以每秒 6~20 个的速度给被试呈现一系列的刺激，如字母、数字或者图片，目标刺激有两个，其余刺激为分心刺激。分为单任务与多任务，单任务为忽略第一个刺激，响应第二个刺激，双任务为两个刺激都要响应。双任务对第二个刺激的准确性会显著下降，出现注意瞬脱（attentional blink，AB）现象。而老年人需要更长的时间，并且更难以将注意力从一个刺激转移到下一个刺激。

2.空间线索化任务（spatial cueing task）

空间线索化任务，又称为外部线索化范式（exogenous cueing paradigm）或线索—靶子范式（cue-target paradigm），是基于 Posner 等人研究注意资源空间分配特点的经典模式。

在典型的空间线索化任务中，屏幕中央会呈现一个注视点，同时在左右视野分别呈现方框。接着，一个方框会被高亮显示，即对某一侧的空间进行线索化。高亮消失后，在左右的任一方框内会随机呈现靶子。靶子出现在先前线索化的空间位置被称为有效线索（valid cues），而靶子出现在先前没有线索化的空间位置为无效线索（invalid cues）。通常情况下，为了确保被试最初将注意力集中在线索化的空间位置，有效线索试次与无效线索试次的比例通常设置为 3 : 1。被试被要求判断靶子出现的位置，或者判断靶子是什么。

通过调整线索和靶子的时间间隔（stimulus onset asynchrony，SOA），这个任务着重考察注意瞬脱。SOA 会随着年龄的增加而稳步增加，这有助于深入研究个体在不同年龄段对注意力的处理方式。

3.注意网络测试（attention network test）

Fan 等人设计的注意网络测验（ANT）①将在一次单独测试中评估注意系统的警觉网络、定向网络和执行控制网络。研究者通常用这个测试来衡量测试者在完成任务时克服刺激的能力，以及测试者对有效的和相互冲突的线索做出的反应如何来完成这些任务。该测试是 Flanker 范式和线索提示任务的结合，有

① WORDEN M S. Attention Network Test (ANT)[M/OL]//KREUTZER J S, DELUCA J, CAPLAN B. Encyclopedia of Clinical Neuropsychology. New York, NY: Springer, 2011: 296-297[2022-09-03].

四种线索类型(无线索、中心线索、双重线索和空间线索)和三种 Flanker 类型(一致、不一致和中性线索)。其统计指标为：①警觉效果=无警告条件 RT-RT 双重表示，此值越大则表示警觉网络效能越高；②方向行为=RT 中心表示条件-RT 有效空间暗示条件，此值越大表示定向网络的效率越高；③冲突执行控制效果=目标刺激状态-RT 方向不一致的目标刺激状态-RT 方向一致，其值越大则表示执行控制网络效能越低；④反应平均时间；⑤正确率。

在测试期间，注视点始终在屏幕中央显示。每一次的测试都会让被试对测试中的目标和干扰进行了解。电脑可以记录受试者的反应正误和反应时间，在反应过程中可能受到信号干扰和目标状况的影响，因而对注意网络的作用进行了评价。

(三)执行功能评估

1.执行缺陷综合征行为测验(behavioural assessment of the dysexecutive syndrome，BADS)

BADS 是一种神经心理学检查方法，1996 年由 Wilson 等人综合多种执行功能测验发展而来。该测验旨在评估执行功能的不同方面，包括六项子测验和一个执行缺陷问卷。与传统的实验室方法不同，该检查方法具有生态效度，可测查和预测日常生活中与执行功能相关的缺陷。BADS 包括六个子测试，总得分范围为 0~24 分。

(1)规则转换卡片测试。得分越高表示错误越少。

(2)动作计划测试。对被试计划完成步骤进行评分(0~4 分)，按计划完成者得分高，未完成者为 0 分，部分完成者得 2~3 分。

(3)找钥匙测试。要求被试在矩形区域内画出寻找丢失钥匙的计划图，得分与顺序性强、重复率低成正比。

(4)时间判断测试。要求被试估计完成 4 个活动所需的时间，考察受试者的时间判断能力。

(5)动物园分布图测试。评分(0~4 分)根据被试到达指定地点的路线顺序性、重复使用路线及偏离路线次数，得分与重复、偏离路线次数成反比。

(6)修订的六元素测试。任务包括听写、图片命名、计算等，评分(0~4 分)根据被试按规则完成子任务的数量，得分与按规则完成子任务的数量成正比。

2.连线测验(trail making test，TMT)

TMT是对注意力、感知运动速度和认知灵活性或任务切换能力的测试①。最常用的测试版本是从泰勒数列测试发展而来的。通常测试分为A，B两个部分。在A部分中，被试使用铅笔按数字顺序依次连接一系列环绕数字，如图6-2上半部分所示。在B部分中，被试按数字和生肖顺序连接环绕的数字和生肖，在数字和生肖之间交替。例如，第一个数字“1”后接第一个生肖“鼠”，第二个数字“2”后接第二个生肖“鼠”，依此类推，如图6-2下半部分所示。数字和生肖以半随机固定顺序排列，以避免考生绘制重叠线。考官感兴趣的主要变量是A部分和B部分的总完成时间。TMT中的错误不会直接影响得分，通常不会被统计。错误的影响体现在完成测试的总时间上，因为考官让考生停下来，让被试回到前一个正确的回答。A部分通常被认为是一个视觉搜索和运动速度技能的测试，而B部分也被认为是一个更高水平的认知技能的测试，如心理灵活性。所需花费的时间越久，被试的正常集中力、警觉力和视觉空间能力就越差。

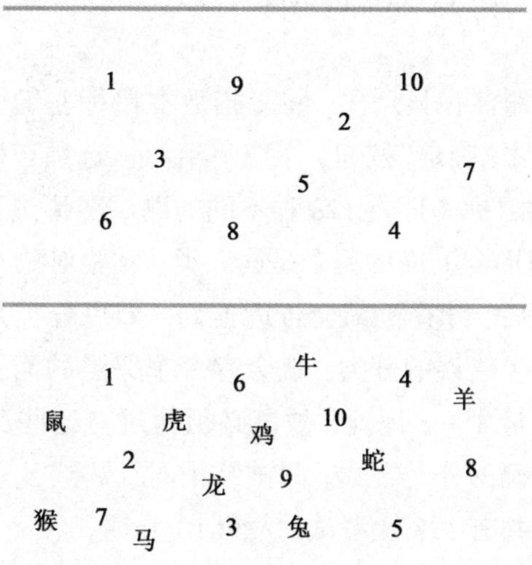

图6-2 连线测验(TMT)的实验范式

① SÁNCHEZ-CUBILLO I，PERIÁÑEZ J A，ADROVER-ROIG D，et al. Construct validity of the Trail Making Test：Role of task-switching，working memory，inhibition/interference control，and visuomotor abilities[J]. Journal of the international neuropsychological society，2009，15(3)：438-450.

3.威斯康星卡片分类测试(Wisconsin Card Sorting Test, WCST)

Berg在1948年用威斯康星卡片分类测试来考察普通人的抽象思考能力，1981年，Heaton等人在其基础上进行了扩展和发展。WCST是一种神经心理学测试方法，它要求被试将128张不同形状、颜色和数量的反应卡按4张模板进行分类。利用分类法刺激额叶的作用，可以直接检测被试的抽象能力、概念形成能力、选择性记忆能力和认知活动的传递能力。共13项指标，其中最常见的是：总应答数(Ra)、完成分类数(Cc)、正确回答数(Rc)、错误回答数(Re)、持续错误数(Rc)、持续性错误百分比(Rep%)、持续性应答(Rp)、非持续性错误数(nRpe)。

测试过程：测试在电脑上进行，被试的双眼距离显示屏60厘米，4个靶子的图形是A.1个红三角；B.2个绿五角星；C.3个黄交叉；D.4个蓝圆。首先，这个程序把颜色设定为一个分类的原则，将被试的图形和颜色一致的物体分成一组，也就是向实验对象提供了一个微笑的表情，否则就是错误的。直至被试能连续正确地完成10张卡片，才算完成此分类，并将其转换为按照形状进行分类。再到数量、颜色、形状。如果被试没有连续完成10张牌，则不改变其分类原理。

测试时，被试双眼注视显示屏，将手指放在鼠标左键上，通过单击目标图像进行选择，然后单击“确定”按钮，系统将给出该选项正确与否。实验对象被要求按照4种不同的目标图形将128种不同的测试图形进行归类，并按照某种规律来判定该测试图形与上面的哪个是同一类。实验对象不清楚什么是分级法则，但在每一次判定后，计算机都会告诉他们，如果分类是对的，会有一个微笑的面孔；如果有一个错误的分类，就会有一个哭泣的面孔。每一条规则都可能是颜色、形状和数量之一，因此，被试必须通过对这些反馈的信息对其进行调整，从而寻找出正确的分类方式。测试结束时，被试已完成所有6个类别或所有128张卡片。总共有128次考试，大约10分钟。

(四)语言功能评估

1.词语流畅性测验(verbal fluency test, VFT)

VFT由Thurstone等人于1962年首次提出，用于痴呆临床诊断，旨在检测优势半球额叶和颞叶的功能，主要评估被试的语言能力、语义记忆和执行功能等。该测验要求被试在规定时间内尽可能多地说出某一类词语，包括语义流畅性、语音流畅性和动作流畅性。其中，语义流畅性测验又称为快速词汇分类测验(rapid verbal retrieve, RVR)，是目前在我国广泛应用的语言流畅性测验。中文版测验显示语言流畅性得分较语义流畅性低，且受教育程度影响大。在低教育水平组(文盲至初中)中，敏感度较低，但可在教育程度较高组(高中及以上)中结合语义流畅性应用，以增加测验的灵敏度。VFT 测试方法简单易行，耗时短，适用于门诊操作。

具体要求：VFT 要求被试在有限时间内(通常为 1 分钟)列举某一范畴尽可能多的例子，如动物、水果、蔬菜、交通工具、姓氏、服装、城市名、超市商品、家庭用品以及以 F 或 A 开头的单词。最后一种又被称为字母流畅性测验或音位流畅性测验。

量表使用的指导语与评分方法：①语义流畅性：在 1 分钟内说出动物类、蔬菜类或水果类的词语。指导语："您尽可能快、尽可能多地说出您所知道的动物名称。时间是 1 分钟，您准备好了吗？开始。"1 分钟后停止。②语音流畅性。在 1 分钟内说出以"发"开头的词。指导语："您尽可能快、尽可能多地说出您所知道的以'发'字开头的词。时间是 1 分钟，您准备好了吗？开始。"1 分钟后停止。③动作流畅性。在 1 分钟内说出在某一地点(如厨房内)可能发生的动作。指导语："请您尽可能快、尽可能多地说出您所能想到的，在厨房内可能发生的动作。时间是 1 分钟，您准备好了吗？开始。"1 分钟后停止。

如果被试在时间未到时停止，鼓励其尽量想出更多名称，但测试时间不可延长，可在测试过程中重复指导语。

2.波士顿命名测验(Boston naming test, BNT)

BNT 是一项用于评估命名能力的标准测试工具，广泛应用于临床和研究领域，特别用于评估患有语言障碍、认知障碍或神经系统疾病的个体的命名能力。该测验由 Kaplan, Goodglass 和 Weintraub 于 1983 年开发，根据波士顿地区的词汇使用频率选择了 30 张物体图片进行命名任务。参与者需根据图片准确命名物体，每张图片都有一个标准名称。

为确保参与者理解测验的要求和流程，测验前进行了一些简单的示范任务。接着，参与者会逐张看到物体图片，要求他们尽可能准确地命名物体的名称。在测验过程中，参与者可以请求重复物体名称、提示或者选择放弃回答。测试时间有限，通常为 15~20 分钟。时间结束后，测试人员会停止测试并记录参与者的回答情况。

测试人员会根据以下标准进行计分，根据参与者回答的情况，每个物体的得分范围为 0~2 分。完全正确得 2 分，语义错误得 1 分，其他情况得 0 分。所有物体的得分相加即为总分，最高分为 60 分。

3.汉语失语成套测验(aphasia battery in Chinese, ABC)

ABC是一种按照失语检查的基本原则，由高素荣等人在1988年制定的检查方法。该方法主要参考了西方失语成套测验(WAB)，并结合我国国情和临床经验，经过探索和修改而制定。ABC由会话、理解、复述、命名、阅读、书写、结构与视空间、运用和计算、失语症总结等项目组成。为了符合规范化要求，ABC制定了统一的指导语、评分标准、图片和文字卡片，以及失语症的统一分类标准。

该检查方法的内容主要涵盖国内常见的词语和句子，适量选择使用频率较低的词语和句子，避免使用罕见词语和复杂句子。为了减少文化水平的差异，ABC的测试语句通常较为简单，而阅读和书写检查相对较少。根据临床检验结果，ABC的口语理解和听理解亚项对不同文化水平的个体均可完成91%以上。

ABC能够有效区分语言正常和失语症，对于患有脑血管病的语言正常者，也能够发现一些轻度语言功能缺陷。通过ABC的不同亚项测试，可以做出失语症的分类诊断。

4.中国康复研究中心标准失语症检查表(China rehabilitation research center aphasia examination, CRRCAE)

1991年，在参考了日本的标准失语症检查的基础上，由中国康复中心语言治疗科根据汉语的语言特点设计完成CRRCAE。该检查包含30个分测验，涵盖了9个大项目，包括听理解、复述、说、出声读、阅读理解、抄写、描写、听写和计算。该检查主要适用于成人失语症患者。

在大多数项目中，CRRCAE采用了6等级评分标准，并对患者的反应时和提示方法提出相对严格的要求，同时设定了中止标准。为了避免检查过于烦琐，该检查通过观察不同语言模式下患者反应的差异来进行评估。在一些不同项目中使用了相同的词语，以简化检查过程。该检查的制定旨在更好地适应中国患者的语言特点，提供更有针对性的失语症评估工具。

(五)视空间结构功能评估

1.画钟测试(clock drawing test, CDT)

患者被要求完成一个包含多个步骤的任务，首先是画一张钟表盘，写上表示时间的数字，并在完成后画上分针和时针。每个步骤都有相应的评分标准：①画出封闭的圆，1分；②数字位置正确，1分；③12个数字无遗漏，1分；④分针和时针位置正确，1分。总分为4分，3~4分表示认知水平正常，0~2分表示认知水平下降。多项研究显示，在老年性痴呆早期，认知功能损害最早体现在视空间能力障碍，计算和操作能力受损也比较明显，所以CDT在早期老年性痴呆的诊断方面很有意义。

2.划消测验(cancellation test)

在划消测验中，要求被试在短时间内按照特定要求准确地划去某个知觉对象，例如字母划消测验[①]。这需要被试高度集中注意力，快速而准确地在众多相似的对象中辨认出特定的目标，并将其划去。如果划消测验的作业时间较长，那么为了取得良好的成绩，被试需要保持长时间的紧张状态，或者说必须具备坚强的意志力，以确保始终保持高效率的工作。

自19世纪以来，划消测验被广泛用来了解和比较被试的知觉速度、辨认准确性、注意力、智力水平、疲劳程度以及校对工作的效率等方面的表现[②]。

可使用工作效率(E)作为划消工作成绩的指标的概念。其公式为：$E=e\times A$，其中e为检查过的(总的)符号数目，A为精确度。精确度A的计算公式为$A=(c+o)(c-w)$，其中，c为划去的符号数目，w为错划的符号数目，o为漏划的符号数目。这一指标有助于综合评估被试在划消测验中的综合表现。

3.Rey-Osterrieth复杂图形测验(Rey-Osterrieth complex figure test，ROCFT)

ROCFT是由Andre Rey于1941年设计，之后由Osterrieth详尽阐述并进行了标准化。Rey-Osterrieth复杂图形测验的计分系统可用于定量评估图形的变形和位置错误，以及组织水平。ROCFT是国外广泛应用的一种评估视觉空间结构能力和视觉记忆能力的测验，可适用于不同年龄段和多种疾病导致的认知障碍患者的记忆研究。

进行ROCFT的操作步骤：被试观看图形，并在限定时间内(5分钟)用笔临摹图形；在未事先提醒的情况下，在3~30分钟不等的时间后，要求被试回忆并绘制出这幅图，延迟画图没有时间限制。

ROCFT的评分方法：图形被划分为18个单位，其中形状和位置都正确得2分；形状正确但位置错误得1分；单元变形或不完整(但尚可认出)，位置正确也得1分；单元变形或不完整且位置不正确得0.5分；错误或无法辨认计0分。

---

① WEINTRAUB S. Mental state assessment of young and elderly adults in behavioral neurolagy[M]. Philadelphia：F A Davis Company，1985：71-168.

② 杨博民.心理实验纲要[M].1版.北京：北京大学出版社，1989.

总分为 36 分，用于综合评估被试在绘制和延迟回忆图形时的表现①。

4.视觉线段方向判断测验(judgement of line orientation，JLO)

JLO 用于评估被试空间感知和定向能力②。在进行测试时，评定员面对被试，将测试卡片放在桌上，按照顺序逐一展示，呈 45°，以确保被试能够清楚地看到测试卡和参照卡。要求被试仔细观察测试卡中的线段，并指出与参照卡中哪两条线段在位置和指向上完全一致，并告知相应的编号。

如果被试在回答时遇到困难，评定员可以询问："请指出其中一条线段，在位置和指向上与参照卡中的哪一条线段完全一致，告诉我相应的编号。"指导语和练习卡可以重复，直至被试能够正确回答练习卡中的两条线段，方可正式进行测试。如果被试未能正确回答练习卡，测试将终止。答题无时间限制，整个测试通常需要 15~20 分钟。

5.Hooper 视觉组织任务(Hooper visual organization test，HVOT)

Hooper 视觉组织任务(HVOT)是一种用于筛选测量视觉组织能力的工具③。该任务构成包括简单物体的线条图，这些物体被切割成碎片并重新排列。被试的任务是说出这些碎片重新组合在一起后形成的物体是什么。该任务的成功完成涉及基本的视觉分析能力，将物体碎片整合的能力，以及口头或书面标记物体的能力。

HVOT 的设计旨在评估个体对图像的视觉整合和认知能力。通过要求被试在视觉上重新组织碎片，HVOT 可以提供关于个体对视觉信息处理和组织的一般能力的信息。任务的要求涉及从视觉输入中提取关键信息、整合这些信息以识别物体，并将这些认知过程转化为口头或书面表达。

总体而言，HVOT 是一种有用的评估工具，可以帮助了解个体在视觉组织方面的能力，为进一步的认知评估提供有关注意力、视觉分析和组织的信息。

---

① 常用神经心理认知评估量表临床应用专家共识[J].中华神经科杂志，2019,52(3)：166-176.

② NG V W K，ESLINGER P J，WILLIAMS S C R，et al. Hemispheric preference in visuospatial processing：A complementary approach with fMRI and lesion studies[J]. Human brain mapping，2000，10(2)：80-86.

③ BUTTARO，M. Hooper Visual Organization Test [M]//Encyclopedia of Clinical Neuropsychology. New York：Springer，2017：1-3.

第二节　靶向健身延缓认知老化服务系统的开发

一、开发理念与过程

本研究已经梳理了靶向健身延缓认知老化的潜在评价指标和影响因素，也对其重要尺度界定、结构组成、实践途径进行了一定的分析，但从评价指标的理论研究到实践运用之间仍有一定的距离。为了加速理论研究向实践应用转化，本研究拟开发软件服务系统，对靶向健身延缓认知老化的相关个体、机构提供科学易用的工具。

为了保障服务系统的易用性，我们认为开发的服务系统应该具备如下基本功能：数据管理模块，便于服务人员和相关科研人员方便整理输出数据；认知老化调查模块，方便调查与评测老年人认知老化情况与特征；靶向健身模块，便于基于老年人特征生成符合科学规律的靶向健身建议；康复效果预测模块，用来评估当前认知老化水平与预测延缓效果。该系统先在药物依赖老年人群体中小范围充分进行试用，后续逐步优化完善、扩大使用范围，至当前版本，已经具备较好的易用性。

为了对服务系统的科学性有所保证，我们主要利用靶向健身延缓认知老化服务系统 V1.4 进行了横断面数据收集（该软件的泛用模式可以用来收集相关数据），拟利用收集来的数据训练可以预测靶向健身延缓认知老化效果的神经网络。在上述过程中，共收集两千余人的横断数据，样本具有较好的代表性，所有调查对象均配合度较高，数据质量较好。本服务系统在包括国家社科基金、江苏省自科等研究课题中使用，辅助收集相关数据，且在多个社区中使用，助力靶向健身延缓认知老化工作的开展。

二、服务系统应用简介

本服务系统运行于 Windows 平台，以 Windows 10 上使用本系统为例，对系统核心功能进行简要介绍。该系统可以独立运行，也可以从运动锻炼改善中老年药物依赖者认知功能效果测评系统的 1.4 版本以上的泛用模式启动进入（图 6-3）。

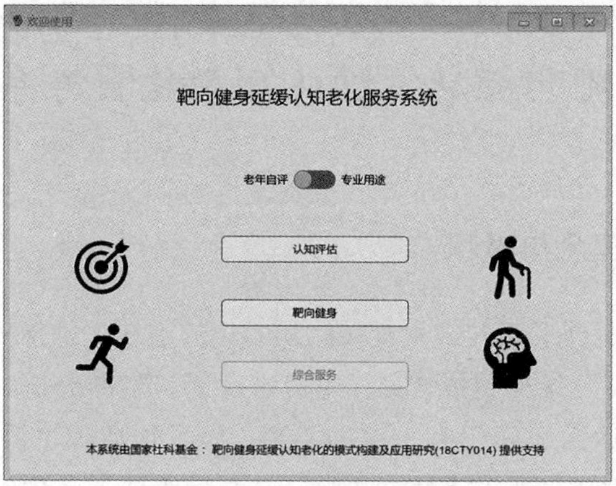

图 6-3　软件启动界面

本软件可以选择老年自评，供老年人自己使用，还可以为科研人员等专业人士提供专业用途。其核心功能包含基本信息管理、认知评估、运动锻炼特征调查、运动建议生成、认知功能训练、认知功能测试等功能。

老年人自主使用条件下，建议先从认知评估功能开始，对个体认知老化的进展情况进行测试。在老年自主模式下，评估内容将按照固定的组合进行，在专业模式下，可以根据使用目的单独使用某个测试功能。对于自主使用，只有在进行了完整的认知评估后，才可以进行到靶向健身功能模块。当前版本中，主要测试注意功能、执行功能、记忆功能、情绪状态等核心认知老化的维度和整体认知状态。认知评估测试及评估报告的部分界面如图 6-4 所示。

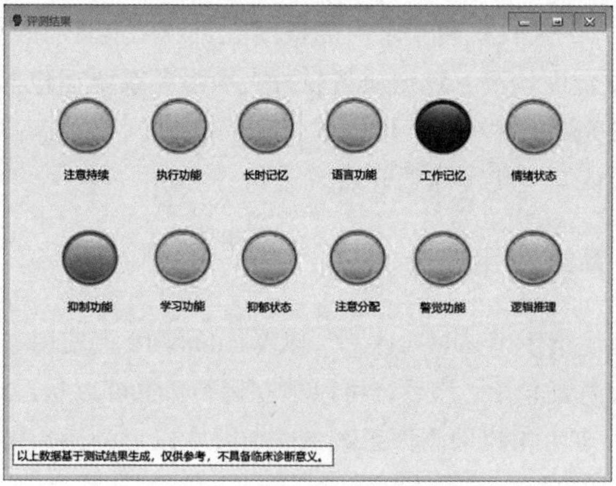

图 6-4　认知评估模块部分界面

测试完成后，自动输出并保存测试结果。除了专业的测试结果，部分测试结果以可视化的方式呈现给非专业人员，如图 6-5 所示。

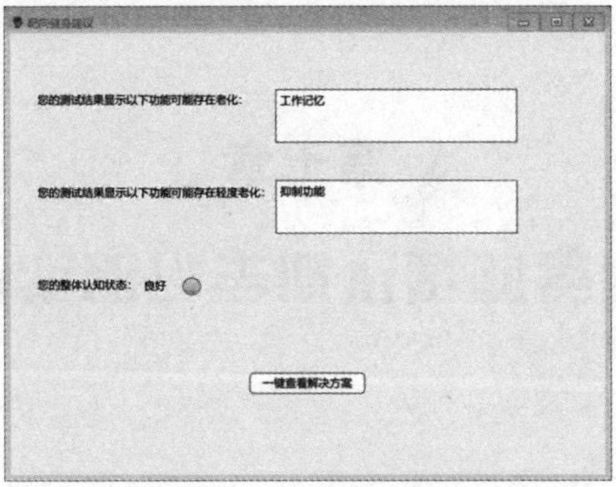

图 6-5　结果输出示意

在生成具体的靶向运动建议前，系统会对使用者现有的运动习惯进行一定的调查，随后根据调查结果与使用者的自身意愿，提供合适的靶向健身建议。以保证生成的方案优先符合使用者的个人运动爱好与意愿。根据靶向健身实现的两种途径：富认知运动、运动干预联合认知干预，分别生成具体的建议，部分界面如图 6-6 所示。

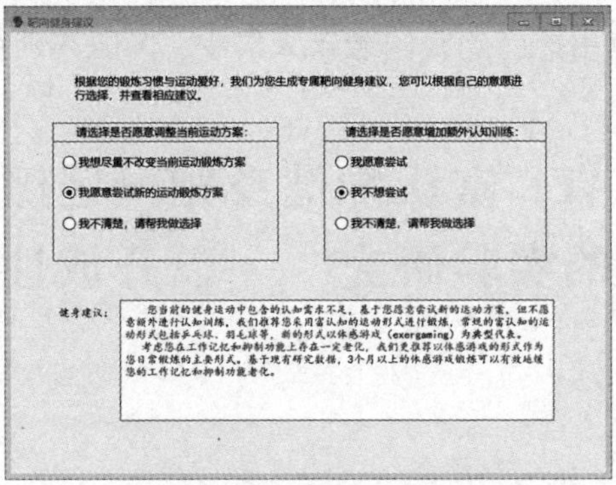

图 6-6　靶向健身建议生成

在建议生成过程中，主要考虑两个因素：一是使用者是否想要尝试新的运动形式；二是使用者是否愿意额外花费时间进行专门的认知训练。如果选择愿意额外进行认知训练，那么备选的运动类型将更为丰富；如果不愿意，则推荐其进行富认知的运动锻炼。软件还将对于收集的数据进行存储与分析，供相关管理人员和科研人员参考使用。

第七章

靶向健身延缓认知老化的实验研究

在进行前期的文献收集过程中，我们发现，近 10 年间，国外出现了大量关注富认知运动及运动认知联合干预这两种重要的靶向健身载体延缓认知老化的研究，但截至目前，国内较少学者关注这一领域。根据前期的研究结果和项目的客观条件，本章以传统的开放性运动项目和新兴的体感游戏这两种富认知健身方式为例，进社区招募老年人进行实验研究。基于靶向健身延缓认知老化服务系统对延缓老化的记忆能力、执行功能、注意网络功能及动作技能等核心认知功能的效果进行评价，在证明其有效性的同时，进一步将靶向健身延缓认知老化的理论与实践应用推广到我国老年人群中，保证其延续性。

第一节　富认知健身靶向延缓认知老化效果的实验研究——以开放性运动为例

一、研究背景

认知功能随着年龄的增长而逐年下降，尤其是对于患有神经退行性疾病的患者，如痴呆和阿尔茨海默症。与衰老相关的认知功能下降和认知功能障碍严重影响了老年人的生活质量和预期寿命，引起了极大的公共卫生和经济关注。值得注意的是，随着年龄的增长，某些类型的认知变量保持不变，而某些则随着认知老化而受损。Salthouse 等人证明，从成年早期开始，记忆力、视觉空间能力、速度和推理能力几乎呈线性下降，而词汇知识可以持续增加至 60 岁①。也就是说，“保留”的认知成分包括词汇和一般信息，其中相关的学习发生在一个人的生命早期，而“非保留”的成分往往涉及信息的操纵和转换。因此，我们的研究将主要集中在随着年龄增长而下降的认知功能。

认知功能对环境变化反应敏感，经过一定的干预可以显著改善。大量研究结果表明，体育锻炼有益于老年人的认知功能。然而，Diamond 提出，没有任何认知成分的有氧运动产生的认知益处很少或根本没有。她认为，成功的健身方式除了直接的身体活动，还应该结合认知、情感和社会需求。她还强调，某些体育锻炼模式，包括有氧运动和抗阻训练，是改善执行功能的最无效的方法之一。因此，体育锻炼应该从简单的运动延伸到带着思考运动。幸运的是，许多研究已经开始关注认知训练和体育锻炼相结合对认知功能的好处。有研究将两种活动继时进行，也有研究将两种活动同时进行。继时进行方法通常先进行认知训练（如记忆能力、注意能力、执行功能、视觉空间能力），之后进行体育锻炼（如有氧运动、阻力训练），或者相反。同时进行方法通常在双任务中进行，例如在体育锻炼的同时完成认知任务，或者在体感游戏中，将体育锻炼与计算机虚拟环境和互动视频游戏功能相结合。一般来说，相比于继时进行，同时进行往往对认知功能的影响更大②。然而，人们担心认知评估和双任务之间的相似性会产生一种学习效应，从而影响研究结果的可靠性。基于实验室的干预措施也较难推广到老年人的日常生活中。

因此，研究引入了一种新的具有高生态效度的富认知运动方式——开放性运动。开放性运动被定义为参与者需要在一个动态变化的、不可预测的外部环境中做出反应的练习（如乒乓球和羽毛球）。相比之下，闭锁性运动是在相对稳定、可预测和自定节奏的环境中进行的（如跑步和游泳）。参与开放性运动的儿童也比参与闭锁性运动的儿童表现出更好的认知功能和学习成绩③。开放性运动可能是有积极效益的，参与者必须在心理上比较当前和过去的情况，并利用这些信息来预测可能的结果，因此，参与者必须使用认知功能。

---

① SALTHOUSE T A. Selective review of cognitive aging[J]. Journal of the international neuropsychological society, 2010, 16(5): 754-760.

② GUO W, ZANG M, KLICH S, et al. Effect of combined physical and cognitive interventions on executive functions in older adults: A meta-analysis of outcomes[J]. International journal of environmental research and public health, 2020, 17(17): 6166.

③ GU Q, ZOU L Y, LOPRINZI P D, et al. Effects of open versus closed skill exercise on cognitive function: A systematic review[J]. Frontiers in psychology, 2019, 10: 1707.

针对健康老年人的横断面研究结果表明，与久坐不动的老年人相比，参加闭锁性运动和开放性运动的老年人都表现出更好的视空间工作记忆，但参加开放性运动的效果更好。具体来说，需要更高认知参与的开放性运动对被动维持工作记忆具有选择性的好处。但是横断面研究只能揭示一种潜在的相关关系，并不能揭示两者的因果关系。此外，开放性运动对工作记忆产生额外认知益处的原因尚不清楚。因此，本研究首次进行了一项干预研究，以回答哪种类型的运动对老年人的认知衰退更有益。本研究还将在开放性运动组和闭锁性运动组之外设置一个认知训练组，以进一步揭示其机制。开放性运动可以看作体育锻炼和认知训练同时的结合，而闭锁性运动和认知训练可以看作单一的体育锻炼或者认知训练。这种设计可以通过比较组间的差异来分离身体活动成分和认知活动成分的单独效应。

本研究的主要目的是探索 24 周富认知的开放性运动对健康老年人认知功能的影响，并与闭锁性运动组、认知训练组以及对照组进行比较。我们假设，与对照组相比，几种干预方式对认知功能都有积极的影响，而开放性运动的效果更好。

二、研究方法

(一)研究设计

本研究是一项双盲、持续 24 周的随机对照实验(RCT)，分为三个实验组和一个主动对照组。参与者被随机分配到四组中的一组。结果测量在干预前(t_1)、干预中期(t_2)、干预后即刻(t_3)以及干预 12 周后随访(t_4)进行。所有的测量和措施都由对小组分配不知情的、训练有素的专业人员进行。研究设计如图 7-1 所示。登记、干预措施和评估的时间表如图 7-2 所示。

本研究方案已获伦理委员会(YXYLL-2020-106)批准。许可协议已在中国临床试验注册中心注册(ChiCTR2000038733)，实验结束后数据在现场上传。所有参与者均填写知情同意书。

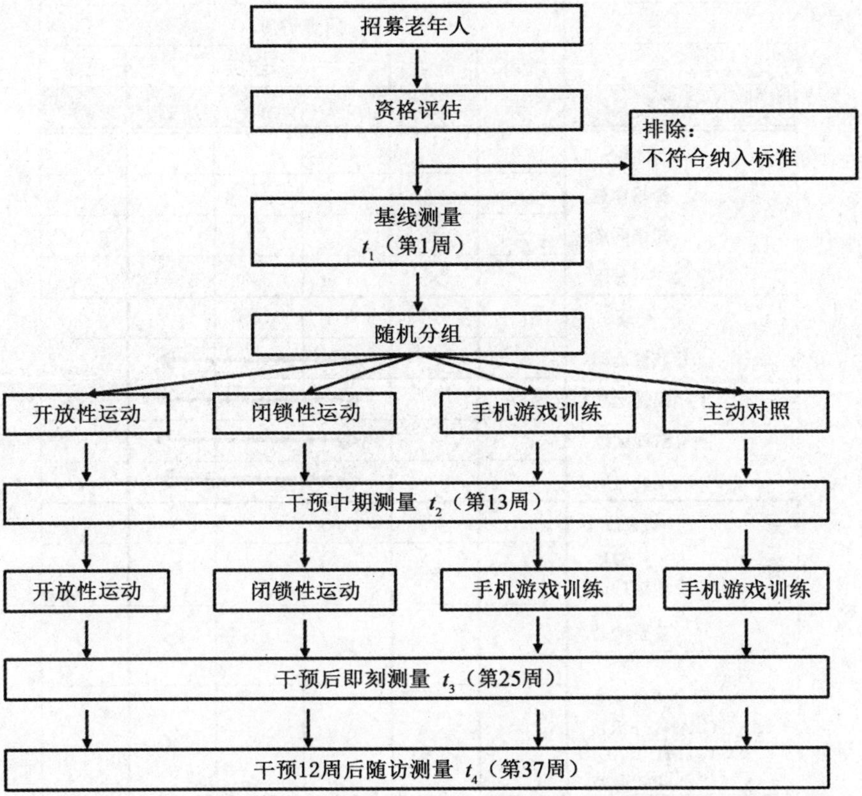

图 7-1　研究设计流程图

（二）参与者的招募和选择

参与者从社区老年中心招募，年龄为 60—80 岁。男性和女性的参与者都被招募。有兴趣参与研究的老年人接受了一个简短的访谈，以确认他们是否符合纳入标准。潜在的参与者使用简易精神状态检查量表（MMSE）和运动相关问卷进行筛选。

符合资格的参加者需具备以下条件：①60—80 岁；②身体健康，没有心血管疾病，肌肉骨骼疾病，以及精神和神经疾病；③体重正常（身体质量指数为 18.5～25）；④右手为惯用手；⑤视力正常或矫正至正常；⑥久坐不动的生活方式或没有运动习惯，并被评估为不活动或低活动水平；⑦自愿参与本研究并给予书面知情同意。

下列情况将被排除在外：①患有客观认知障碍（MMSE 得分小于 25 分）；②过去有打乒乓球的经历；③以前参加过类似的研究。

	研究进度					
	招募	分组	分组后			结束
时间点	$-t_1$	0	t_1	t_2	t_3	t_4
招募：						
资格审查	×					
知情同意	×					
分组		×				
干预：						
开放性运动			⟷	⟷	⟷	
闭锁性运动			⟷	⟷	⟷	
手机游戏训练			⟷	⟷	⟷	
主动对照			⟷	⟷	⟷	
评估：						
背景 人口统计学特征	×	×				
首要结果 VWMT, VSMT, VMTT			×	×	×	×
次要结果 MAC-Q, ANT, MRT, DST, TMT, IPAQ, walking steps			×		×	×

t_1—基线测量（第 1 周）；t_2—中期测量（第 13 周）；t_3—干预后即刻测量（第 25 周）；t_4—干预 37 周后随访测量（第 37 周）；VWMT—视空间工作记忆任务；VSMT—视空间短期记忆任务；VMTT—视觉空间心理旋转任务；MAC-Q—记忆抱怨问卷；ANT—注意功能网络测试；MRT—矩阵推理测试；IPAQ—国际身体活动问卷。

图 7-2　研究的招募、干预和评估时间表

（三）研究样本

该研究所需的样本量通过先验效应分析（由 G-Power 软件进行）进行评估。为了获得 0.8 的功效（$1-\beta$），显著性水平为 0.05，研究需要 136 名参与者。

由于参与者是 60—80 岁的老年人，并且是登记的自愿性质，该研究的流失率预计相对较低。当同时考虑其他因素（如健康状况、环境和其他紧急情况）时，在招募计划任务中估算 15% 的流失率。因此我们额外招募 24 名参与者来补偿估算的流失率，每个干预条件下有 40 名参与者。

为了最大限度地提高依从性，在整个实验过程中定期监测参与者的出勤率和锻炼表现。

(四)随机化

在签署书面知情同意书后，符合条件的参与者由主要研究人员随机分配到主动对照组和三个实验干预组之一。随机化过程由一个另外的统计学家通过计算机使用随机化程序来运行。参与者不知道这项研究的真正目的，他们只是被告知参与一个项目，旨在丰富社区老年人的生活，是根据计算机随机化程序将他们随机分配到不同组的项目的。参与者和两位主要研究人员知道小组任务，进行干预和结果测量的人员不被告知参与者的分配情况。

(五)干预措施及控制条件

每个干预组的参与者被告知参加一个为期 24 周的项目，每周 3 次，每次 50 分钟，并保持他们正常的日常生活条件。所有干预措施都在社区中心进行，并由主要研究人员、培训人员进行监督，以确保干预方案的标准化管理。

干预条件包括：①开放性运动条件，即身体和认知活动相结合的训练；②闭锁性运动条件，即只进行身体活动的训练；③手机游戏条件，即只进行认知活动的训练；④主动对照条件。

1.开放性运动条件

开放性运动条件下的被试根据其认知功能水平的前测结果，均参加了量身定制的乒乓球训练课程。运动干预在教练的指导下以越来越复杂的顺序进行。这些教练从乒乓球训练专业的大学生中挑选出来。每个训练课程包括热身、乒乓球基本技能训练、乒乓球互打练习、旨在增加认知负荷的特殊任务训练，以及一段放松环节。基本技能培训的目的是提高一般技能，包括以下组成部分：发球、反手推挡、正手进攻、左侧拦网和右侧进攻(包括步法)。在教练展示基本动作后，参与者彼此(或与教练)进行练习。每一种技能的训练都从简单的动作开始，然后根据他们的掌握程度逐步过渡到更复杂的技能。

在学习基本技能的过程中，为了给体育锻炼增加更多的认知负荷，必须规划任务，设计运动方案。这种方法旨在实现一种预期与执行功能有关的特定类型的培训。乒乓球由乒乓球桌一侧的发球机依次抛给参与者。参与者站在桌子的另一边，并且必须预测球的轨迹来拦截它。球有两种不同的颜色，一半是白色，一半是黄色。研究设计了 3 种不同的任务来增加认知负荷。在任务 1 中，参与者必须拦截白球而忽略黄球，这需要抑制功能的参与。在任务 2 中，要求参与者把白球打到乒乓球桌的左边，把黄球打到右边，这需要任务转换能力的参与。任务 3 的设计是为了训练工作记忆能力，如果前一个球是白色的，参与者就需要把球打向左边；如果前一个球是黄色的，就需要把球打向右边。所有参与者被要求在训练期间持续移动，以维持40%~59%的平均个人目标心率储备(HRR)。

2.闭锁性运动条件

闭锁性运动条件使用中等强度(40%~59% HRR)的固定自行车测力计或跑步机来进行。每个训练课程包括热身、骑自行车或快走/慢跑30分钟以及放松环节。在训练期间，强度和持续时间逐步增加。在运动过程中，每5分钟使用一次Borg主观疲劳程度(RPE)来监测运动的主观感觉。

3.手机游戏条件

认知训练组需要在手机上玩乒乓球手机游戏，不需要身体的活动。这款手机游戏名为*Table Tennis Touch*，是一款由英国独立工作室Yakuto开发的免费多人手机运动游戏，具有精美的图像、直观的滑动控制、高速的游戏玩法和多种游戏模式。它提供了一个精美的模拟真实的乒乓球比赛的过程，玩家可以通过发球、旋转和扣球来获胜。老年人在第一次进行练习，随后在教练员的监督下进行比赛。

4.主动对照条件

为了控制霍桑效应(参与者可能会通过意识到他们被监视来改变他们的行为)，因此对照组也会做一些与干预组持续相同时间和频率的拉伸和调整。各个组参与者的社会活动是相似的。

(六)结果测量

在测量过程中收集人口统计学特征，包括年龄、性别、体重、身高、精神状态、视力、静息心率和血压。研究结果包括对认知和身体活动的客观和主观测量。所有结果在干预前、干预后即刻以及干预后3个月进行测量。干预12周后，有一个对主要结果的中期测量。

1.主要结局指标

本研究的主要结局指标是客观的视觉空间工作记忆。使用Guo等人开发的视空间工作记忆任务(VWMT)进行测量，该任务包括视觉空间信息的被动存储和主动操纵①。参与者被要求记住一个含有4个黑色方块的4×4矩阵作为探针

① GUO W, WANG B Y, LU Y, et al. The relationship between different exercise modes and visuospatial working memory in older adults: A cross-sectional study[J]. PeerJ, 2016, 4(7): e2254.

刺激保持 3 秒，并同时在心理上将矩阵向右或向左旋转 90°。该任务用于判断测试刺激是否与心理旋转探针刺激向左或向右 90°一致。

被动存储和主动操作分别进行测量，以揭示视空间工作记忆差异的机制。通过视空间短期记忆任务（VSMT）测试视觉空间信息的被动存储。VSMT 的实验范式与 VWMT 相似，被试除了被要求在保留间隔期间保留记忆刺激，还必须确定测试刺激是否与记忆刺激完全相同。视觉空间信息的主动操作通过视空间心理旋转任务（VMTT）进行测试。一对矩阵在屏幕上显示 6 秒。参与者必须比较这两个矩阵，以确定右侧的矩阵是否与左侧的矩阵旋转 90°相符合。

2.次要结局指标

主观记忆抱怨在客观工作记忆能力衰退之前就已经出现①，这也在本研究中进行测量。SMC 使用记忆抱怨问卷（MAC-Q）进行测量，它由 6 个问题组成，这些问题与日常情况下的记忆功能有关（例如，记住他/她每周至少使用一次的电话号码）。在这些问题中，被试被要求将他/她目前的能力与他/她 40 岁时的能力进行比较和评分。MAC-Q 总分在 7～35 分，分数越高表明主观记忆抱怨越严重。分数大于或等于 25 的人被认为存在与年龄相关的记忆障碍。MAC-Q 具有良好的内部一致性和令人满意的重测信度②。

注意功能网络测试（ANT）在一次单独测试中评估注意系统的警觉性、定向能力和执行功能网络③。该测试是 Flanker 范式和线索提示任务的结合，有 4 种线索类型（无线索、中心线索、双重线索和空间线索）和 3 种 Flanker 类型（一致、不一致和中性线索）。提示刺激是星号，并且总是有效地提供关于未来目标刺激的时间信息。目标刺激是 5 个作为 Flanker 的水平箭头。参与者被要求尽可能快和准确地对中心箭头做出反应。

矩阵推理测试（MRT）被用来测量抽象的非语言推理能力。这个测试包括 35 个项目，每个项目是一个不完整的矩阵，参与者需要对其进行观察并从 5 个选项中选择缺失的部分。该测试是韦氏简易精神状态检查量表的一个子测试，

---

① JORM A F, CHRISTENSEN H, KORTEN A E, et al. Memory complaints as a precursor of memory impairment in older people: A longitudinal analysis over 7—8 years[J]. Psychological medicine, 2001, 31(3): 441-449.

② CROOK T H, FEHER E P, LARRABEE G J. Assessment of memory complaint in age-associated memory impairment: The MAC-Q[J]. International psychogeriatrics, 1992, 4(2): 165-176.

③ FAN J, MCCANDLISS B D, SOMMER T, et al. Testing the efficiency and independence of attentional networks[J]. Journal of cognitive neuroscience, 2002, 14(3): 340-347.

相对而言与语言无关①。该分数是根据正确完成的项目的数量计算的。

数字广度任务(DST)被用来评估工作记忆。在任务中，首先进行顺背测试，主试将一连串随机数字以每秒一个的速度读给被试听，要求被试即刻复述。之后进行倒背测试，要求同顺背相同，要求被试即刻反向复述。顺背 3~9 位数，倒背 2~8 位数，顺背得分为位数-2，倒背得分为位数-1，总分为 14 分，每个测试可进行两次，取最高分。

连线测验(TMT)被用来测量注意力、感知运动速度以及认知灵活性或任务切换能力。通常测试分为 A，B 两个部分。在 A 部分，被试使用铅笔按数字顺序连接一系列环绕的数字。在 B 部分中，被试按数字和字母顺序连接环绕的数字和字母，在数字和字母之间交替。例如，第一个数字“1”后接第一个字母“A”，第二个数字“2”后接第二个字母“B”，以此类推。A 部分通常被认为是一个视觉搜索和运动速度技能的测试，而 B 部分也被认为是一个更高水平的认知技能的测试，如心理灵活性。所需花费的时间越久，被试的正常集中力、警觉力和视觉空间能力越差。

中文版本的国际身体活动问卷(IPAQ)被用来测量主观的前一周内的身体活动总量。该问卷由日常工作、日常交通、日常家务、运动锻炼及休闲娱乐、坐姿时间与睡眠时间 6 个部分组成，为了便于统计分析，此次调查问卷相关身体活动数据以每周身体活动能量消耗代谢当量值(MET)×持续时间(min)进行计算，计算办法严格按照国际身体活动问卷评分规则进行，并将身体活动强度分为低、中、高三组。

在测量过程中，使用小米手环腕带测量客观的身体活动。要求参与者从干预前一周开始、在整个干预过程中、在干预后 3 个月期间全天佩戴腕带。该腕带插入了一个三轴加速度传感器 ADXL362，可以测量在日常生活中行走的步数和行走的距离，该腕带还在干预期间监测心率。

(七)数据收集、管理和统计分析

数据测量由训练有素的研究生助理在社区中心进行，他们未参与干预阶段。所有数据基于本项目组开发的靶向健身延缓认知老化服务系统收集和存储。建立数据管理团队，在项目期间每周监测一次数据收集、记录和分析的过程。中途退出参与者的数据在退出后被视为与基线相比没有变化。方差分析

① IRBY S M, FLOYD R G. Test review: Wechsler Abbreviated Scale of Intelligence, second edition[J]. Canadian journal of school psychology, 2013, 28(3):295-299.

(ANOVA)或卡方检验用于评估组间在年龄、女性百分比、BMI、MMSE 评分、视力、静息心率和血压方面的差异。如果在基线时观察到组间差异，将这些变量作为协变量纳入进一步分析。重复测量方差分析用于主要和次要结果的测量。因变量包括 VWMT、VSMT 和 VMTT 的准确性和反应时、ANT(警觉性、定向能力和执行功能网络得分)、矩阵推理测试、MAC-Q、DST、TMT 和 IPAQ，以及步数和距离。自变量为小组(开放性运动组、闭锁性运动组、认知训练组和主动对照组)作为被试间因素，测试时间点(干预前、干预中期、干预后即刻和干预后 3 个月随访测试)作为被试内因素。

三、研究结果

(一)人口统计学特征

本研究共招募 120 名被试，最终完成 4 次测量，共 108 人。在基线时，开放性运动组、闭锁性运动组、手机游戏训练组和主动对照组在年龄、性别比例、身高、体重、学历、MMSE 上没有显著差异，如表 7-1 所示。

表 7-1　人口统计学特征

类别		开放性运动组	闭锁性运动组	手机游戏训练组	主动对照组
人数		27(25.0%)	29(26.9%)	25(23.1)	27(25.0%)
年龄		69.63±5.725	69.10±5.659	68.88±5.974	68.67±5.277
性别(男)		14(48.3%)	14(51.9%)	12(48.0%)	12(44.45)
身高		165.56±7.277	164.45±7.366	162.08±7.881	165.74±6.181
体重		60.90±8.261	59.32±7.10	58.48±8.73	60.85±6.17
学历	初中及以下	27(93.1%)	24(88.9%)	23(92%)	22(81.5%)
	高中及以上	2(6.9%)	3(11.1%)	2(8.0%)	5(18.5%)
MMSE		28.30±1.514	27.90±1.543	28.04±1.791	28.30±1.728

(二)主要结果

各组和各时间段 VWMT(视觉空间记忆任务)、VSMT(视觉空间短期记忆任务)、VMTT(视觉空间心理旋转任务)的正确率如表 7-2 所示。

表 7-2　各组和各时间段 VWMT、VSMT、VMTT 的正确率

任务	组别	t_1		t_2		t_3		t_4	
		平均值	标准差	平均值	标准差	平均值	标准差	平均值	标准差
VWMT	闭锁性运动组	0.79	0.070	0.82	0.067	0.83	0.063	0.83	0.058
	开放性运动组	0.79	0.078	0.85	0.067	0.87	0.054	0.85	0.061
	手机游戏训练组	0.79	0.069	0.83	0.070	0.84	0.060	0.83	0.073
	主动对照组	0.80	0.072	0.81	0.073	0.81	0.070	0.82	0.062
VWTT	闭锁性运动组	0.83	0.103	0.83	0.089	0.84	0.081	0.84	0.080
	开放性运动组	0.83	0.111	0.84	0.094	0.85	0.084	0.84	0.096
	手机游戏训练组	0.83	0.109	0.84	0.081	0.84	0.065	0.85	0.073
	主动对照组	0.82	0.110	0.83	0.089	0.83	0.074	0.83	0.066
VSMT	闭锁性运动组	0.89	0.071	0.91	0.065	0.92	0.065	0.92	0.059
	开放性运动组	0.89	0.074	0.92	0.057	0.93	0.044	0.94	0.049
	手机游戏训练组	0.89	0.075	0.90	0.071	0.91	0.066	0.91	0.060
	主动对照组	0.89	0.069	0.89	0.070	0.90	0.067	0.90	0.071

1.VWMT

各组和各时间段 VWMT，VSMT，VMTT 反应时没有显著差异，因此后续不进行分析。对 VWMT 正确率进行 4(组别：开放性运动组 vs 闭锁性运动组 vs 手机游戏训练组 vs 主动对照组)×4(时间点：t_1 vs t_2 vs t_3 vs t_4)的混合方差分析。组别为被试间变量，时间点为被试内变量。结果发现，组别主效应不显著。时间主效应显著，$F_{(3,\ 312)}=31.173$，$p<0.05$，$\eta_p^2=0.231$。组别和时间点交互作用显著，$F_{(9,\ 312)}=2.325$，$p<0.05$，$\eta_p^2=0.063$，简单效应分析发现，主动对照组各时间无显著差异；闭锁性运动组 t_1 显著低于 t_2，t_3 和 t_4，其他各时间无显著差异；手机游戏训练组 t_1 显著低于 t_2，t_3 和 t_4，其他各时间无显著差异；开放性运动组 t_1 显著低于 t_2，t_3 和 t_4，t_2 显著低于 t_3，其他各时间无显著差异，如图 7-3 所示。

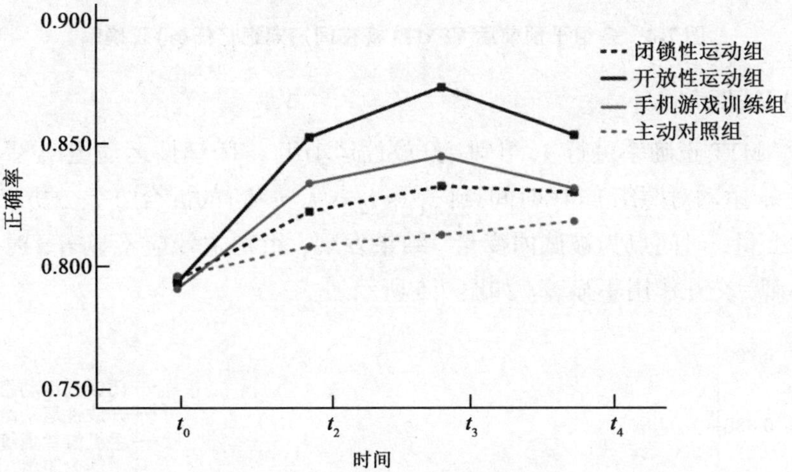

图 7-3　各组干预前后 VWMT(视空间工作记忆)正确率

2.VSMT

对 VSMT 正确率进行 4(组别：开放性运动组 vs 闭锁性运动组 vs 手机游戏训练组 vs 主动对照组)×4(时间点：t_1 vs t_2 vs t_3 vs t_4)的混合方差分析。组别为被试间变量，时间点为被试内变量。结果发现，组别主效应不显著。时间主效应显著，$F_{(3,\ 312)}=8.721$，$p<0.05$，$\eta_p^2=0.077$，表现为 t_1 显著低于 t_2，t_3 和 t_4，其他各时间无显著差异。交互作用不显著。如图 7-4 所示。

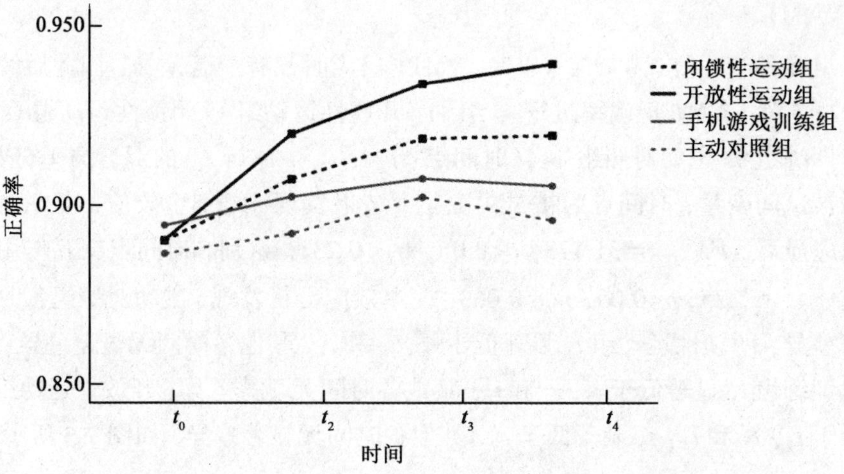

图 7-4　各组干预前后 VSMT(视空间短期记忆任务)正确率

3.VMTT

对 VMTT 正确率进行 4(组别：开放性运动组 vs 闭锁性运动组 vs 手机游戏训练组 vs 主动对照组)×4(时间点：t_1 vs t_2 vs t_3 vs t_4)的混合方差分析。组别为被试间变量，时间点为被试内变量。结果发现，组别主效应不显著，时间主效应不显著，交互作用不显著。如图 7-5 所示。

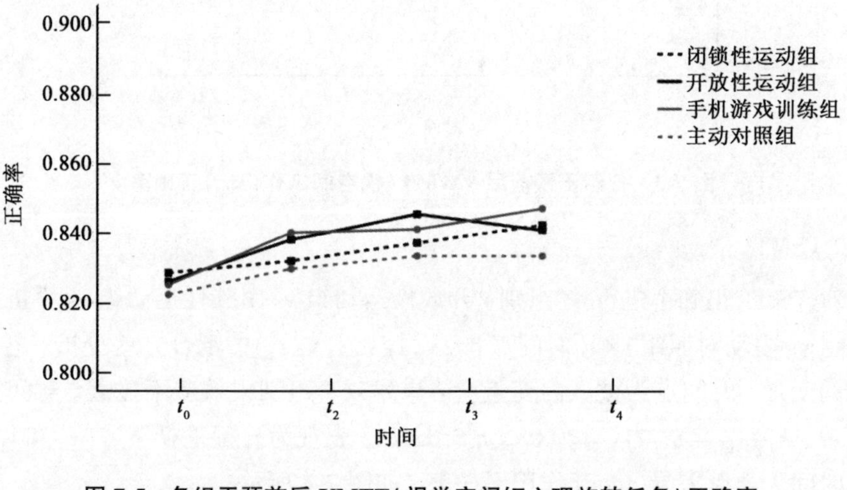

图 7-5　各组干预前后 VMTT(视觉空间短心理旋转任务)正确率

(三)次要结果

对 MAC-Q，MRT，DST，TMT(TMT-A，TMT-B)，IPAQ，Walking steps，ANT

（警觉性、定向能力、执行功能网络）进行单因素方差分析，自变量为组别，各次要结果如表 7-3 所示。

表 7-3　干预后各组次要结果

类别	开放性运动组	闭锁性运动组	手机游戏训练组	主动对照组
MAC-Q	22.15±0.743	22.10±0.613	24.32±0.706	24.41±0.717
MRT	10.41±0.744	8.55±0.495	9.44±0.710	8.00±0.534
DST	8.52±0.457	7.41±0.440	6.80±0.447	6.07±0.459
TMT-A	8.43±2.10	8.96±2.69	8.59±1.78	9.16±3.02
TMT-B	56.99±12.54	59.67±14.84	57.11±14.45	58.16±13.48
IPAQ	6106.685±1176.767	5825.328±997.855	3419.924±640.721	3290.852±482.060
Walking steps	8704.72±5427.331	8430.72±5064.39	6688.80±4605.07	6348.00±4312.37
ANT（警觉）	16.88±4.14	19.05±2.839	10.12±4.35	12.57±4.207
ANT（定向）	21.59±3.91	19.78±3.572	15.01±5.25	19.13±4.214
ANT（执行）	53.62±3.722	68.06±4.531	72.75±5.318	82.32±6.864

结果发现，MAC-Q 组别差异显著，$F_{(3,\ 104)}=3.473$，$p<0.05$，$\eta_p^2=0.091$，表现为开放性运动组和闭锁性运动组显著高于手机游戏训练组和主动对照组，如图 7-6 所示。

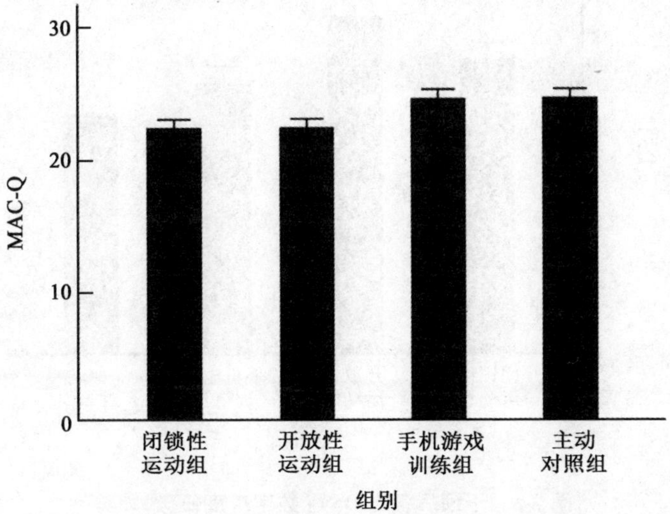

图 7-6　干预后各组 MAC-*Q*（主观记忆抱怨）得分

MRT 组别主效应显著，$F_{(3,\ 104)}=2.875$，$p<0.05$，$\eta_p^2=0.077$，表现为开放性

运动组显著高于闭锁性运动组和主动对照组，如图 7-7 所示。

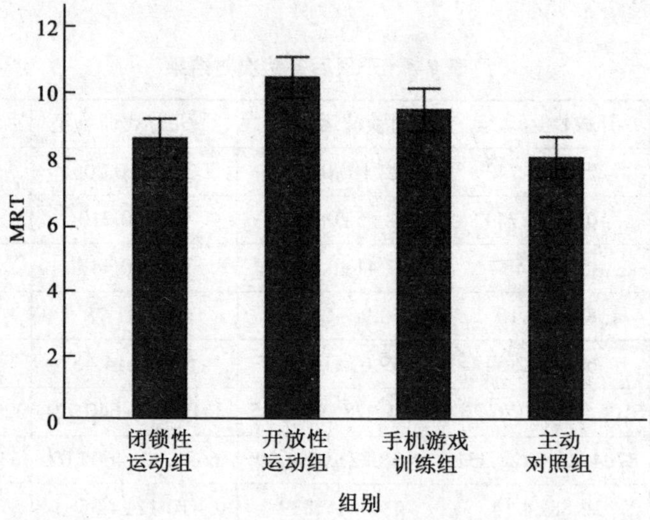

图 7-7　干预后各组 MRT（矩阵推理测试）得分

DST 组别主效应显著，$F_{(3,\ 104)}=5.244$，$p<0.05$，$\eta_p^2=0.131$，表现为开放性运动组显著高于闭锁性运动组、手机游戏训练组和主动对照组，闭锁性运动组显著高于主动对照组，如图 7-8 所示。

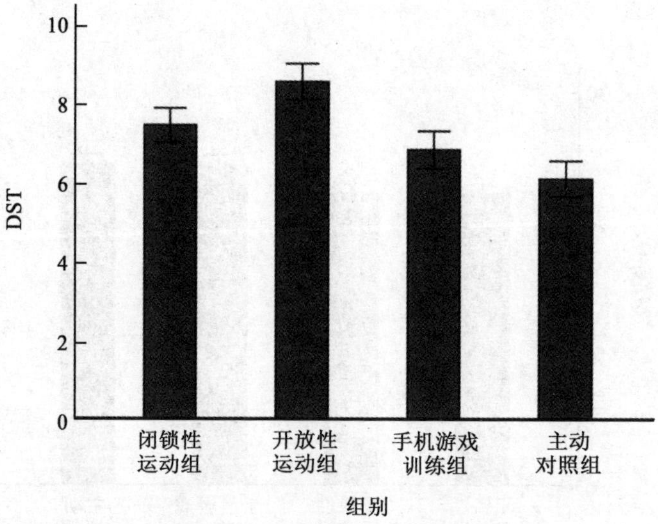

图 7-8　干预后各组 DST（数字广度任务）得分

IPAQ 组别主效应显著，$F_{(3,\ 104)}=2.924$，$p<0.05$，$\eta_p^2=0.078$，表现为开放性运动组和闭锁性运动组显著高于手机游戏训练组和主动对照组，如图 7-9

所示。

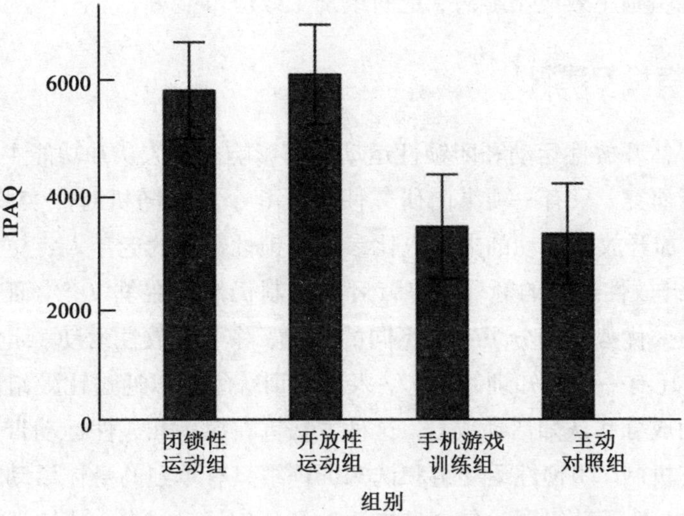

图 7-9　干预后各组 IPAQ(体力活动问卷)得分

Walking steps 组别主效应不显著；ANT 任务中执行组别主效应显著，$F_{(3,\ 104)}=5.238$，$p<0.05$，$\eta_p^2=0.131$，表现为开放性运动组显著高于闭锁性运动组、手机游戏训练组和主动对照组，闭锁性运动组显著高于主动对照组，如图 7-10 所示。

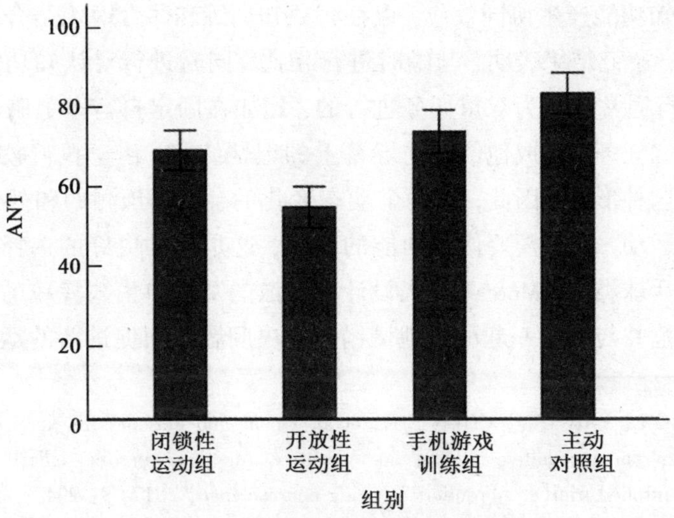

图 7-10　干预后各组执行(ANT)分数

TMT-A, TMT-B组别主效应不显著; Walking steps组别主效应不显著; ANT任务中警觉组别主效应不显著, 定向组别主效应不显著。

四、结论与建议

先前评估开放性运动和闭锁性运动如何影响老年人认知功能主要使用横截面设计进行研究。只有一项纵向研究使用了6个月的随机对照实验①。纵向研究表明, 参加开放性运动的老年人比参加闭锁性运动的老年人有更好的执行功能。然而, 开放性运动的额外优势背后的机制仍然存在争议。本研究提出的方案的一个主要优势是划分了4个不同的小组, 除了开放性运动、闭锁性运动和对照组外, 还有一个认知训练组。纳入认知训练组可以通过比较组间差异来分离身体活动成分和认知活动成分。这种方法旨在揭示开放性运动带来额外认知益处的潜在机制。闭锁性运动组和认知训练组只有单独的身体活动或认知活动成分, 而开放性运动组同时包含身体活动和认知活动成分。认知训练组使用一种不同于之前传统计算机化认知训练的一款乒乓球手机游戏②, 使用与开放性运动相同的认知活动。

一些研究已经尝试用认知训练和体育锻炼相结合的方法来改善认知功能。一方面, 根据心血管健康假说, 参与者长期进行运动可能促进心血管系统的改善, 这种变化可以增加脑血流量和上调神经递质。另一方面, 认知训练可以将新的神经元、突触引导和整合到现有的神经网络中。因此, 两种干预措施结合可能会对认知功能产生协同效应。以往将认知训练和体育锻炼结合通常是继时或同时进行。研究结果表明, 与继时进行相比, 同时进行对认知功能的影响更大。同时进行通常是作为双重任务进行的, 比如在固定自行车上骑着自行车并同时完成认知任务, 完成他们面前屏幕上的记忆练习。由于执行较困难, 老年人并不喜欢这种形式。因此, 在一个动态变化的、不可预测的和外部环境中进行的开放性运动, 并且需要认知功能的参与, 这是一种更好的选择。与本研究中使用的乒乓球类似, Moreao等人设计了松散的基于自由式摔跤的训练。这种方法通过示范并与同伴一起积极地试错来解决问题从而促进新的运动协调。经

① TSAI C L, PAN C Y, CHEN F C, et al. Open- and closed-skill exercise interventions produce different neurocognitive effects on executive functions in the elderly: A 6-month randomized, controlled trial[J]. Frontiers in aging neuroscience, 2017, 9: 294.

② LAMPIT A, HALLOCK H, VALENZUELA M. Computerized cognitive training in cognitively healthy older adults: A systematic review and meta-analysis of effect modifiers[J]. PLoS medicine, 2014, 11(11): e1001756.

过 8 周的训练，该运动组在所有认知测量方面的进步最大①。开放性运动被认为是高度生态验证的方法，它同时结合了认知训练和身体锻炼。

本研究与之前的研究不同，它将视空间工作记忆作为主要结果，而不是一般认知功能。因为 60 岁以后，视空间工作记忆能力下降得更严重。此外，一项针对老年人的横断面研究揭示了运动模式和视空间工作记忆之间的潜在关系。相比之下，设计的纵向干预项目可以探讨开放性运动对视空间工作记忆产生更多好处的原因。主观记忆抱怨(SMC)也与客观工作记忆一起测量。SMC 被定义为个体自我报告的认知方面的问题，但在客观的心理测量测试中没有明显的损害。SMC 与后来的认知能力下降和更高的痴呆发病率有关②。一项随机对照研究报道，12 周的运动干预对主观记忆抱怨(通过 MAC-Q 测量)产生有益影响，但对客观记忆表现(通过 Prose 测试和 Rey 测量)没有影响③。除 SMC 外，本研究还探讨了主观记忆抱怨与视空间工作记忆之间的关系，这在以往的研究中一直存在争论。

本研究的总体目标是探讨开放性运动对老年人认知能力的影响，结果发现，相比认知训练和闭锁性运动，富认知的开放性运动对老年人认知功能的效益更大。本研究结果为老年人靶向健身提供了重要的参考建议，以选择最有效的运动方式来改善认知功能。特别是本研究揭示了与闭锁性运动相比，开放性运动带来额外认知益处的潜在机制。在实验进行的过程中发现，乒乓球这一富认知的开放性健身项目在老年人群体中具有良好的群众基础，且大部分社区的老年活动室及室外活动空间均配备了一定数量的乒乓球桌，为靶向健身的顺利开展提供了良好的内外部条件。

---

① MOREAU D, MORRISON A B, CONWAY A R A. An ecological approach to cognitive enhancement: Complex motor training[J]. Acta psychologica, 2015, 157: 44-55.

② WALDORFF F B, SIERSMA V, VOGEL A, et al. Subjective memory complaints in general practice predicts future dementia: A 4-year follow-up study[J]. International journal of geriatric psychiatry, 2012, 27(11): 1180-1188.

③ IULIANO E, FIORILLI G, AQUINO G, et al. Twelve-week exercise influences memory complaint but not memory performance in older adults: A randomized controlled study[J]. Journal of aging and physical activity, 2017, 25(4): 612-620.

第二节　新兴富认知健身对老年人动作技能及执行功能的影响——以体感游戏为例

一、研究背景

在日常生活中，人们能够获得各种各样的动作技能，从骑自行车到计算机打字，从起床、穿衣到洗漱、吃饭等，这些动作技能被认为主要是通过程序性学习机制发展起来的。程序性学习是运动技能学习的重要环节，通过广泛的实践，它有助于获得自动行为，如技能和习惯。在儿童和青年时期，程序性学习对于获得基本的运动技能(如走路和吃饭)以及更复杂的技能(如演奏乐器)至关重要。在生命的后期，程序性学习除了能够帮助老年人通过练习获得新的运动技能之外，还能帮助老年人在运动功能由于年龄原因和其他原因受损时，例如中风后，重新学习失去的运动技能或训练新的运动技能。因此，程序性学习对于保障老年人独立自主性具有重要价值。执行功能是伴随个体许多认知加工过程的大脑最高级认知活动，涉及一系列高级过程，如抑制、转换和刷新，老年人的执行功能的下降是认知老化的主要原因。相关研究也发现，前额叶是执行功能发挥作用的重要脑区，伴随着年龄的增长，前额叶相较于其他脑区会表现出更快速的衰退。因此，维持或改善老年人的执行功能也是对抗老化的有效手段之一。此外，有研究发现良好的抑制功能与较低的统计学习潜力相关，同时与较高的统计学习效率相关。良好的转移与较高的统计学习效率密切相关。良好的视空间工作记忆与较高的统计学习潜力相关。但是，执行功能与动作技能学习的关系截至目前还没有相关研究探索。

寻找有效的并且能使老年人更容易坚持的方式保障/改善动作技能和执行功能是具有重要价值的。以往研究结果表明，能够同时产生身体和认知刺激的干预措施能为更加有效地保持/改善老年人自主独立性提供可行性①。体感游戏(exergaming)是一种同时产生身体刺激和认知刺激的活动，它被定义为任何需

---

① KARSSEMEIJER E G, AARONSON J, BOSSERS W J R. et al. The quest for synergy between physical exercise and cognitive stimulation via exergaming in people with dementia: A randomized controlled trial[J]. Alzheimers research & therapy, 2019,11(1): 1-13.

要玩家全身运动的电子游戏玩法①，是一种新兴的富认知健身方式。通过整理已有关于体感游戏干预的研究发现，体感游戏可以产生基于身体锻炼(多模式性、多模式同时性、互动性)、认知刺激(挑战性、可变性)和电子游戏(游戏化、可变性、沉浸式)的综合训练效益。由此，我们猜测体感游戏或许是保持/改善老年人动作技能学习和执行功能的有效手段。

许多非药物手段被证明可以保持或提高老年人的独立自主性。其中，体育锻炼和电子游戏这两类干预方式被广泛证实对老年人具有较大改善效益。但是通过整理文献发现，能够同时产生身体刺激和认知刺激，并且丰富、复杂、有趣味和有活力的干预项目在保持或改善老年群体独立自主性方面更加有效，而本研究涉及的新兴的体感游戏活动正是体育锻炼和电子游戏这两种干预手段的结合。当前探索体感游戏与老年人技能衰退的研究相对较少，截至目前，没有研究探讨体感游戏对老年人动作技能学习的影响。因此，本研究将为体感游戏改善老年人独立自主性提供理论基础。此外，我们探索执行功能在体感游戏干预对老年人动作技能学习的影响中是否起到调节作用，有利于更深层次地了解影响体感游戏对老年人动作技能学习的干预效益的潜在因素。

二、研究方法

(一)研究设计

本研究是一项双盲、持续12周的随机对照实验(RCT)，分为实验组和一个主动对照组。参与者被随机分配到其中一组。结果测量分别在干预前与干预后进行。所有的测量和措施都由对小组分配不知情的、训练有素的专业人员进行。所有参与者均填写知情同意书。

(二)参与者的招募和选择

在社区招募50名健康老年参与者。所有参与者在报名时须填写简易精神状态检查量表(MMSE)、体力活动问卷。此外，工作人员还会注意询问报名人员过往电子游戏经历，以了解参与者是否有电子游戏习惯。

纳入标准：①65岁以上；②独立生活或住在老年人住宅中；③不吸烟；④健康(自我报告)；⑤能够在有或没有助行器的情况下行走至少20米。

---

① GERLING K, MANDRYK R. Custom-designed motion-based games for older adults: A review of literature in human-computer interaction[J]. Gerontechnology, 2014, 12(2): 68-80.

排除标准：①色盲；②矫正视力低于4.8；③行动障碍；④严重的健康问题(例如，最近的心肌梗死，未控制的糖尿病或未控制的高血压等)；⑤妨碍参加训练的骨科或神经系统疾病；⑥阿尔茨海默病或痴呆；⑦进展迅速或终末期疾病；⑧急性或慢性疾病(如睡眠障碍、失眠等)；⑨中风史；⑩头晕史或最近头部受伤的个体；⑪作用于神经元水平的药物(如精神药物等)；⑫认知障碍(MMSE<22分)；⑬有抑郁倾向；⑭有规律的电子游戏习惯。

(三)随机化

符合标准的50名参与者将被随机分配到体感游戏组和对照组，此后会与所有参与者单独交流他们即将进行的活动内容，但不会告知参与者他们所处组别类型。所有参与者不知悉本研究的目的及研究的相关内容。所有实验内容结束后，参与者会得到一定的报酬，此外，我们将为每一位参与者提供一份人身意外保险。

(四)干预措施及控制条件

符合标准的50名参与者将被随机分配到体感游戏组和对照组，此后会与所有参与者单独交流他们即将进行的活动内容，但不会告知参与者他们所处组别类型。所有参与者不知悉本研究的目的及研究的相关内容。所有实验内容结束后，参与者会得到一定的报酬，此外，我们将为每一位参与者提供一份人身意外保险。

1.体感游戏条件

首先，根据老年人的认知功能状况个性化定制体感游戏条件。老年人被招募后，要求参加一个为期12周的体感游戏训练计划，每周训练2次，每次持续90分钟。干预时间在每周一到周六下午两点至五点，老年人自由选择时间段参加，要求每周至少参加两次干预，且每次干预需至少间隔一天进行。每次干预包括15分钟热身环节、60分钟的体感游戏干预以及15分钟的拉伸放松缓解。体感游戏干预包括基于switch平台的《马里奥派对》、《舞力全开》、《有氧拳击》和《健身环大冒险》等，每项游戏重点针对的靶向认知功能有所差异，如《舞力全开》靶向针对老年人衰退的动作技能学习能力，《健身换大冒险》靶向针对老年人衰退的执行功能。根据其前测的认知功能水平，为每个参与者均量身定制了体感游戏训练计划。参与者可根据个人兴趣选择独自完成、对抗完成或者合作完成。游戏难度随着干预逐渐增加，以增大认知负荷。在干预期间需佩戴心率表带，以维持40%~59%的平均个人目标心率储备(HRR)。

2.主动对照条件

为了控制霍桑效应(这意味着参与者可能会通过意识到他们被监视来改变他们的行为),对照组也会做一些与干预组持续相同时间和频率的拉伸和调整,并进行系列讲座学习,讲座内容为分享运动保健知识(干预期间不得进行除日常活动以外的锻炼和电子游戏活动)。

(五)结果测量

在测量过程中收集人口统计学特征,包括年龄、性别、体重、身高、精神状态、视力、静息心率和血压。研究结果包括动作技能学习和执行功能的测量,分别在干预前和干预后进行。

1.动作技能学习测量

被试在干预前后进入实验室进行程序性学习测试,被试到达实验室后告知主试姓名及编号,以便调取报名时被试的个人基本信息。经主试口头讲解实验内容后,自行阅读纸质知情同意书,并签署知情同意书。随后,被试进入光线昏暗的测试室。要求被试在实验过程中全程保持安静。被试安静地坐在电脑屏幕前,按照指导语一步步完成实验任务。

采用的是 Howard 等人改编的交替序列反应时任务(alternating serial reaction time task, ASRT),采用 MATLAB, Psychtoolbox 3.0 心理工具箱编写完成。在一个典型的试次(trial)中,首先在灰色屏幕上呈现 4 个水平排列的方块,其中的一个方块被填充了红色(目标刺激)。刺激是一直可见,直到被试按下相应的键才会进入下一个试次。刺激间隔设置为 120 毫秒。目标刺激的 4 个可能位置(编码为 1, 2, 3 和 4)由 8 个元素的序列确定(例如 3r1r2r4r,其中,数字代表屏幕上四个方块的位置,r 表示从四个可能位置随机选择的元素)。要求被试尽可能快且准确地按下对应的反应键(标准键盘上的 Z, X, N 和 M,对应目标刺激的位置从左到右 1, 2, 3, 4),并遵循以下规则做出反应:Z,左手中指;X,左手食指;N,右手食指;M,右手中指。在整个实验过程中要求被试保持安静。要求两组所有的被试尽可能快速且准确地做出反应。在每个组块(Block)结束时,被试将在屏幕上收到关于他们自己的 RT、准确性和分数的反馈。

所有被试都需要完成 20 个 Block,每个 Block 包括 85 个刺激。每个 Block 的前 5 个刺激被随机呈现(排除分析),然后 8 元素交替序列重复 10 次。根据排列规则,创建了 6 个包含预定元素的独特序列(如 1r2r3r4r, 1r2r4r3r, …, 4r3r2r1r),被试被随机分配了一个伪随机序列。ASRT 任务共有 20 个 Block,要求所有被试在开始下一个 Block 之前休息至少 20 秒，所以整个实验过程花费大约 20 分钟。为了让被试熟悉实验任务，在正式实验之前让被试进行 10 个试次的练习。

2.执行功能测量

在程序性学习测试结束后被试进行 15 分钟休息，随后进入执行功能测试阶段。经主试口头讲解实验内容后，自行阅读纸质知情同意书，并签署知情同意书。随后，带领被试进入光线昏暗的测试室，并要求他们在实验过程中全程保持安静。被试安静地坐在电脑屏幕前，按照指导语一步步完成实验任务。执行功能主要测量老年人抑制功能、转换功能和刷新功能。

Stroop 任务用于评估被试的抑制控制能力。本研究使用的是中文版 Stroop 任务，由四字四色组成。本研究采用了非协调条件。在这种情况下，字符的颜色是用不一致的颜色墨水打印的(例如，汉字“蓝”用红色墨水打印)。参与者必须在有限的时间内尽可能快地说出墨水的颜色，而不是说出汉字本身的字义。45 秒内正确回答的次数作为 Stroop 任务的结果。

数字-字母连线任务用于评估被试的转换能力。本研究使用的数字-字母连线任务包括 A 和 B 两个部分。A 部分由 25 个连续的阿拉伯数字组成，参与者按照数字顺序连接数字。B 部分由 12 个连续的阿拉伯数字和 12 个英文字母组成。参与者按照升序画线连接数字和字母，同时遵循数字和字母交替的附加规则(即 1—A—2—B—3—C)。记录完成每个测试的时间。B 部分的时间减去 A 部分的时间被记录为数字-字母连线任务的最终结果。

2-back 任务用于评估被试的刷新功能。在屏幕上逐个显示一系列数字。参与者被告知，如果给定的数字与倒数第 2 个看到的相同，则按下空格键。我们评估被试在 5 分钟内能正确按键的次数作为 n-back ($n=2$)任务的最终结果。

(六)数据收集、管理和统计分析

数据测量由训练有素的研究生助理在社区中心进行，他们未参与干预阶段。所有数据基于项目组开发的靶向健身服务系统进行收集和存储。程序性学习所有 Block 被平均分为 4 个时期，以揭示整个学习过程的进展。分别计算每个被试每个时期的中位数 RT。重复频率较低的三联体(如 333)或一三元素重复(如 323)被排除在分析之外，因为被试通常表现出对它们的反应倾向，并且被试反应错误的试次也被排除。采用社会统计分析软件包 SPSS 22.0 对实验过程中记录的反应时进行统计分析，设定 $p<0.05$ 为统计结果具有显著性。

统计学习被定义为对随机高频三联体的反应比对随机低频三联体的反应更

快。对两组中每个时期的随机高频三联体和随机低频三联体的中位数 RT 进行 2(时间：前测 vs 后测)×4(时期 1vs 时期 2vs 时期 3vs 时期 4)×2(频率：高频 vs 低频)×2(组别：体感游戏组 vs 对照组)的重复测量方差分析。

统计学习的学习效应计算为随机低频三联体的中位数 RT 减去随机高频三联体的中位数 RT。对两组参与者统计学习效应进行 2(时间：前测 vs 后测)×4(时期 1vs 时期 2vs 时期 3vs 时期 4)×2(顺序：模式 vs 随机)×2(组别：体感游戏组 vs 对照组)的重复测量方差分析。

高阶序列学习被定义为对模式高频三联体的反应比对随机高频三联体的反应更快。对两组中每个时期的模式高频三联体和随机高频三联体的中位数 RT 进行 2(时间：前测 vs 后测)×4(时期 1vs 时期 2vs 时期 3vs 时期 4)×2(频率：高频 vs 低频)×2(组别：体感游戏组 vs 对照组)的重复测量方差分析。

高阶序列学习的学习效应计算为模式高频三联体的中位数 RT 减去模式高频三联体的中位数 RT。对两组参与者统计学习效应进行 2(时间：前测 vs 后测)×4(时期 1vs 时期 2vs 时期 3vs 时期 4)×2(顺序：模式 vs 随机)×2(组别：体感游戏组 vs 对照组)的重复测量方差分析。

采用 2(时间：前测 vs 后测)×2(组别：体感游戏组 vs 对照组)的混合实验设计。被试内因素为时间，被试间因素为组别，因变量为被试在规定时间内的正确回答次数(Stroop 任务和 *n*-back 任务)和完成任务的平均时间差(数字–字母连线任务)。

为探讨执行功能是否对老年人动作技能学习起调节作用，对参与者执行功能、转换功能和刷新改变的变化与统计学习的变化以及参与者执行功能、转换功能和刷新改变的变化与高阶序列学习的变化进行回归分析。

三、研究结果

(一)人口统计学特征

通过排除条件，最终体感游戏组 23 人，对照组 23 人。在基线时，体感游戏组和对照组在年龄、性别比例、教育程度、MMSE 和病史上没有显著差异，如表 7-4 所示。

表 7-4 人口统计学特征

项目		体感游戏组	对照组
人数/人		23	23
年龄/岁		61.70±5.80	62.91±4.44
女性人数/人		11	10
不同教育程度人数/人	大专	7	5
	高中	8	6
	中专	2	3
	初中及以下	6	9
饮酒人数/人		9	7
不同病史人数/人	心脏病	1	1
	血压病	11	9
	糖尿病	1	3
MMSE/分		28.52±1.16	28.00±0.90

(二)动作技能学习

1.统计学习反应时

对两组参与者每个 Block 的中位数反应时进行重复测量方差分析，描述性结果如表 7-5、表 7-6 所示。

表 7-5 4 个时期的中位数反应时和标准误差(前测)

类型	组别	时期 1	时期 2	时期 3	时期 4
随机高频	实验组	635.70(181.22)	619.51(171.48)	596.95(168.30)	593.39(172.32)
	对照组	597.94(159.08)	598.28(154.54)	581.96(143.19)	581.64(149.88)
随机低频	实验组	637.56(179.59)	616.53(157.21)	596.65(150.65)	596.06(170.64)
	对照组	597.15(144.64)	594.96(143.46)	579.85(141.24)	584.51(139.27)

表 7-6 4 个时期的中位数反应时和标准误差(后测)

类型	组别	时期 1	时期 2	时期 3	时期 4
随机高频	实验组	595.75(112.56)	569.50(124.19)	582.16(146.64)	565.61(136.07)
	对照组	593.89(136.21)	593.64(150.37)	578.62(147.48)	570.86(149.12)

表 7-6(续)

类型	组别	时期 1	时期 2	时期 3	时期 4
随机低频	实验组	613.88(126.67)	599.13(135.75)	595.97(142.80)	589.25(133.69)
	对照组	600.15(133.32)	590.09(137.00)	582.32(144.58)	568.21(139.55)

通过重复测量方差分析，结果显示时期主效应显著，$F(3, 132) = 13.249$，$p<0.001$，$\eta_p^2 = 0.231$。结果显示从时期 1 至时期 4，被试反应时逐渐缩短，反应速度逐步增快。类型主效应边缘显著，$F_{(1, 44)} = 3.177$，$p = 0.082$，$\eta_p^2 = 0.067$。类型与组别交互作用边缘显著，$F_{(1, 44)} = 3.118$，$p = 0.084$，$\eta_p^2 = 0.066$，分析结果显示，实验组随机高频三联体和随机低频三联体之间的反应时存在显著差异，$p<0.05$，而对照组则没有发现显著差异，$p = 0.991$。类型与时间交互作用也显著，$F_{(1, 44)} = 14.237$，$p<0.001$，$\eta_p^2 = 0.244$，简单效应分析结果显示，在后测中，参与者对随机高频三联体的反应时显著少于对随机低频三联体的反应时，$p<0.001$，而前测中未发现显著差异，即参与者在后测中对随机高频三联体的反应速度显著快于随机低频三联体。此外，时间、组别和类型三者交互作用显著，$F_{(1, 132)} = 10.144$，$p<0.05$，$\eta_p^2 = 0.187$。事后分析结果显示，实验组与对照组参与者在前测中，对随机高频三连体及随机低频三连体的反应速度均无显著差异，为期 2 周的体感游戏干预后，实验组参与者对随机高频三联体及随机低频三联体的反应速度出现显著差异，即实验组参与者对随机高频三联体的反应速度显著快于对随机低频三联体的反应速度，$p<0.001$。为了更进一步了解为期 12 周的体感游戏对老年人统计学习相关反应时的影响，我们对时间、类型、时期和组别四者间的交互作用进行了分析，分析结果显示，两组参与者在前测中对随机高频三联体和随机低频三联体的反应无显著差异，而实验组后测的 4 个时期中，参与者对随机高频三联体和随机低频三联体的反应速度均表现出显著差异，而对照组则没有。

2.统计学习效应

对两组参与者统计学习分数进行重复测量方差分析，结果如图 7-11 所示。通过重复测量方差分析，结果显示，时间主效应显著，$F_{(1, 44)} = 14.237$，$p<0.001$，$\eta_p^2 = 0.244$，该结果表明后测的统计学习效应较前测出现显著提升。此外，组别与时间交互作用显著，$F_{(1, 132)} = 1.144$，$p<0.05$，$\eta_p^2 = 0.187$，事后分析发现，实验组后测中统计学习效应显著优于前测中的表现，$p<0.001$，而对照组前后测中统计学习效应无显著差异；对比前后测中两组统计学习效应发现，在前

测中，两组统计学习无显著差异，而在后测呈现出显著差异，即实验组的统计学习效应显著优于对照组，$p<0.05$。为了更进一步了解为期 12 周的体感游戏对老年人统计学习效应的影响，我们对时间、时期和组别四者间的交互作用进行了简单效应分析，分析结果显示，实验组在时期 1、时期 2 和时期 4 中，后测的统计学习效应显著优于前测（时期 1：$p<0.05$；时期 2：$p<0.05$；时期 4：$p<0.05$）。此外，分析结果显示，前测中两组在各个时期均无显著差异，而在后测的时期 2 和时期 4 中，体感游戏组与对照组差异显著，即在后测中体感游戏组统计学习效应时期 1 和时期 4 中显著优于对照组。

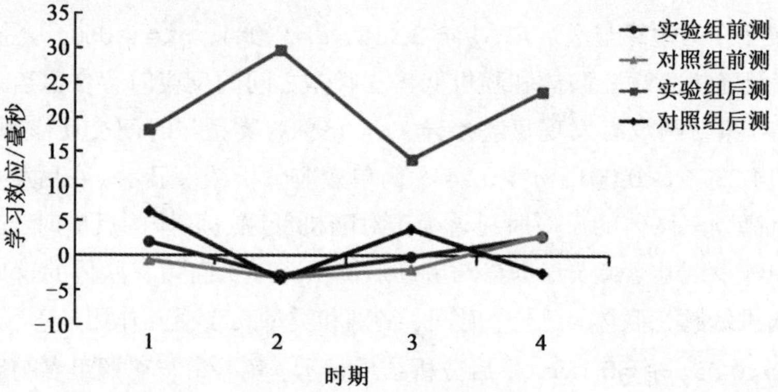

图 7-11 统计学习效应值

3.高阶序列学习反应时

对两组参与者每个 Block 的中位数反应时进行重复测量方差分析，描述性结果如表 7-7、表 7-8 所示。

表 7-7 4 个时期的中位数反应时和标准误差（前测）

类型	组别	时期 1	时期 2	时期 3	时期 4
模式高频	实验组	634.72（180.44）	614.64（164.29）	592.45（157.69）	587.08（162.92）
	对照组	602.87（158.68）	596.13（142.49）	580.19（130.76）	579.24（136.26）
随机高频	实验组	635.70（181.22）	619.51（171.48）	596.95（168.30）	593.39（172.32）
	对照组	597.94（159.08）	598.28（154.54）	581.96（143.19）	581.64（149.88）

表 7-8　4 个时期的中位数反应时和标准误差(后测)

类型	组别	时期 1	时期 2	时期 3	时期 4
模式高频	实验组	619.79(128.03)	589.21(118.23)	575.48(118.67)	573.61(124.17)
	对照组	596.29(142.24)	587.55(149.52)	580.61(148.23)	561.63(136.89)
随机高频	实验组	595.75(112.56)	569.50(124.19)	582.16(146.64)	565.61(136.07)
	对照组	593.89(136.21)	593.64(150.37)	578.62(147.48)	570.86(149.12)

通过重复测量方差分析，结果显示时期主效应显著，$F_{(3,\ 132)}=13.553$，$p<0.001$，$\eta_p^2=0.298$。结果显示从时期 1 至时期 4，被试反应时逐渐缩短，反应速度逐步增快，且各时期反应时之间差异显著。类型与时间交互作用边缘显著，$F_{(1,\ 44)}=3.503$，$p=0.068$，$\eta_p^2=0.074$，分析结果显示，参与者在对模式高频三联体和随机高频三联体的反应时在 12 周后减少，在前测中，参与者对模式高频三联体的反应时少于随机高频三联体，而在后测中，参与者对模式高频三联体的反应时多于对随机高频三联体的反应时。

此外，时间、组别和类型三者交互作用显著，$F_{(1,\ 132)}=6.532$，$p<0.05$，$\eta_p^2=0.129$。事后分析结果显示，实验组与对照组参与者在前测中对随机高频三联体及模式高频三联体的反应速度均无显著差异，为期 2 周的体感游戏干预后，实验组参与者对随机高频三联体及模式高频三联体的反应速度出现显著差异，即实验组参与者对模式高频三联体的反应速度显著快于对随机高频三联体的反应速度，$p<0.01$。为了更进一步了解为期 12 周的体感游戏对老年人统计学习相关反应时的影响，我们对时间、类型、时期和组别四者间的交互作用进行了分析，分析结果显示，在前测的各个时期内，体感游戏组与对照组对模式高频三联体和随机高频三联体的反应时无显著差异，而体感游戏组参与者在后测的时期 1 和时期 2 中对模式高频三联体的反应时显著多于对随机高频三联体的反应时(时期 1：$p<0.001$；时期 2：$p<0.01$)，而在其他时期无显著差异。

4.高阶序列学习效应

对两组参与者高阶序列学习分数进行重复测量方差分析，结果如图 7-12 所示。通过重复测量方差分析，结果显示时间主效应边缘显著，$F_{(1,\ 44)}=3.503$，$p=0.068$，$\eta_p^2=0.074$，结果表明后测中参与者的高阶序列学习效应较前测出现显著降低。此外，组别与时间交互作用显著，$F_{(1,\ 132)}=6.532$，$p<0.05$，$\eta_p^2=0.129$，事后分析发现，前测中两组无显著差异，在后测中，对照组参与者的高阶序列学习效应显著优于控制组，$p<0.01$。分析结果显示，对照组参与者的高

阶序列学习效应在前后测中无显著差异，而体感游戏组参与者的高阶序列学习效应在前后测中差异显著，即体感游戏组参与者后测中的高阶序列学习效应显著低于前测，$p<0.01$。为了更进一步了解为期12周的体感游戏对老年人统计学习效应的影响，我们对时间、时期和组别四者间的交互作用进行了简单效应分析，分析结果显示，实验组在时期1和时期2中，后测的高阶序列学习效应显著低于前测（时期1：$p<0.01$；时期2：$p<0.01$）。此外，分析结果显示，前测中两组在各个时期均无显著差异，而在后测的时期1和时期2中，体感游戏组与对照组差异显著，即在后测中体感游戏组高阶序列学习效应在时期1和时期2中显著低于对照组。

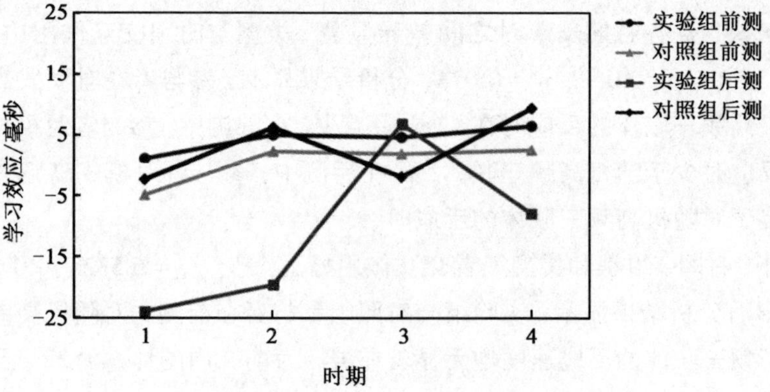

图 7-12　高阶序列学习效应值

（三）执行功能

1.抑制功能

对两组参与者Stroop任务分数进行重复测量方差分析。结果显示，时间主效应显著，$F_{(1,44)}=40.790$，$p<0.001$，$\eta_p^2=0.481$，该结果显示参与者在后测中抑制功能较前测增强。组别主效应边缘显著，$F_{(1,44)}=3.360$，$p=0.074$，$\eta_p^2=0.071$，分析结果显示实验组总体抑制功能水平较对照组更高。此外，时间和组别交互作用显著，$F_{(1,44)}=23.614$，$p<0.001$，$\eta_p^2=0.349$，简单效应分析结果显示，实验组前后测执行功能差异显著，后测抑制功能显著优于前测，而对照组前后测无显著差异。此外，该结果显示实验组和对照组的参与者在前测无显著差异，而在后测中差异显著，即实验组参与者在12周体感游戏干预后，抑制功能显著优于对照组（图7-13）。

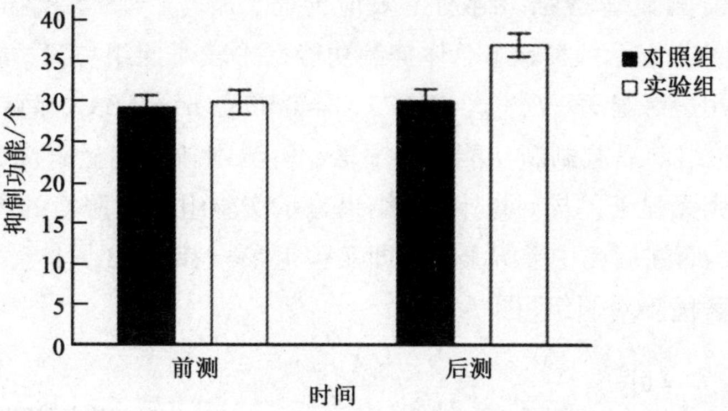

图 7-13　抑制功能结果图

2.转换功能

对两组参与者数字-生肖任务分数进行重复测量方差分析。结果显示，时间主效应边缘显著，$F_{(1,44)}=3.515$，$p=0.067$，$\eta_p^2=0.074$，该结果显示参与者在后测中转换功能较前测增强。此外，时间和组别交互作用显著，$F_{(1,44)}=33.175$，$p<0.001$，$\eta_p^2=0.430$，简单效应分析结果显示，实验组前后测转换功能差异显著，后测转换功能显著优于前测；而对照组则相反，对照组参与者后测转换功能显著低于前测。此外，该结果显示实验组和对照组的参与者在前测无显著差异，而在后测中差异显著，即实验组参与者在12周体感游戏干预后，转换功能显著优于对照组(图 7-14)。

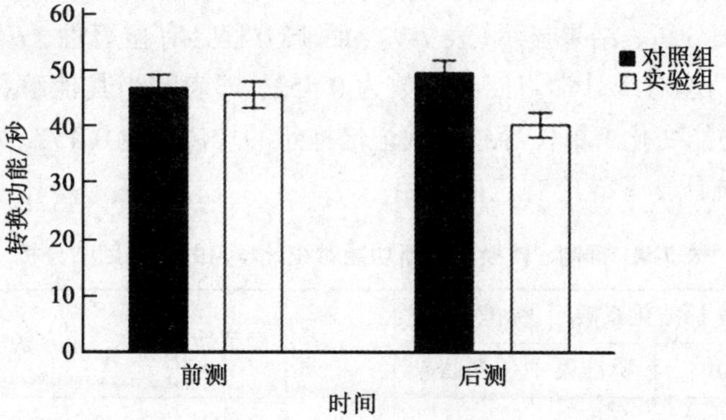

图 7-14　转换功能结果图

3.刷新功能

对两组参与者 backward 任务分数进行重复测量方差分析。结果显示，时间主效应显著，$F_{(1,44)}=5.577$，$p<0.05$，$\eta_p^2=0.112$，该结果显示，参与者在后测中

刷新功能较前测显著增强。组别主效应显著，$F_{(1,44)} = 5.428$，$p<0.05$，$\eta_p^2 = 0.110$，分析结果显示，实验组总体抑制功能水平较对照组更高。此外，时间与组别交互作用边缘显著，$F_{(1,44)} = 3.873$，$p=0.055$，$\eta_p^2 = 0.081$，简单效应分析结果显示，实验组前后测刷新功能差异显著，后测刷新功能显著优于前测，而对照组前后测则无显著差异。此外，该结果显示实验组和对照组的参与者在前测无显著差异，而在后测中差异显著，即实验组参与者在12周体感游戏干预后，刷新功能显著优于对照组(图7-15)。

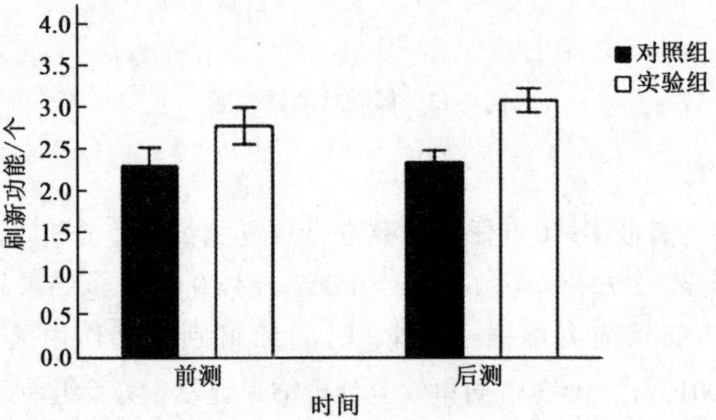

图7-15　刷新功能结果图

（四）执行功能对动作技能学习的预测作用

以动作技能学习为因变量，以抑制功能、转换功能和刷新功能为自变量，进行线性回归分析，结果显示(表7-9)，回归方程具有显著性，$F=2.172$，$R^2=0.255$。刷新功能对统计学习回归系数为0.452，即表明当其他解释变量保持不变时，刷新功能变化1单位导致主观记忆抱怨的均值变化0.452，即可表明刷新功能情况对统计学习效应有正向作用。

表7-9　抑制、转换和刷新功能对统计学习效应的回归分析

项目	未标准化系数		标准化系数	t	显著性	F	R^2	调整后 R^2
	B	标准误	Beta					
常量	19.203	7.701		2.494	0.022	2.172	0.255	0.138
抑制	−0.46	0.819	−0.113	−0.561	0.581			
转换	−0.294	0.842	−0.077	−0.35	0.73			
刷新	11.33	5.457	0.452	2.076	0.052			

以高阶序列学习为因变量，以抑制功能、转换功能和刷新功能为自变量，进行线性回归分析，结果显示(见表7-10)，回归方程不具有显著性，$F=1.098$，$R^2=0.148$。

表7-10　抑制、转换和刷新功能对高阶序列学习效应的回归分析

项目	未标准化系数		标准化系数	t	显著性	F	R^2	调整后 R^2
	B	标准误	Beta					
常量	−23.606	10.002		−2.36	0.374	1.098	0.148	0.013
抑制	−0.174	1.064	−0.035	−0.163	0.872			
转换	−1.604	1.093	−0.344	−1.467	0.159			
刷新	2.612	7.089	0.086	0.369	0.717			

四、结论与建议

本研究关注老年人动作技能学习的两个方面，即统计和高阶序列学习在体感游戏活动干预12周后是如何产生变化的。本研究使用了交替序列反应时任务的非提示版本，它允许我们在相同的实验设计中同时检查并更好地区分程序性学习的这两个方面。研究结果显示，体感游戏会导致个体反应速度显著增加，此外，对统计信息敏感性增强，即高频出现的信息的处理速度增强，同时减少高阶序列学习效应。

体感游戏活动作为新兴的富认知靶向健身能够促进个体反应速度，该结果与以往探讨电子游戏对反应速度的关系的研究结果一致。与普通的同龄人相比，经过体感游戏活动的参与者对统计信息的敏感度更高。这一结果与之前的电子游戏相关研究一致，以往研究表明电子游戏可以促进玩家对于概率知识的提取。在本研究中，体感游戏组参与者在整个任务过程中对统计信息敏感性有所提升，而对照组参与者通过ASRT任务对统计信息的学习未发生显著改变。值得注意的是，体感游戏组参与者在发生显著的统计学效益的同时发生了显著的反序列学习，通过ASRT任务，参与者对序列知识的学习呈负增长，即参与者并不能区分模式高频三联体和随机高频三联体，而对照组的则没有发生显著的高阶序列学习和反序列学习，也就是说，体感游戏活动或许会损坏参与者对序列信息的提取能力。鉴于体感游戏组参与者对统计信息和概率信息间发生的相反的学习，以往研究证据表明，统计学习(处理基于频率的信息)和序列学习(处理连续顺序信息)之间存在分离。首先，之前的研究表明，统计学习和序列学习的发展轨迹至少部分不同。其次，虽然统计信息通常是相对快速和偶然获得的，但序列学习似乎是随着性能的逐渐提高而发生的（无论它是偶然发生的，还是故意发生的）。此外，学习过程中的事件相关电位和巩固过程中的神经振荡证据表明，它们在神经层面上是可区分的。本研究进一步支持多因素程序性学习的概念，因为我们发现了学习的两个方面之间存在分离：体感游戏组参与者在 ASRT 任务中表现出增强的统计学习和反向序列学习。或许学习的两个方面有可能是相互竞争的。因此，在其中一个方面加强处理会导致在另一个方面处于劣势。未来的研究有必要验证这种可能性。

此外，有研究发现执行功能与程序性学习能力之间存在相关性，他们的研究发现执行功能与统计学习存在一定的关系。有研究指出体感游戏可以促进个体执行功能的发展，因此，本研究首先对已有的关于体感游戏与老年群体执行功能的相关研究进行汇总并进行元分析，结果显示，体感游戏对老年人执行功能的抑制、转换和刷新三个子功能均有显著改善效益。此外，本研究采用实验法，通过干预测量 12 周体感游戏干预后程序性学习的变化与执行功能变化之间的关系，回归分析结果显示，刷新功能对统计学习效应具有正向作用。该结论与当前的一篇文章相似，该研究结果表明，视空间工作记忆与统计学习潜能之间存在正相关关系。此前，已有一系列研究调查了工作记忆与序列学习之间的关系，表明工作记忆广度高的人比工作记忆广度低的人更容易学习序列[①]。此外，良好的视空间工作记忆似乎有助于参与者在交替序列反应时任务中学习交替序列，帮助参与者更准确地学习目标位置。本研究结果表明，工作记忆的增强对统计学习效应的增加具有正向促进作用。而抑制功能和转换功能上未发现与程序性学习之间的相关性。

本实验得出以下结论：新兴富认知体感游戏能够靶向作用于老年人动作技能学习，具体而言，12 周体感游戏对老年人的统计学习具有正向促进效益，而体感游戏在促进老年人统计学习效应的同时却对老年人的高阶序列学习存在一定的破坏作用，可能是由于统计学习和高阶序列学习二者存在互补关系的缘故，二者无法同时得到提升。体感游戏靶向作用于老年人执行功能，包括抑制、转换和刷新这三项子功能。此外，体感游戏对老年人刷新功能的改善对老年人统计学习的增强具有正向预测作用。

---

① PENG W, LIN J H, CROUSE J. Is playing exergames really exercising? A meta-analysis of energy expenditure in active video games[J]. Cyberpsychology, behavior, and social networking, 2011, 14(11): 681-688.

本章内容基于靶向健身延缓认知老化服务系统，通过随机对照实验，证明了两种富认知的靶向健身在延缓认知老化中的有效性。首先，乒乓球这一典型的开放性运动作为常规富认知靶向健身形式，其相较于步行、游泳这类闭锁性运动，在延缓认知老化上有更好的效果。由于乒乓球运动有较好群众基础，且大部分社区的老年活动室及室外活动空间均配备了一定数量的乒乓球桌，为靶向健身的顺利开展提供了良好的内外部条件，较易推广和应用，尤其是在已经具备了一定运动锻炼习惯的老年人群体中，这些老年人原本的健身方式可能以步行、广场舞等闭锁性运动为主，在了解了富认知靶向健身的认知益处后，会更倾向于选择此类运动形式。

而体感游戏作为新兴的富认知的靶向健身，也被证明具有较好的延缓认知老化的效果。在实际推广应用的过程中，老年人对体感游戏的兴趣较高，在实验过程中，部分社区和老年人家庭在了解了体感游戏相关的认知益处后，在社区活动室及家庭放置了相关设备，并有较高的使用率。体感游戏这一新兴富认知的靶向健身形式对于乐于接受新鲜事物且无规律健身习惯的老年人更友好，因为其活动强度可控，趣味性更强，以体感游戏为载体，可以让老年人从无健身习惯成为有健身习惯的个体，培养健身运动的爱好。

以上两个实验的顺利开展不仅证明了靶向健身延缓认知老化的有效性，也说明靶向健身开展所具备的可行性。基于现状，老年群体没有健身运动习惯是制约靶向健身开展的主要因素，但以发展的眼光看，在推动上述群体转变思想投入健身活动中的过程中，可以同时将健身对认知功能存在促进效益的理念同时引导植入。变劣势为优势，发挥后发优势，积极宣传老年人健身对延缓认知老化的重要性，帮助老年人建立科学的老年健身观点，在从无到有的过程中，避免弯路，直接推动对延缓认知老化有益处的靶向健身，科学构建健身项目载体，具体形式采用富认知或运动健身联合认知训练。充分理解靶向健身载体的重要性和形式的多样性，丰富靶向健身的有效性证据，可以极大程度上有助于靶向健身在不同类型老年人中开展推广。

参考文献

[1]蔡治东，娄淑杰，陈爱国，等. 体育锻炼延缓老年人认知衰退量效关系的专家共识[J].上海体育学院学报，2021，45(1)：51-65.

[2]陈爱国，殷恒婵，颜军.体育锻炼与老年人幸福感的关系：孤独感的中介作用[J].中国体育科技，2010，46(1)：135-139.

[3]崔德刚，邱芬，邱服冰，等. 老年人参与身体活动对改善健康、生活质量和福祉效果的系统综述[J].中国康复理论与实践，2021，27(10)：1176-1189.

[4]翟振武，金光照，张逸杨.推进老年人体育锻炼战略布局积极应对人口老龄化[J].体育学研究，2022，36(3)：8.

[5]杜砚馨，李春玉，苏金垚，等. Otago 运动对老年人平衡功能和跌倒效能干预效果的 Meta 分析[J].循证护理，2022，8(10)：1321-1327.

[6]范维英，郑丽维，陈丰，等. 八段锦运动对 38 例老年原发性高血压患者焦虑、抑郁的影响[J].福建中医药，2021，52(2)：11-13.

[7]高亮，张樱.运动锻炼延缓老年人认知功能下降的元分析[J].北京体育大学学报，2020，43(12)：104-114.

[8]高孟娟，李美莲.社区晨练活动对老年高血压患者血压和抑郁、焦虑情绪的影响[J].中国临床康复，2004(18)：3587.

[9]郭起浩，洪震. 神经心理评估[M]. 2 版. 上海：上海科学技术出版社，2016.

[10]郭涛，滕晓菲，陈爱国.体育锻炼与老年人主观幸福感的关系：回顾与展望[J].四川体育科学，2014，33(4)：54-58.

[11]郭玮，王碧野，任杰.开放性运动锻炼老年人视空间工作记忆优势的机制研究[J].中国体育科技，2019，55(10)：50-55.

[12]国务院关于印发全民健身计划（2021—2025 年）的通知[EB/OL].(2021-08-03)[2025-03-26].https://www.gov.cn/zhengce/zhengceku/2021-08/03/content_5629218.htm.

[13]韩平，梁杰，王晓玲，等. 八段锦改善老年人运动控制能力的作用机制分

析[J].福建中医药，2015，46(1)：1-2.
[14]胡启凯，王春芳. 乒乓球运动结合叶酸、Vit B12 干预对阿尔茨海默病患者功能改善的研究[J]. 武汉体育学院学报，2014，48(8)：86-90.
[15]胡文清，肖明生.有氧运动处方对老年患者心理调适应用效果分析[J].广东医学，2017，38(8)：1304-1305.
[16]季浏，李林，汪晓赞.身体锻炼对心理健康的影响[J].山东体育学院学报，1998(1)：38-43.
[17]贾金丽，潘爱红，魏道琳，等. 步态平衡操联合抗阻训练对跌倒高风险老年人平衡能力、运动能力和跌倒效能的影响[J].实用预防医学，2022，29(10)：1229-1232.
[18]健康中国行动(2019—2030 年)[EB/OL].(2019-07-15)[2025-03-26]. https://www.gov.cn/xinwen/2019-07/15/content_5409694.htm.
[19]蒋虹，李欣，陈长香.运动性引导想象训练对中老年脑卒中患者疼痛和疲乏的干预作用[J].中国老年学杂志，2019，39(17)：3.
[20]李德明，刘昌，陈天勇，等. 加工速度和工作记忆在认知年老化过程中的作用[J].心理学报，2003,35(4)：471-475.
[21]李王杰.身体锻炼对农村留守老年人焦虑与抑郁情况的影响[J].中国老年学杂志，2015，35(24)：7204-7206.
[22]连克杰. 论体力活动与学校体育[J]. 体育学刊，2003,10(5)：78-79.
[23]廖宇，陈子超.体育锻炼对老年人主观幸福感干预效果的元分析[J].四川体育科学，2022，41(4)：66-74.
[24]刘昊，闫世藩. Cochrane 评价：习练广场舞对中老年女性平衡能力的影响[J].武术研究，2022，7(5)：134-136.
[25]陆清.关于少年儿童动作协调能力的研究综述[J].体育科研，2005(2)：73-77.
[26]孟令弟，冯笑，刘堃.主观记忆障碍量表在社区老年人中的信效度评价[J].中国现代医学杂志，2017，27(19)：120-124.
[27]孟令弟. 老年人主观记忆抱怨与居家不出和认知功能的相关性研究[D].锦州：锦州医科大学，2018.
[28]彭华茂，王大华.基本心理能力老化的认知机制[J].心理科学进展，2012，20(8)：1251-1258.
[29]沈雁华，张萍，贺鹤，等. 老年人常见心理障碍的有氧运动干预研究[J].哈尔滨体育学院学报，2018，36(2)：85-89.

[30]宋博，刘琛志，吕韶钧.适度体育运动锻炼在降低老年人跌倒率及改善老年人认知功能中的作用[J].中国老年学杂志，2020，40(4)：807-810.

[31]宋金超.健身气功易筋经、八段锦锻炼对老年人群综合健康的影响研究：以重庆市九龙坡区为例[D].成都：成都体育学院，2013.

[32]宋清华，胡建平，赵新平.跳舞毯锻炼对老年女性身体灵敏性的影响效果[J].湖北体育科技，2016，35(12)：3.

[33]宋子麒.八段锦结合抗阻运动对老年2型糖尿病合并抑郁患者的干预效果研究[D].大连：辽宁师范大学，2022.

[34]孙境含，王扩.广场舞运动对老年人体质健康与心理情绪的影响[J].中国老年学杂志，2020，40(12)：2583-2586.

[35]唐丹.简版老年抑郁量表（GDS-15）在中国老年人中的使用[J].中国临床心理学杂志，2013，21(3)：402-405.

[36]田春兰."健身气功·五禽戏"锻炼对中老年人焦虑水平的影响[J].山东体育科技，2011，33(6)：96-98.

[37]王皎琴，傅鸿浩，张强，等.飞轮抗阻训练对老年人骨骼肌肌肥大、肌肉力量和平衡能力影响的 Meta 分析[J].首都体育学院学报，2022，34(5)：568-579.

[38]王玲.普拉提老年操的创编及对老年人平衡能力影响的研究[D].广州：广州体育学院，2015.

[39]魏德样.太极拳锻炼与心理健康的关系：一项元分析研究[J].福建师范大学学报(自然科学版)，2011，27(5)：111-116.

[40]吴积宝，刘晓加，吴小琴，等.非语言性认知功能评估量表的验证[J].国际脑血管病杂志，2013，21(4)：282-287.

[41]吴积宝.非语言性认知功能评估量表的编制及标准化[D].广州：南方医科大学，2014.

[42]吴杰，姜东辉.有氧运动对老年高血压患者焦虑状况和生存质量及脂糖代谢的影响[J].中国老年学杂志，2019，39(11)：2687-2689.

[43]夏婧，韩军生.有氧运动对老年人心境状态影响的 Meta 分析[J].四川体育科学，2022，41(2)：73-76.

[44]肖留根，高亮.健身气功锻炼对老年人焦虑的影响[J].中国老年学杂志，2016，36(19)：4856-4857.

[45]徐昌豹，赵淑英.体育活动对老年情绪与幸福感影响的研究[C].第六届全国体育科学大会论文摘要汇编(一)，武汉，2000：262-263.

[46]许荣梅，宋清华，王柏利，等. 单一“云手”对老年人肢体运动功能干预效果的观察[J].中国康复医学杂志，2021，36(7)：804-809.
[47]许荣梅，王艺锦，李晓艳，等. 太极拳对年龄偏高老人手眼协调及肢体灵活能力效果的观察[J].中国康复医学杂志，2022，37(9)：1250-1253.
[48]杨博民.心理实验纲要[M].1 版. 北京：北京大学出版社，1989.
[49]杨光，白翠瑾，牛凯军，等. 太极拳运动对弱体质老年人移动能力的影响[J].中国体育科技，2009，45(2)：97-99.
[50]杨继星，陈家起，高奎亭.我国体育与医疗卫生关系演化历程、内在逻辑与展望[J].体育文化导刊，2021(1)：54-60.
[51]杨源. 8 周太极拳运动对社区老年人认知控制与工作记忆能力的影响[D].北京：首都体育学院，2019.
[52]杨子燚，梅剑，陈爽，等. 太极拳和广场舞锻炼对女性老年人工作记忆的影响：一项 ERP 研究[J].天津体育学院学报，2019，34(1)：86-92.
[53]尹江安，蔡时青.多巴胺信号系统在衰老引起的行为和认知能力退化中的作用[J].生命的化学，2014，34(2)：176-183.
[54]张焕云，刘瑞云，李玉红.运动引导想象训练联合 Roy 适应模式干预对老年缺血性脑卒中后抑郁患者情绪认知功能及生活自理能力的影响[J].临床心身疾病杂志，2022，28(1)：99-103.
[55]张新辉，宋新明，王东敏.提升与均等：中国老年人体育锻炼参与趋势的年龄时期队列分析 2002—2018[J].北京体育大学学报，2022，45(10)：19-31.
[56]张宗娟，朱跃.高强度间歇有氧运动对糖尿病前期患者血糖、血脂水平及焦虑的影响[J].心血管康复医学杂志，2019，28(1)：17-20.
[57]赵王芳.老年人手部精细动作控制能力研究进展[J].中国老年学杂志，2012，32(15)：3348-3349.
[58]郑裔军.六个月定向运动训练对中老年人注意力影响的实验研究[J].四川体育科学，2014，33(1)：62-63.
[59]中共中央 国务院印发《“健康中国 2030”规划纲要》[EB/OL].(2016-10-25)[2025-03-26]. https://www.gov.cn/zhengce/2016-10/25/content_5124174.htm.
[60]中华医学会神经病学分会神经心理与行为神经病学组. 常用神经心理认知评估量表临床应用专家共识[J].中华神经科杂志，2019，52(3)：166-176.
[61]周蜜. 我国农村老年人生活方式对认知功能的影响：抑郁的中介效应[D].

成都：西南财经大学，2022.

[62] ADCOCK M, FANKHAUSER M, POST J, et al. Effects of an in-home multicomponent exergame training on physical functions, cognition, and brain volume of older adults: A randomized controlled trial [J]. Frontiers in medicine, 2020, 6: 321.

[63] ADCOCK M, SONDER F, SCHÄTTIN A, et al. A usability study of a multicomponent video game-based training for older adults[J]. European review of aging and physical activity, 2020, 17(1): 1-15.

[64] Akbaraly T N, Portet F, Fustinoni S, et al. Leisure activities and the risk of dementia in the elderly: Results from the Three-City Study [J]. Neurology, 2009, 73(11): 854-861.

[65] ALBINET C T, BOUCARD G, BOUQUET C A, et al. Increased heart rate variability and executive performance after aerobic training in the elderly[J]. European journal of applied physiology, 2010, 109: 617-624.

[66] ALLADI S, BAK T H, DUGGIRALA V, et al. Bilingualism delays age at onset of dementia, independent of education and immigration status[J]. Neurology, 2013, 81(22): 1938-1944.

[67] ALLISON J O, SNIH S A, BINDAWAS S M, et al. Role of physical activity in reducing cognitive decline in older Mexican-American adults[J]. Journal of the American geriatrics society, 2014, 62(9): 1786-1791.

[68] ALOSCO M L, GUNSTAD J, BEARD C, et al. The synergistic effects of anxiety and cerebral hypoperfusion on cognitive dysfunction in older adults with cardiovascular disease[J]. Journal of geriatric psychiatry and neurology, 2015, 28(1): 57-66.

[69] ALVES C R R, TESSARO V H, TEIXEIRA L A C, et al. Influence of acute high-intensity aerobic interval exercise bout on selective attention and short-term memory tasks[J]. Perceptual and motor skills, 2014, 118(1): 63-72.

[70] AMJAD I, TOOR H, NIAZI I K, et al. Therapeutic effects of aerobic exercise on EEG parameters and higher cognitive functions in mild cognitive impairment patients[J]. International journal of neuroscience, 2019, 129(6): 551-562.

[71] ANDERSON-HANLEY C, ARCIERO P J, BRICKMAN A M, et al. Exergaming and older adult cognition: A cluster randomized clinical trial[J]. American journal of preventive medicine, 2012, 42(2): 109-119.

[72] ANSTEY K J, EHRENFELD L, MORTBY M E, et al. Gender differences in cognitive development in cohorts of young, middle, and older adulthood over 12 years[J]. Developmental psychology, 2021, 57(8): 1403.

[73] ARENT S M, LANDERS D M, ETNIER J L. The effects of exercise on mood in older adults: A meta-analytic review[J]. Journal of aging and physical activity, 2000, 8(4): 407-430.

[74] ASHENDORF L, MCCAFFREY R J. Exploring age-related decline on the Wisconsin Card Sorting Test[J]. The clinical neuropsychologist, 2008, 22(2): 262-272.

[75] AXELROD B N, HENRY R R. Age-related performance on the Wisconsin card sorting, similarities, and controlled oral word association tests[J]. The clinical neuropsychologist, 1992, 6(1): 16-26.

[76] BÄCKMAN L, NYBERG L, SOVERI A, et al. Effects of working-memory training on striatal dopamine release [J]. Science, 2011, 333 (6043): 718-718.

[77] BAE S, LEE S, LEE S, et al. The effect of a multicomponent intervention to promote community activity on cognitive function in older adults with mild cognitive impairment: A randomized controlled trial [J]. Complementary therapies in medicine, 2019, 42: 164-169.

[78] BAMIDIS P D, VIVAS A B, STYLIADIS C, et al. A review of physical and cognitive interventions in aging [J]. Neuroscience & biobehavioral reviews, 2014, 44: 206-220.

[79] BAMIDIS P D, FISSLER P, PAPAGEORGIOU S G, et al. Gains in cognition through combined cognitive and physical training: The role of training dosage and severity of neurocognitive disorder [J]. Frontiers in aging neuroscience, 2015, 7: 152.

[80] BARRIENTOS R M, FRANK M G, WATKINS L R, et al. Aging-related changes in neuroimmune-endocrine function: Implications for hippocampal-dependent cognition[J]. Hormones and behavior, 2012, 62(3): 219-227.

[81] BATES M E, LEMAY E P. The d2 Test of attention: construct validity and extensions in scoring techniques [J]. Journal of the international neuropsychological society, 2004, 10(3): 392-400.

[82] BATSON G, FELTMAN R, MCBRIDE C, et al. Effect of mental practice

combined with physical practice on balance in the community-dwelling elderly [J]. Activities, adaptation & aging, 2007, 31(2): 1-18.

[83] BELLEVILLE S, ROULEAU N, VAN DER LINDEN M. Use of the Hayling task to measure inhibition of prepotent responses in normal aging and Alzheimer's disease[J]. Brain and cognition, 2006, 62(2): 113-119.

[84] BELLUMORI M, UYGUR M, KNIGHT C A. High-speed cycling intervention improves rate-dependent mobility in older adults[J]. Medicine and science in sports and exercise, 2017, 49(1): 106.

[85] BEST J R, CHIU B K, HSU C L, et al. Long-term effects of resistance exercise training on cognition and brain volume in older women: Results from a randomized controlled trial[J]. Journal of the international neuropsychological society, 2015, 21(10): 745-756.

[86] BETTY C, HALLISY K M, MAHONEY J E, et al. Disseminating tai chi in the community: Promoting home practice and improving balance [J]. The gerontologist, 2020, 60(4): 765-775.

[87] BROWN J W, JAFFE J. Hypothesis on cerebral dominance [J]. Neuropsychologia, 1975, 13(1): 107-110.

[88] BLAKE H, MO P, MALIK S, et al. How effective are physical activity interventions for alleviating depressive symptoms in older people? A systematic review[J]. Clinical rehabilitation, 2009, 23(10): 873-887.

[89] BOESPFLUG E L, MCNAMARA R K, ELIASSEN J C, et al. Fish oil supplementation increases event-related posterior cingulate activation in older adults with subjective memory impairment[J]. The journal of nutrition, health & aging, 2016, 20(2): 161-169.

[90] BORKOVEC T D. physicolocal and cognitive processes in the regulation of anxiety[J]. Consciousness and self-regulation: advances in research, 1976, 1: 261.

[91] BORRENSTEIN M, HEDGES L V, HIGGINS J P, et al. Introduction to meta-analysis[M]. West Sussex: John Wiley & Sons, 2009.

[92] BRAVER T S, WEST R. Working memory, executive control, and aging [M]//CRAIK F I M, SALTHOUSE T A. The handbook of aging and cognition. 3rd. New York: Psychology Press, 2008: 311.

[93] BRINKE L F, BEST J R, CHAN J L C, et al. The effects of computerized

cognitive training with and without physical exercise on cognitive function in older adults: An 8-week randomized controlled trial [J]. The journals of gerontology: Series A, 2020, 75(4): 755-763.

[94] BRYANT C, JACKSON H, AMES D. The prevalence of anxiety in older adults: Methodological issues and a review of the literature [J]. Journal of affective disorders, 2008, 109(3): 233-250.

[95] BUGG J M, DELOSH E L, DAVALOS D B, et al. Age differences in Stroop interference: Contributions of general slowing and task-specific deficits [J]. Aging, neuropsychology, and cognition, 2007, 14(2): 155-167.

[96] BUTTARO M. Hooper Visual Organization Test[M]//Encyclopedia of Clinical Neuropsychology. New York: Springer,2017: 1-3.

[97] CABEZA R. Hemispheric asymmetry reduction in older adults: The HAROLD model[J]. Psychology and aging, 2002, 17(1): 85.

[98] CAMMISULI D M, INNOCENTI A, FRANZONI F, et al. Aerobic exercise effects upon cognition in Mild Cognitive Impairment: A systematic review of randomized controlled trials[J]. Archives Italiennes de biologie, 2017, 155(1/2): 55-63.

[99] CARRASCO M, ORTIZ-MAQUÉS N, MARTÍNEZ-RODRÍGUEZ S. Playing with Nintendo Wii Sports: Impact on physical activity, perceived health and cognitive functioning of a group of community-dwelling older adults [J]. Activities, adaptation & aging, 2020, 44(2): 119-131.

[100] CARSTENSEN L L, ISAACOWITZ D M, CHARLES S T. Taking time seriously: A theory of socioemotional selectivity[J]. American psychologist, 1999, 54(3): 165.

[101] CASPERSEN C J, POWELL K E, CHRISTENSON G M. Physical activity, exercise, and physical fitness: Definitions and distinctions for health-related research[J]. Public health reports, 1985, 100(2): 126.

[102] CEPEDA N J, KRAMER A F, GONZALEZ DE SATHER J. Changes in executive control across the life span: Examination of task-switching performance[J]. Developmental psychology, 2001, 37(5): 715.

[103] CEREATTI L, CASELLA R, MANGANELLI M, et al. Visual attention in adolescents: Facilitating effects of sport expertise and acute physical exercise [J]. Psychology of sport and exercise, 2009, 10(1): 136-145.

[104]CERELLA J. Age-related decline in extrafoveal letter perception[J]. Journal of gerontology, 1985, 40(6): 727-736.

[105]CHANG Y K, TSAI C L, HUANG C C, et al. Effects of acute resistance exercise on cognition in late middle-aged adults: General or specific cognitive improvement? [J]. Journal of science and medicine in sport, 2014, 17(1): 51-55.

[106]CHAO Y Y, SCHERER Y K, MONTGOMERY C A. Effects of using Nintendo Wii exergames in older adults: A review of the literature[J]. Journal of aging and health, 2015, 27(3): 379-402.

[107]CHARNESS N. Aging and human performance[J]. Human factors, 2008, 50(3): 548-555.

[108]CHELUNE G J, BORNSTEIN R A, PRIFITERA A. The Wechsler memory scale revised[M]//MC-REYNOLDS P, ROSEN J C, CHELUNE G J. Advances in psychological assessment: Volume 7. Boston, MA: Springer, 1990: 65-99.

[109]CHEN B, WEI Y, DENG W G, et al. The effects of cognitive training on cognitive abilities and everyday function: A 10-week randomized controlled trial[J]. The international journal of aging and human development, 2018, 86(1): 69-81.

[110]CHIACCHIERO M, CAGLIOSTRO P, DEGENARO J, et al. Motor imagery improves balance in older adults[J]. Topics in geriatric rehabilitation, 2015, 31(2): 159-163.

[111]COELHO-ÚNIOR H J, OLIVEIRA GONÇALVES I, SAMPAIO R A C, et al. Effects of combined resistance and power training on cognitive function in older women: A randomized controlled trial[J]. International journal of environmental research and public health, 2020, 17(10): 3435.

[112]HEILMAN K M, NADEAU S E. Cognitive changes and the aging brain[M]. Cambridge: Cambridge University Press, 2019.

[113]COHEN R A, HAREZLAK J, GONGVATANA A, et al. Cerebral metabolite abnormalities in human immunodeficiency virus are associated with cortical and subcortical volumes[J]. Journal of neurovirology, 2010, 16(6): 435-444.

[114]COLCOMBE S J, KRAMER A F, ERICKSON K I, et al. Cardiovascular

fitness, cortical plasticity, and aging [J]. Proceedings of the national academy of sciences, 2004, 101(9): 3316-3321.

[115] COLCOMBE S J, ERICKSON K I, SCALF P E, et al. Aerobic exercise training increases brain volume in aging humans [J]. The journals of gerontology series a: biological sciences and medical sciences, 2006, 61 (11): 1166-1170.

[116] COLLET C, DITTMAR A, VERNET-MAURY E. Programming or inhibiting action: Evidence for differential autonomic nervous system response patterns [J]. International journal of psychophysiology, 1999, 32(3): 261-276.

[117] CORBETTA M, AKBUDAK E, CONTURO T E, et al. A common network of functional areas for attention and eye movements[J]. Neuron, 1998, 21(4): 761-773.

[118] CRAIK F I, SALTHOUSE T A. The handbook of aging and cognition[M]. London: Psychology Press, 2011.

[119] CRAIK F I M, BIALYSTOK E, FREEDMAN M. Delaying the onset of Alzheimer disease: Bilingualism as a form of cognitive reserve [J]. Neurology, 2010, 75(19): 1726-1729.

[120] CROOK T H, FEHER E P, LARRABEE G J. Assessment of memory complaint in age-associated memory impairment: The MAC-Q [J]. International psychogeriatrics, 1992, 4(2): 165-176.

[121] CROPLEY V L, FUJITA M, INNIS R B, et al. Molecular imaging of the dopaminergic system and its association with human cognitive function[J]. Biological psychiatry, 2006, 59(10): 898-907.

[122] CURI V S, HAAS A N, ALVES-VILAÇA J, et al. Effects of 16-weeks of Pilates on functional autonomy and life satisfaction among elderly women[J]. Journal of bodywork and movement therapies, 2018, 22(2): 424-429.

[123] D'ARGEMBEAU A, VAN DER LINDEN M. Individual differences in the phenomenology of mental time travel: The effect of vivid visual imagery and emotion regulation strategies [J]. Consciousness and cognition, 2006, 15 (2): 342-350.

[124] DA SILVEIRA LANGONI C, DE LIMA RESENDE T, BARCELLOS A B, et al. Effect of exercise on cognition, conditioning, muscle endurance, and balance in older adults with mild cognitive impairment: A randomized

controlled trial [J]. Journal of geriatric physical therapy, 2019, 42 (2): 15-22.

[125] DAI C T, CHANG Y K, HUANG C J, et al. Exercise mode and executive function in older adults: An ERP study of task-switching [J]. Brain and cognition, 2013, 83(2): 153-162.

[126] DAMIRCHI A, HOSSEINI F, BABAEI P. Mental training enhances cognitive function and BDNF more than either physical or combined training in elderly women with MCI: A small-scale study [J]. American journal of Alzheimer's disease & other dementias, 2018, 33(1): 20-29.

[127] DAMUSH T M, DAMUSH JR J G. The effects of strength training on strength and health-related quality of life in older adult women [J]. The gerontologist, 1999, 39(6): 705-710.

[128] DANA A. Comparing the effects of physical, cognitive and combined rehabilitation on the improvement of working memory and cognitive flexibility of the elderly [J]. Iranian journal of learning & memory, 2019, 2(5): 67-77.

[129] DE BENI R, PALLADINO P. Decline in working memory updating through ageing: Intrusion error analyses [J]. Memory, 2004, 12(1): 75-89.

[130] DE MIGUEL Z D, KHOURY N, BETLEY M J, et al. Exercise plasma boosts memory and dampens brain inflammation via clusterin [J]. Nature, 2021, 600(7889): 494-499.

[131] DE OLIVEIRA G D, OANCEA S C, NUCCI L B, et al. The association between physical activity and depression among individuals residing in Brazil [J]. Social psychiatry and psychiatric epidemiology, 2018, 53(4): 373-383.

[132] DE SOUZA VALE R G, GUIMARÃES A C, CADER S A, et al. Balance, physical conditioning, and health perception in elderly women submitted to a 32-week physical exercise program [J]. Biomedical human kinetics, 2022, 14(1): 33-40.

[133] DEKOSKY S T, ABRAHAMSON E E, CIALLELLA J R, et al. Association of increased cortical soluble Aβ42 levels with diffuse plaques after severe brain injury in humans [J]. Archives of neurology, 2007, 64(4): 541-544.

[134] DHIR S, TEO W P, CHAMBERLAIN S R, et al. The effects of combined physical and cognitive training on inhibitory control: A systematic review and meta-analysis [J]. Neuroscience & biobehavioral reviews, 2021, 128:

735-748.

[135] DIAMOND A, Ling D S. Conclusions about interventions, programs, and approaches for improving executive functions that appear justified and those that, despite much hype, do not[J]. Developmental cognitive neuroscience, 2016, 18: 34-48.

[136] DIAMOND A. Effects of physical exercise on executive functions: Going beyond simply moving to moving with thought[J]. Annals of sports medicine and research, 2015, 2(1): 1011.

[137] DIAMOND A. Executive functions[J]. Annual review of psychology, 2013, 64(1): 135-168.

[138] DIERMAYR G, MCISAAC T L, GORDON A M. Finger force coordination underlying object manipulation in the elderly: A mini-review [J]. Gerontology, 2011, 57(3): 217-227.

[139] DONNEZAN L C, PERROT A, BELLEVILLE S, et al. Effects of simultaneous aerobic and cognitive training on executive functions, cardiovascular fitness and functional abilities in older adults with mild cognitive impairment[J]. Mental health and physical activity, 2018, 15: 78-87.

[140] DROLLETTE E S, SHISHIDO T, PONTIFEX M B, et al. Maintenance of cognitive control during and after walking in preadolescent children [J]. Medicine & science in sports & exercise, 2012, 44(10): 2017-2024.

[141] DURLACH P J, KRING J P, BOWENS L D. Effects of action video game experience on change detection[J]. Military psychology, 2009, 21(1): 24-39.

[142] DUSTMAN R E, RUHLING R O, RUSSELL E M, et al. Aerobic exercise training and improved neuropsy chological function of older individuals[J]. Neurobiology of aging, 1984, 5(1): 35-42.

[143] ECKSTEIN M P, SHIMOZAKI S S, ABBEY C K. The footprints of visual attention in the Posner cueing paradigm revealed by classification images[J]. Journal of vision, 2002, 2(1): 3.

[144] EMERY L, HEAVEN T J, PAXTON J L, et al. Age-related changes in neural activity during performance matched working memory manipulation [J]. Neuroimage, 2008, 42(4): 1577-1586.

[145] ENNS J T, RICHARDS J C. Visual attentional orienting in developing hockey players [J]. Journal of experimental child psychology, 1997, 64 (2): 255-275.

[146] ERICKSON K I, VOSS M W, PRAKASH R S. Exercise training increases size of hippocampus and improves memory [J]. Proceedings of the national academy of sciences, 2011, 108(7): 3017-3022.

[147] ERICKSON K I, RAJI C A, LOPEZ O L, et al. Physical activity predicts gray matter volume in late adulthood: The Cardiovascular Health Study [J]. Neurology, 2010, 75(16): 1415-1422.

[148] ERIXON-LINDROTH N, FARDE L, WAHLIN T B R, et al. The role of the striatal dopamine transporter in cognitive aging [J]. Psychiatry research: neuroimaging, 2005, 138(1): 1-12.

[149] ESTANGA A, ECAY-TORRES M, IBAЙEZ A, et al. Beneficial effect of bilingualism on Alzheimer's disease CSF biomarkers and cognition [J]. Neurobiology of aging, 2017, 50: 144-151.

[150] FABEL K, WOLF S, EHNINGER D, et al. Additive effects of physical exercise and environmental enrichment on adult hippocampal neurogenesis in mice [J]. Frontiers in neuroscience, 2009, 3: 994.

[151] FABRE C, CHAMARI K, MUCCI P, et al. Improvement of cognitive function by mental and/or individualized aerobic training in healthy elderly subjects [J]. International journal of sports medicine, 2002, 23(6): 415-421.

[152] FAN J, MCCANDLISS B D, SOMMER T, et al. Testing the efficiency and independence of attentional networks [J]. Journal of cognitive neuroscience, 2002, 14(3): 340-347.

[153] FANG Q, GHANOUNI P, ANDERSON S E, et al. Effects of exergaming on balance of healthy older adults: A systematic review and meta-analysis of randomized controlled trials [J]. Games for health journal, 2020, 9 (1): 11-23.

[154] FERNANDES M, MEDEIROS A R, DEL ROSSO S, et al. The influence of exercise and physical fitness status on attention: A systematic review [J]. International review of sport and exercise psychology, 2019, 12 (1): 202-234.

[155] FIATARONE M A, Gates N, Saigal N, et al. The Study of Mental and

Resistance Training (SMART) study-resistance training and/or cognitive training in mild cognitive impairment: A randomized, double-blind, double-sham controlled trial [J]. Journal of the American medical directors association, 2014, 15(12): 873-880.

[156] FLEMINGER S, OLIVER D, LOVESTONE S, et al. Head injury as a risk factor for Alzheimer's disease: The evidence 10 years on; a partial replication [J]. Journal of neurology, neurosurgery, and psychiatry, 2003, 74(7): 857.

[157] FREUDENBERGER P, PETROVIC K, SEN A, et al. Fitness and cognition in the elderly: The Austrian stroke prevention study [J]. Neurology, 2016, 86(5): 418-424.

[158] FUEZEKI E, ENGEROFF T, BANZER W. Health benefits of light-intensity physical activity: A systematic review of accelerometer data of the National Health and Nutrition Examination Survey (NHANES) [J]. Sports medicine, 2017, 47(9): 1769-1793.

[159] GAMBOZ N, BORELLA E, BRANDIMONTE M A. The role of switching, inhibition and working memory in older adults' performance in the Wisconsin Card Sorting Test [J]. Aging, neuropsychology, and cognition, 2009, 16 (3): 260-284.

[160] GARY R A, DUNBAR S B, HIGGINS M K, et al. Combined exercise and cognitive behavioral therapy improves outcomes in patients with heart failure [J]. Journal of psychosomatic research, 2010, 69(2): 119-131.

[161] GERLING K, MANDRYK R. Custom-designed motion-based games for older adults: A review of literature in human-computer interaction [J]. Gerontechnology, 2014, 12(2): 68-80.

[162] GHEYSEN F, POPPE L, DESMET A, et al. Physical activity to improve cognition in older adults: Can physical activity programs enriched with cognitive challenges enhance the effects? A systematic review and meta-analysis [J]. International journal of behavioral nutrition and physical activity, 2018, 15(1): 63.

[163] GOOD C D, JOHNSRUDE I S, ASHBURNER J, et al. A voxel-based morphometric study of ageing in 465 normal adult human brains [J]. Neuroimage, 2001, 14(1): 21-36.

[164] GOTHE N P, KRAMER A F, MCAULEY E. Hatha yoga practice improves attention and processing speed in older adults: Results from an 8-week randomized control trial[J]. The journal of alternative and complementary medicine, 2017, 23(1): 35-40.

[165] GRASSHOFF J, BELLER J, KUHLMANN B G, et al. Increasingly capable at the ripe old age? Cognitive abilities from 2004 to 2013 in Germany, Spain, and Sweden[J]. PloS one, 2021, 16(7): e0254038.

[166] GU Q, ZOU L, LOPRINZI P D, et al. Effects of open versus closed skill exercise on cognitive function: A systematic review[J]. Frontiers in psychology, 2019, 10: 1707.

[167] GUIMARÃES A V, BARBOSA A R, MENEGHINI V. Active videogame-based physical activity vs. aerobic exercise and cognitive performance in older adults: A randomized controlled trial[J]. Journal of physical education and sport, 2018, 18(1): 203-209.

[168] GUNSTAD J, PAUL R H, BRICKMAN A M, et al. Patterns of cognitive performance in middle-aged and older adults: A cluster analytic examination [J]. Journal of geriatric psychiatry and neurology, 2006, 19(2): 59-64.

[169] GUO W, WANG B Y, LU Y, et al. The relationship between different exercise modes and visuospatial working memory in older adults: A cross-sectional study[J]. PeerJ, 2016, 4(7): e2254.

[170] GUO W, ZANG M, KLICH S, et al. Effect of combined physical and cognitive interventions on executive functions in older adults: A meta-analysis of outcomes[J]. International journal of environmental research and public health, 2020, 17(17): 6166.

[171] GUTCHESS A. Plasticity of the aging brain: new directions in cognitive neuroscience[J]. Science, 2014, 346(6209): 579-582.

[172] GUTTMANN C, JOLESZ F, KIKINIS R, et al. White matter and gray matter differences with age[J]. Neurology, 1998, 50: 1283-1295.

[173] HAGOVSKA M, NAGYOVA I. The transfer of skills from cognitive and physical training to activities of daily living: A randomised controlled study [J]. European journal of ageing, 2017, 14(2): 133-142.

[174] HAIMOV I, SHATIL E. Cognitive training improves sleep quality and cognitive function among older adults with insomnia[J]. PloS one, 2013, 8

(4): e61390.

[175] HALEWYCK F, LAVRYSEN A, LEVIN O, et al. The impact of age and physical activity level on manual aiming performance[J]. Journal of aging and physical activity, 2015, 23(2): 169-179.

[176] HAMEL M F, LAJOIE Y. Mental imagery. Effects on static balance and attentional demands of the elderly [J]. Aging clinical and experimental research, 2005, 17(3): 223-228.

[177] HAMER M, CHIDA Y. Physical activity and risk of neurodegenerative disease: A systematic review of prospective evidence [J]. Psychological medicine, 2009, 39(1): 3-11.

[178] HASHER L, ZACKS R T. Working memory, comprehension, and aging: A review and a new view[J]. Psychology of learning and motivation, 1988, 22: 193-225.

[179] HASHER L, ZACKS R T, MAY C P. Inhibitory control, circadian arousal, and age[J]. Attention and performance, 1999, 17: 653-675.

[180] HATTA T, ITO Y, YOSHIZAKI K. D-CAT manual (Screening test for attention)[M]. Osaka: Union Press, 2000.

[181] HERRING M P, LINDHEIMER J B, O'CONNOR P J. The effects of exercise training on anxiety[J]. American journal of lifestyle medicine, 2014, 8(6): 388-403.

[182] HEUN R, PAPASSOTIROPOULOS A, JESSEN F, et al. A family study of Alzheimer disease and early- and late-onset depression in elderly patients[J]. Archives of general psychiatry, 2001, 58(2): 190-196.

[183] HILL N T M, MOWSZOWSKI L, NAISMITH S L, et al. Computerized cognitive training in older adults with mild cognitive impairment or dementia: A systematic review and meta-analysis[J]. American journal of psychiatry, 2017, 174(4): 329-340.

[184] HILLMAN C H, SNOOK E M, JEROME G J. Acute cardiovascular exercise and executive control function[J]. International journal of psychophysiology, 2003, 48(3): 307-314.

[185] HIRSIGER S, KOPPELMANS V, MÉRILLAT S, et al. Executive functions in healthy older adults are differentially related to macro- and microstructural white matter characteristics of the cerebral lobes [J]. Frontiers in aging

neuroscience, 2017, 9: 373.

[186] HIYAMIZU M, MORIOKA S, SHOMOTO K, et al. Effects of dual task balance training on dual task performance in elderly people: A randomized controlled trial[J]. Clinical rehabilitation, 2012, 26(1): 58-67.

[187] HORVÁTH K, SZILÁGYI B, TARDI P, et al. Pms7 efficacy examination of pilates training among healthy women on the change of trunk state, posture, lumbar motor control ability and balance[J]. Value in health, 2019, 22(S3): 695.

[188] HOSSEINI L, KARGOZAR E, SHARIFI F, et al. Tai Chi Chuan can improve balance and reduce fear of falling in community dwelling older adults: A randomized control trial[J]. Journal of exercise rehabilitation, 2018, 14(6): 1024.

[189] HU X Q, GU S Y, ZHEN X M, et al. Trends in cognitive function among chinese elderly from 1998 to 2018: An age-period-cohort analysis[J]. Frontiers in public health, 2021, 9: 753671.

[190] HUANG C J, LIN P C, HUNG C L, et al. Type of physical exercise and inhibitory function in older adults: An event-related potential study[J]. Psychology of sport and exercise, 2014, 15(2): 205-211.

[191] HUDES R, RICH J B, TROYER A K, et al. The impact of memory-strategy training interventions on participant-reported outcomes in healthy older adults: A systematic review and meta-analysis[J]. Psychology and aging, 2019, 34(4): 587.

[192] HUNG C L, TSENG J W, CHAO H H, et al. Effect of acute exercise mode on serum brain-derived neurotrophic factor (BDNF) and task switching performance[J]. Journal of clinical medicine, 2018, 7(10): 301.

[193] HUTTON B, SALANTI G, CALDWELL D M, et al. The PRISMA extension statement for reporting of systematic reviews incorporating network meta-analyses of health care interventions: Checklist and explanations[J]. Annals of internal medicine, 2015, 162(11): 777-784.

[194] IKUDOME S, MORI S, UNENAKA S, et al. Effect of long-term body-mass-based resistance exercise on cognitive function in elderly people[J]. Journal of applied gerontology, 2017, 36(12): 1519-1533.

[195] IRBY S M, FLOYD R G. Test review: Wechsler abbreviated scale of

intelligence, second edition [J]. Canadian journal of school psychology, 2013, 28(3): 295-299.

[196] IULIANO E, FIORILLI G, AQUINO G, et al. Twelve-week exercise influences memory complaint but not memory performance in older adults: A randomized controlled study[J]. Journal of aging and physical activity, 2017, 25(4): 612-620.

[197] JACOBSON J, MATTHAEUS L. Athletics and executive functioning: How athletic participation and sport type correlate with cognitive performance[J]. Psychology of sport and exercise, 2014, 15(5): 521-527.

[198] JANN K, KOENIG T, DIERKS T, et al. Association of individual resting state EEG alpha frequency and cerebral blood flow[J]. Neuroimage, 2010, 51(1): 365-372.

[199] JAREMKA L M, DERRY H M, BORNSTEIN R, et al. Omega-3 supplementation and loneliness-related memory problems: Secondary analyses of a randomized controlled trial[J]. Psychosomatic medicine, 2014, 76(8): 650.

[200] JEFFERSON A L, GIBBONS L E, RENTZ D M, et al. A life course model of cognitive activities, socioeconomic status, education, reading ability, and cognition[J]. Journal of the American geriatrics society, 2011, 59(8): 1403-1411.

[201] JI Z G, FENG T, MEI L N, et al. Influence of acute combined physical and cognitive exercise on cognitive function: An NIRS study[J]. PeerJ, 2019, 7(8): e7418.

[202] JIA L F, DU Y F, CHU L, et al. Prevalence, risk factors, and management of dementia and mild cognitive impairment in adults aged 60 years or older in China: A cross-sectional study[J]. The lancet public health, 2020, 5(12): e661-e671.

[203] JING L W, JIN Y P, ZHANG X L, et al. The effect of Baduanjin qigong combined with CBT on physical fitness and psychological health of elderly housebound.[J]. Medicine, 2018, 97(51): e13654.

[204] JOHNSON L G, BUTSON M L, POLMAN R C, et al. Light physical activity is positively associated with cognitive performance in older community dwelling adults [J]. Journal of science and medicine in sport, 2016, 19

(11): 877-882.

[205] JONKER C, GEERLINGS M I, SCHMAND B. Are memory complaints predictive for dementia? A review of clinical and population-based studies [J]. International journal of geriatric psychiatry, 2000, 15(11): 983-991.

[206] JOO S H, LIM H K, LEE C U. Three large-scale functional brain networks from resting-state functional MRI in subjects with different levels of cognitive impairment[J]. Psychiatry investigation, 2016, 13(1): 1.

[207] JORM A F, CHRISTENSEN H, KORTEN A E, et al. Memory complaints as a precursor of memory impairment in older people: A longitudinal analysis over 7—8 years[J]. Psychological medicine, 2001, 31(3): 441-449.

[208] JUNG S, LEE S, LEE S, et al. Relationship between physical activity levels and depressive symptoms in community-dwelling older Japanese adults[J]. Geriatrics & gerontology international, 2018, 18(3): 421-427.

[209] KAMIJO K, O'LEARY K C, PONTIFEX M B, et al. The relation of aerobic fitness to neuroelectric indices of cognitive and motor task preparation[J]. Psychophysiology, 2010, 47(5): 814-821.

[210] KARSSEMEIJER E G, AARONSON J, BOSSERS W J R, et al. The quest for synergy between physical exercise and cognitive stimulation via exergaming in people with dementia: A randomized controlled trial [J]. Alzheimer's research & therapy, 2019, 11(1): 1-13.

[211] KELLY M E, LOUGHREY D, LAWLOR B A, et al. The impact of exercise on the cognitive functioning of healthy older adults: A systematic review and meta-analysis[J]. Ageing research reviews, 2014, 16(1): 12-31.

[212] KERIME B, NESLIHAN L, MUAMMER C, et al. Effects of Physical Activity Program on cognitive function and sleep quality in elderly with mild cognitive impairment: A randomized controlled trial[J]. Perspectives in psychiatric care, 2019, 55(3): 401-408.

[213] KERSE N, ELLEY C R, ROBINSON E, et al. Is physical activity counseling effective for older people? A cluster randomized, controlled trial in primary care[J]. Journal of the American geriatrics society, 2005, 53(11): 1951-1956.

[214] KIM S, LEE K. A network analysis of depressive symptoms in the elderly with subjective memory complaints[J]. Journal of personalized medicine, 2022,

12(5): 821.

[215]KIROVA A M, BAYS R B, LAGALWAR S. Working memory and executive function decline across normal aging, mild cognitive impairment, and Alzheimer's disease [J]. BioMed research international, 2015, 2015 (44): 748212.

[216]KNAEPEN K, GOEKINT M, HEYMAN E M, et al. Neuroplasticity-exercise-induced response of peripheral brain-derived neurotrophic factor: A systematic review of experimental studies in human subjects [J]. Sports medicine, 2010, 40(9): 765-801.

[217]KNIGHT M, MATHER M. Look out: It's your off-peak time of day! Time of day matters more for alerting than for orienting or executive attention [J]. Experimental aging research, 2013, 39(3): 305-321.

[218]KREHBIEL L M, KANG N, CAURAUGH J H. Age-related differences in bimanual movements: A systematic review and meta-analysis [J]. Experimental gerontology, 2017, 98: 199-206.

[219]KURITA S, TSUTSUMIMOTO K, DOI T, et al. Association of physical and/or cognitive activity with cognitive impairment in older adults [J]. Geriatrics and gerontology international, 2020, 20(1): 31-35.

[220]LAI L, BRUCE H, BHERER L, et al. Comparing the transfer effects of simultaneously and sequentially combined aerobic exercise and cognitive training in older adults [J]. Journal of cognitive enhancement, 2017, 1(4): 478-490.

[221]LAMPIT A, HALLOCK H, VALENZUELA M. Computerized cognitive training in cognitively healthy older adults: A systematic review and meta-analysis of effect modifiers [J]. PLoS medicine, 2014, 11(11): e1001756.

[222]LAUENROTH A, IOANNIDIS A E, TEICHMANN B. Influence of combined physical and cognitive training on cognition: A systematic review [J]. BMC geriatrics, 2016, 16(7): 1-14.

[223]LAURIN D, VERREAULT R, LINDSAY J, et al. Physical activity and risk of cognitive impairment and dementia in elderly persons [J]. Archives of neurology, 2001, 58(3): 498-504.

[224]LAW L L F, BARNETT F, YAU M K, et al. Effects of combined cognitive and exercise interventions on cognition in older adults with and without

cognitive impairment: A systematic review[J]. Ageing research reviews, 2014, 15: 61-75.

[225] LAW L L F, BARNETT F, YAU M K, et al. Effects of functional tasks exercise on older adults with cognitive impairment at risk of Alzheimer's disease: A randomised controlled trial[J]. Age and ageing, 2014, 43(6): 813-820.

[226] LEE B H, RICHARD J E, LEON R G, et al. Sex differences in cognition across aging[J]. Sex differences in brain function and dysfunction, 2022: 235-284.

[227] LEE E, LIM S T, KIM W N. Aquatic exercise for improving immune function and mental stress in pre-frailty elderly women[J]. Journal of women & aging, 2021, 33(6): 611-619.

[228] LEE P L. The relationship between memory complaints, activity and perceived health status[J]. Scandinavian journal of psychology, 2014, 55(2): 136-141.

[229] LEYLAND L A, SPENCER B, BEALE N, et al. The effect of cycling on cognitive function and well-being in older adults[J]. PloS one, 2019, 14(2): e0211779.

[230] LI S C, SCHMIEDEK F, HUXHOLD O, et al. Working memory plasticity in old age: Practice gain, transfer, and maintenance[J]. Psychology and aging, 2008, 23(4): 731.

[231] LI X X, NIKSIRAT K S, CHEN S S, et al. The impact of a multitasking-based virtual reality motion video game on the cognitive and physical abilities of older adults[J]. Sustainability, 2020, 12(21): 9106.

[232] LI Z H, PENG X, XIANG W, et al. The effect of resistance training on cognitive function in the older adults: A systematic review of randomized clinical trials[J]. Aging clinical and experimental research, 2018, 30: 1259-1273.

[233] LIAO Y Y, CHEN I H, LIN Y J, et al. Effects of virtual reality-based physical and cognitive training on executive function and dual-task gait performance in older adults with mild cognitive impairment: A randomized control trial[J]. Frontiers in aging neuroscience, 2019, 10(11): 162.

[234] LIN H, CHAN R C K, ZHENG L N, et al. Executive functioning in healthy elderly Chinese people[J]. Archives of Clinical Neuropsychology, 2007, 22

(4): 501-511.

[235] LINDSEY B A, COPPINGER N W. Age-related deficits in simple capabilities and their consequences for trail making performance[J]. Journal of clinical psychology, 1969,25(2):156-159.

[236] LIOU Y M, JWO C J C, YAO K G, et al. Selection of appropriate Chinese terms to represent intensity and types of physical activity terms for use in the Taiwan version of IPAQ[J]. Journal of nursing research, 2008, 16(4): 252-263.

[237] LIU-AMBROSE T, NAGAMATSU L S, GRAF P, et al. Resistance training and executive functions: A 12-month randomized controlled trial [J]. Archives of internal medicine, 2010, 170(2): 170-178.

[238] LIVINGSTON G, SOMMERLAD A, ORGETA V, et al. Dementia prevention, intervention, and care[J]. The lancet, 2017, 390(10113): 2673-2734.

[239] LOCKHART S N, DECARLI C. Structural imaging measures of brain aging [J]. Neuropsychology review, 2014, 24: 271-289.

[240] LUCCA U, GARRÌ M, RECCHIA A, et al. A population-based study of dementia in the oldest old: The Monzino 80-plus study[J]. BMC neurology, 2011, 11(1): 54.

[241] LUO L, CRAIK F I M. Aging and memory: A cognitive approach[J]. The Canadian journal of psychiatry, 2008, 53(6): 346-353.

[242] MADDEN D J, BENNETT I J, BURZYNSKA A. Diffusion tensor imaging of cerebral white matter integrity in cognitive aging[J]. Biochimica et biophysica acta (BBA)-molecular basis of disease, 2012, 1822(3): 386-400.

[243] MAILLOT P, PERROT A, HARTLEY A. Effects of interactive physical-activity video-game training on physical and cognitive function in older adults [J]. Psychology and aging, 2012, 27(3): 589.

[244] MAT S, NG C T, TAN P J, et al. Effect of modified Otago exercises on postural balance, fear of falling, and fall risk in older fallers with knee osteoarthritis and impaired gait and balance: A secondary analysis [J]. PM&R, 2018, 10(3): 254-262.

[245] MATHER M, CANLI T, ENGLISH T, et al. Amygdala responses to emotionally valenced stimuli in older and younger adults[J]. Psychological science, 2004, 15(4): 259-263.

[246] MATSUMURA B A, AMBROSE A F. Balance in the elderly[J]. Clinics in

geriatric medicine, 2006, 22(2): 395-412.

[247] MCEWEN S C, SIDDARTH P, ABEDELSATER B, et al. Simultaneous aerobic exercise and memory training program in older adults with subjective memory impairments[J]. Journal of Alzheimer's disease, 2018, 62(2): 795-806.

[248] MCNERNEY R, DALEY P. Towards a point-of-care test for active tuberculosis: Obstacles and opportunities[J]. Nature reviews microbiology, 2011, 9(3): 204-213.

[249] MIDDLETON L E, BARNES D E, LUI L Y, et al. Physical activity over the life course and its association with cognitive performance and impairment in old age[J]. Journal of the American geriatrics society, 2010, 58(7): 1322-1326.

[250] MIHALKO S L, MCAULEY E. Strength training effects on subjective well-being and physical function in the elderly[J]. Journal of aging and physical activity, 1996, 4(1): 56-68.

[251] MISHRA J, ANGUERA J A, ZIEGLER D A, et al. A cognitive framework for understanding and improving interference resolution in the brain[J]. Progress in brain research, 2013, 207(1): 351-377.

[252] MITCHELL A J, BEAUMONT H, FERGUSON D, et al. Risk of dementia and mild cognitive impairment in older people with subjective memory complaints: Meta-analysis[J]. Acta psychiatrica scandinavica, 2014, 130(6): 439-451.

[253] MITRUSHINA M, FOGEL T, D'ELIA L, et al. Performance on motor tasks as an indication of increased behavioral asymmetry with advancing age[J]. Neuropsychologia, 1995, 33(3): 359-364.

[254] MIYAKE A, FRIEDMAN N P, EMERSON M J, et al. The unity and diversity of executive functions and their contributions to complex "frontal lobe" tasks: A latent variable analysis[J]. Cognitive psychology, 2000, 41(1): 49-100.

[255] MONTEIRO-JUNIOR R S, FIGUEIREDO L F S, MACIEL-PINHEIRO P T, et al. Virtual reality-based physical exercise with exergames (PhysEx) improves mental and physical health of institutionalized older adults[J]. Journal of the American medical directors association, 2017, 18(5): 454. e1-454. e9.

[256] MORA S, COOK N, BURING J E, et al. Physical activity and reduced risk of

cardiovascular events: Potential mediating mechanisms [J]. Circulation, 2007, 116(19): 2110-2118.

[257] MOREAU D, MORRISON A B, CONWAY A R A. An ecological approach to cognitive enhancement: Complex motor training [J]. Acta psychologica, 2015, 157: 44-55.

[258] MORRIS J K, VIDONI E D, JOHNSON D K, et al. Aerobic exercise for Alzheimer's disease: A randomized controlled pilot trial [J]. PloS one, 2017, 12(2): e0170547.

[259] MUIÑOS M, BALLESTEROS S. Does physical exercise improve perceptual skills and visuospatial attention in older adults? A review [J]. European review of aging and physical activity, 2018, 15(1): 1-12.

[260] MURPHY L B, SACKS J J, BRADY T J, et al. Anxiety and depression among US adults with arthritis: Prevalence and correlates [J]. Arthritis care & research, 2012, 64(7): 968-976.

[261] NADERI A, SHAABANI F, ESMAEILI A, et al. Effects of low and moderate acute resistance exercise on executive function in community-living older adults [J]. Sport, exercise, and performance psychology, 2019, 8(1): 106.

[262] NG V W K, ESLINGER P J, WILLIAMS S C R, et al. Hemispheric preference in visuospatial processing: A complementary approach with fMRI and lesion studies [J]. Human brain mapping, 2000, 10(2): 80-86.

[263] NICHOLSON V, WATTS N, CHANI Y, et al. Motor imagery training improves balance and mobility in older adults: A systematic review and meta-analysis [J]. Journal of science and medicine in sport, 2019, 22(S2): S99.

[264] NIE H W, XU Y, LIU B, et al. The prevalence of mild cognitive impairment about elderly population in China: A meta-analysis [J]. International journal of geriatric psychiatry, 2011, 26(6): 558-563.

[265] NISHIGUCHI S, YAMADA M, TANIGAWA T, et al. A 12-week physical and cognitive exercise program can improve cognitive function and neural efficiency in community-dwelling older adults: A randomized controlled trial [J]. Journal of the American geriatrics society, 2015, 63(7): 1355-1363.

[266] NOROUZI E, VAEZMOSAVI M, GERBER M, et al. Dual-task training on cognition and resistance training improved both balance and working memory in older people [J]. The physician and sportsmedicine, 2019, 47(4):

471-478.

[267] NORTHEY J M, CHERBUIN N, PUMPA K L, et al. Exercise interventions for cognitive function in adults older than 50: A systematic review with meta-analysis[J]. British journal of sports medicine, 2018, 52(3): 154-160.

[268] NOUCHI R, TAKI Y, TAKEUCHI H, et al. Beneficial effects of reading aloud and solving simple arithmetic calculations (learning therapy) on a wide range of cognitive functions in the healthy elderly: Study protocol for a randomized controlled trial[J]. Trials, 2012, 13(1): 1-10.

[269] O'BRIEN J, OTTOBONI G, TESSARI A, et al. One bout of open skill exercise improves cross-modal perception and immediate memory in healthy older adults who habitually exercise [J]. PLoS one, 2017, 12(6): e0178739.

[270] OBERLIN L E, VERSTYNEN T D, BURZYNSKA A Z, et al. White matter microstructure mediates the relationship between cardiorespiratory fitness and spatial working memory in older adults[J]. Neuroimage, 2016, 131(C): 91-101.

[271] ODELEYE O O. A comparative study on the effects of eccentric flywheel overload and traditional resistance training on the physiological/functional performance in healthy older adults [D]. Saskatoon: University of Saskatchewan, 2020.

[272] ÖHMAN H, SAVIKKO N, STRANDBERG T E, et al. Effect of physical exercise on cognitive performance in older adults with mild cognitive impairment or dementia: A systematic review[J]. Dementia and geriatric cognitive disorders, 2014, 38(5/6): 347-365.

[273] ONAMBÉLÉ G L, MAGANARIS C N, MIAN O S, et al. Neuromuscular and balance responses to flywheel inertial versus weight training in older persons [J]. Journal of biomechanics, 2008, 41(15): 3133-3138.

[274] ORDNUNG M, HOFF M, KAMINSKI E, et al. No overt effects of a 6-week exergame training on sensorimotor and cognitive function in older adults. A preliminary investigation [J]. Frontiers in human neuroscience, 2017, 11: 160.

[275] PARK D C, LAUTENSCHLAGER G, HEDDEN T, et al. Models of visuospatial and verbal memory across the adult life span[J]. Psychology and

aging, 2002, 17(2): 299.

[276]PARK J H. Does a cognitive-exercise combined dual-task training have better clinical outcomes for the elderly people with mild cognitive impairment than a single-task training? [J]. Therapeutic science for rehabilitation, 2017, 6(2): 71-83.

[277]PATA R W, LORD K, LAMB J. The effect of Pilates based exercise on mobility, postural stability, and balance in order to decrease fall risk in older adults[J]. Journal of bodywork & movement therapies, 2014, 18(3): 361-367.

[278]PAULO T R S, ROSSI F E, VIEZEL J, et al. The impact of an exercise program on quality of life in older breast cancer survivors undergoing aromatase inhibitor therapy: A randomized controlled trial[J]. Health and quality of life outcomes, 2019, 17(1): 1-12.

[279]PEIFFER R, DARBY L A, FULLENKAMP A, et al. Effects of acute aerobic exercise on executive function in older women[J]. Journal of sports science & medicine, 2015, 14(3): 574.

[280]PENG W, LIN J H, CROUSE J. Is playing exergames really exercising? A meta-analysis of energy expenditure in active video games [J]. Cyberpsychology, behavior, and social networking, 2011, 14(11): 681-688.

[281]PENNER I K, VOGT A, STÖCKLIN M, et al. Computerised working memory training in healthy adults: A comparison of two different training schedules [J]. Neuropsychological rehabilitation, 2012, 22(5): 716-733.

[282]PERANI D, ABUTALEBI J. Bilingualism, dementia, cognitive and neural reserve[J]. Current opinion in neurology, 2015, 28(6): 618-625.

[283]PÉREZ L, PADILLA C, PARMENTIER F B R, et al. The effects of chronic exercise on attentional networks[J]. PloS one, 2014, 9(7): e101478.

[284]PHIROM K, KAMNARDSIRI T, SUNGKARAT S. Beneficial effects of interactive physical-cognitive game-based training on fall risk and cognitive performance of older adults [J]. International journal of environmental research and public health, 2020, 17(17): 6079.

[285]POSNER M I, PETERSEN S E. The attention system of the human brain[J]. Annual review of neuroscience, 1990, 13(1): 25-42.

[286]RAZ N, GUNNING F M, HEAD D, et al. Selective aging of the human cerebral cortex observed in vivo: Differential vulnerability of the prefrontal

gray matter[J]. Cerebral cortex, 1997, 7(3): 268-282.

[287] RAZ N, LINDENBERGER U, RODRIGUE K M, et al. Regional brain changes in aging healthy adults: General trends, individual differences and modifiers[J]. Cerebral cortex, 2005, 15(11): 1676-1689.

[288] REIMERS S, MAYLOR E A. Task switching across the life span: Effects of age on general and specific switch costs[J]. Developmental psychology, 2005, 41(4): 661.

[289] REISBERG B, SHULMAN M B, TOROSSIAN C, et al. Outcome over seven years of healthy adults with and without subjective cognitive impairment[J]. Alzheimer's & dementia, 2010, 6(1): 11-24.

[290] RETHORST C D, WIPFLI B M, LANDERS D M. The antidepressive effects of exercise: A meta-analysis of randomized trials[J]. Sports medicine, 2009, 39(6): 491-511.

[291] RHODES M G. Age-related differences in performance on the Wisconsin card sorting test: A meta-analytic review[J]. Psychology and aging, 2004, 19(3): 482.

[292] RIEDERER P, KORCZYN A D, ALI S S, et al. The diabetic brain and cognition[J]. Journal of neural transmission, 2017, 124(11): 1431-1454.

[293] ROE C M, FAGAN A M, GRANT E A, et al. Cerebrospinal fluid biomarkers, education, brain volume, and future cognition[J]. Archives of neurology, 2011, 68(9): 1145-1151.

[294] ROENKER D L, CISSELL G M, BALL K K, et al. Speed-of-processing and driving simulator training result in improved driving performance[J]. Human factors, 2003, 45(2): 218-233.

[295] RUFF R M, PARKER S B. Gender- and age-specific changes in motor speed and eye-hand coordination in adults: Normative values for the Finger Tapping and Grooved Pegboard Tests[J]. Perceptual and motor skills, 1993, 76(S3): 1219-1230.

[296] RUFFMAN T, HENRY J D, LIVINGSTONE V, et al. A meta-analytic review of emotion recognition and aging: Implications for neuropsychological models of aging[J]. Neuroscience & biobehavioral reviews, 2008, 32(4): 863-881.

[297] SAHIN U K, KIRDI N, BOZOGLU E, et al. Effect of low-intensity versus high-intensity resistance training on the functioning of the institutionalized

frail elderly[J]. International journal of rehabilitation research, 2018, 41(3): 211-217.

[298] SALAT D H, BUCKNER R L, SNYDER A Z, et al. Thinning of the cerebral cortex in aging[J]. Cerebral cortex, 2004, 14(7): 721-730.

[299] SALTHOUSE T A, FRISTOE N M. Process analysis of adult age effects on a computer-administered Trail Making Test[J]. Neuropsychology, 1995, 9(4): 518.

[300] SALTHOUSE T A. Selective review of cognitive aging[J]. Journal of the international neuropsychological society, 2010, 16(5): 754-760.

[301] SÁNCHEZ-CUBILLO I, PERIÁÑEZ J A, ADROVER-ROIG D, et al. Construct validity of the Trail Making Test: Role of task-switching, working memory, inhibition/interference control, and visuomotor abilities[J]. Journal of the international neuropsychological society, 2009, 15(3): 438-450.

[302] SAÑUDO B, GONZÁLEZ-NAVARRETE Á, ÁLVAREZ-BARBOSA F, et al. Effect of flywheel resistance training on balance performance in older adults. A randomized controlled trial[J]. Journal of sports science & medicine, 2019, 18(2): 344.

[303] SCHAIE K W, SCHAIE K W, EBRARY I. Developmental influences on adult intelligence: The Seattle Longitudinal Study[M]. Oxford: Oxford University Press, 2005.

[304] SCHEIBE S, BLANCHARD-FIELDS F. Effects of regulating emotions on cognitive performance: What is costly for young adults is not so costly for older adults[J]. Psychology and aging, 2009, 24(1): 217-223.

[305] SCOTT-CLAYTON J, RODRIGUEZ O. Development, discouragement, or diversion? New evidence on the effects of college remediation policy[J]. Education finance and policy, 2015, 10(1): 4-45.

[306] SERRA M C, NOCERA J R, KELLEHER J L, et al. Prebiotic intake in older adults: Effects on brain function and behavior[J]. Current nutrition reports, 2019, 8(2): 66-73.

[307] SHATIL E, MIKULECKA J, BELLOTTI F, et al. Novel television-based cognitive training improves working memory and executive function[J]. PloS one, 2014, 9(7): e101472.

[308] SHATIL E. Does combined cognitive training and physical activity training

enhance cognitive abilities more than either alone? A four-condition randomized controlled trial among healthy older adults[J]. Frontiers in aging neuroscience, 2013, 5: 8.

[309] SHEIKH J. Geriatric Depression Scale (GDS). Recent evidence and development of a shorter version [M]//Clinical gerontology: A guide to Assessment & Intervention. New York: Haworth Press, 1986: 5.

[310] SHIFFRIN R M, SCHNEIDER W. Controlled and automatic human information processing: II. Perceptual learning, automatic attending and a general theory[J]. Psychological review, 1977, 84(2): 127.

[311] SIGRIST R, RAUTER G, RIENER R, et al. Augmented visual, auditory, haptic, and multimodal feedback in motor learning: A review [J]. Psychonomic bulletin & review, 2013, 20(1): 21-53.

[312] SITTHIRACHA P, EUNGPINICHPONG W, CHATCHAWAN U. Effect of progressive step marching exercise on balance ability in the elderly: A cluster randomized clinical trial[J]. International journal of environmental research and public health, 2021, 18(6): 3146.

[313] SMITH P J, BLUMENTHAL J A, HOFFMAN B M, et al. Aerobic exercise and neurocognitive performance: A meta-analytic review of randomized controlled trials[J]. Psychosomatic medicine, 2010, 72(3): 239.

[314] SOLFRIZZI V, AGOSTI P, LOZUPONE M, et al. Nutritional intervention as a preventive approach for cognitive-related outcomes in cognitively healthy older adults: A systematic review[J]. Journal of Alzheimer's disease, 2018, 64(S1): 229-254.

[315] SONG Q H, ZHANG Q H, XU R M, et al. Effect of Tai-chi exercise on lower limb muscle strength, bone mineral density and balance function of elderly women[J]. International journal of clinical and experimental medicine, 2014, 7(6): 1569.

[316] SOFI F, VALECCHI D, BACCI D, et al. Physical activity and risk of cognitive decline: A meta-analysis of prospective studies [J]. Journal of internal medicine, 2011, 269(1): 107-117.

[317] STROOP J R. Studies of interference in serial verbal reactions[J]. Journal of experimental psychology, 1935, 18(6): 643.

[318] SUNGKARAT S, BORIPUNTAKUL S, CHATTIPAKORN N, et al. Effects of

Tai Chi on cognition and fall risk in older adults with mild cognitive impairment: A randomized controlled trial [J]. Journal of the American geriatrics society, 2017, 65(4): 721-727.

[319] TAKEUCHI H, MAGISTRO D, KOTOZAKI Y, et al. Effects of simultaneously performed dual-task training with aerobic exercise and working memory training on cognitive functions and neural systems in the elderly[J]. Neural plasticity, 2020, 2020: 1-17.

[320] TANYALAK P, BARRY C, MAEVE R I, et al. Physical activity and cognitive function in individuals over 60 years of age: A systematic review [J]. Clinical interventions in aging, 2014, 9: 661-682.

[321] TECCE J J. Contingent negative variation (CNV) and psychological processes in man[J]. Psychological bulletin, 1972, 77(2): 73.

[322] TIA B, MOUREY F, BALLAY Y, et al. Improvement of motor performance by observational training in elderly people[J]. Neuroscience letters, 2010, 480(2): 138-142.

[323] TORIL P, REALES J M, MAYAS J, et al. Video game training enhances visuospatial working memory and episodic memory in older adults [J]. Frontiers in human neuroscience, 2016, 10(10): 206.

[324] TSUTSUMI T, DON B M, ZAICHKOWSKY L D, et al. Comparison of high and moderate intensity of strength training on mood and anxiety in older adults [J]. Perceptual and motor skills, 1998, 87(3): 1003-1011.

[325] TSAI C L, PAN C Y, CHEN F C, et al. Open- and closed-skill exercise interventions produce different neurocognitive effects on executive functions in the elderly: A 6-month randomized, controlled trial[J]. Frontiers in aging neuroscience, 2017, 9: 294.

[326] TU LH, LV X Z, YUAN C Z, et al. Trajectories of cognitive function and their determinants in older people: 12 years of follow-up in the Chinese Longitudinal Healthy Longevity Survey [J]. International psychogeriatrics, 2020, 32(6): 765-775.

[327] VALLS-PEDRET C, SALA-VILA A, SERRA-MIR M, et al. Mediterranean diet and age-related cognitive decline: A randomized clinical trial[J]. JAMA internal medicine, 2015, 175(7): 1094-1103.

[328] VANCE D E, MARSON D C, TRIEBEL K L, et al. Physical activity and

cognitive function in older adults: The mediating effect of depressive symptoms[J]. Journal of neuroscience nursing, 2016, 48(4): 2-12.

[329] VAUGHAN S, WALLIS M, POLIT D, et al. The effects of multimodal exercise on cognitive and physical functioning and brain-derived neurotrophic factor in older women: A randomised controlled trial[J]. Age and ageing, 2014, 43(5): 623-629.

[330] VERHAEGHEN P, CERELLA J. Aging, executive control, and attention: A review of meta-analyses[J]. Neuroscience & biobehavioral reviews, 2002, 26(7): 849-857.

[331] VERHAEGHEN P, DE MEERSMAN L. Aging and the Stroop effect: A meta-analysis[J]. Psychology and aging, 1998, 13(1): 120.

[332] VOELCKER-REHAGE C, NIEMANN C. Structural and functional brain changes related to different types of physical activity across the life span[J]. Neuroscience & biobehavioral reviews, 2013, 37(9): 2268-2295.

[333] VOSS M W, PRAKASH R S, ERICKSON K I, et al. Plasticity of brain networks in a randomized intervention trial of exercise training in older adults[J]. Frontiers in aging neuroscience, 2010, 2: 32.

[334] VOSS M W, KRAMER A F, BASAK C, et al. Are expert athletes "expert" in the cognitive laboratory? A meta-analytic review of cognition and sport expertise[J]. Applied cognitive psychology, 2010, 24(6): 812-826.

[335] WALDORFF F B, SIERSMA V, VOGEL A, et al. Subjective memory complaints in general practice predicts future dementia: A 4-year follow-up study[J]. International journal of geriatric psychiatry, 2012, 27(11): 1180-1188.

[336] WANG B Y, GUO W, ZHOU C L. Selective enhancement of attentional networks in college table tennis athletes: A preliminary investigation[J]. PeerJ, 2016, 4: e2762.

[337] WANG L C, YE M Z, XIONG J, et al. Optimal exercise parameters of tai chi for balance performance in older adults: A meta-analysis[J]. Journal of the American geriatrics society, 2021, 69(7): 2000-2010.

[338] WANG Z W, ZHOU R L, SHAH P. Spaced cognitive training promotes training transfer[J]. Frontiers in human neuroscience, 2014, 8(1): 217.

[339] WECHSLER D. WAIS-R manual: Wechsler adult intelligence scale-revised

[M]. New York: Psychological Corporation, 1981.

[340] WECKER N S, Kramer J H, Wisniewski A, et al. Age effects on executive ability[J]. Neuropsychology, 2000, 14(3): 409.

[341] WEINTRAUB S. Mental state assessment of young and elderly adults in behavioral neurolagy[M]. Philadelphia: F A Davis Company, 1985: 71-168.

[342] WEST R, ALAIN C. Age-related decline in inhibitory control contributes to the increased Stroop effect observed in older adults[J]. Psychophysiology, 2000, 37(2): 179-189.

[343] WEUVE J, KANG J H, MANSON J A E, et al. Physical activity, including walking, and cognitive function in older women[J]. Jama, 2004, 292(12): 1454-1461.

[344] WHEELER M J, GREEN D J, ELLIS K A, et al. Distinct effects of acute exercise and breaks in sitting on working memory and executive function in older adults: A three-arm, randomised cross-over trial to evaluate the effects of exercise with and without breaks in sitting on cognition[J]. British journal of sports medicine, 2020, 54(13): 776-781.

[345] WILSON R S, SCHERR P A, SCHNEIDER J A, et al. Relation of cognitive activity to risk of developing Alzheimer disease[J]. Neurology, 2007, 69(20): 1911-1920.

[346] WINN A S, DELSIGNORE L, MARCUS C, et al. Applying cognitive learning strategies to enhance learning and retention in clinical teaching settings[J]. MedEdPORTAL, 2019, 15: 10850.

[347] WON J, ALFINI A J, WEISS L R, et al. Semantic memory activation after acute exercise in healthy older adults[J]. Journal of the international neuropsychological society, 2019, 25(6): 557-568.

[348] WORDEN M S. Attention Network Test (ANT)[M/OL]//KREUTZER J S, DELUCA J, CAPLAN B. Encyclopedia of Clinical Neuropsychology. New York, NY: Springer, 2011: 296-297[2022-09-03].

[349] WU J W, WANG X Q, YE M Z, et al. Effect of regular resistance training on memory in older adults: A systematic review[J]. Experimental gerontology, 2021, 150(C): 111396.

[350] XUE B, XIAO A, LUO X W, et al. The effect of a game training intervention on cognitive functioning and depression symptoms in the elderly with mild

cognitive impairment: A randomized controlled trial[J]. International journal of methods in psychiatric research, 2021, 30(4): e1887.

[351] YANG Y C, BOEN C, GERKEN K, et al. Social relationships and physiological determinants of longevity across the human life span [J]. Proceedings of the national academy of sciences, 2016, 113(3): 578-583.

[352] YOON D H, LEE J Y, SONG W. Effects of resistance exercise training on cognitive function and physical performance in cognitive frailty: A randomized controlled trial[J]. The journal of nutrition, health & aging, 2018, 22: 944-951.

[353] YORDANOVA J, KOLEV V, HOHNSBEIN J, et al. Sensorimotor slowing with ageing is mediated by a functional dysregulation of motor-generation processes: evidence from high-resolution event-related potentials[J]. Brain, 2004, 127(2): 351-362.

[354] YUAN P, RAZ N. Prefrontal cortex and executive functions in healthy adults: A meta-analysis of structural neuroimaging studies [J]. Neuroscience & biobehavioral reviews, 2014, 42: 180-192.

[355] YUAN Y X, LI X F, LIU W X. Dance activity interventions targeting cognitive functioning in older adults with mild cognitive impairment: A meta-analysis [J]. Frontiers in psychology, 2022, 13: 966675.

[356] ZELAZO P D, CRAIK F I M, BOOTH L. Executive function across the life span[J]. Acta psychologica, 2004, 115(2-3): 167-183.

[357] ZHANG H, HUNTLEY J, BHOME R, et al. Effect of computerised cognitive training on cognitive outcomes in mild cognitive impairment: A systematic review and meta-analysis[J]. BMJ open, 2019, 9(8): e027062.

[358] ZHONG N, JIANG H F, WU J, et al. Reliability and validity of the CogState battery Chinese language version in schizophrenia[J]. PLoS one, 2013, 8(9): e74258.

[359] ZHU X Y, YIN S F, LANG M J, et al. The more the better? A meta-analysis on effects of combined cognitive and physical intervention on cognition in healthy older adults[J]. Ageing Research Reviews, 2016, 31: 67-79.

[360] ZHU Y, WU H, QI M, et al. Effects of a specially designed aerobic dance routine on mild cognitive impairment [J]. Clinical interventions in aging, 2018: 1691-1700.